THEMATISCHER WORTSCHATZ

ENGLISCH

NEUE AUSGABE

Cornelsen & OXFORD

Thematischer Wortschatz
Englisch

Ein thematisch gegliedertes Lernwörterbuch für alle, die ihren Wortschatz erweitern und vertiefen wollen.

Im Auftrag des Verlages erarbeitet von

1. Auflage:	Sigrid Janssen, Hannover
	Udo Amm, Mommenheim
2. Auflage:	Sigrid Janssen, Hannover

Verlagsredaktion:	Helga Holtkamp
Redaktionelle Mitarbeit:	Jennifer M. Fröhlich
Gestaltung und Herstellung:	Britta Dieterle, Berlin
Umschlag:	Volker Noth, Berlin

2. vollständig überarbeitete Auflage 1999 ✔

03	02	01	00	99	Die letzten Zahlen bezeichnen
5.	4.	3.	2.	1.	Zahl und Jahr des Druckes.

Bestellnummer 27643

Gesamtherstellung: Druckerei zu Altenburg

ISBN 3-8109-2764-3

Vertrieb: Cornelsen Verlag, Berlin

Gedruckt auf chlorfrei gebleichtem Papier

INHALT

VORWORT

Dieser **Thematische Wortschatz** ist ein Lernwörterbuch für alle, die ihr Vokabular auffrischen, vertiefen oder erweitern möchten. Die Beweggründe können dabei unterschiedlichster Art sein, wie die Vorbereitung auf Klassenarbeiten, Prüfungen, Gespräche mit englischsprachigen Freunden / Geschäftspartnern oder die Vorbereitung auf eine Auslandsreise.

Da das Lernen von Vokabular besonders wirkungsvoll und einprägsam ist, wenn man in Clustern, d.h. in Wortgruppen, lernt, fasst der **Thematische Wortschatz** die wichtigsten englischen Wörter in thematisch zusammenhängenden Sachbereichen zusammen. Die Auswahl der Sachgebiete ist breit gefächert. Sie umfaßt alltägliche Lebenssituationen, soziale, ökonomische und politische Themen sowie Bereiche des Berufslebens und der Freizeit und Natur.

Eine Möglichkeit, mit dem Thematischen Wortschatz zu arbeiten

- Sie können den Thematischen Wortschatz von Anfang bis Ende durcharbeiten, können sich aber auch ein Sachgebiet heraussuchen, in dem Sie Ihren Wortschatz vertiefen wollen.

- Haben Sie das Sachgebiet Ihres Interesses gefunden, können Sie als erstes die blau hervorgehobenen Stichwörter einer Lerneinheit lesen, um einen Gesamteindruck zu bekommen. Danach sollten Sie die dazu gehörigen Beispielsätze lesen, die das Wort in den sprachlichen Kontext stellen.

- Sie können Vokabeln auch anhand einer Vokabelkartei lernen: Schreiben Sie das englische Wort einer Lerneinheit auf die Vorderseite einer Karteikarte und die deutsche Bedeutung auf die Rückseite.

- Um die Themenbereiche später inhaltlich schnell zuordnen zu können, nehmen Sie pro Themenbereich Karteikarten der gleichen Art – gleiche Farbe / liniert / kariert / blanco. So lässt sich gezielt ein Themenbereich wiederholen, aber auch der gesamte bisher gelernte Wortschatz überprüfen. Mischen Sie von Zeit zu Zeit die Karteikarten und überprüfen Sie, ob Sie die Bedeutung der englischen / deutschen Wörter noch kennen.

Der Aufbau des Thematischen Wortschatzes

Der **Thematische Wortschatz** ist in neun übergeordnete Themenbereiche aufgeteilt. Diese Themenbereiche wiederum sind in Sachgebiete unterteilt. So ist beispielsweise der Themenbereich *Freizeit und Unterhaltung* in die Sachgebiete *Sport und Spiel, Tourismus* und *Kunst und Kultur* unterteilt. Diese Sachgebiete sind wiederum in kleinere Lerneinheiten gegliedert – z.B. *Sport und Fitness, Urlaub und Reisen, Malerei und Skulptur*. Das Vokabular innerhalb dieser Lerneinheiten ist alphabetisch geordnet.

Suchen Sie ein bestimmtes Wort, so können Sie entweder den deutschen oder den englischen Index in alphabetischer Reihenfolge am Ende des Buches verwenden. Der englische Index ab Seite 350, der deutsche Index ab Seite 379 zeigt ihnen auf welcher Seite Sie das Wort im Buch finden.

Um Ihnen einen möglichst schnellen Zugang zu Ihrem Interessengebiet zu ermöglichen, ist der **Thematische Wortschatz** systematisch in verschiedene Gliederungsebenen aufgeteilt. Daher sind die verschiedenen Themenbereiche durch größere Überschriften in schwarzer Schrift und die Sachgebiete durch Überschriften in blauer Schrift gekennzeichnet. Eine blaue gestrichelte Linie neben der Überschrift markiert den Anfang einer neuen Lerneinheit.

1. Gliederungsebene (Themenbereich)
2. Gliederungsebene (Sachgebiet)
3. Gliederungsebene (alphabetisch aufgebaute Lerneinheit)

DER MENSCH – KÖRPER UND LEBEN

DER MENSCH – KÖRPER UND LEBEN

Menschliches Leben

Jung und Alt

adolescence n [ˌædəˈlesns]	**Jugend, Pubertät**
adolescent adj [ˌædəˈlesnt]	**Jugendliche/r**
adult n [ˈædʌlt]	**Erwachsene/r**
adult life n [ˌædʌlt ˈlaif]	**Erwachsenenleben**
age n [eɪdʒ] at the age of …	**Alter** im Alter von …
aged adj [eɪdʒd] A girl aged four.	**im Alter von** Ein Mädchen im Alter von vier Jahren.
baby n [ˈbeɪbi] a baby of 4 months have a baby	**Baby, Säugling** ein vier Monate altes Baby ein Kind bekommen
boy n [bɔɪ] a nine-year-old boy	**Junge** ein neunjähriger Junge

Zu Ihrer Orientierung finden Sie das Thema des jeweiligen Sachgebiets in der Fußzeile jeder Seite des **Thematischen Wortschatzes.**

generation gap n [dʒenə'reɪʃn gæp]	**Generationskonflikt**
girl n [gɜːl]	**Mädchen**

14 Menschliches Leben

Das englische Stichwort ist immer durch blaue Schrift, die dazugehörige deutsche Übersetzung durch schwarze Schrift gekennzeichnet. Unterschiedliche Bedeutungen von englischen Stichworten werden durch Beispielsätze und gebräuchliche Ausdrücke und Kollokationen kontextualisiert, um die Anwendung zu verdeutlichen. Ableitungen sind als separates Stichwort aufgeführt. Bei der Übersetzung der Stichworte ist grundsätzlich die weibliche und männliche Form angegeben. In den Beispielsätzen haben wir uns um eine ausgewogenen Mischung bemüht.

Stichwort
Beispielsatz
Kollokationen/gebräuchliche Ausdrücke
Stichwort

UNTERHALTUNG

holiday n ['hɒlədeɪ]	**Ferien, Urlaub**
be / go on holiday	im Urlaub sein / in Urlaub fahren
go to Paris for a holiday	Urlaub in Paris machen
take three weeks' holiday	drei Wochen Urlaub nehmen
school holidays	Schulferien
holiday season n ['hɒlədeɪ ˌsiːzn]	**Urlaubszeit**

Hinter jedem englischen Stichwort finden Sie die Lautschrift, die auf Seite 13 näher erklärt ist.

beautiful adj ['bjuːtɪfl]	**schön**

Manche Stichwörter haben unregelmäßige Formen, die unter dem Stichwort aufgeführt sind. Sie sollten diese unbedingt mitlernen.

see v [siː] saw, seen [sɔː, siːn]	**sehen**
mouse n [maʊs] mice [maɪs]	**Maus**
bad adj [bæd] worse, worst [wɜːs, wɜːst]	**schlecht, in schlechtem Zustand, schlimm**

Vor der Lautschrift ist die Wortklasse des Stichworts aufgeführt.

access n, v ['ækses]	**Zugriff, zugreifen auf**
gain / get / deny access to a file	Zugriff auf eine Datei bekommen / verwehren
access data / files	auf Daten / Dateien zugreifen

Die Erklärungen zu den Abkürzungen stehen auf Seite 13. Ein Stichwort kann auch zu mehreren Wortklassen gehören.

Im Englischen gibt es Wörter, die nur in der Pluralform oder nur in der Singularform auftreten.

Diese Wörter sind durch *n pl* oder *n sg* vor der Lautschrift gekennzeichnet.

scissors n pl ['sɪzəz]	**Schere**
two pairs of scissors	zwei Scheren

Andere Besonderheiten eines Wortes stehen hinter der Wortklasse.

Hier wird beispielsweise auf amerikanisches/britisches Englisch oder auf umgangssprachlichen Sprachgebrauch aufmerksam gemacht.

elevator n bes AE ['elɪveɪtə]	**Aufzug**

dole n BE, umg [dəʊl]	**Stempelgeld, Arbeitslosengeld**

Abkürzungen

Englisch

adj	*adjective*	Adjektiv, Eigenschaftswort
adv	*adverb*	Adverb, Umstandswort
AE	*American English*	amerikanisches Englisch
BE	*British English*	britisches Englisch
conj	*conjunction*	Konjunktion, Bindewort
prep	*preposition*	Präposition, Verhältniswort
pron	*pronoun*	Pronomen, Fürwort
n	*noun*	Substantiv, Hauptwort
n pl	*noun plural*	Pluralwort, Mehrzahlwort
n sg	*soun singular*	Singularwort, Einzahlwort
sb	*somebody*	jemand
sth	*something*	etwas
usu	*usually*	gewöhnlich
v	*verb*	Verb, Tätigkeitswort

Deutsch	bes	besonders	etw	etwas
	jdm	jemandem	jdn	jemanden
	jds	jemandes	umg	umgangssprachlich

Erklärung der Lautschriftzeichen

Vokale	[i]	media, happy	[uː]	who, June
	[iː]	eat, week	[ɜː]	early, work
	[ɪ]	listen, exam	[ə]	again, police
	[e]	end, many	[eɪ]	table, play
	[æ]	add, black	[aɪ]	I, nice
	[ʌ]	under, come	[ɔɪ]	boy, toilet
	[ɑː]	ask, half	[əʊ]	old, road
	[ɒ]	often, what	[aʊ]	out, house
	[ɔː]	all, four	[ɪə]	here, near
	[ʊ]	put, woman	[eə]	wear, pair
	[u]	situation, unite	[ʊə]	tourist, pure
Konsonanten	[p]	pen, speak	[ʃ]	shop, sugar
	[b]	book, hobby	[ʒ]	television, usually
	[t]	table, sit	[tʃ]	child, kitchen
	[d]	desk, old	[h]	help, who
	[k]	car, okay	[m]	mouse, number
	[g]	get, bigger	[n]	name, window
	[f]	father, left	[ŋ]	sing, morning
	[v]	very, every	[l]	like, blue
	[θ]	thank, both	[r]	read, dream
	[ð]	this, father	[j]	yes, you
	[s]	sun, glasses	[w]	walk, where
	[z]	zoo, thousand		

['] deutet eine starke Betonung an – das Zeichen steht vor dem Wortteil, den man stark betonen muss, z. B. *about* [ə'baʊt].

[ˌ] deutet eine schwache Betonung an – das Zeichen steht direkt vor dem Wortteil, den man schwach betont, z. B. accommodation [əˌkɒmə'deɪʃn].

DER MENSCH – KÖRPER UND LEBEN

Menschliches Leben

Jung und Alt

adolescence n [ˌædəˈlesns]	**Jugend, Pubertät**
adolescent adj [ˌædəˈlesnt]	**Jugendliche/r**
adult n [ˈædʌlt]	**Erwachsene/r**
adult life n [ˌædʌlt ˈlaif]	**Erwachsenenleben**
age n [eɪdʒ]	**Alter**
at the age of …	im Alter von …
aged adj [eɪdʒd]	**im Alter von**
A girl aged four.	Ein Mädchen im Alter von vier Jahren.
baby n [ˈbeɪbi]	**Baby, Säugling**
a baby of 4 months	ein vier Monate altes Baby
have a baby	ein Kind bekommen
boy n [bɔɪ]	**Junge**
a nine-year-old boy	ein neunjähriger Junge
breastfeed v [ˈbrestfiːd]	**stillen**
bring up v [ˌbrɪŋ ˈʌp] brought, brought [brɔːt, brɔːt]	**aufziehen, erziehen**
She was brought up by her grandparents.	Sie wuchs bei ihren Großeltern auf.
child n [tʃaɪld] children [ˈtʃɪldrən]	**Kind**
Her parents died when she was still a child.	Ihre Eltern starben als sie noch ein Kind war.
raise / spoil a child	ein Kind aufziehen / verwöhnen
childhood n [ˈtʃaɪldhʊd]	**Kindheit**
childlike adj [ˈtʃaɪldlaɪk]	**kindlich**
develop v [dɪˈveləp]	**(sich) entwickeln**
develop a skill / self-confidence	eine Fähigkeit / Selbstvertrauen entwickeln
She developed into a great actress.	Sie entwickelte sich zu einer großen Schauspielerin.
development n [dɪˈveləpmənt]	**Entwicklung**
the healthy development of a child	die gesunde Entwicklung eines Kindes
generation n [ˌdʒenəˈreɪʃn]	**Generation**
the older / younger / next generation	die ältere / jüngere / nächste Generation
generation gap n [dʒenəˈreɪʃn gæp]	**Generationskonflikt**
girl n [gɜːl]	**Mädchen**

grow up v [ˌgrəʊ 'ʌp] — **aufwachsen, erwachsen werden**
grew, grown [gruː, grəʊn]
grow up in the country — auf dem Land aufwachsen
Their children are all grown up. — Ihre Kinder sind schon alle erwachsen.

grown-up n, adj ['grəʊnʌp] — **Erwachsene/r, erwachsen**

immature adj [ˌɪmə'tʃʊə] — **unreif, kindisch**

little adj ['lɪtl] — **klein**
little children — kleine Kinder
She was only little when … — Sie war noch (ganz) klein als …

man n [mæn] — **Mann**
men [men]

mature adj [mə'tʃʊə] — **reif**

old adj [əʊld] — **alt**
a four-month-old baby — ein vier Monate altes Baby

teenager n ['tiːneɪdʒə] — **Teenager**

woman n ['wʊmən] — **Frau**
women ['wɪmɪn]

young adj [jʌŋ] — **jung**

youngster n ['jʌŋstə] — **Jugendliche/r**

youth n [juːθ] — **Jugend, Jugendliche**
in my youth — in meiner Jugend
the youth of today — die Jugend von heute

Leben und Tod

abortion n [ə'bɔːʃn] — **Abtreibung, Schwangerschaftsabbruch**
get / have an abortion — eine Abtreibung vornehmen lassen

afterlife n ['ɑːftəlaɪf] — **Leben nach dem Tode**

alive adj [ə'laɪv] — **lebend, lebendig**
dead or alive — tot oder lebendig
be / stay alive — am Leben sein / bleiben
keep alive — am Leben erhalten

being n ['biːɪŋ] — **Lebewesen, Leben, Dasein**
strange beings from another world — seltsame Lebewesen aus einer anderen Welt
come into being — ins Leben gerufen werden / entstehen

birth n [bɜːθ] — **Geburt**
When is she going to give birth? — Wann wird sie entbunden?

birth certificate n ['bɜːθ sətɪfɪkət] — **Geburtsurkunde**

born adj [bɔːn] — **geboren**
He was born in 1963. — Er wurde 1963 geboren.
When were you born? — Wann sind Sie geboren?

burial n ['beriəl] — **Beerdigung, Bestattung**

bury v ['beri] — **begraben, beerdigen**

cemetery n ['semətri]	**Friedhof**
be buried in a cemetery	auf einem Friedhof begraben sein
childbirth n ['tʃaɪldbɜːθ]	**Geburt**
die in childbirth	bei der Geburt sterben
date of birth n [ˌdeɪt əv 'bɜːθ]	**Geburtsdatum**
dead adj [ded]	**tot**
(dead) body n [ded 'bɒdi]	**Leiche**
dead, the n [ded]	**die Toten**
deadly adj ['dedli]	**tödlich, Tod-**
a deadly poison / danger	ein tödliches Gift / eine tödliche Gefahr
deadly enemies	Todfeinde
death n [deθ]	**Tod**
die a natural death	eines natürlichen Todes sterben
bleed / be burnt to death	verbluten / verbrennen
death duty n ['deθ djuːti]	**Erbschaftssteuer**
die v [daɪ]	**sterben**
die of hunger / cancer	vor Hunger / an Krebs sterben
He was dying.	Er lag im Sterben.
evolution n [ˌiːvə'luːʃn]	**Evolution**
exist v [ɪg'zɪst]	**existieren**
We cannot exist without water.	Wir können ohne Wasser nicht existieren.
existence n [ɪg'zɪstəns]	**Existenz**
When did life come into existence?	Wann ist das Leben entstanden?
fatal adj ['feɪtl]	**tödlich**
a fatal accident / illness	ein tödlicher Unfall / eine tödliche Krankheit
be fatally wounded	tödlich verwundet sein
funeral n ['fjuːnərəl]	**Beerdigung, Begräbnis**
grave n [greɪv]	**Grab**
gravestone n ['greɪvstəʊn]	**Grabstein**
heir n [eə]	**Erbe**
be heir to a fortune	Erbe eines Vermögens sein
rightful heir	rechtmäßiger Erbe
heiress n ['eəres]	**Erbin**
human adj ['hjuːmən]	**menschlich**
human life	menschliches Leben
I'm only human.	Ich bin auch nur ein Mensch.
That's only human.	Das ist doch (nur) menschlich.
human being n [ˌhjuːmən 'biːɪŋ]	**Mensch, menschliches Wesen**
immortal adj [ɪ'mɔːtl]	**unsterblich**
immortality n [ˌɪmɔː'tælɪtɪ]	**Unsterblichkeit**
inherit v [ɪn'herɪt]	**erben**
inherit a house from sb	ein Haus von jdm erben

inheritance n [ɪn'herɪtəns]	**Erbe, Erbschaft**
kill v [kɪl]	**töten, umbringen**
kill oneself	sich das Leben nehmen
She was killed in a car accident.	Sie kam bei einem Autounfall ums Leben.
leave v [li:v]	**vererben**
left, left [left, left]	
life n [laɪf]	**Leben**
lives [laɪvz]	
all my life	mein ganzes Leben
lead an active life	ein aktives Leben führen
Ten people lost their lives in the accident.	Zehn Menschen kamen bei dem Unfall ums Leben.
live adj [laɪv]	**lebend**
living adj ['lɪvɪŋ]	**lebend, lebendig**
He has no living relatives.	Er hat keine lebenden Verwandten.
man n [mæn]	**der Mensch, die Menschheit**
man and technology	Mensch und Technik
Man is not immortal.	Der Mensch ist nicht unsterblich.
miscarriage n [ˌmɪs'kærɪdʒ]	**Fehlgeburt**
have a miscarriage	eine Fehlgeburt haben
place of birth n [ˌpleɪs əv 'bɜ:θ]	**Geburtsort**
pregnancy n ['pregnənsi]	**Schwangerschaft**
pregnancy test n ['pregnənsi ˌtest]	**Schwangerschaftstest**
pregnant adj ['pregnənt]	**schwanger**
be / get pregnant by sb	von jdm schwanger sein / werden
sign(s) of life n [ˌsaɪnz əv 'laɪf]	**Lebenszeichen**
starvation n [stɑ:'veɪʃn]	**Hunger, Hungern**
die of starvation	verhungern
starve v [stɑ:v]	**hungern (lassen), verhungern**
starve to death	verhungern
starve sb to death	jdn verhungern lassen
Millions of people are starving all over the world.	Millionen Menschen in der ganzen Welt hungern.
suicide n ['su:ɪsaɪd]	**Selbstmord**
to commit suicide	Selbstmord begehen
survive v [sə'vaɪv]	**überleben**
Only one of the victims survived.	Nur eines der Opfer überlebte.
survive an accident / disease	einen Unfall / eine Krankheit überleben
survivor n [sə'vaɪvə]	**Überlebende/r**

Sexualität

condom n ['kɒndəm]	**Kondom**
contraception n [ˌkɒntrə'sepʃn] practise contraception	**Empfängnisverhütung** Empfängnisverhütung betreiben
contraceptive n [ˌkɒntrə'septɪv] use contraceptives	**Verhütungsmittel** Verhütungsmittel verwenden
(contraceptive) pill n [ˌkɒntrə'septɪv pɪl] be on the pill	**(Anti-Baby-)Pille** die Pille nehmen
female n, adj ['fiːmeɪl]	**Frau, weibliches Wesen, weiblich, Frauen-**
gay n, adj [geɪ]	**Homosexueller, homosexuell, schwul**
genitals n pl ['dʒenɪtlz]	**Geschlechtsteil(e)**
heterosexual n, adj [ˌhetərə'sekʃuəl]	**Heterosexuelle/r, heterosexuell**
homosexual n, adj [ˌhəʊmə'sekʃuəl]	**Homosexuelle/r, homosexuell**
lesbian n, adj ['lezbiən]	**Lesbierin / Lesbe, lesbisch**
make love v [meɪk 'lʌv] made, made [meɪd, meɪd] make love to sb	**sich lieben, miteinander schlafen** mit jdm schlafen
male n, adj [meɪl]	**Mann, männliches Wesen, männlich, Männer-**
menstruation n [ˌmenstru'eɪʃn]	**Menstruation**
reproduce v [ˌriːprə'djuːs]	**sich fortpflanzen**
reproduction n [ˌriːprə'dʌkʃn]	**Fortpflanzung**
rubber n ['rʌbə]	**Gummi, Kondom**
sex n [seks] the opposite sex have sex with sb	**Geschlecht, Sex, Geschlechtsverkehr** das andere Geschlecht Sex / Geschlechtsverkehr mit jdm haben
sexual adj ['sekʃuəl] a sexual crime	**sexuell, geschlechtlich** ein Sexualverbrechen
sexuality n [ˌsekʃu'æləti]	**Sexualität**
sleep with sb v ['sliːp wɪð] slept, slept [slept, slept]	**mit jdm schlafen**

Der Körper

Körperteile

ankle n ['æŋkl] sprain one's ankle	**Fußgelenk, Knöchel** sich den Knöchel verstauchen
arm n [ɑːm] fold one's arms	**Arm** die Arme verschränken
artificial arm / leg n [ˌɑːtɪ'fɪʃl ɑːm, leg]	**Arm-, Beinprothese**

back n [bæk]	**Rücken**
Her back aches.	Ihr Rücken tut weh.
lie on one's back	auf dem Rücken liegen
backbone n ['bækbəʊn]	**Rückgrat**
belly n ['beli]	**Bauch**
body n ['bɒdi]	**Körper**
bone n [bəʊn]	**Knochen**
bottom n ['bɒtəm]	**Hintern, Po**
breast n [brest]	**Brust**
buttocks n pl ['bʌtəks]	**Gesäß**
calf n [kɑːf]	**Wade**
calves [kɑːvz]	
chest n [tʃest]	**Brust, Brustkorb**
measure sb's chest	jds Brustumfang messen
elbow n ['elbəʊ]	**Ellbogen**
finger n ['fɪŋgə]	**Finger**
little finger	kleiner Finger
fingernail n ['fɪŋgəneɪl]	**Fingernagel**
fist n [fɪst]	**Faust**
clench one's fist	eine Faust machen
flesh n [fleʃ]	**Fleisch**
foot n [fʊt]	**Fuß**
feet [fiːt]	
forearm n ['fɔːrɑːm]	**Unterarm**
groin n [grɔɪn]	**Leiste**
hand n [hænd]	**Hand**
shake sb's hand	jds Hand schütteln
do sth by hand	etw mit der Hand machen
heel n [hiːl]	**Ferse**
hip n [hɪp]	**Hüfte**
index finger n ['ɪndeks fɪŋgə]	**Zeigefinger**
joint n [dʒɔɪnt]	**Gelenk**
knee n [niː]	**Knie**
go (down) on one's knees	sich hinknien
kneecap n ['niːkæp]	**Kniescheibe**
lap n [læp]	**Schoß**
sit on sb's lap	auf jds Schoß sitzen
leg n [leg]	**Bein**
bend / cross / stretch one's legs	die Beine beugen / überschlagen / strecken
middle finger n ['mɪdl fɪŋgə]	**Mittelfinger**

muscle n ['mʌsl] — **Muskel**
pull a muscle — sich einen Muskel zerren

muscular adj ['mʌskjələ] — **muskulös, Muskel-**
muscular pain / arms — Muskelschmerzen / muskulöse Arme

nail n [neɪl] — **(Finger-, Zehen-)Nagel**
do / cut / paint one's nails — sich die Nägel maniküren / schneiden / lackieren

navel n ['neɪvl] — **Nabel**

nipple n ['nɪpl] — **Brustwarze**

palm n [pɑːm] — **Handfläche, Handteller**
read sb's palm — jdm aus der Hand lesen

pelvis n ['pelvɪs] — **Becken**

rib n [rɪb] — **Rippe**

ring finger n ['rɪŋ fɪŋgə] — **Ringfinger**

shin n [ʃɪn] — **Schienbein**
kick sb on the shin — jdn gegen das Schienbein treten

shin-bone n ['ʃɪnbəʊn] — **Schienbein(knochen)**

shoulder n ['ʃəʊldə] — **Schulter**
shrug one's shoulders — mit den Schultern zucken
broad shoulders — breite Schultern

sinew n ['sɪnjuː] — **Sehne**

skeleton n ['skelɪtn] — **Skelett**

sole n [səʊl] — **(Fuß-)Sohle**

spine n [spaɪn] — **Rückgrat**

thigh n [θaɪ] — **(Ober-)Schenkel**

thumb n [θʌm] — **Daumen**

toe n [təʊ] — **Zehe**
the big / little toe — der große / kleine Zeh
step on sb's toes — jdm auf die Zehen treten

toenail n ['təʊneɪl] — **Zehennagel**

trunk n [trʌŋk] — **Rumpf**

upper arm n [ˌʌpə 'ɑːm] — **Oberarm**

waist n [weɪst] — **Taille**
a slim waist — eine schlanke Taille

wrist n [rɪst] — **Handgelenk**

Organe

appendix n [ə'pendɪks] — **Blinddarm**

artery n ['ɑːtəri] — **Arterie**
a blocked artery — eine verstopfte Arterie

beat v [biːt]	**schlagen, klopfen, pochen**
beat, beaten [biːt, 'biːtn]	
My heart is beating fast.	Mein Herz klopft schnell.
bladder n ['blædə]	**Blase**
blood n [blʌd]	**Blut**
give / lose blood	Blut spenden / verlieren
blood flows / clots	Blut fließt / gerinnt
blood cell n ['blʌd sel]	**Blutkörperchen**
blood-vessel n ['blʌdvesl]	**Blutgefäß**
bowel n usu pl ['baʊəl]	**Eingeweide, Gedärm**
bowel movement	Stuhlgang
bowel(s) n pl ['baʊəlz]	**Darm**
circulation n [ˌsɜːkjə'leɪʃn]	**Kreislauf**
have good / poor circulation	einen guten Kreislauf / -störungen haben
digest v [daɪ'dʒest]	**verdauen**
Vegetables are easy to digest.	Gemüse ist leicht verdaulich.
digestion n [daɪ'dʒestʃən]	**Verdauung**
heart n [hɑːt]	**Herz**
have a strong / weak heart	ein starkes / schwaches Herz haben
a heart beats / fails	ein Herz schlägt / bleibt stehen
heartbeat n ['hɑːtbiːt]	**Herzschlag**
intestine(s) n pl [ɪn'testɪnz]	**Darm**
kidney n ['kɪdni]	**Niere**
liver n ['lɪvə]	**Leber**
lung n [lʌŋ]	**Lunge**
nerve n [nɜːv]	**Nerv**
have strong / weak nerves	starke / schwache Nerven haben
get on sb's nerves	jdm auf die Nerven gehen
organ n ['ɔːgən]	**Organ**
transplant an organ	ein Organ verpflanzen
pound v [paʊnd]	**hämmern, (wild) klopfen**
His heart was pounding.	Sein Herz pochte wild.
pulse n [pʌls]	**Puls**
take sb's pulse	jds Puls fühlen / messen
a normal / regular / irregular pulse	ein normaler / regelmäßiger / unregelmäßiger Puls
skin n [skɪn]	**Haut**
dark / fair / sensitive skin	dunkle / helle / empfindliche Haut
stomach n ['stʌmək]	**Magen**
have an upset stomach	sich den Magen verdorben haben
vein n [veɪn]	**Vene, Ader**
windpipe n ['wɪndpaɪp]	**Luftröhre**

Kopf und Hals

brain n [breɪn]	**Gehirn**
cheek n [tʃiːk]	**Wange**
cheek-bone n ['tʃiːkbəʊn]	**Wangenknochen**
chin n [tʃɪn]	**Kinn**
double chin n [ˌdʌbl 'tʃɪn]	**Doppelkinn**
ear n [ɪə]	**Ohr**
eye n [aɪ]	**Auge**
face n [feɪs]	**Gesicht**
a handsome / round / long face	ein hübsches / rundes / längliches Gesicht
forehead n ['fɔːhed]	**Stirn**
have a high forehead	eine hohe Stirn haben
hair n [heə]	**Haar**
have one's hair cut (very short)	sich die Haare (sehr kurz) schneiden lassen
brush / comb / part one's hair	sich die Haare bürsten / kämmen / scheiteln
do sb's / one's hair	jdn /sich frisieren
head n [hed]	**Kopf**
shake / lift / hang one's head	den Kopf schütteln / heben / hängen lassen
from head to foot	von Kopf bis Fuß
mouth n [maʊθ]	**Mund**
neck n [nek]	**Hals**
break one's neck	sich den Hals / das Genick brechen
nose n [nəʊz]	**Nase**
skull n [skʌl]	**Schädel**
temple n ['templ]	**Schläfe**
turn grey at the temples	graue Schläfen bekommen
throat n [θrəʊt]	**Kehle, Rachen, Hals**
cut sb's throat	jdm die Kehle durchschneiden
clear one's throat	sich räuspern
A fishbone got stuck in my throat.	Mir blieb eine Gräte im Hals stecken.
have a sore throat	Halsschmerzen haben
tongue n [tʌŋ]	**Zunge**
stick out one's tongue (at sb)	(jdm) die Zunge herausstrecken
tonsils n pl ['tɒnslz]	**Mandeln**
have inflamed tonsils	entzündete Mandeln haben
have one's tonsils out	sich die Mandeln herausnehmen lassen

Hygiene und Körperpflege

brush v [brʌʃ]	**putzen, bürsten**
brush one's teeth	sich die Zähne putzen
brush one's hair	sich die Haare bürsten

care n [keə]	**Pflege**
colour n, v ['kʌlə]	**Farbe, anmalen, färben**
comb n, v [kəʊm]	**Kamm, kämmen**
comb one's hair	sich kämmen
cosmetic n [kɒz'metɪk]	**Kosmetik**
use / apply cosmetics	Kosmetika benutzen / auftragen
cream n [kri:m]	**Creme**
curler n ['kɜ:lə]	**Lockenwickler**
deodorant n [di'əʊdərənt]	**Deodorant**
electric razor n [ɪˌlektrɪk 'reɪzə]	**Elektrorasierer**
eye-liner n ['aɪlaɪnə]	**Eyeliner, Lidstrich**
eye-shadow n ['aɪʃædəʊ]	**Lidschatten**
eyebrow pencil n ['aɪbraʊ pensl]	**Augenbrauenstift**
file n, v [faɪl]	**Feile, feilen**
file one's fingernails	sich die Fingernägel feilen
flannel n ['flænl]	**Waschlappen**
hair clip n ['heə klɪp]	**Haarklemme**
hairbrush n ['heəbrʌʃ]	**Haarbürste**
haircut n ['heəkʌt]	**Haarschnitt**
have a haircut / give sb a haircut	sich die Haare schneiden lassen / jdm die Haare schneiden
I need a haircut.	Ich muss zum Friseur.
hairspray n ['heəspreɪ]	**Haarspray**
hairstyle n ['heəstaɪl]	**Frisur**
handkerchief n ['hæŋkətʃɪf]	**Taschentuch**
lipstick n ['lɪpstɪk]	**Lippenstift**
put on / wipe off lipstick	Lippenstift auftragen / abwischen
make-up n ['meɪkʌp]	**Make-up, Schminke**
put on make-up / remove one's make-up	Make-up auflegen / das Make-up entfernen
mascara n [mæ'skɑ:rə]	**Wimperntusche**
nail polish n ['neɪl ˌpɔlɪʃ]	**Nagellack**
nail polish remover n [ˌneɪl pɒlɪʃ rɪ'mu:və]	**Nagellackentferner**
nail-file n ['neɪlfaɪl]	**Nagelfeile**
parting n ['pɑ:tɪŋ]	**Scheitel**
perfume n ['pɜ:fju:m]	**Parfüm**
powder n ['paʊdə]	**Puder**
razor n ['reɪzə]	**Rasierapparat, Rasiermesser**
shampoo n [ʃæm'pu:]	**Shampoo**

shave n, v [ʃeɪv]	**Rasur, (sich) rasieren**
a close shave	eine glatte Rasur
shave off one's beard	seinen Bart abrasieren
shave (the hair off) one's legs	sich die Beine rasieren
soap n [səʊp]	**Seife**
a bar of soap	ein Stück Seife
sweat n, v [swet]	**Schweiß, schwitzen**
be dripping with sweat	schweißgebadet sein
sweat heavily	stark schwitzen
The hard work made him sweat.	Durch die schwere Arbeit kam er ins Schwitzen.
sweat with fear	vor Angst schwitzen
sweaty adj ['sweti]	**schweißig, verschwitzt, Schweiß-**
I'm sweaty.	Ich schwitze.
sweaty socks / feet	verschwitzte Socken / Schweißfüße
talcum powder n ['tælkəm paʊdə]	**Körperpuder**
tissue n ['tɪʃu:]	**Papiertaschentuch**
toothbrush n ['tu:θbrʌʃ]	**Zahnbürste**
brush one's teeth with a toothbrush	sich die Zähne mit einer Zahnbürste putzen
toothpaste n ['tu:θpeɪst]	**Zahnpasta**
a tube of toothpaste	eine Tube Zahnpasta
wash n, v [wɒʃ]	**Waschen, (sich) waschen**
I need a wash.	Ich muss mich waschen.
wash one's hands / one's face / oneself	sich die Hände / sich das Gesicht / sich waschen
wet shave n ['wet ʃeɪv]	**Nassrasur**

Sinne und Sinneseindrücke

Farbe und Form – Licht und Schatten

beam n [bi:m]	**(Licht-)Strahl**
the beam of a torch	der Lichtstrahl einer Taschenlampe
black adj [blæk]	**schwarz**
blue adj [blu:]	**blau**
dark / light blue	dunkel- / hellblau
bright adj [braɪt]	**leuchtend, hell**
bright green / blue / red	leuchtend grün / blau / knallrot
bright light	helles Licht
brown adj [braʊn]	**braun**
colour n ['kʌlə]	**Farbe**
What colour is your new car?	Welche Farbe hat dein neues Auto?
bright / dull / loud colours	leuchtende / trübe / grelle Farben
colour-blind adj ['kʌləblaɪnd]	**farbenblind**

coloured adj ['kʌləd]	**farbig**
colourful adj ['kʌləfl]	**bunt, farbenfroh**
colourless adj ['kʌlələs]	**farblos**
curve n [kɜːv]	**Rundung, Bogen**
the curves of a body / vase	die Rundungen eines Körpers / einer Vase
There's a curve in the river / road.	Der Fluss / Die Straße macht einen Bogen.
dark adj [dɑːk]	**dunkel, dunkel-**
dark colour / dress	dunkle Farbe / dunkles Kleid
dark brown / green	dunkelbraun / -grün
darkness n ['dɑːknəs]	**Dunkelheit**
in total darkness	in völliger Dunkelheit
daylight n ['deɪlaɪt]	**Tageslicht**
dazzle v ['dæzl]	**blenden**
dim v, adj [dɪm]	**dämpfen, schwach**
dim the light	das Licht dämpfen
dim light	schwaches Licht
discolour v [dɪs'kʌlə]	**(sich) verfärben**
dull adj [dʌl]	**trüb, matt**
dull light / colour	trübes Licht / matte Farbe
dye n, v [daɪ]	**Farbstoff, Färbemittel, färben**
dye one's hair black	seine Haare schwarz färben
faint adj [feɪnt]	**schwach, blass**
faint light / colour	schwaches Licht / blasse Farbe
flash n, v [flæʃ]	**(Auf-)Blinken, (Auf-)Blitzen, (auf)blinken (auf)leuchten**
sudden flashes of light	plötzliche Lichtblitze
A light / torch was flashing.	Ein Licht / eine Taschenlampe blitzte auf.
form n, v [fɔːm]	**Form, Gestalt, formen, gestalten**
gleam n, v [gliːm]	**Schein, Schimmer, schimmern**
a gleam of light / the gleam of a torch	ein Lichtschein / der Schein einer Taschenlampe
the gleam of moonlight	das Schimmern des Mondlichts
The moonlight gleamed on the water.	Der Mondschein schimmerte auf dem Wasser.
gloomy adj ['gluːmi]	**düster, finster**
a gloomy room / forest	ein finsterer Raum / Wald
green adj [griːn]	**grün**
grey adj [greɪ]	**grau**
His hair / He has turned quite grey.	Sein Haar / Er ist ziemlich grau geworden.
light v [laɪt]	**beleuchten**
lit, lit [lɪt, lɪt]	
The room was dimly lit.	Das Zimmer war schwach beleuchtet.
light n, adj [laɪt]	**Licht, hell, hell-**
a faint / bright light	schwaches / helles Licht
light green/blue / red	hellgrün / -blau / -rot

light ray n ['laɪt reɪ]	**Lichtstrahl**
moonlight n ['muːnlaɪt]	**Mondlicht**
orange adj ['ɒrɪndʒ]	**orange**
oval n, adj ['əʊvl]	**Oval, oval**
pink adj [pɪŋk]	**pink(farben), rosa**
purple adj ['pɜːpl]	**lila**
red adj [red]	**rot**
round adj [raʊnd]	**rund**
sense n [sens]	**Sinn, Sinneswahrnehmung**
sense of smell	Geruchssinn
shade n [ʃeɪd]	**(Farb-)Ton**
a darker shade of blue	ein dunklerer Blauton
shadow n ['ʃædəʊ]	**Schatten**
cast a shadow	einen Schatten werfen
shape n [ʃeɪp]	**Form**
What shape is it?	Welche Form hat es?
in all shapes and sizes	in allen Formen und Größen
shine v [ʃaɪn] shone, shone [ʃɒn, ʃɒn]	**scheinen, leuchten, glänzen**
The sun / moon is shining.	Die Sonne / der Mond scheint.
The stars / Her eyes were shining.	Die Sterne / Ihre Augen leuchteten / glänzten.
square n, adj [skweə]	**Quadrat, Kästchen, quadratisch, rechteckig, Quadrat-**
the squares on a piece of paper	die Kästchen auf einem Stück Papier
a square building	ein rechteckiges Gebäude
sunlight n ['sʌnlaɪt]	**Sonnenlicht**
violet adj ['vaɪələt]	**violett**
white adj [waɪt]	**weiß**
yellow adj ['jeləʊ]	**gelb**

Auge und Sehen

blind adj [blaɪnd]	**blind**
be blind in one eye	auf einem Auge blind sein
the blind man / woman	der / die Blinde
contact lenses n pl ['kɒntækt lenzɪz]	**Kontaktlinsen**
eye n [aɪ]	**Auge**
open / close / drop one's eyes	die Augen öffnen / schließen / senken
have good / weak eyes	gute / schlechte Augen haben
cast an eye on sb / sth	ein Auge auf jdn / etw werfen
eyebrow n ['aɪbraʊ]	**Augenbraue**
pluck / raise one's eyebrows	die Augenbrauen zupfen / hochziehen

eyelash n ['aɪlæʃ]	**Wimper**
eyelid n ['aɪlɪd]	**Augenlid**
eyesight n ['aɪsaɪt]	**Sehvermögen**
have poor / bad eyesight	ein schlechtes Sehvermögen haben
My eyesight is failing.	Mein Sehvermögen lässt nach.
glance n [glɑːns]	**Blick**
glasses n pl ['glɑːsɪz]	**Brille**
wear (thick) glasses	eine (starke) Brille tragen
put on / take off one's glasses	seine Brille aufsetzen / abnehmen
long-sighted adj [ˌlɒŋ'saɪtɪd]	**weitsichtig**
look n, v [lʊk]	**Blick, blicken, schauen, gucken**
have / take a (long) look at sb / sth	sich jdn / etw (lange) ansehen
look at sb / sth	(sich) jdn / etw ansehen
look ahead	nach vorne sehen
notice v ['nəʊtɪs]	**bemerken**
pupil n ['pjuːpl]	**Pupille**
reading-glasses n pl ['riːdɪŋglɑːsɪz]	**Lesebrille**
see v [siː] saw, seen [sɔː, siːn]	**sehen**
I couldn't see a thing.	Ich konnte überhaupt nichts sehen.
short-sighted adj [ˌʃɔːt'saɪtɪd]	**kurzsichtig**
sight n [saɪt]	**Anblick, Sicht(weite), Sehvermögen**
at first sight / at the sight of sth	auf den ersten Blick / beim Anblick von etw
catch / lose sight of sth	etw erblicken / aus den Augen verlieren
be in / come into sight	in Sicht sein / kommen
keep out of sb's sight	sich bei jdm nicht sehen lassen
have very good / bad sight	sehr gut / schlecht sehen
stare v [steə]	**starren**
stare at sb / sth	jdn / etw anstarren
sun-glasses n pl ['sʌnglɑːsɪz]	**Sonnenbrille**
view v [vjuː]	**betrachten, sich ansehen**
She viewed the pictures with a magnifying glass.	Sie betrachtete die Bilder mit einem Vergrößerungsglas.
view a house / flat	sich ein Haus / eine Wohnung ansehen
view n [vjuː]	**Sicht, Ausblick**
come into / go out of view	in / außer Sicht kommen
a room with a beautiful view of the mountains	ein Zimmer mit einem schönen (Aus-)Blick auf die Berge
vision n ['vɪʒn]	**Sehvermögen, Sicht**
good / poor vision	gutes / schlechtes Sehvermögen
watch v [wɒtʃ]	**beobachten, sich ansehen, zuschauen**
watch sb do / doing sth	beobachten, dass / wie jd etw tut
watch a tennis match	sich ein Tennisspiel ansehen

water v ['wɔːtə]	**tränen**
My eyes are watering.	Meine Augen tränen.
wink v [wɪŋk]	**zwinkern, blinzeln**
wink at sb	jdm zuzwinkern

Mund und Schmecken

bitter adj ['bɪtə]	**bitter**
bland adj [blænd]	**fade**
delicious adj [dɪ'lɪʃəs]	**köstlich, lecker**
dental adj ['dentl]	**Zahn-**
dental decay	Zahnverfall
dentures n pl ['dentʃəz]	**Zahnprothese, (künstliches) Gebiss**
dumb adj [dʌm]	**stumm**
He's been dumb from birth.	Er ist von Geburt an stumm.
We were struck dumb with terror.	Es hatte uns vor Schreck die Sprache verschlagen.
false teeth n [fɔːls 'tiːθ]	**(künstliches) Gebiss**
flavour n, v ['fleɪvə]	**Geschmack, Aroma, Geschmack verleihen**
15 different flavours of ice-cream	Eis in 15 verschiedenen Geschmacksrichtungen
onion-flavoured crisps	Chips mit Zwiebelgeschmack
front tooth n ['frʌnt tuːθ]	**Schneidezahn**
gums n pl [gʌmz]	**Zahnfleisch**
hot adj [hɒt]	**heiß, scharf**
The tea is too hot to drink.	Der Tee ist zu heiß zum Trinken.
This mustard / dish is very hot.	Dieser Senf / Dieses Gericht ist sehr scharf.
jaw n [dʒɔː]	**Kiefer**
lip n [lɪp]	**Lippe**
lower jaw n [ˌləʊə 'dʒɔː]	**Unterkiefer**
lower lip n [ˌləʊə 'lɪp]	**Unterlippe**
milk tooth n ['mɪlk tuːθ]	**Milchzahn**
mouth n [maʊθ]	**Mund**
open / shut one's mouth	den Mund öffnen / schließen
rinse one's mouth	sich den Mund ausspülen
savoury adj ['seɪvəri]	**pikant, salzig**
savoury pancake	Pfannkuchen mit pikanter Füllung
sour adj ['saʊə]	**sauer**
a sour taste	ein saurer Geschmack
sweet adj [swiːt]	**süß**

taste n, v [teɪst]	**Geschmack, Kostprobe, schmecken, kosten, probieren**
a strange / nice / sweet taste	ein seltsamer / guter / süßer Geschmack
I don't like the taste of this wine.	Dieser Wein schmeckt mir nicht.
Have a taste!	Probier mal!
The food tastes of garlic.	Das Essen schmeckt nach Knoblauch.
Who wants to taste?	Wer möchte probieren?
tasteless adj ['teɪstləs]	**geschmacklos, fade**
tasty adj ['teɪsti]	**schmackhaft**
tongue n [tʌŋ]	**Zunge**
tooth n [tu:θ] teeth [ti:θ]	**Zahn**
brush one's teeth	sich die Zähne putzen
take out / fill a tooth	einen Zahn ziehen / plombieren
have bad teeth	schlechte Zähne haben
upper jaw n [ˌʌpə 'dʒɔ:]	**Oberkiefer**
upper lip n [ˌʌpə 'lɪp]	**Oberlippe**

Nase und Riechen

bad breath n [bæd 'breθ]	**Mundgeruch**
breath n [breθ]	**Atem, Atemzug**
out of breath	außer Atem
take a deep breath	tief einatmen
hold one's breath / get one's breath back	die Luft anhalten / wieder zu Atem kommen
take sb's breath away	jdm den Atem verschlagen
breathe v [bri:ð]	**atmen**
breathe deeply	tief atmen
breathe in / out	ein- / ausatmen
nose n [nəʊz]	**Nase**
blow one's nose	sich die Nase putzen
His nose is bleeding / running.	Seine Nase blutet / läuft.
nostril n ['nɒstrəl]	**Nasenloch**
odour n ['əʊdə]	**Geruch, Duft**
scent n [sent]	**Duft, Geruch**
sense of smell n [ˌsens əv 'smel]	**Geruchssinn**
smell n [smel]	**Geruch, Gestank, Duft**
the smell of gas / rotten eggs / perfume	der Geruch von Gas / der Gestank fauler Eier / der Duft von Parfüm
smell v [smel] smelt, smelt [smelt, smelt]	**riechen**
smell (at) sth / of sth	an etw riechen / nach etw riechen
smelly n ['smeli]	**riechend, stinkend**
strong adj [strɒŋ]	**streng, stark**
There's a strong smell of garlic.	Es riecht stark nach Knoblauch.

Ohr und Hören

aloud adv [ə'laʊd]	**laut**
read aloud	laut (vor)lesen
deaf adj [def]	**taub**
go deaf	taub werden
deaf in one ear	auf einem Ohr taub
deafening adj ['defnɪŋ]	**ohrenbetäubend**
deafening noise	ohrenbetäubender Lärm
ear n [ɪə]	**Ohr, Gehör**
have a good ear for music	ein feines Ohr für Musik haben
be all ears	ganz Ohr sein
play by ear	nach dem Gehör spielen
eardrum n ['ɪədrʌm]	**Trommelfell**
hear v [hɪə]	**hören**
heard, heard [hɜːd, hɜːd]	
hear about sth	von etw hören / erfahren
I've never heard of him.	Ich habe noch nie von ihm gehört.
When did you last hear from your cousin?	Wann hat deine Kusine das letzte Mal von sich hören lassen?
hearing n ['hɪərɪŋ]	**Hörvermögen, Gehör**
good / poor hearing	gutes / schlechtes Hörvermögen
hard of hearing	schwerhörig
loud adj [laʊd]	**laut**
loud music	laute Musik
speak loudly	laut sprechen
noise n [nɔɪz]	**Geräusch, Lärm**
strange noises	seltsame Geräusche
What's that noise?	Was ist das für ein Geräusch / Lärm?
noisy adv ['nɔɪzi]	**laut, geräuschvoll, lärmend**
noisy cars / children	laute Autos / lärmende Kinder
pound v [paʊnd]	**hämmern, dröhnen**
The drum was pounding.	Das Schlagzeug hämmerte.
quiet adj ['kwaɪət]	**still, ruhig, leise**
a quiet room / life	ein ruhiges Zimmer / Leben
a quiet voice	eine leise Stimme
silence n ['saɪləns]	**Stille, Ruhe, Schweigen**
Silence!	Ruhe!
He sat there in silence.	Er saß schweigend da.
in the silence of the night	in der Stille der Nacht
break one's / the silence	sein Schweigen brechen / die Stille unterbrechen
silent adj ['saɪlənt]	**still, lautlos**
silent night / steps	stille Nacht / lautlose Schritte
The room was completely silent.	Im Zimmer war es völlig still.

soft adj [sɒft]	**leise, gedämpft**
soft music / voice	leise / gedämpfte Musik / Stimme
speak softly	leise sprechen
sound n, v [saʊnd]	**Geräusch, Klang, Schall, Laut, sich anhören, klingen**
dull / soft/ loud sound	dumpfes / leises / lautes Geräusch
to the sound(s) of music	zu den Klängen von Musik
On the phone he sounded happy.	Am Telefon klang er glücklich.
Her ideas sound reasonable.	Ihre Ideen hören sich vernünftig an.

Fühlen und Berühren

cold n, adj [kəʊld]	**Kälte, kalt**
He doesn't seem to feel the cold.	Er scheint die Kälte nicht zu spüren.
My hands are cold.	Meine Hände sind kalt.
I am / feel cold.	Mir ist kalt.
feel n [fi:l]	**fühlen, sich anfühlen**
The cat's fur feels soft.	Das Fell der Katze fühlt sich weich an.
feeling n ['fi:lɪŋ]	**Gefühl**
finger n ['fɪŋgə]	**Finger**
fingertip n ['fɪŋgətɪp]	**Fingerspitze**
firm adj [fɜ:m]	**fest**
firm mattress / soil / handshake	feste Matratze / fester Boden / Händedruck
hold sth firmly	etw fest halten
freeze v [fri:z] froze, frozen [frəʊz, 'frəʊzn]	**frieren**
I'm freezing.	Ich friere.
freeze to death	erfrieren
hard adj [hɑ:d]	**hart**
The skin on his hands feels hard.	Die Haut an seinen Händen fühlt sich hart an.
itch n, v [ɪtʃ]	**Juckreiz, jucken**
feel an itch	einen Juckreiz verspüren
My head / It itches	Mein Kopf / Es juckt.
rough adj [rʌf]	**rauh**
scratch v [skrætʃ]	**(sich) kratzen**
scratch oneself / one's arm	sich kratzen / sich am Arm kratzen
sharp adj [ʃɑ:p]	**scharf, spitz**
sharp knives / corners	scharfe Messer / Kurven
sharp needles / pencils	spitze Nadeln / Bleistifte
smooth adj [smu:ð]	**glatt**
a smooth surface	eine glatte Oberfläche
soft adj [sɒft]	**weich**
soft cushions / skin	weiche Kissen / Haut

stroke v [strəʊk]	**streicheln**
stroke sb / sb's hair	jdn streicheln / jdm über das Haar streichen
touch n, v [tʌtʃ]	**(Tast-)Gefühl, Berührung, berühren, anfassen**
have a soft / cold touch	sich weich / kalt anfühlen
his tender touch	seine zärtliche Berührung
Don't touch!	Nicht berühren!
warm adj [wɔːm]	**warm**
It feels warm.	Es fühlt sich warm an.
I am / feel warm.	Mir ist warm.
warmth n [wɔːmθ]	**Wärme**

Gesundheit und Krankheit

Konstitution und Befinden

allergic adj [ə'lɜːdʒɪk]	**allergisch**
be allergic to sth	gegen etw allergisch sein
allergy n ['ælədʒi]	**Allergie**
bear v [beə] bore, borne [bɔː, bɔːn]	**ertragen**
I can't bear it any more!	Ich kann es nicht mehr ertragen!
better adj ['betə]	**besser**
She's much better today.	Es geht ihr heute schon viel besser.
blood pressure n ['blʌd preʃə]	**Blutdruck**
high / low blood pressure	hoher / niedriger Blutdruck
break down v [ˌbreɪk 'daʊn] broke, broken [brəʊk, 'brəʊkən]	**zusammenbrechen**
build n [bɪld]	**Körperbau**
collapse v [kə'læps]	**zusammenbrechen**
He collapsed and fell to the ground.	Er brach zusammen und stürzte zu Boden.
condition n [kən'dɪʃn]	**Zustand, Verfassung**
be in good physical condition	in guter körperlicher Verfassung sein
She was in a critical condition after the accident.	Sie war nach dem Unfall in einem kritischen Zustand.
conscious adj ['kɒnʃəs]	**bei Bewusstsein**
be (fully) conscious	bei vollem Bewusstsein sein
consciousness n ['kɒnʃəsnəs]	**Bewusstsein**
lose / recover consciousness	das Bewusstsein verlieren / wieder erlangen
constipation n [ˌkɒnstɪ'peɪʃn]	**Verstopfung**
constitution n [ˌkɒnstɪ'tjuːʃn]	**Konstitution, Verfassung**
have a strong / weak constitution	eine starke / schwache Konstitution haben
cramp n [kræmp]	**Krampf**
have / get a cramp in one's leg	einen Krampf im Bein haben / bekommen

disability n [ˌdɪsəˈbɪləti]	**Behinderung**
disabled adj [dɪsˈeɪbld]	**behindert**
the physically disabled	die Körperbehinderten
dizzy adj [ˈdɪzi]	**schwindlig**
I feel dizzy.	Mir ist schwindlig.
ease n [iːz]	**Wohlbefinden, Ungezwungenheit**
He doesn't feel at ease in the company of strangers.	Er fühlt sich in der Gesellschaft von Fremden nicht wohl.
Her smile put him at ease.	Ihr Lächeln nahm ihm seine Befangenheit.
He feels ill at ease in their company.	Er fühlt sich unwohl in ihrer Gesellschaft.
faint v [feɪnt]	**ohnmächtig werden**
feel v [fiːl] felt, felt [felt, felt]	**(sich) fühlen, empfinden**
feel bad / good / well / happy	sich schlecht / gut / wohl / glücklich fühlen
feel pain in one's arm	Schmerzen im Arm haben
fine adj [faɪn]	**gut**
How do you feel? - Fine.	Wie geht es dir? - Gut.
form n [fɔːm]	**Form**
be in / on good form	in guter Form sein
be out of form	nicht in Form sein
funny adj [ˈfʌni]	**unwohl**
I feel a bit funny today.	Ich fühle mich heute etwas unwohl.
handicapped adj [ˈhændikæpt]	**behindert**
physically handicapped	körperlich behindert
mentally handicapped	geistig behindert
health n [helθ]	**Gesundheit, Befinden, Gesundheitszustand**
be in good / poor health	gesund / nicht gesund sein
National Health Service	staatlicher britischer Gesundheitsdienst
healthy adj [ˈhelθi]	**gesund**
a healthy child / climate	ein gesundes Kind / Klima
live healthily	gesund leben
improve v [ɪmˈpruːv]	**sich bessern**
His condition has improved.	Sein Zustand hat sich verbessert.
improvement n [ɪmˈpruːvmənt]	**Besserung**
a major / minor improvement	eine bedeutende / geringfügige Besserung
indigestion n [ˌɪndɪˈdʒestʃən]	**Magenverstimmung, Verdauungsstörung(en)**
malnutrition n [ˌmælnjuːˈtrɪʃn]	**Unterernährung**
suffer from malnutrition	an Unterernährung leiden
nervous adj [ˈnɜːvəs]	**nervös**
make sb feel nervous	jdn nervös machen
I'm nervous about the negotiations tomorrow.	Ich bin nervös wegen der Verhandlungen morgen.
(nervous) breakdown n [ˌnɜːvəs ˈbreɪkdaʊn]	**(Nerven-)Zusammenbruch**

physical adj ['fɪzɪkl]	**körperlich, physisch**
physique n [fɪ'zi:k]	**Körperbau, Statur**
shape n [ʃeɪp]	**Form, Verfassung**
be in good shape	in Form / guter Verfassung sein
sound adj [saʊnd]	**gesund, kräftig**
sound lungs / heart	kräftige Lungen / ein kräftiges Herz
state n [steɪt]	**Zustand**
her state of health	ihr Gesundheitszustand
strength n [streŋθ]	**Kraft**
strong adj [strɒŋ]	**stark, robust, kräftig gebaut**
when you're strong again	wenn du wieder bei Kräften bist
tense adj [tens]	**angespannt, nervös**
throw up v [ˌθrəʊ 'ʌp] threw, thrown [θru, θrəʊn]	**(sich) erbrechen, kotzen**
trouble n ['trʌbl]	**Leiden, Beschwerden, Problem**
have heart trouble	ein Herzleiden haben
unconscious adj [ʌn'kɒnʃəs]	**bewusstlos**
fall unconscious	in Ohnmacht fallen
unconsciousness n [ʌn'kɒnʃəsnəs]	**Bewusstlosigkeit**
unhealthy adj [ʌn'helθi]	**ungesund**
unwell adj [ˌʌn'wel]	**unwohl**
She's rather unwell today.	Ihr geht es heute nicht so gut.
vomit v ['vɒmɪt]	**(sich) erbrechen**
weak adj [wi:k]	**schwach**
He feels very weak.	Er fühlt sich sehr schwach.
weaken v ['wi:kən]	**schwächen**
weakened by illness	durch Krankheit geschwächt
weakness n ['wi:knəs]	**Schwäche**
well adj [wel] better ['betə]	**gesund**
get well	gesund werden
Get well soon!	Gute Besserung!

Krankheit

appendicitis n [əˌpendə'saɪtɪs]	**Blinddarmentzündung**
arthritis n [ɑ:'θraɪtɪs]	**Arthritis, Gelenkentzündung**
asthma n ['æsmə]	**Asthma**
attack n [ə'tæk]	**Anfall**
an attack of fever / asthma	ein Fieber- / Asthmaanfall
bronchitis n [brɒŋ'kaɪtɪs]	**Bronchitis**

cancer n ['kænsə]	**Krebs**
cancer of the breast	Brustkrebs
stomach cancer	Magenkrebs
lung cancer	Lungenkrebs
catch v [kætʃ] caught, caught [kɔːt, kɔːt]	**bekommen, sich anstecken mit**
catch a cold	sich erkälten
catch chicken-pox from sb	sich bei jdm mit Windpocken anstecken
chickenpox n ['tʃɪkɪnpɒks]	**Windpocken**
choke v [tʃəʊk]	**ersticken, würgen**
choke on a fishbone	sich an einer Gräte verschlucken
chronic adj ['krɒnɪk]	**chronisch**
cold n [kəʊld]	**Erkältung, Schnupfen**
catch a cold	sich erkälten
have a bad cold	eine schwere Erkältung haben
condition n [kən'dɪʃn]	**Krankheit, Leiden**
He has a heart condition.	Er ist herzkrank.
contagious adj [kən'teɪdʒəs]	**ansteckend**
a highly contagious disease	eine äußerst ansteckende Krankheit
cough n, v [kɒf]	**Husten, husten**
develop a bad cough	einen schlimmen Husten bekommen
smoker's cough	Raucherhusten
develop v [dɪ'veləp]	**bekommen**
develop pneumonia / cancer	eine Lungenentzündung / Krebs bekommen
diarrhoea n [ˌdaɪə'rɪə]	**Durchfall**
come down with / have severe diarrhoea	starken Durchfall bekommen / haben
disease n [dɪ'ziːz]	**Krankheit**
a disease spreads	eine Krankheit breitet sich aus
a serious disease	eine schwere Krankheit
fever n ['fiːvə]	**Fieber**
have / develop a high / slight fever	hohes / leichtes Fieber haben / bekommen
reduce fever	Fieber senken
flu n [fluː]	**Grippe**
have (the) flu	Grippe haben
German measles n [ˌdʒɜːmən 'miːzlz]	**Röteln**
hay fever n ['heɪ fiːvə]	**Heuschnupfen**
heart attack n ['hɑːt ətæk]	**Herzinfarkt**
heart disease n ['hɑːt dɪziːz]	**Herzkrankheit**
heart failure n ['hɑːt feɪljə]	**Herzversagen**
HIV n [ˌeɪtʃ aɪ 'viː] human immunodeficiency virus	**HIV**
HIV positive / negativ	HIV-positiv / -negativ

ill adj [ɪl]	**krank**
fall / be taken ill (with sth)	(an etw) erkranken
feel ill	sich krank / unwohl fühlen
illness n ['ɪlnəs]	**Krankheit**
a serious / slight illness	eine schwere / leichte Krankheit
get over an illness	eine Krankheit überstehen
infect v [ɪn'fekt]	**infizieren, anstecken**
infect sb with a virus	jdn mit einem Virus infizieren
infection n [ɪn'fekʃn]	**Infektion, Entzündung**
infectious adj [ɪn'fekʃəs]	**ansteckend**
an infectious disease	eine ansteckende Krankheit
He's still infectious.	Bei ihm besteht noch Ansteckungsgefahr.
inflamed adv [ɪn'fleɪmd]	**entzündet**
become inflamed	sich entzünden
inflammation n [ˌɪnflə'meɪʃn]	**Entzündung**
inflammation of the kidney / skin	Nieren- / Hautentzündung
mad adj [mæd]	**wahnsinnig**
go mad	wahnsinnig werden
madness n ['mædnəs]	**Wahnsinn**
measles n ['mi:zlz]	**Masern**
mental illness n [mentl 'ɪlnəs]	**Geisteskrankheit**
mumps n [mʌmps]	**Mumps, Ziegenpeter**
pneumonia n [nju:'məʊniə]	**Lungenentzündung**
poison n, v ['pɔɪzn]	**Gift, vergiften**
take poison	Gift nehmen
be poisoned by industrial waste	durch industrielle Abfälle vergiftet werden
poisoning n ['pɔɪzənɪŋ]	**Vergiftung**
blood poisoning	Blutvergiftung
food poisoning	Lebensmittelvergiftung
poisonous adj ['pɔɪzənəs]	**giftig**
rash n [ræʃ]	**Hautausschlag**
break out in / have a rash	einen Ausschlag bekommen / haben
recover v [rɪ'kʌvə]	**gesund werden, sich erholen, genesen**
recover from an illness	von einer Krankheit genesen / sich erholen
recovery n [rɪ'kʌvəri]	**Gesundung, Genesung**
rheumatism n ['ru:mətɪzəm]	**Rheuma(tismus)**
scarlet fever n [ˌskɑ:lət 'fi:və]	**Scharlach(fieber)**
sick adj [sɪk]	**krank, übel**
be off sick	(wegen Krankheit) fehlen
be sick	sich übergeben
I feel sick.	Mir ist schlecht.
sickly adj ['sɪkli]	**kränklich**

sneeze v [sniːz]	**niesen**
spread v [spred] spread, spread [spred, spred] Cholera spreads quickly.	**(sich) verbreiten** Cholera verbreitet sich schnell.
stroke n [strəʊk] suffer a severe stroke	**Schlaganfall** einen schweren Schlaganfall erleiden
suffer from v ['sʌfə frəm] suffer from an illness suffer a nervous breakdown	**leiden an, erleiden** an einer Krankheit leiden einen Nervenzusammenbruch erleiden
temperature n ['temprətʃə] She has got a (high) temperature. have a slight temperature	**Temperatur, Fieber** Sie hat (hohes) Fieber. leicht erhöhte Temperatur haben
tetanus n ['tetənəs]	**Wundstarrkrampf, Tetanus**
tonsillitis n [ˌtɒnsə'laɪtɪs]	**Mandelentzündung**
tumour n ['tjuːmə] remove a tumour	**Tumor** einen Tumor entfernen
varicose veins n pl [ˌværɪkəʊs 'veɪnz]	**Krampfadern**
virus n ['vaɪrəs] the flu virus a virus disease	**Virus** der Grippevirus eine Viruskrankheit
whooping cough n ['huːpɪŋ kɒf]	**Keuchhusten**

Verletzung und Schmerz

ache n, v [eɪk] have a dull ache in one's leg I'm aching all over.	**(dumpfer) Schmerz, schmerzen, wehtun** dumpfe Schmerzen im Bein haben Mir tut alles weh.
bandage n, v ['bændɪdʒ] apply / remove a bandage bandage sb's arm / a wound	**Verband, verbinden** einen Verband anlegen / abnehmen jdm den Arm / eine Wunde verbinden
bleed v [bliːd] bled, bled [bled, bled] bleed to death	**bluten** verbluten
break v [breɪk] broke, broken [brəʊk, 'brəʊkən] break one's leg / arm	**(sich) brechen** sich das Bein / den Arm brechen
bruise n [bruːz]	**Bluterguss, blauer Fleck**
cut n [kʌt]	**Schnittwunde**
ease v [iːz] ease sb's pain	**lindern** jds Schmerzen lindern
flesh-wound n ['fleʃwuːnd]	**Fleischwunde**
fracture n ['fræktʃə] set a fracture	**Bruch** einen Bruch richten

free adj, v [friː]	**frei, befreien**
be free from pain	schmerzfrei sein
free sb from pain	jdn von seinen Schmerzen befreien
headache n ['hedeɪk]	**Kopfschmerzen**
heal v [hiːl]	**(ver)heilen**
The wound / leg is healing well.	Die Wunde / Das Bein (ver)heilt gut.
hurt v [hɜːt] hurt, hurt [hɜːt, hɜːt]	**(sich) wehtun, (sich) verletzen**
I hurt myself.	Ich habe mir wehgetan / mich verletzt.
I hurt my arm.	Ich habe mir am Arm wehgetan / mich am Arm verletzt.
He was badly hurt.	Er war / wurde schwer verletzt.
injure v ['ɪndʒə]	**verletzen**
injure oneself / one's head	sich verletzen / sich am Kopf verletzen
be seriously injured in an accident	bei einem Unfall schwer verletzt werden
injury n ['ɪndʒəri]	**Verletzung**
suffer an injury	eine Verletzung erleiden
pain n [peɪn]	**Schmerz**
be in great pain	große Schmerzen haben
sharp / dull pain	stechender / dumpfer Schmerz
The pain is wearing off.	Der Schmerz lässt nach.
painful adj ['peɪnfl]	**schmerzhaft**
painless adj ['peɪnləs]	**schmerzlos**
plaster n ['plɑːstə]	**Pflaster, Gips**
put a plaster on the wound	ein Pflaster auf die Wunde tun
have one's leg in plaster	sein Bein in Gips haben
(plaster) cast n ['plɑːstə kɑːst]	**Gipsverband**
put a cast on a leg	ein Bein eingipsen
scar n [skɑː]	**Narbe**
sore adj [sɔː]	**schmerzhaft, wund, entzündet**
I'm sore all over.	Mir tut alles weh.
sore throat n [ˌsɔː 'θrəʊt]	**Halsschmerzen**
have a sore throat	Halsschmerzen haben
sprain v [spreɪn]	**verstauchen**
sprain one's wrist / ankle	sich das Handgelenk / den Knöchel verstauchen
stomach-ache n ['stʌməkeɪk]	**Magenschmerzen**
swell (up) v [ˌswel 'ʌp] swelled, swollen [sweld, 'swəʊlən]	**(an)schwellen**
My whole foot is swollen (up).	Mein ganzer Fuß ist (an)geschwollen.
swelling n ['swelɪŋ]	**Schwellung**
wound n, v [wuːnd]	**Wunde, verwunden**
The wound was worse than she thought.	Die Wunde war schlimmer als sie dachte.
seriously wounded	schwer verwundet

Arzt und Krankenhaus

acupuncture n ['ækjupʌŋktʃə]	**Akupunktur**
ambulance n ['æmbjələns]	**Krankenwagen**
anaesthetic n [ˌænəs'θetɪk]	**Narkose, Betäubungsmittel**
local anaesthetic	örtliche Betäubung
appointment n [ə'pɔɪntmənt]	**Termin**
have an appointment at the doctor's	einen Arzttermin haben
care n [keə]	**Betreuung, Versorgung, Behandlung**
be in intensive care	auf der Intensivstation sein
be in the care of a specialist	bei einem Facharzt in Behandlung sein
provide medical care	für die ärztliche Versorgung sorgen
check-up n ['tʃekʌp]	**Untersuchung**
give sb a thorough check-up	jdn gründlich untersuchen
have regular check-ups	sich regelmäßig untersuchen lassen
clinic n ['klɪnɪk]	**Klinik**
dental clinic	Zahnklinik
consulting room n [kən'sʌltɪŋ ru:m]	**Sprechzimmer**
cure v [kjʊə]	**heilen**
cure a patient of a disease	einen Patienten von einer Krankheit heilen
dentist n ['dentɪst]	**Zahnarzt, Zahnärztin**
at the dentist('s)	beim Zahnarzt
diagnosis n [ˌdaɪəg'nəʊsɪs] diagnoses [ˌdaɪəg'nəʊsi:z]	**Diagnose**
disinfect v [ˌdɪsɪn'fekt]	**desinfizieren**
disinfectant n [ˌdɪsɪn'fektənt]	**Desinfektionsmittel**
doctor n ['dɒktə]	**Arzt, Ärztin**
see a doctor	zum Arzt gehen
send for the doctor	den Arzt holen lassen
She's a doctor.	Sie ist Ärztin.
(doctor's) receptionist n [rɪ'sepʃənɪst]	**Sprechstundenhilfe**
examination n [ɪgˌzæmɪ'neɪʃn]	**Untersuchung**
carry out an examination	eine Untersuchung durchführen
A close examination showed...	Eine genaue Untersuchung ergab...
examine v [ɪg'zæmɪn]	**untersuchen**
family doctor n [ˌfæməli 'dɒktə]	**Hausarzt, Hausärztin**
general practitioner n [ˌdʒenrəl præk'tɪʃənə] GP [ˌdʒi: 'pi:]	**Arzt / Ärztin für Allgemeinmedizin**
guinea-pig n ['gɪnipɪg]	**Versuchskaninchen**
health centre n ['helθ sentə]	**Ärztezentrum**
hospital n ['hɒspɪtl]	**Krankenhaus, Hospital**
be in hospital	im Krankenhaus sein
I have to go to hospital.	Ich muss ins Krankenhaus.

inject v [ɪn'dʒekt]	**spritzen**
inject a drug into sb / sb's arm	jdm ein Medikament spritzen / in den Arm spritzen
injection n [ɪn'dʒekʃn]	**Spritze, Injektion**
give sb an injection	jdm eine Spritze geben
keyhole surgery n [ˌki:həʊl 'sɜ:dʒəri]	**„Schlüsselloch-Chirurgie“**
medical adj ['medɪkl]	**medizinisch, ärztlich**
medical care / examination / treatment	ärztliche Versorgung / Untersuchung / Behandlung
medical student	Medizinstudent/in
sb's medical history	jds Krankengeschichte
nurse n, v [nɜ:s]	**Krankenschwester, Krankenpfleger/in, pflegen**
a nurse at a hospital	eine Krankenschwester / ein Krankenpfleger an einem Krankenhaus
male nurse	Krankenpfleger
nurse old people	alte Menschen pflegen
operate v ['ɒpəreɪt]	**operieren**
operate on a patient	einen Patienten operieren
(operating) theatre n ['ɒpəreɪtɪŋ θɪətə]	**Operationssaal**
operation n [ˌɒpə'reɪʃn]	**Operation**
have an operation	sich einer Operation unterziehen
perform an operation	eine Operation durchführen
patient n ['peɪʃnt]	**Patient/in**
private patient	Privatpatient/in
round n [raʊnd]	**Visite**
The doctor is on her round.	Die Ärztin macht Visite.
senior consultant n [ˌsi:niə kən'sʌltənt]	**Chefarzt, Chefärztin**
specialist n ['speʃəlɪst]	**Facharzt, Fachärztin**
a specialist in plastic surgery	ein Facharzt für plastische Chirurgie
eye specialist	Augenarzt / Augenärztin
surgeon n ['sɜ:dʒən]	**Chirurg/in**
surgery n ['sɜ:dʒəri]	**Chirurgie, Praxis**
have / need surgery on one's leg	sich am Bein operieren lassen / lassen müssen
undergo major heart surgery	sich einer größeren Herzoperation unterziehen
plastic surgery	plastische Chirurgie
syringe n [sɪ'rɪndʒ]	**Spritze**
test n, v [test]	**Untersuchung, Analyse, untersuchen, analysieren**
a blood test	eine Blutuntersuchung
Have your eyes tested!	Machen Sie einen Sehtest!
therapy n ['θerəpi]	**Therapie, Behandlung**
be in therapy for sth	wegen etw in Therapie sein

treat v [triːt]	**behandeln**
treat a disease	eine Krankheit behandeln
treat a patient for cancer	einen Patienten wegen Krebs behandeln
treatment n ['triːtmənt]	**Behandlung**
dental treatment	zahnärztliche Behandlung
be having treatment for sth	wegen etw in Behandlung sein
visiting hours n ['vɪzɪtɪŋ aʊəz]	**Besuchszeit**
waiting-room n ['weɪtɪŋˌruːm]	**Wartezimmer**
ward n [wɔːd]	**(Kranken-)Station**
emergency ward	Unfallstation
X-ray n ['eksreɪ]	**Röntgenstrahl**
have an X-ray	geröntgt werden
I have to go for an X-ray.	Ich muss zum Röntgen.

Arzneimittel

antibiotic n [ˌæntibaɪ'ɒtɪk]	**Antibiotikum**
application n [ˌæplɪ'keɪʃn]	**Anwendung**
This ointment is for external application only.	Diese Salbe ist nur für die äußerliche Anwendung bestimmt.
apply v [ə'plaɪ]	**auftragen, anwenden**
apply an ointment	eine Salbe auftragen
aspirin n ['æsprɪn]	**Aspirin, Kopfschmerztablette**
capsule n ['kæpsjuːl]	**Kapsel**
cure n [kjʊə]	**Heilmittel, Heilverfahren**
a cure for sb / for sth	ein Heilmittel für jdn / gegen etw
The patient / illness is beyond cure.	Der Patient ist unheilbar krank / die Krankheit ist unheilbar.
(dispensing) chemist n [dɪˌspensɪŋ 'kemɪst]	**Apotheke**
drops n pl [drɒps]	**Tropfen**
eye drops	Augentropfen
drug n [drʌg]	**Medikament, Arzneimittel**
put sb on drugs	jdm Medikamente verordnen
immunization n [ˌɪmjunaɪ'zeɪʃn]	**Immunisierung, Impfung**
carry out mass immunization against sth	Massenimpfungen gegen etw durchführen
inoculate v [ɪ'nɒkjuleɪt]	**impfen**
inoculate sb against sth	jdn gegen etw impfen
inoculation n [ɪˌnɒkju'leɪʃn]	**Impfung**
an inoculation against sth	eine Impfung gegen etw
medicine n ['medsn]	**Medizin, Arznei**
study medicine	Medizin studieren
practise medicine	den Arztberuf ausüben
take / prescribe (a) medicine	(eine) Medizin nehmen / verschreiben

ointment n ['ɔɪntmənt] — **Salbe**
apply an ointment — eine Salbe auftragen

painkiller n ['peɪnkɪlə] — **schmerzstillendes Mittel, Schmerztablette**

pharmacy n ['fɑːməsi] — **Apotheke**

pill n [pɪl] — **Pille**

powder n ['paʊdə] — **Pulver**

prescribe v [prɪ'skraɪb] — **verschreiben**
prescribe drugs for sb — jdm Medikamente verschreiben

prescription n [prɪ'skrɪpʃn] — **Rezept**
give sb a prescription for sth — jdm ein Rezept für etw geben
be available only on prescription — rezeptpflichtig sein

side-effect n ['saɪdɪfekt] — **Nebenwirkung**

tablet n ['tæblɪt] — **Tablette**

take v [teɪk] — **(ein)nehmen**
took, taken [tʊk, 'teɪkən]
Take two tablets after meals. — Nehmen Sie zwei Tabletten nach den Mahlzeiten.

Drogen und Genussmittel

acid n [ˌæsɪd] — **Acid**

addict n ['ædɪkt] — **Süchtige/r, Abhängige/r**
be an addict — süchtig sein

addicted adj [ə'dɪktɪd] — **süchtig, abhängig**
be / become addicted to heroin — heroinsüchtig sein / werden

addiction n [ə'dɪkʃn] — **Sucht, Abhängigkeit**
overcome one's addiction to alcohol — seine Alkoholabhängigkeit überwinden

alcoholic n [ˌælkə'hɒlɪk] — **Alkoholiker/in**
She's an alcoholic. — Sie ist Alkoholikerin.

alcoholism n ['ælkəhɒlɪzəm] — **Alkoholismus**

chain-smoker n ['tʃeɪnsməʊkə] — **Kettenraucher/in**

cigar n [sɪ'gɑː] — **Zigarre**
a box of cigars — eine Kiste Zigarren

cigarette n [ˌsɪgə'ret] — **Zigarette**
put out a cigarette — eine Zigarette ausmachen
a pack / packet of cigarettes — eine Schachtel Zigaretten

cigarette end n [ˌsɪgə'ret end] — **Zigarettenstummel**

cocaine n [kəʊ'keɪn] — **Kokain**

crack n [kræk] — **Crack**

damage n, v ['dæmɪdʒ] — **Schaden, schaden**
Smoking can seriously damage your health. — Rauchen gefährdet Ihre Gesundheit.

drinker n ['drɪŋkə]	**Trinker/in**
a habitual drinker	ein/e Gewohnheitstrinker/in
drug n [drʌg]	**Droge, Rauschgift**
be on / take hard drugs	harte Drogen nehmen
drug addict n ['drʌg ædɪkt]	**Drogenabhängige/r**
drug dealer n ['drʌg diːlə]	**Drogenhändler/in**
drug traffic n ['drʌg træfɪk]	**Drogenhandel**
drunk adj [drʌŋk]	**betrunken**
be drunk	betrunken sein
get drunk on beer	sich mit Bier betrinken
ecstasy n ['ekstəsi]	**Ecstasy**
give up v [ˌgɪv 'ʌp]	**aufgeben**
gave, given [geɪv, 'gɪvn]	
give up smoking	das Rauchen aufgeben
heroin n ['herəʊɪn]	**Heroin**
inject heroin	Heroin spritzen
narcotic n [nɑː'kɒtɪk]	**Rauschgift**
narcotics squad n [nɑː'kɒtɪks skwɒd]	**Rauschgiftdezernat**
nicotine n ['nɪkətiːn]	**Nikotin**
non-smoker n [ˌnɒn'sməʊkə]	**Nichtraucher/in**
pipe n [paɪp]	**Pfeife**
fill a pipe	eine Pfeife stopfen
smoke n, v [sməʊk]	**Rauch, rauchen**
smoker n ['sməʊkə]	**Raucher/in**
She's a heavy smoker.	Sie ist eine starke Raucherin.
sober adj ['səʊbə]	**nüchtern**
sober up v [ˌsəʊbər 'ʌp]	**nüchtern werden**
tar n [tɑː]	**Teer**
tobacco n [tə'bækəʊ]	**Tabak**

DER MENSCH ALS INDIVIDUUM

Person und Persönlichkeit

Identität und Eigenschaften

aggressive adj [ə'gresɪv] — **aggressiv**

amiable adj ['eɪmiəbl] — **liebenswürdig**

arrogance n ['ærəgəns] — **Arroganz, Überheblichkeit**

arrogant adj ['ærəgənt] — **arrogant, überheblich**

brave adj [breɪv] — **mutig, tapfer**

calm adj [kɑːm] — **ruhig**
She kept calm despite all the trouble. — Sie blieb ruhig, trotz des ganzen Ärgers.

character n ['kærəktə] — **Charakter, Wesen(sart)**
have a good / bad character — einen guten / schlechten Charakter haben
His behaviour last night was completely out of character. — Sein Verhalten gestern Abend passte überhaupt nicht zu seinem Charakter.
It's in character for her to do something like that. — Es ist typisch für sie, so etwas zu tun.

characteristic n, adj [ˌkærəktə'rɪstɪk] — **typisches Merkmal, charakteristisch**
His main characteristic is ambition. — Sein herausragendes Merkmal ist Ehrgeiz.
Such behaviour is characteristic of her. — Solch ein Verhalten ist charakteristisch für sie.

characterization n [ˌkærəktəraɪ'zeɪʃn] — **Charakterisierung, Personenbeschreibung**

charm n [tʃɑːm] — **Charm**

charming adj ['tʃɑːmɪŋ] — **charmant, reizend**

cheerful adj ['tʃɪəfl] — **fröhlich**

childish adj ['tʃaɪldɪʃ] — **kindisch**

clumsy adj ['klʌmzi] — **ungeschickt**

confidence n ['kɒnfɪdəns] — **Selbstvertrauen, Selbstsicherheit**
shake sb's confidence — jds Selbstvertrauen erschüttern

confident adj ['kɒnfɪdənt] — **selbstsicher**

courage n ['kʌrɪdʒ] — **Mut, Tapferkeit**
have courage — Mut haben

courageous adj [kə'reɪdʒəs] — **mutig, tapfer**

coward n ['kaʊəd] — **Feigling**

crazy adj ['kreɪzi] — **verrückt**

decent adj ['diːsnt] — **anständig**

dignity n ['dɪgnəti] — **Würde**
maintain one's dignity — seine Würde wahren

dull adj [dʌl] — **langweilig**

fault n [fɔːlt]	**Fehler**
I like Sue despite her faults.	Ich mag Sue trotz ihrer Fehler.
find fault with sb	etw an jdm / etw auszusetzen haben
That's your own fault.	Das ist deine eigene Schuld.
fool n [fuːl]	**Dummkopf, Narr**
She wasn't fool enough to think it would be easy.	Sie war nicht so dumm zu glauben, es würde einfach sein.
He was a fool not to accept the offer.	Es war dumm von ihm, das Angebot nicht anzunehmen.
make a fool of oneself	sich lächerlich machen / blamieren
frank adj [fræŋk]	**offen**
Let me be frank with you …	Lassen Sie mich offen mit Ihnen sprechen …
friendly adj ['frendli]	**freundlich**
be friendly to sb	freundlich zu jdm sein
generous adj ['dʒenərəs]	**großzügig, freigebig**
That's very generous of you.	Das ist sehr großzügig von Ihnen.
be generous with money	großzügig mit Geld umgehen
honest adj ['ɒnɪst]	**ehrlich**
honesty n ['ɒnəsti]	**Ehrlichkeit**
humorous adj ['hjuːmərəs]	**humorvoll**
humour n ['hjuːmə]	**Humor**
He's got a good sense of humour.	Er hat viel Sinn für Humor.
identity n [aɪ'dentəti]	**Identität**
prove one's identity	sich ausweisen
image n ['ɪmɪdʒ]	**Image**
improve one's image	sein Image verbessern
inclination n [ˌɪnklɪ'neɪʃn]	**Neigung**
He has an inclination to talk too much.	Er neigt dazu, zu viel zu reden.
feel an inclination	eine Neigung verspüren
kind adj [kaɪnd]	**nett, freundlich, liebenswürdig**
be kind to sb	nett / freundlich zu jdm sein
lazy adj ['leɪzi]	**faul**
left-handed adj [ˌleft'hændɪd]	**linkshändig**
be left-handed	Linkshänder/in sein
liar n ['laɪə]	**Lügner/in**
manner n ['mænə]	**Art, Weise**
He has a very polite / arrogant manner.	Er hat eine sehr höfliche / arrogante Art.
behave in a strange manner	sich seltsam verhalten
mean adj [miːn]	**geizig, gemein**
She's mean with money.	Sie ist geizig.
That was mean of you.	Das war gemein von dir.
miserable adj ['mɪzrəbl]	**übellaunig, unangenehm**
He's a miserable chap.	Er ist ein übellauniger Bursche.

modest adj ['mɒdɪst] — **bescheiden**

patience n ['peɪʃns] — **Geduld**

patient adj ['peɪʃnt] — **geduldig**
be patient with sb / sth — mit jdm / etw Geduld haben

person n ['pɜːsn] — **Person, Mensch**
He's a serious person. — Er ist ein ernsthafter Mensch.

personal adj ['pɜːsənl] — **persönlich**
personal opinion / question — persönliche Meinung / Frage
know sb personally — jdn persönlich kennen
Personally, I think that … — Ich persönlich bin der Meinung, dass …

personality n [ˌpɜːsəˈnæləti] — **Persönlichkeit**

pleasant adj ['pleznt] — **nett**

proud adj [praʊd] — **stolz**
be proud of sth — stolz sein auf etw

represent v [ˌreprɪ'zent] — **darstellen, repräsentieren**
These paintings represent the artist's work. — Diese Gemälde stellen das Gesamtwerk des Künstlers dar.
He represents the older generation. — Er repräsentiert die ältere Generation.

reserved adj [rɪ'zɜːvd] — **zurückhaltend, reserviert**

right-handed adj [ˌraɪt'hændɪd] — **rechtshändig**
be right-handed — Rechtshänder/in sein

rude adj [ruːd] — **unhöflich**

self-confidence n [ˌself'kɒnfɪdəns] — **Selbstsicherheit, Selbstvertrauen**

self-confident adj [ˌself'kɒnfɪdənt] — **selbstsicher**

sensitive adj ['sensətɪv] — **empfindlich, sensibel**

serious adj ['sɪəriəs] — **ernst, ernsthaft**
a serious person — ein ernsthafter Mensch
I'm serious (about it). — Ich meine es ernst.
take sb / sth seriously — jdn / etw ernst nehmen

shy adj [ʃaɪ] — **schüchtern, scheu**

silly adj ['sɪli] — **töricht, albern**
It was silly of you to do that. — Es war dumm von dir, das zu tun.

sincere adj [sɪn'sɪə] — **aufrichtig, ehrlich**
sincere apologies / offers — aufrichtige Entschuldigungen / Angebote
He wasn't sincere when he said … — Er war nicht ehrlich, als er sagte …

spirits n ['spɪrɪts] — **Temperament, Laune**
They lifted his spirits with their laughter. — Ihr Lachen munterte ihn auf.

stubborn adj ['stʌbən] — **dickköpfig, stur**

stupid adj ['stjuːpɪd] — **dumm, blöde**
It was stupid of you to do that. — Es war dumm von dir, das zu tun.

tactful adj ['tæktfl] — **taktvoll**

tolerant adj ['tɒlərənt] — **tolerant**

trait n [treɪt]	**Eigenschaft, Charakterzug**
typical adj ['tɪpɪkl] That's typical of her.	**typisch** Das ist typisch für sie.
unfriendly adj [ʌn'frendli]	**unfreundlich**

Aussehen

appearance n [ə'pɪərəns]	**Aussehen**
attractive adj [ə'træktɪv]	**attraktiv, anziehend**
bald adj [bɔːld] be / go bald	**kahl, glatzköpfig** eine Glatze haben / bekommen
beard n [bɪəd] grow a beard shave off / trim one's beard	**(Backen-)Bart** sich einen Bart wachsen lassen sich den Bart abnehmen / stutzen
bearded adj ['bɪədɪd]	**bärtig**
beautiful adj ['bjuːtɪfl]	**schön**
beauty n ['bjuːti] She's a real beauty.	**Schönheit** Sie ist eine wirkliche Schönheit.
big adj [bɪg] He's a big man.	**groß, kräftig** Er ist ein großer / kräftiger Mann.
blond(e) adj [blɒnd]	**blond**
complexion n [kəm'plekʃn] fair / dark complexion	**Gesichtsfarbe, Teint** helle / dunkle Haut(farbe)
curl n [kɜːl]	**Locke**
curly adj ['kɜːli]	**lockig**
dark-haired adj [ˌdɑːk'heəd]	**dunkelhaarig**
expression n [ɪk'spreʃn] a happy / grave / angry / puzzled expression I could tell by her expression that …	**Gesichtsausdruck** ein glücklicher / ernster / wütender / verblüffter Gesichtsausdruck Ich konnte von ihrem Gesicht ablesen, dass …
fair adj [feə] fair complexion / skin She's got fair hair.	**hell** heller Teint / helle Haut Sie ist blond.
fair-haired adj [ˌfeə'heəd]	**blond**
fat adj [fæt] She's getting fatter and fatter.	**dick, fett** Sie wird immer dicker.
feminine adj ['femənɪn]	**feminin, weiblich, Frauen-**
figure n ['fɪgə] have a good figure keep one's figure	**Figur, Gestalt** eine gute Figur haben seine Figur (be)halten
good-looking adj [ˌgʊd'lʊkɪŋ]	**gut aussehend**

handsome adj ['hænsəm] — **gut aussehend**
a handsome young man. — ein gut aussehender junger Mann.

height n [haɪt] — **Größe**
be the same height as sb else — genauso groß sein wie jd anders

look v [lʊk] — **aussehen**
look great / happy — toll / glücklich aussehen
What does he look like? — Wie sieht er aus?

lovely adj ['lʌvli] — **reizend, hübsch, nett**

masculine adj ['mæskjəlɪn] — **maskulin, männlich, Männer-**

moustache n [mə'stɑːʃ] — **Schnurrbart, Oberlippenbart**
grow a moustache — sich einen Schnurrbart wachsen lassen

nice adj [naɪs] — **nett, hübsch**

pale adj [peɪl] — **blass**
turn pale (with rage) — blass werden (vor Wut)

pretty adv ['prɪti] — **hübsch**

profile n ['prəʊfaɪl] — **Profil**
in profile — im Profil

short adj [ʃɔːt] — **klein**

slim adj [slɪm] — **schlank**
become slim — schlank werden

small adj [smɔːl] — **klein**
a small child — ein kleines Kind

straight adj [streɪt] — **glatt**
straight hair — glatte Haare

tall adj [tɔːl] — **groß**

tan n [tæn] — **(Sonnen-)Bräune, Bräunung**
get a tan — braun werden
have a nice tan — schön braun sein

tanned adj [tænd] — **braun (gebrannt)**

ugly adj ['ʌgli] — **hässlich**
be / look ugly — hässlich sein / aussehen

wrinkle n ['rɪŋkl] — **Falte**

Leistung und Fähigkeit

ability n [ə'bɪləti] — **Fähigkeit**
have the ability to do sth — die Fähigkeit haben, etw zu tun
to the best of one's ability — nach (besten) Kräften
a woman of great ability — eine sehr fähige Frau

able adj ['eɪbl] — **fähig, in der Lage**
a very able lawyer — eine sehr fähige Juristin
be able to do sth — etw tun können

awkward adj ['ɔːkwəd]	**unbeholfen, ungeschickt**
bright adj [braɪt]	**intelligent, aufgeweckt**
a bright student	ein/e intelligente/r Student/in
a bright child.	ein aufgewecktes Kind
can v [kæn] could [kʊd]	**können**
She can swim.	Sie kann schwimmen.
capability n [ˌkeɪpə'bɪləti]	**Fähigkeit**
demonstrate one's capabilities	seine Fähigkeiten unter Beweis stellen
capable adj ['keɪpəbl]	**fähig, in der Lage**
He's capable of carrying out the plan.	Er ist fähig, den Plan auszuführen.
clever adj ['klevə]	**klug, schlau, begabt**
It was very clever of you to do that.	Es war sehr klug von dir, das zu tun.
a clever idea / child	ein kluger Gedanke / ein schlaues Kind
deal with v ['diːl wɪð] dealt, dealt [delt, delt]	**sich befassen mit, umgehen mit, fertig werden mit, bewältigen**
deal with a problem	sich mit einem Problem befassen
She knows how to deal with difficult people.	Sie weiß, wie man mit schwierigen Leuten umgeht.
deal with an emergency	mit einem Notfall fertig werden
efficiency n [ɪ'fɪʃnsi]	**Effizienz, Fähigkeit, Tüchtigkeit**
efficient adj [ɪ'fɪʃnt]	**effizient, fähig, tüchtig**
an efficient worker	eine tüchtige Arbeiterin
She's very efficient at running the company.	Sie leitet die Firma sehr effizient.
experience n, v [ɪk'spɪəriəns]	**Erfahrung, erfahren, Erfahrung machen**
learn by experience	aus Erfahrung lernen
know sth from experience	etw aus Erfahrung wissen
gain experience in a field	Erfahrung auf einem Gebiet sammeln
He's never experienced real pain.	Er hat noch nie wirklichen Schmerz erfahren.
experienced adj [ɪk'spɪəriənst]	**erfahren**
an experienced doctor	ein erfahrener Arzt / eine erfahrene Ärztin
be experienced in sth	erfahren in etw sein
expert n ['ekspɜːt]	**Fachmann/-frau, Experte/Expertin**
be an expert in English history	Experte / Expertin für englische Geschichte sein
improve on v [ɪm'pruːv ɒn]	**verbessern, übertreffen**
improve on a record / method	einen Rekord / eine Methode verbessern
improve on one's previous achievements	seine früheren Leistungen übertreffen
intelligence n [ɪn'telɪdʒəns]	**Intelligenz**
a woman of great intelligence	eine Frau von hoher Intelligenz
intelligent adj [ɪn'telɪdʒənt]	**intelligent**
performance n [pə'fɔːməns]	**Leistung(en)**
The team gave a good performance.	Das Team zeigte eine gute Leistung.

productive adj [prə'dʌktɪv] — **produktiv**

productivity n [ˌprɒdʌk'tɪvəti] — **Produktivität**

reliability n [rɪˌlaɪə'bɪləti] — **Zuverlässigkeit**

reliable adj [rɪ'laɪəbl] — **zuverlässig**

remarkable adj [rɪ'mɑːkəbl] — **bemerkenswert, beachtlich**
a remarkable woman — eine bemerkenswerte Frau
remarkable achievements — beachtliche Leistungen

skilful adj ['skɪlfl] — **geschickt**

skill n [skɪl] — **Fertigkeit, Fähigkeit**

skilled adj [skɪld] — **geschickt**

talent n ['tælənt] — **Talent, Begabung**
have a talent for languages — eine Begabung für Sprachen haben

tough adj [tʌf] — **widerstandsfähig**

unable adj [ʌn'eɪbl] — **unfähig**

unproductive adj [ˌʌnprə'dʌktɪv] — **unproduktiv**

Verstand und Vernunft

Vorstellung und Wirklichkeit

abstract adj ['æbstrækt] — **abstrakt**
abstract thinking — abstraktes Denken

actual adj ['æktʃuəl] — **tatsächlich, eigentlich, wirklich**
She's the actual boss. — Sie ist der eigentliche Chef.
The actual amount was much higher than assumed. — Der tatsächliche Betrag war viel höher als angenommen.

actually adv ['æktʃuəli] — **tatsächlich, eigentlich, wirklich**
Actually, you're right. — Eigentlich hast du recht.
I don't actually feel like seeing them. — Ich möchte sie eigentlich gar nicht sehen.

apparent adj [ə'pærənt] — **offensichtlich, anscheinend**
be apparent to sb — für jdn offensichtlich sein
His apparent ignorance made her angry. — Seine anscheinende Ignoranz machte sie wütend.

attitude n ['ætɪtjuːd] — **Einstellung, Haltung**
her attitude to work — ihre Einstellung zur Arbeit

be mistaken v [bi mɪ'steɪkən] — **sich irren, sich täuschen**
I knew I wasn't mistaken. — Ich wusste doch, dass ich recht hatte.

concept n ['kɒnsept] — **Begriff, Vorstellung**
the concept of justice — der Begriff des Rechts
the communist concept of the world — das kommunistische Weltbild

concrete adj ['kɒŋkriːt] — **konkret**
concrete examples / evidence — konkrete Beispiele / Beweise

confuse v [kən'fju:z]	**verwirren**
confused adj [kən'fju:zd]	**verwirrt**
confusion n [kən'fju:ʒn]	**Verwirrung**
conviction n [kən'vɪkʃn]	**Überzeugung**
It's my conviction that …	Ich bin der Überzeugung, dass …
convinced adj [kən'vɪnst]	**überzeugt**
I'm firmly convinced that …	Ich bin der festen Überzeugung, dass …
dream n [dri:m]	**Traum**
have a dream	träumen / einen Traum haben
dream v [dri:m]	**träumen**
dreamt / dreamed [dremt, dremt]	
dream about sth	von etw träumen
face v [feɪs]	**ausgesetzt sein, sich stellen**
They are faced with a lot of criticism.	Sie sind heftiger Kritik ausgesetzt.
You have to face the facts.	Du musst den Tatsachen ins Auge sehen / dich den Tatsachen stellen.
fact n [fækt]	**Tatsache**
the hard facts	die nackten Tatsachen
face the facts	den Tatsachen ins Auge sehen
stick to the facts	sich an die Tatsachen halten
factual adj ['fæktʃuəl]	**sachlich**
a factual speech / account	eine sachliche Rede / Darstellung
factual information	Sachinformationen
fantastic adj [fæn'tæstɪk]	**fantastisch**
fantasy n ['fæntəsi]	**Fantasie**
The story is a mixture of fantasy and reality.	Die Geschichte ist eine Mischung aus Fantasie und Wirklichkeit.
fire v ['faɪə]	**beflügeln, entfachen, entzünden**
fire sb's imagination	jds Fantasie beflügeln
fire sb's enthusiasm	jds Begeisterung entzünden
ghost n [gəʊst]	**Gespenst**
believe in ghosts	an Gespenster glauben
idea n [aɪ'dɪə]	**Idee, Gedanke, Vorstellung**
That's a good idea.	Das ist eine gute Idee.
You have no idea …	Du hast ja keine Ahnung …
ideal n, adj [aɪ'dɪəl]	**Ideal, ideal**
imagination n [ɪˌmædʒɪ'neɪʃn]	**Fantasie, Vorstellungskraft**
have a lively imagination	eine rege Fantasie haben
lack imagination	keine Fantasie haben
imagine v [ɪ'mædʒɪn]	**sich vorstellen, sich einbilden**
Can you imagine my surprise?	Kannst du dir meine Überraschung vorstellen?
I can't imagine him as a teacher.	Ich kann ihn mir nicht als Lehrer vorstellen.
impossible adj [ɪm'pɒsəbl]	**unmöglich, undenkbar**

impress v [ɪm'pres]	**beeindrucken, imponieren**
be deeply impressed by sb / sth	tief von jdm / etw beeindruckt sein
impression n [ɪm'preʃn]	**Eindruck**
make a good / bad impression on sb	einen guten / schlechten Eindruck auf jdn machen
I was under the impression that …	Ich hatte den Eindruck, dass …
get the impression that …	den Eindruck gewinnen, dass …
improbable adj [ɪm'prɒbəbl]	**unwahrscheinlich**
likely adj ['laɪkli]	**wahrscheinlich**
the likely consequence will be …	die wahrscheinliche Folge ist …
It's very likely that he did it.	Es ist sehr wahrscheinlich, dass er es war.
mean v [mi:n] meant, meant [ment, ment]	**bedeuten, meinen**
What does this word mean?	Was bedeutet dieses Wort?
What do you mean by that?	Was meinst du damit?
meaning n ['mi:nɪŋ]	**Bedeutung, Sinn**
The word *turn* has many meanings.	Das Wort *turn* hat viele Bedeutungen.
He doesn't know the meaning of hunger.	Er weiß nicht, was Hunger bedeutet.
notion n ['nəʊʃn]	**Vorstellung, Idee, Ahnung**
I haven't got the slightest notion what he's talking about.	Ich habe keine Ahnung, wovon er spricht.
obvious adj ['ɒbviəs]	**offensichtlich, deutlich**
It was obvious to all of us that …	Es war für uns alle offensichtlich, dass …
opinion n [ə'pɪniən]	**Meinung**
in my opinion	meiner Meinung nach
point of view n [ˌpɔɪnt əv 'vju:]	**Standpunkt, Perspektive, Sicht**
This is an unacceptable point of view.	Dies ist ein inakzeptabler Standpunkt.
from my point of view	aus meiner Sicht
possible adj ['pɒsəbl]	**möglich, denkbar**
as quickly as possible	so schnell wie möglich
if (at all) possible	wenn (irgend) möglich
practical adj ['præktɪkl]	**praktisch, praxisorientiert**
have a practical mind	praktisch veranlagt sein
practical experience	praktische Erfahrung
a practical approach	ein praxisorientierter Ansatz
practice n ['præktɪs]	**Praxis**
theory and practice	Theorie und Praxis
put an idea into practice	eine Idee in die Praxis umsetzen
prejudice n ['predʒudɪs]	**Vorurteil**
have a prejudice against sb	Vorurteile haben gegen jdn
break down prejudices	Vorurteile abbauen
be free from prejudice	frei von Vorurteilen sein
pretend v [prɪ'tend]	**vorgeben**
probably adv ['prɒbəbli]	**wahrscheinlich**
She's probably not at home.	Sie ist wahrscheinlich nicht zu Hause.

proof n [pruːf] — **Beweis**

realistic adj [ˌriːəˈlɪstɪk] — **realistisch**
be realistic about sth — etw realistisch angehen / sehen

reality n [riˈæləti] — **Wirklichkeit**

realize v [ˈrɪəlaɪz] — **verwirklichen**
realize a dream — einen Traum verwirklichen

seem v [siːm] — **scheinen**
She seems to like him. — Sie scheint ihn zu mögen.
It seems to me that … — Mir scheint, dass …

spirit n [ˈspɪrɪt] — **Geist**
The spirit is willing but the flesh is weak. — Der Geist ist willig, aber das Fleisch ist schwach.
I'll be with you in spirit. — Ich werde im Geiste bei euch sein.

symbol n [ˈsɪmbl] — **Symbol, Zeichen**
the symbol of peace — das Symbol des Friedens

symbolize v [ˈsɪmbəlaɪz] — **symbolisieren**

theoretical adj [ˌθɪəˈretɪkl] — **theoretisch**

theory n [ˈθɪəri] — **Theorie**
in theory — theoretisch

truth n [truːθ] — **Wahrheit**
tell the truth — die Wahrheit sagen

unbelievable adj [ˌʌnbɪˈliːvəbl] — **unglaublich**

useless adj [ˈjuːsləs] — **sinnlos**
useless efforts — sinnlose Bemühungen
a useless existence — eine sinnlose Existenz

utopia n [juːˈtəʊpiə] — **Utopie**

utopian adj [juːˈtəʊpiən] — **utopisch**

view n [vjuː] — **Ansicht, Meinung, Haltung**
have / express views on sth — Ansichten über etw haben / äußern
In my view it was a mistake. — Meiner Meinung nach war es ein Fehler.

Denken und Gedächtnis

analyse v [ˈænəlaɪz] — **analysieren**
analyse the situation — die Lage analysieren

analysis n [əˈnæləsɪs] — **Analyse**
analyses [əˈnæləsiːz]

aware adj [əˈweə] — **bewusst**
be / become aware of a problem — sich eines Problems bewusst sein / werden
She was fully aware that there was a problem — Sie war sich völlig klar, dass es ein Problem gab.

awareness n [əˈweənəs] — **Bewusstsein**
environmental / political awareness — Umweltbewusstsein / politisches Bewusstsein

common sense n [ˌkɒmən ˈsens] — **gesunder Menschenverstand**

comprehension n [ˌkɒmprɪˈhenʃn]	**Verständnis, Begriffsvermögen**
That's beyond my comprehension.	Das übersteigt meinen Verstand.
concentrate v [ˈkɒnsntreɪt]	**(sich) konzentrieren**
concentrate on sth / doing sth	sich konzentrieren auf etw / darauf, etw zu tun
concentration n [ˌkɒnsnˈtreɪʃn]	**Konzentration**
conscience n [ˈkɒnʃəns]	**Gewissen**
have a bad conscience	ein schlechtes Gewissen haben
forget v [fəˈget]	**vergessen**
forgot, forgotten [fəˈgɒt, fəˈgɒtn]	
forget the keys / an appointment	die Schlüssel / eine Verabredung vergessen
I've forgotten his name.	Ich habe seinen Namen vergessen.
I forget his name.	Mir fällt sein Name nicht ein.
grasp n, v [grɑːsp]	**Verständnis, begreifen**
She has a firm grasp of mathematics.	Sie beherrscht Mathematik sehr gut.
He didn't grasp the seriousness of the situation.	Er hat den Ernst der Lage nicht begriffen.
ignorance n [ˈɪgnərəns]	**Unwissenheit, Unkenntnis**
ignorant adj [ˈɪgnərənt]	**ignorant, unwissend**
ignore v [ɪgˈnɔː]	**ignorieren**
know v [nəʊ]	**kennen, wissen**
knew, known [njuː, nəʊn]	
know sth by heart / for certain	etw auswendig / mit Sicherheit wissen
get to know sb	jdn kennenlernen
He knows a lot about cars.	Er versteht sehr viel von Autos.
knowledge n [ˈnɒlɪdʒ]	**Wissen, Kenntnis(se)**
acquire knowledge about sth	Wissen über etw erwerben
Not to my knowledge.	Nicht, dass ich wüsste.
liberal adj [ˈlɪbərəl]	**aufgeschlossen**
liberal policy	liberale Politik
the Liberal Party	die Liberale Partei
memory n [ˈmeməri]	**Gedächtnis, Erinnerung**
have a good / bad memory for names	sich Namen gut / schlecht merken können
Her name has slipped my memory.	Ihr Name ist mir entfallen.
mind n [maɪnd]	**Gedächtnis, Verstand**
Bear in mind that we're going out tomorrow night.	Vergiss nicht, dass wir morgen abend ausgehen.
make up one's mind	sich entscheiden
He must be out of his mind.	Er muss den Verstand verloren haben.
nonsense n [ˈnɒnsns]	**Unsinn**
talk a lot of nonsense	viel Unsinn reden
optimism n [ˈɒptɪmɪzəm]	**Optimismus**
optimistic adj [ˌɒptɪˈmɪstɪk]	**optimistisch**
be optimistic about sth	optimistisch in Bezug auf etw sein
pessimism n [ˈpesɪmɪzəm]	**Pessimismus**

pessimistic adj [ˌpesɪˈmɪstɪk]	**pessimistisch**
point n, v [pɔɪnt]	**Sinn, Punkt, (hin)deuten**
What's the point in complaining?	Welchen Sinn hat es, sich zu beschweren?
come to the point	auf den Punkt kommen
I can't see his point.	Ich sehe nicht, worauf er hinaus will.
everything points that way	alles deutet in diese Richtung
presence of mind n [ˌprezəns əv ˈmaɪnd]	**Geistesgegenwart, Verstand**
realization n [ˌrɪəlaɪˈzeɪʃn]	**Erkenntnis**
realize v [ˈrɪəlaɪz]	**merken, sich klar / bewusst werden**
Do you realize it's Christmas in three weeks?	Ist dir klar, dass in drei Wochen Weihnachten ist?
reason n [ˈriːzn]	**Vernunft**
against all reason	gegen alle Vernunft
the Age of Reason	das Zeitalter der Vernunft
reasonable adj [ˈriːznəbl]	**vernünftig**
reasonable explanation / decision	vernünftige Erklärung / Entscheidung
recognize v [ˈrekəgnaɪz]	**erkennen, wieder erkennen**
recognize sb / a problem	jdn / ein Problem erkennen
I didn't recognize you.	Ich habe dich gar nicht wieder erkannt.
remember v [rɪˈmembə]	**sich erinnern, daran denken**
remember sb / sth	sich an jdn / etw erinnern
remember to do sth	daran denken, etw zu tun
remind v [rɪˈmaɪnd]	**(jdn an etw) erinnern**
remind sb of sth	jdn an etw erinnern
remind sb to do sth	jdn daran erinnern, etw zu tun
see v [siː] saw, seen [sɔː, siːn]	**verstehen**
Do you see what I mean?	Verstehst du, was ich meine?
sense n [sens]	**Sinn**
That doesn't make sense to me.	Das gibt keinen Sinn.
sensible adj [ˈsensəbl]	**vernünftig**
It was sensible of you to do that.	Es war vernünftig von dir, das zu tun.
think v [θɪŋk] thought, thought [θɔːt, θɔːt]	**denken, nachdenken**
He thought about it.	Er dachte darüber nach.
Think of me!	Denk an mich!
thought n [θɔːt]	**Denken, Gedanke, Nachdenken**
logical thought	logisches Denken
be lost in thought	in Gedanken verloren sein
the very thought of it	der bloße Gedanke daran
give little / much thought to sth	wenig / viel über etw nachdenken
understand v [ʌndəˈstænd] understood, understood [ʌndəˈstʊd, ʌndəˈstʊd]	**verstehen, begreifen**
understand sb / English / that …	jdn / Englisch verstehen / verstehen, dass …
I don't understand how he could do that.	Ich begreife nicht, wie er das tun konnte.

understanding n [ˌʌndəˈstændɪŋ]	**Auffassungsgabe, Verständnis**
have an understanding of a situation	eine Situation verstehen / begreifen
wit n [wɪt]	**Witz, Geist**
be at one's wits' end	nicht mehr wissen, was man tun soll

Abwägen, Urteilen, Entscheiden

aspect n [ˈæspekt]	**Aspekt, Seite**
look at a matter from every aspect	eine Sache unter allen Aspekten betrachten
the serious aspect of the situation	die ernste Seite der Angelegenheit
assess v [əˈses]	**einschätzen, beurteilen**
assess sb's chances / possibilities	jds Chancen / Möglichkeiten einschätzen
assess sb's performance	jds Leistung beurteilen
choice n [tʃɔɪs]	**Wahl, Auswahl**
I had no (other) choice but to go.	Ich hatte keine (andere) Wahl, als zu gehen.
choose v [tʃuːz] chose, chosen [tʃəʊz, ˈtʃəʊzn]	**wählen, aussuchen**
The team chose him as their captain.	Die Mannschaft wählte ihn zum Kapitän.
choose sth from a list	etw aus einer Liste auswählen
conclude v [kənˈkluːd]	**schließen, folgern**
What do you conclude from that?	Was schließen Sie daraus?
conclusion n [kənˈkluːʒn]	**(Schluss-)Folgerung**
draw a conclusion from sth	einen Schluss aus etw ziehen
jump to conclusions	vorschnelle Schlüsse ziehen
consider v [kənˈsɪdə]	**in Erwägung ziehen, berücksichtigen, sich überlegen, halten für, betrachten (als)**
consider a suggestion / an offer	über einen Vorschlag / ein Angebot nachdenken
consider sb for a job	jdn für eine Stelle in Erwägung ziehen
I'm considering looking for a new job.	Ich spiele mit dem Gedanken, mir eine neue Stelle zu suchen.
She's considered (to be) the most suitable candidate.	Sie wird für die geeignetste Kandidatin gehalten.
consideration n [kənˌsɪdəˈreɪʃn]	**Erwägung, Überlegung, Berücksichtigung**
take sth into consideration	etw bedenken / berücksichtigen
decide v [dɪˈsaɪd]	**(sich) entscheiden, sich entschließen, beschließen**
I decided not to go.	Ich entschloss mich, nicht hinzugehen.
decide between two things	sich zwischen zwei Dingen entscheiden
The director decided to shut the factory down.	Der Direktor beschloss, die Fabrik zu schließen.
decision n [dɪˈsɪʒn]	**Entscheidung, Entschluss**
come to a decision	zu einer Entscheidung kommen
a clear-cut / final decision	eine klare / endgültige Entscheidung
either ... or conj [ˈaɪðə, ɔː]	**entweder ... oder**

evaluate v [ɪ'væljueɪt] — **(ein)schätzen, bewerten**
evaluate the present situation — die gegenwärtige Lage bewerten
evaluate sb's performance — jds Leistung bewerten

evaluation n [ɪˌvælju'eɪʃn] — **(Ein-)Schätzung, Bewertung**
An objective evaluation of her performance. — Eine objektive Bewertung ihrer Leistung.

hesitate v ['hezɪteɪt] — **zögern**

judge v [dʒʌdʒ] — **(be)urteilen**

judgement n ['dʒʌdʒmənt] — **Urteil**

maybe adv ['meɪbi] — **vielleicht**

neither … nor conj ['naɪðə, nɔː] — **weder … noch**

overrate v [ˌəʊvə'reɪt] — **überschätzen**

perhaps adv [pə'hæps] — **vielleicht**

prefer v [prɪ'fɜː] — **vorziehen, lieber mögen, bevorzugen**
She prefers wine to beer. — Sie mag Wein lieber als Bier.
We preferred to stay at home. — Wir zogen es vor, zu Hause zu bleiben.
We'd prefer you to stay at home. — Es wäre uns lieber, wenn du zu Hause bliebest.

rate v [reɪt] — **schätzen, einschätzen**
She is generally rated an important critic. — Sie gilt gemeinhin als wichtige Kritikerin.

rather adv ['rɑːðə] — **lieber**
She'd rather play tennis. — Sie würde lieber Tennis spielen.
I'd rather he didn't come. — Es wäre mir lieber, er käme nicht.

regard v [rɪ'gɑːd] — **ansehen, einschätzen**
regard sb / sth as sth — jdn / etw für etw halten
be regarded as important — als wichtig gelten

set v [set] — **festsetzen**
set, set [set, set]
set a price / limit / date — einen Preis / eine Grenze / ein Datum festsetzen

underrate v [ˌʌndə'reɪt] — **unterschätzen**

wonder n, v ['wʌndə] — **Wunder, sich fragen**
It's no wonder … — Es ist kein Wunder …
I was wondering whether you could help me. — Könnten Sie mir vielleicht helfen?
I wonder if he'll come tonight. — Ob er wohl kommt heute abend?

Annahme, Zweifel, Gewissheit

affirm v [ə'fɜːm] — **versichern, beteuern**
He affirmed his innocence. — Er beteuerte seine Unschuld.

assume v [ə'sjuːm] — **annehmen, voraussetzen**
I assume she's at home now. — Ich nehme an, sie ist jetzt zu Hause.

assumption n [ə'sʌmpʃn] — **Annahme, Voraussetzung**
go on the assumption that … — von der Voraussetzung ausgehen, dass …

believe v [bɪ'liːv]	**glauben**
I believe he's right.	Ich glaube, er hat recht.
certain adj ['sɜːtn]	**sicher, gewiss**
Are you absolutely certain?	Bist du dir ganz sicher?
The team is certain to win the championship.	Die Mannschaft gewinnt mit Sicherheit die Meisterschaft.
Are you going to the party? – Certainly not.	Gehst du zur Party? – Auf keinen Fall.
certainty n ['sɜːtnti]	**Gewissheit**
confident adj ['kɒnfɪdənt]	**zuversichtlich**
definitely adv ['defɪnətli]	**bestimmt, sicher**
He'll definitely win.	Er wird ganz bestimmt gewinnen.
doubt n, v [daʊt]	**Zweifel, (be-)zweifeln**
express doubts	Zweifel äußern
without a doubt	ohne jeden Zweifel
be in great doubt as to sth	schwere Bedenken bezüglich einer Sache haben
There's no doubt about it.	Daran besteht kein Zweifel.
I doubt very much that she'll come.	Ich bezweifle sehr, dass sie kommt.
doubtful adj ['daʊtfl]	**zweifelhaft**
doubtful character	zwielichtige Gestalt
be doubtful about sb / sth	jdm / einer Sache gegenüber Zweifel hegen
doubtless adv ['daʊtləs]	**ohne Zweifel, zweifellos**
estimate n ['estɪmət]	**Schätzung**
an approximate / rough estimate	eine ungefähre / grobe Schätzung
estimate v ['estɪmeɪt]	**(ein)schätzen**
estimate a distance / an amount	eine Entfernung / einen Betrag schätzen
feel v [fiːl] felt, felt [felt, felt]	**glauben, der Meinung sein**
We all felt he needed support.	Wir waren alle der Meinung, er bräuchte Unterstützung.
guess n, v [ges]	**Vermutung, (er)raten, annehmen, vermuten, schätzen**
Take / Have a guess.	Rate mal.
My guess is …	Ich vermute …
Guess who I just met.	Rate mal, wen ich gerade getroffen habe.
I guess he's tired.	Ich schätze, er ist müde.
indeed adv [ɪn'diːd]	**in der Tat, tatsächlich, allerdings**
might v [maɪt]	**könnte**
It might help.	Es könnte helfen.
It might be a good idea to take a sleeping-bag.	Es wäre vielleicht eine gute Idee, einen Schlafsack mitzunehmen.
reservation n [ˌrezə'veɪʃn]	**Vorbehalt, Bedenken**
without reservation	ohne Vorbehalt
with reservations	unter Vorbehalt
have reservations about sb / sth	Bedenken in Bezug auf jdn / etw haben
speculate v ['spekjuleɪt]	**spekulieren**

speculation n [ˌspekju'leɪʃn]	**Spekulation**
suppose v [sə'pəʊz]	**glauben, annehmen, schätzen, vermuten**
I don't suppose that …	Ich glaube nicht, dass …
Will she come? – I suppose so.	Kommt sie? – Das nehme ich an.
I suppose not.	Ich glaube nicht.
be supposed to do sth	etw tun sollen
He's supposed to be reliable.	Er gilt als zuverlässig.
supposed adj [sə'pəʊzd]	**mutmaßlich, vermutet**
sure adj [ʃʊə]	**sicher, freilich**
Sure!	Klar!
I'm sure.	Ich bin sicher.
I made sure he went home.	Ich sorgte dafür, dass er nach Hause ging.
suspect v [sə'spekt]	**vermuten**
I suspect she's missed the train.	Ich vermute, dass sie den Zug verpasst hat.
suspicion n [sə'spɪʃn]	**Argwohn, Misstrauen**
view sb / sth with suspicion	jdn / etw argwöhnisch betrachten
I have my suspicions.	Ich habe meine Zweifel.
suspicious adj [sə'spɪʃəs]	**argwöhnisch , misstrauisch**
be suspicious of sb	jdm gegenüber misstrauisch sein
He has a suspicious mind.	Er ist misstrauisch.
think v [θɪŋk] thought, thought [θɔːt, θɔːt]	**glauben, meinen, finden**
I don't think so.	Das finde / glaube ich nicht.
I think that …	Ich glaube, dass …
unsure adj [ˌʌn'ʃʊə]	**unsicher**

Zustimmung und Ablehnung

accept v [ək'sept]	**annehmen, akzeptieren**
accept an offer	ein Angebot annehmen
acceptable adj [ək'septəbl]	**annehmbar, akzeptabel**
an acceptable plan	ein akzeptabler Plan
against adv [ə'genst]	**gegen**
a campaign against racism	eine Aktion gegen Rassismus
I'm against racism.	Ich bin gegen Rassismus.
agree v [ə'griː]	**zustimmen, übereinstimmen**
agree with sb	jdm zustimmen
agree to a proposal	einem Vorschlag zustimmen
We all agreed that it was a success.	Wir waren uns alle einig, dass es ein Erfolg war.
agreement n [ə'griːmənt]	**Übereinstimmung, Zustimmung**
reach full agreement on all points	in allen Punkten volle Übereinstimmung erzielen
approval n [ə'pruːvl]	**Zustimmung, Einverständnis**
give one's approval for sth	seine Zustimmung zu etw geben
meet with sb's approval	jds Zustimmung finden

approve v [ə'pru:v]	**gutheißen, billigen, genehmigen**
I can't approve of his decision.	Ich kann seine Entscheidung nicht gutheißen.
The boss approved the plan.	Der Manager billigte den Plan.
assure v [ə'ʃʊə]	**versichern, zusichern**
assure sb that …	jdm versichern, dass …
assure sb of one's support	jdm seine Unterstützung zusichern
complain v [kəm'pleɪn]	**sich beklagen, sich beschweren**
complain to sb about sth	sich bei jdm über etw beschweren
complaint n [kəm'pleɪnt]	**Beschwerde**
contradict v [ˌkɒntrə'dɪkt]	**widersprechen**
contradict sb / oneself	jdm / sich (selbst) widersprechen
contradiction n [ˌkɒntrə'dɪkʃn]	**Widerspruch**
credit n ['kredɪt]	**Anerkennung**
You have to give him credit for not giving up.	Man muss es ihm anrechnen, dass er nicht aufgibt.
get the credit one deserves	die Anerkennung bekommen, die man verdient
critical adj ['krɪtɪkl]	**kritisch**
be critical of government policy	der Regierungspolitik kritisch gegenüberstehen
criticism n ['krɪtɪsɪzəm]	**Kritik**
arouse / take criticism	Kritik hervorrufen / ertragen
severe criticism of a plan	harte Kritik an einem Plan
criticize v ['krɪtɪsaɪz]	**kritisieren**
criticize sb for sth	jdn wegen etw kritisieren
disagree v [ˌdɪsə'gri:]	**nicht übereinstimmen, nicht einverstanden sein**
disagree with sb	anderer Meinung sein als jd
disagree with a plan	mit einem Plan nicht einverstanden sein
favour n ['feɪvə]	**Gunst**
win / lose sb's favour	jds Gunst gewinnen / sich jds Gunst verscherzen
decide in sb's favour	zu jds Gunsten entscheiden
abandon a project in favour of another one	ein Projekt zugunsten eines neuen aufgeben
be in favour of sth	für etw sein
favourite adj ['feɪvərɪt]	**liebste/r/s, Lieblings-**
hostile adj ['hɒstaɪl]	**feindselig, feindlich, ablehnend**
hostile look	feindseliger Blick
hostile attitude	feindliche / ablehnende Haltung
be hostile to a plan	einem Plan ablehnend gegenüberstehen
hostility n [hɒ'stɪləti]	**Feindseligkeit, Feindschaft**
He feels no hostility towards anyone.	Er ist niemandem feindlich gesinnt.
show hostility to sb / sth	sich jdm / etw gegenüber feindlich verhalten
no adv [nəʊ]	**nein, kein/e**
Have you talked to her? – No, not yet.	Hast du mit ihr gesprochen? – Nein, noch nicht.
I wouldn't say no.	Da würde ich nicht nein sagen.
answer no	mit Nein antworten
His plan had no support.	Sein Plan fand keine Unterstützung.

not adv [nɒt] — **nicht**
That's not what I wanted. — Das ist nicht, was ich wollte.
Is she coming? – I believe not. — Kommt sie? – Ich glaube nicht.
Who's done this? – Not me. — Wer hat das getan? – Ich nicht.

object v [əb'dʒekt] — **Einwände erheben**

positive adj ['pɒzətɪv] — **positiv, bejahend**
positive answers / results — positive Antworten / Ergebnisse

protest n ['prəʊtest] — **Protest**
cause protest — Protest hervorrufen
in / under protest — aus / unter Protest

protest v [prə'test] — **protestieren**
protest against wage cuts — gegen Lohnkürzungen protestieren

recognition n [ˌrekeg'nɪʃn] — **Anerkennung**
She received a prize in recognition of her achievements. — Sie erhielt einen Preis in Anerkennung ihrer Leistungen.

recognize v ['rekəgnaɪz] — **anerkennen**
His merits have been recognized. — Seine Verdienste wurden anerkannt.

refusal n [rɪ'fju:zl] — **Ablehnung, Weigerung**

refuse v [rɪ'fju:z] — **ablehnen, sich weigern**
He refused to give his name. — Er weigerte sich, seinen Namen zu nennen.

reject v [rɪ'dʒekt] — **ablehnen**

rejection n [rɪ'dʒekʃn] — **Ablehnung**

reverse v [rɪ'vɜ:s] — **rückgängig machen**
reverse a decision — eine Entscheidung rückgängig machen

support n, v [sə'pɔ:t] — **Unterstützung, (unter)stützen, befürworten**
We got a lot of support. — Wir bekamen viel Unterstützung.
support a plan — einen Plan unterstützen

supporter n [sə'pɔ:tə] — **Anhänger/in, Befürworter/in, Unterstützer/in**
a supporter of free elections — ein Befürworter freier Wahlen

turn down v [ˌtɜ:n 'daʊn] — **ablehnen**
turn down an offer — ein Angebot ablehnen

yes adv [jes] — **ja**

Gefühl und Gefühlsausdruck

Freude, Glück, Zufriedenheit

amusing adj [ə'mju:zɪŋ] — **lustig, amüsant**
She thought it an amusing story. — Sie fand die Geschichte lustig / amüsant.

atmosphere n ['ætməsfɪə] — **Stimmung**

be glad v [bi 'glæd] — **sich freuen, froh sein**
I'm glad you were able to come. — Ich freue mich, dass Sie kommen konnten.
be glad about sth — sich über etw freuen
I'd be glad to help you at any time. — Ich würde Ihnen jederzeit gerne helfen.

cheer n, v [tʃɪə]	**Hurraruf, Beifallsruf, jubeln, zujubeln, bejubeln**
give three cheers for sb	jdn dreimal hochleben lassen
Three cheers for the winner!	Dem Sieger ein dreifaches Hurra!
The fans cheered their team / their team's victory.	Die Fans jubelten ihrer Mannschaft zu / bejubelten den Sieg ihrer Mannschaft.
content adj [kən'tent]	**zufrieden**
She's quite content with her job.	Sie ist mit ihrer Arbeit ganz zufrieden.
delighted adj [dɪ'laɪtɪd]	**(sehr) erfreut**
be delighted with sb / sth	sich sehr über jdn / etw freuen
We'll be delighted to come to your party.	Wir kommen sehr gerne zu Ihrer Party.
enjoy v [ɪn'dʒɔɪ]	**genießen, gefallen**
I'm enjoying the party / book.	Die Party / das Buch gefällt mir.
He enjoys dancing / cooking.	Er tanzt / kocht gern.
excited adj [ɪk'saɪtɪd]	**(freudig) aufgeregt, erregt**
She was excited about her trip to Paris.	Sie war wegen ihrer Reise nach Paris aufgeregt.
excitement n [ɪk'saɪtmənt]	**Aufregung**
exciting adj [ɪk'saɪtɪŋ]	**aufregend**
an exciting film	ein aufregender Film
fascinated adj ['fæsɪneɪtɪd]	**fasziniert, gefesselt**
be fascinated by sth	von etw fasziniert sein
fascinating adj ['fæsɪneɪtɪŋ]	**faszinierend, hochinteressant**
I find it fascinating how well he can do it.	Ich finde es erstaunlich, wie gut er es kann.
Fascinating!	Umwerfend!
feeling n ['fiːlɪŋ]	**Gefühl**
hurt sb's feelings	jds Gefühle verletzen
show / hide one's feelings	seine Gefühle zeigen / verbergen
a feeling of happiness	ein Glücksgefühl
funny adj ['fʌni]	**lustig, komisch**
grateful adj ['greɪtfl]	**dankbar**
be grateful to sb for sth	jdm für etw dankbar sein
happiness n ['hæpinəs]	**Glück, Fröhlichkeit, Zufriedenheit**
a feeling of happiness	ein Glücksgefühl
happy adj ['hæpi]	**glücklich, fröhlich, zufrieden**
They were happy to see each other again.	Sie waren glücklich, sich wieder zu sehen.
She's a happy child.	Sie ist ein fröhliches Kind.
Are you happy with your new car?	Bist du mit deinem neuen Wagen zufrieden?
hit n [hɪt]	**Erfolg**
Your present was a hit.	Dein Geschenk war ein voller Erfolg.
joy n [dʒɔɪ]	**Freude**
She was crying with joy.	Sie weinte vor Freude.
laugh n, v [lɑːf]	**Lachen, lachen**
He's got a funny laugh.	Er lacht so komisch.
laugh about an incident	über einen Vorfall lachen
laugh at a joke	über einen Witz lachen
make sb laugh	jdn zum Lachen bringen

laughter n ['lɑːftə] — **Gelächter, Lachen**
I could hear laughter in the other room. — Ich hörte Gelächter aus dem anderen Zimmer.

look forward to v [ˌlʊk 'fɔːwəd tə] — **sich freuen auf**
I look forward to hearing from you. — Ich freue mich, von Ihnen zu hören.
I'm looking forward to the weekend. — Ich freue mich auf das Wochenende.

mood n [muːd] — **Stimmung, Laune**
be in a good / bad mood — gut / schlecht gelaunt sein
I'm (not) in the mood to go out. — Ich habe (keine) Lust auszugehen.

nice adj [naɪs] — **schön, nett**
It would be nice to see you again. — Es wäre schön, Sie wieder zu sehen.
It's been nice to talk to you. — Es war nett, mit Ihnen zu plaudern.

pleasant adj ['pleznt] — **angenehm**
It's pleasant to work with her. — Es ist angenehm, mit ihr zu arbeiten.

please v [pliːz] — **gefallen, Freude machen**
be pleased about sth — über etw erfreut sein
It pleases me that … — Es freut mich, dass …

pleasure n ['pleʒə] — **Vergnügen, Freude**
find pleasure in sth — Freude, Vergnügen haben an etw
give sb great pleasure — jdm große Freude bereiten
for pleasure — zum Vergnügen

satisfied adj ['sætɪsfaɪd] — **zufrieden**
be satisfied with sth — mit etw zufrieden sein

satisfy v ['sætɪsfaɪ] — **befriedigen, zufrieden stellen**
Nothing will satisfy him. — Nichts wird ihn zufrieden stellen.

smile n, v [smaɪl] — **Lächeln, lächeln**
give sb a smile — jdm zulächeln
smile at sb — jdn anlächeln

thank v [θæŋk] — **danken, sich bedanken**
You don't need to thank me. — Du musst mir nicht danken.
Thank you very much. — Vielen Dank.

thanks n pl [θæŋks] — **Dank**
Thanks for your help. — Vielen Dank für deine Hilfe.
No, thanks, I don't want any more. — Nein, danke, ich möchte nicht mehr.
Thanks. — Danke.

wonderful adj ['wʌndəfl] — **wunderschön, wunderbar, wundervoll**
That was a wonderful afternoon. — Das war ein wunderschöner Nachmittag.

Furcht, Hoffnung, Ärger

anger n ['æŋgə] — **Zorn**
look back in anger — im Zorn zurückblicken

angry adj ['æŋgri] — **böse, zornig, ärgerlich**
be angry about / at sth — über etw böse sein
be angry with sb — auf jdn böse sein
get angry — böse / zornig werden

annoy v [ə'nɔɪ]	**ärgern**
His constant stupid remarks annoy me.	Seine ständigen dummen Bemerkungen ärgern mich.
Don't let him annoy you.	Ärgere dich nicht über ihn.
annoyed adj [ə'nɔɪd]	**verärgert**
She was annoyed that he didn't come.	Sie war verärgert, weil er nicht kam.
get annoyed about sth	sich über etw ärgern
annoying adj [ə'nɔɪɪŋ]	**ärgerlich, lästig**
annoying incidents / habits	ärgerliche Vorfälle / Angewohnheiten
be afraid v [bi ə'freɪd]	**Angst haben**
be afraid of sb / sth	Angst vor jdm / etw haben
be afraid to do something	Angst haben, etw zu tun
calm down v [ˌkɑːm 'daʊn]	**(sich) beruhigen**
She tried to calm down the angry man.	Sie versuchte, den wütenden Mann zu beruhigen.
At first she was very upset but then she calmed down.	Zunächst war sie sehr erregt, beruhigte sich dann aber.
disturb v [dɪ'stɜːb]	**beunruhigen**
It disturbs me that he isn't home yet.	Es beunruhigt mich, dass er noch nicht zu Hause ist.
disturbing adj [dɪ'stɜːbɪŋ]	**beunruhigend**
disturbing reports / developments	beunruhigende Berichte / Entwicklungen
fear n, v [fɪə]	**Angst, Furcht, Befürchtung, fürchten, befürchten, Angst haben**
fear sb / sth	Angst vor jdm / etw haben
overcome one's fear	seine Angst überwinden
fear the worst	das Schlimmste befürchten
frighten v ['fraɪtn]	**erschrecken, Angst einjagen**
The barking dog frightened me.	Der bellende Hund jagte mir Angst ein.
be frightened of sth	vor etw Angst haben
furious adj ['fjʊəriəs]	**wütend**
hope n, v [həʊp]	**Hoffnung, hoffen**
There was little hope that …	Es bestand wenig Hoffnung, dass …
Is Sue coming to the party? – I hope so / I hope not.	Kommt Sue zur Party? – Hoffentlich / Hoffentlich nicht.
We hope to be finished by 6 o'clock.	Wir hoffen bis 6 Uhr fertig zu sein.
horror n ['hɒrə]	**Entsetzen, Horror**
mad adj [mæd]	**wütend, sauer, zornig**
I was mad at her.	Ich war böse auf sie.
rage n [reɪdʒ]	**Wut**
scare v [skeə]	**erschrecken, Angst machen**
Loud noises scare her.	Laute Geräusche jagen ihr Angst ein.
be scared of sb / sth	Angst haben vor jdm / etw
trouble v ['trʌbl]	**beunruhigen**
I don't want to trouble you but …	Ich möchte Sie nicht beunruhigen, aber …

Zuneigung und Abneigung

admiration n [ˌædməˈreɪʃn]	**Bewunderung**
admire v [ədˈmaɪə] admire sb for his success	**bewundern** jdn wegen seines Erfolgs bewundern
admirer n [ədˈmaɪərə]	**Bewunderer/in**
adore v [əˈdɔː]	**anbeten**
affection n [əˈfekʃn]	**Zuneigung**
appreciate v [əˈpriːʃieɪt] appreciate sb's help I'd appreciate it if you would …	**würdigen, zu schätzen wissen, dankbar sein** jds Hilfe zu schätzen wissen Ich wäre Ihnen dankbar, wenn …
be fond of v [bi ˈfɒnd əv] She's fond of cats.	**(sehr) mögen, gern haben** Sie mag Katzen.
blush v [blʌʃ] blush with embarrassment	**erröten** aus Verlegenheit erröten
can't stand [kɑːnt ˈstænd] I can't stand him / this painting.	**nicht leiden können** Ich kann ihn / dieses Gemälde nicht leiden.
dislike n, v [dɪsˈlaɪk] He has a strong dislike for her. dislike sb / sth deeply dislike doing sth	**Abneigung, nicht mögen** Er empfindet eine starke Abneigung für sie. jdn / etw überhaupt nicht mögen etw nicht gern tun
hate v [heɪt] hate sb / injustice She hated going to school.	**hassen, verabscheuen** jdn / Ungerechtigkeit hassen Sie ging überhaupt nicht gern in die Schule.
hatred n [ˈheɪtrɪd]	**Hass, Abscheu**
indifference n [ɪnˈdɪfrəns]	**Gleichgültigkeit**
indifferent adj [ɪnˈdɪfrənt] He was indifferent to their suffering.	**gleichgültig** Ihr Leiden ließ ihn kalt.
like v [laɪk] Would you like some coffee / to dance? I'd like a pint of beer. I like reading How do you like it here?	**mögen, gern haben** Möchten Sie Kaffee / tanzen? Ich hätte gern ein Glas Bier. Ich lese gern. Wie gefällt es dir hier?
love n, v [lʌv] His love for old cars. I love dancing.	**Liebe, lieben, sehr gern mögen** Seine Liebe für alte Autos. Ich tanze furchtbar gern.

Kummer und Scham

ashamed adj [əˈʃeɪmd] You ought to be ashamed (of yourself).	**beschämt** Du solltest dich schämen.
care n [keə] She hasn't a care in the world.	**Sorge** Sie hat keinerlei Sorgen.

concern n, v [kən'sɜːn]	**Sorge, Sorge bereiten, sich sorgen**
There is no cause for concern.	Es gibt keinen Grund zur Sorge.
The drop in share prices is beginning to concern shareholders.	Der Fall der Aktienkurse beginnt den Aktionären Sorge zu bereiten.
cry v [kraɪ]	**weinen**
She was crying her eyes out.	Sie weinte sich die Augen aus.
depressed adj [dɪ'prest]	**deprimiert, niedergeschlagen**
be depressed about sth	wegen etw deprimiert sein
depressing adj [dɪ'presɪŋ]	**bedrückend, deprimierend**
desperate adj ['despərət]	**verzweifelt**
desperation n [ˌdespə'reɪʃn]	**Verzweiflung**
In desperation she called the police.	Aus Verzweiflung rief sie die Polizei an.
disappoint v [ˌdɪsə'pɔɪnt]	**enttäuschen**
be deeply disappointed with sb / sth	tief über jdn / etw enttäuscht sein
The results were disappointing.	Die Ergebnisse waren enttäuschend.
disappointment n [ˌdɪsə'pɔɪntmənt]	**Enttäuschung**
It / He was a big disappointment.	Es / Er war eine große Enttäuschung.
embarrass v [ɪm'bærəs]	**verlegen machen, in Verlegenheit bringen**
Her jokes embarrassed him.	Ihre Witze machten ihn verlegen.
I feel so embarrassed about it all.	Mir ist das alles so peinlich.
embarrassing adj [ɪm'bærəsɪŋ]	**peinlich**
an embarrassing question / situation	eine peinliche Frage / Situation
grief n [griːf]	**Kummer, Leid, Trauer**
feel deep grief over sth	tiefen Kummer über etw empfinden
miserable adj ['mɪzrəbl]	**unglücklich, traurig, elend**
make life miserable for sb	jdm das Leben schwer machen
I feel miserable.	Ich fühle mich elend.
miss v [mɪs]	**vermissen**
miss the train	den Zug verpassen
I really miss you.	Du fehlst mir sehr.
pity n ['pɪti]	**Mitleid, Mitgefühl**
feel pity for sb	Mitleid / Mitgefühl für jdn empfinden
have pity on sb	Mitleid mit jdm haben
He did it out of pity.	Er tat es aus Mitleid.
What a pity!	Wie schade!
sad adj [sæd]	**traurig**
be sad about sth	über etw traurig sein
shock n, v [ʃɒk]	**Schock, Schlag, erschüttern, bestürzen**
His death was a shock to us all.	Sein Tod war ein Schlag / Schock für uns alle.
I was shocked to hear the news.	Ich war über die Nachricht bestürzt.
be shocked by sth	über etw erschüttert sein
tear n [tɪə]	**Träne**
be in tears	weinen
shed tears	Tränen vergießen
Tears were rolling down his cheeks.	Tränen flossen ihm über das Gesicht.

uneasy adj [ʌn'i:zi]	**unruhig, beunruhigt**
unfortunately adv [ʌn'fɔ:tʃənətli]	**leider, unglücklicherweise**
Unfortunately, he didn't make it in time.	Leider schaffte er es nicht rechtzeitig.
unhappy adj [ʌn'hæpi]	**unglücklich**
upset adj [ˌʌp'set]	**bestürzt, betrübt**
He's very upset.	Er ist sehr bestürzt / betrübt.
weep v [wi:p]	**weinen**
wept, wept [wept, wept]	
worried adj ['wʌrid]	**besorgt, beunruhigt**
I'm worried sick.	Ich bin krank vor Sorge.
worry n, v ['wʌri]	**Sorge, sich Sorgen machen**
It's a great worry to me.	Ich mache mir große Sorgen darüber.
Don't / Not to worry!	Mach dir keine Sorgen!

Aktion und Reaktion

Wollen und Sollen

ambition n [æm'bɪʃn]	**Ehrgeiz, Ambition**
burning ambition	brennender Ehrgeiz
have political ambitions	politische Ambitionen haben
ambitious adj [æm'bɪʃəs]	**ehrgeizig**
be v [bi:]	**müssen**
was, were, been [wəz, wə, bi:n]	
You are to report to the manager at once.	Sie sollen sich sofort beim Manager melden.
You are not to tell anyone about this.	Sie dürfen keinem davon erzählen.
claim n, v [kleɪm]	**Anspruch, Forderung, beanspruchen**
her claim to the throne / inheritance	ihr Anspruch auf den Thron / das Erbe
put in a claim	Ansprüche / Forderungen geltend machen
Both parties claimed victory.	Beide Parteien beanspruchten den Sieg für sich.
demand n, v [dɪ'mɑ:nd]	**Forderung, Anspruch, (er)fordern, verlangen**
give in to / reject / meet a demand	einer Forderung nachgeben / eine Forderung ablehnen / erfüllen
demands for higher wages	Forderung nach höheren Löhnen
make high demands on sb	hohe Ansprüche an jdn stellen
They demanded higher wages.	Sie forderten höhere Löhne.
This work demands a lot of attention.	Diese Arbeit erfordert große Aufmerksamkeit.
determination n [dɪˌtɜ:mɪ'neɪʃn]	**Entschlossenheit**
determined adj [dɪ'tɜ:mɪnd]	**entschlossen**
be determined to do sth	entschlossen sein, etw zu tun
a determined woman	eine entschlossene Frau
directions n pl [də'rekʃnz]	**Anweisungen, Anleitungen**
He's waiting for directions.	Er wartet auf Anweisungen.
directions on how to install a car radio	Anleitungen zum Einbau eines Autoradios

expect v [ɪk'spekt]	**erwarten**
We expect you to do better next time.	Wir erwarten von Ihnen, dass Sie es das nächste Mal besser machen.
expectation n [ˌekspek'teɪʃn]	**Erwartung**
come up to sb's expectations	jds Erwartungen entsprechen
against (all) expectation(s)	wider Erwarten
get v [get] got, got [gɒt, gɒt]	**dazu bringen, veranlassen**
He got Peter to help him.	Er brachte Peter dazu, ihm zu helfen.
I'll get her to call you back	Ich werde ihr sagen, dass sie zurückrufen soll.
have to v ['hæv tə] had, had [hæd, hæd]	**müssen**
We had to learn it in school.	Wir mussten es in der Schule lernen.
You really don't have to do this.	Du brauchst das wirklich nicht zu tun.
insist v [ɪn'sɪst]	**bestehen**
insist on doing sth / on sb doing sth	darauf bestehen, etw zu tun / dass jd etw tut
They insisted on higher wages.	Sie bestanden auf höheren Löhnen.
I insist that you tell me the truth.	Ich bestehe darauf, dass du mir die Wahrheit sagst.
instruct v [ɪn'strʌkt]	**instruieren, anweisen**
instruction n [ɪn'strʌkʃn]	**Anweisung**
carry out / follow an instruction	eine Anweisung ausführen / befolgen
do sth on sb's instruction	etw auf jds Anweisung hin tun
intend v [ɪn'tend]	**beabsichtigen**
She intends to leave tomorrow.	Sie beabsichtigt, morgen abzureisen.
It was intended (as a present) for the children.	Es war (als Geschenk) für die Kinder gedacht.
intention n [ɪn'tenʃn]	**Absicht**
have every intention of doing sth	die feste Absicht haben, etw zu tun
have no intention of doing sth	nicht die Absicht haben, etw zu tun
intentional adj [ɪn'tenʃənl]	**absichtlich**
She didn't do it intentionally.	Sie hat es nicht mit Absicht getan.
make sb do sth v [meɪk 'duː] made, made [meɪd, meɪd]	**jdn veranlassen, etw zu tun, bringen (jdn zu etw)**
You won't make me change my mind.	Du wirst mich nicht dazu bringen, meine Meinung zu ändern.
He made me wait all night.	Er ließ mich die ganze Nacht warten.
must v [mʌst]	**müssen**
needn't v ['niːdnt]	**nicht müssen**
We needn't take an umbrella.	Wir müssen keinen Schirm mitnehmen.
ought to v ['ɔːt tə]	**sollte**
You ought to see the doctor.	Du solltest zum Arzt gehen.
promise n, v ['prɒmɪs]	**Versprechen, versprechen**
keep a promise	ein Versprechen halten
promise sb sth	jdm etw versprechen
promise (sb) to do sth	jdm versprechen, etw zu tun

proposal n [prə'pəʊzl]	**Vorschlag, Antrag**
accept / turn down a proposal	einen Antrag annehmen / ablehnen
propose v [prə'pəʊz]	**vorschlagen**
propose sth to sb	jdm etw vorschlagen
propose that … / to do sth	vorschlagen, dass … / etw zu tun
respond v [rɪ'spɒnd]	**reagieren**
response n [rɪ'spɒns]	**Reaktion**
show no response	keine Reaktion zeigen
shall v [ʃəl]	**sollen**
What time shall we start?	Wann sollen wir anfangen?
should v [ʃʊd]	**sollte**
You should see this film.	Du solltest diesen Film sehen.
suggest v [sə'dʒest]	**vorschlagen**
suggest sb for a job	jdn für eine Stelle vorschlagen
I suggest we go and see him.	Ich schlage vor, dass wir ihn besuchen.
suggestion n [sə'dʒestʃən]	**Vorschlag**
make a suggestion	einen Vorschlag machen
ask for suggestions	um Vorschläge bitten
accept / reject a suggestion	einen Vorschlag annehmen / ablehnen
at her suggestion	auf ihren Vorschlag hin
want v [wɒnt]	**wollen**
I want a new pair of sunglasses.	Ich möchte eine neue Sonnenbrille haben.
I want to win.	Ich will gewinnen.
will n [wɪl]	**Wille**
have a strong will	einen starken Willen haben
wish n, v [wɪʃ]	**Wunsch, wünschen**
to fulfil a wish	einen Wunsch erfüllen
I wish I could help you.	Ich wünschte, ich könnte dir helfen.

Plan und Ausführung

act v [ækt]	**handeln, sich verhalten, fungieren**
act quickly / strangely	schnell handeln / sich seltsam benehmen
act as manager / chairman	als Geschäftsführer / Vorsitzender fungieren
action n ['ækʃn]	**Aktion, Handlung**
take immediate action	sofort handeln
take action to stop inflation	Maßnahmen ergreifen, um die Inflation aufzuhalten
hold sb responsible for his actions	jdn für seine Handlungen verantwortlich machen
aim n, v [eɪm]	**Ziel, Absicht, zielen**
achieve one's aims	seine Ziele erreichen
She did it with the aim of helping other people.	Sie tat es mit dem Ziel, anderen zu helfen.
The campaign was aimed at the rich.	Die Kampagne zielte auf die Reichen.

aimless adj ['eɪmləs]	**ziellos**
alternative n, adj [ɔːl'tɜːnətɪv]	**Alternative, alternativ, Alternativ-**
There's no alternative to this plan.	Es gibt keine Alternative zu diesem Plan.
alternative plans / technologies	alternative Pläne / Technologien
approach n, v [ə'prəʊtʃ]	**Ansatz, Herangehensweise, angehen**
A new approach to education.	Ein neuer Bildungsansatz.
She took the wrong approach to the problem.	Sie ging das Problem falsch an.
arrange v [ə'reɪndʒ]	**arrangieren, ab-, ausmachen, vereinbaren**
I'll arrange that for you.	Ich werde das für dich arrangieren / organisieren.
arrange a meeting with sb	mit jdm ein Treffen vereinbaren
They arranged to meet.	Sie machten ab / aus, sich zu treffen.
arrangement n [ə'reɪndʒmənt]	**Abmachung, Vereinbarung, Absprache, Vorbereitungen, Pläne**
by arrangement	nach Vereinbarung / Absprache
make an arrangement with sb	mit jdm eine Vereinbarung treffen
make arrangements for sb / sth	Vorbereitungen für jdn / etw treffen
assist v [ə'sɪst]	**helfen, assistieren**
assist sb with sth	jdm bei etw helfen
assist sb in doing / to do sth	jdm helfen, etw zu tun
assistance n [ə'sɪstəns]	**Hilfe, Hilfestellung**
attempt n, v [ə'tempt]	**Versuch, versuchen**
make an attempt to do sth	einen Versuch unternehmen, etw zu tun
a vain attempt	ein vergeblicher Versuch
avoid v [ə'vɔɪd]	**vermeiden, verhüten, aus dem Wege gehen**
avoid damage / an accident	Schaden vermeiden / einen Unfall verhüten
avoid sb / the danger	jdm / der Gefahr aus dem Wege gehen
avoid doing sth	vermeiden, etw zu tun
bear v [beə] bore, borne [bɔː, bɔːn]	**tragen**
bear the consequences / costs / responsibility	die Konsequenzen / Kosten/ Verantwortung tragen
block v [blɒk]	**blockieren, verhindern**
The opposition blocked the negotiations.	Die Opposition blockierte die Verhandlungen.
care n [keə]	**Sorgfalt**
He does everything with great care.	Er macht alles mit großer Sorgfalt.
careful adj ['keəfl]	**vorsichtig, sorgfältig**
Be careful about what you tell her!	Seien Sie vorsichtig mit dem, was Sie ihr sagen!
a careful worker	ein sorgfältiger Arbeiter
careless adj ['keələs]	**nachlässig, leichtsinnig, unvorsichtig**
He's careless about his clothes.	Er achtet nicht auf seine Kleidung.
a careless remark	eine unvorsichtige Bemerkung
drive carelessly	leichtsinnig fahren
conclude v [kən'kluːd]	**(ab)schließen, beenden**
He concluded his speech saying …	Er schloss seinen Vortrag, indem er sagte …

delay n, v [dɪ'leɪ]	**Verspätung, verschieben, aufschieben, hinauszögern**
We'll have to delay our departure.	Wir müssen unsere Abreise verschieben.
She deliberately delayed her departure.	Sie zögerte ihre Abreise absichtlich hinaus.
do v [duː] did, done [dɪd, dʌn]	**tun, machen, schaffen**
Are you doing anything tomorrow night?	Hast du morgen abend schon etwas vor?
It's got nothing to do with our problem.	Das hat mit unserem Problem nichts zu tun.
be on the point of doing sth	im Begriff sein, etw zu tun
She's done it.	Sie hat es geschafft.
encourage v [ɪn'kʌrɪdʒ]	**ermutigen, ermuntern, unterstützen, bestärken**
encourage sb to do sth	jdn ermutigen, etw zu tun
Her brother has always encouraged her in her endeavours.	Ihr Bruder hat sie immer bei ihren Bemühungen unterstützt.
examination n [ɪɡˌzæmɪ'neɪʃn]	**Untersuchung, Prüfung**
On close examination of the plan we discovered that …	Bei genauer Prüfung des Plans fanden wir heraus, dass …
examine v [ɪɡ'zæmɪn]	**untersuchen, prüfen**
examine a problem carefully / closely	ein Problem sorgfältig / genau untersuchen
fulfil v [fʊl'fɪl]	**ausführen, erfüllen**
fulfil a promise	ein Versprechen / einen Wunsch erfüllen
fulfil one's duty	seine Pflicht erfüllen
gather v ['ɡæðə]	**sammeln**
gather information	Informationen sammeln
get on v [ˌget 'ɒn] got, got [ɡɒt, ɡɒt]	**vorankommen**
We're getting on well with our work.	Wir kommen mit unserer Arbeit gut voran.
How are you getting on?	Wie kommst du voran?
go on v [ˌɡəʊ 'ɒn] went, gone [went, ɡɒn]	**weitermachen**
He didn't stop but just went on.	Er hörte nicht auf und machte einfach weiter.
go on working	weiterarbeiten
goal n [ɡəʊl]	**Ziel**
My goal in life is to be happy.	Mein Lebensziel ist es, glücklich zu sein.
initiative n [ɪ'nɪʃətɪv]	**Initiative**
take the initiative	die Initiative ergreifen
on one's own initiative	auf eigene Initiative / aus eigenem Antrieb
look for v ['lʊk fə]	**suchen nach**
I'm looking for a chemist.	Ich suche nach einer Drogerie.
What are you looking for?	Wonach / Was suchen Sie (denn)?
means n sg [miːnz]	**Mittel, Möglichkeit**
means of escape	Fluchtmöglichkeit
by means of sth	mit Hilfe von etw
a means to an end	ein Mittel zum Zweck

meet v [miːt] met, met [met, met]	**erfüllen, entsprechen**
meet sb's expectations	jds Erwartungen erfüllen / jds Erwartungen entsprechen
method n ['meθəd]	**Methode, Verfahren**
use a method	eine Methode anwenden
mission n ['mɪʃn]	**Auftrag**
undertake / carry out a mission	einen Auftrag übernehmen / ausführen
send sb on an important mission to London	jdm mit einem wichtigen Auftrag nach London schicken
organize v ['ɔːgənaɪz]	**organisieren, arrangieren**
organize a meeting	ein Treffen arrangieren
plan n, v [plæn]	**Plan, planen, vorhaben**
accept / reject a plan	einen Plan annehmen / ablehnen
What are your plans for tomorrow?	Was hast du morgen vor?
plan a journey / building	eine Reise / ein Gebäude planen
plan to do sth	vorhaben, etw zu tun
preparation n [ˌprepə'reɪʃn]	**Vorbereitung**
prepare v [prɪ'peə]	**(sich) vorbereiten**
prepare for sth	sich auf etw vorbereiten
prepared adj [prɪ'peəd]	**bereit**
What risks are you prepared to take?	Welche Risiken sind Sie einzugehen bereit?
prevent v [prɪ'vent]	**hindern, verhindern, verhüten**
prevent sb (from) doing sth	jdn hindern / abhalten, etw zu tun
prevent sth (from) happening	verhindern, dass etw geschieht
prevent a war / accidents	einen Krieg verhindern / Unfälle verhüten
project n ['prɒdʒekt]	**Projekt**
conceive / carry out a project	ein Projekt entwerfen / durchführen
react v [rɪ'ækt]	**reagieren**
react to sth	auf etw reagieren
reaction n [rɪ'ækʃn]	**Reaktion**
in reaction to sth	als Reaktion auf etw
What was her reaction to the proposal?	Wie hat sie auf den Vorschlag reagiert?
see to v ['siː tu] saw, seen [sɔː, siːn]	**sich kümmern um**
Will you see to the arrangements?	Kümmern Sie sich um die Vorbereitungen?
She saw to it that ...	Sie kümmerte sich darum, dass ...
tackle v ['tækl]	**angehen**
Let's tackle the problem.	Lasst uns das Problem in Angriff nehmen.
task n [tɑːsk]	**Aufgabe**
set sb a task	jdm eine Aufgabe stellen
take on / perform a task	eine Aufgabe übernehmen / erfüllen
test n, v [test]	**Test, testen, ausprobieren**
carry out tests on a vehicle	einen Fahrzeugtest durchführen
test a new car	einen neuen Wagen testen / ausprobieren

try v [traɪ] — **probieren, versuchen**
try doing / to do sth — versuchen, etw zu tun

try out v [ˌtraɪ 'aʊt] — **ausprobieren**

way n [weɪ] — **Weg, Art, Methode**
You have to do it this way. — Das musst du so machen.
one way or another — so oder so
I like the way she handles the situation. — Ich mag, wie sie mit dem Problem umgeht.

Erfolg und Scheitern

accomplish v [ə'kʌmplɪʃ] — **schaffen, erreichen**
accomplish a lot in a short time — in kurzer Zeit viel erreichen

accomplishment n [ə'kʌmplɪʃmənt] — **Leistung**
To pass the exam was a great accomplishment. — Das Examen zu bestehen war eine große Leistung.

achieve v [ə'tʃiːv] — **erreichen, erlangen**
achieve one's aims — seine Ziele erreichen

achievement n [ə'tʃiːvmənt] — **Leistung, Errungenschaft**
an impressive achievement — eine beeindruckende Leistung
achievements of modern technology — Errungenschaften der modernen Technik

bad luck n [ˌbæd 'lʌk] — **Unglück, Pech**
bring bad luck — Unglück bringen

be bad at sth v [bi 'bæd ət] — **schlecht in etw sein**
be bad at sports — schlecht in Sport sein

be good at sth v [bi 'gʊd ət] — **gut in etw sein**
be good at sports — gut in Sport sein

benefit n ['benɪfɪt] — **Vorteil, Nutzen**
be of benefit to sb — für jdn von Vorteil sein
the benefits of modern technology / travelling — die Vorteile moderner Technik / des Reisens

catastrophe n [kə'tæstrəfi] — **Katastrophe**

congratulate v [kən'grætʃuleɪt] — **gratulieren, beglückwünschen**
congratulate sb on his success — jdn zu seinem Erfolg gratulieren

cope v [kəʊp] — **zurechtkommen, fertig werden mit**
cope with a difficult situation — mit einer schwierigen Situation fertig werden

deserve v [dɪ'zɜːv] — **verdienen**
deserve a reward — eine Belohnung verdienen
He deserves to be punished. — Er verdient es, bestraft zu werden.

difficult adj ['dɪfɪkəlt] — **schwer, schwierig**
difficult problems / tasks / questions — schwierige Probleme / Aufgaben / Fragen
This question is difficult to answer. — Diese Frage ist schwer zu beantworten.

difficulty n ['dɪfɪkəlti]	**Schwierigkeit**
have difficulty (in) doing sth	Schwierigkeiten haben, etw zu tun
meet with difficulties	auf Schwierigkeiten stoßen
get into difficulties	in Schwierigkeiten geraten
disaster n [dɪ'zɑːstə]	**Katastrophe**
do well v [ˌduː 'wel] did, done [dɪd, dʌn]	**gut abschneiden**
do well at school / in English	gut in der Schule / in Englisch sein
Well done!	Gut gemacht!
easy adj ['iːzi]	**einfach, leicht**
This problem is easy to solve.	Das Problem ist leicht zu lösen.
That's easier said than done.	Das ist leichter gesagt als getan.
It's easy for you to say that.	Du hast leicht reden.
effective adj [ɪ'fektɪv]	**effektiv, wirksam, wirkungsvoll**
effective measures	effektive Maßnahmen
effective protection	wirksamer Schutz
effectiveness n [ɪ'fektɪvnəs]	**Effektivität, Wirksamkeit**
error n ['erə]	**Fehler, Irrtum**
commit / correct an error	einen Fehler begehen / berichtigen
admit to an error	einen Fehler eingestehen
fail v [feɪl]	**keinen Erfolg haben, scheitern, versagen**
The plan / attempt failed.	Der Plan / Versuch scheiterte.
He failed to persuade her.	Es gelang ihm nicht, sie zu überzeugen.
failure n ['feɪljə]	**Misserfolg, Fehlschlag, Versagen, Scheitern**
fall n [fɔːl]	**Untergang**
fame n [feɪm]	**Ruhm**
come to fame	Ruhm erlangen
famous adj ['feɪməs]	**berühmt**
be famous for sth	für / durch etw berühmt sein
find v [faɪnd] found, found [faʊnd, faʊnd]	**finden**
find out v [ˌfaɪnd 'aʊt] found, found [faʊnd, faʊnd]	**herausfinden**
find out the facts / a secret	die Tatsachen / ein Geheimnis herausfinden
Did they find out who did it?	Hat man herausgefunden, wer es getan hat?
finding n ['faɪndɪŋ]	**Ergebnis**
the findings of an investigation	die Ergebnisse einer Untersuchung
fortunately adv ['fɔːtʃənətli]	**glücklicherweise**
Fortunately, it didn't rain.	Glücklicherweise regnete es nicht.
give up v [ˌgɪv 'ʌp] gave, given [geɪv, 'gɪvn]	**aufgeben**
I give up. I don't know the answer.	Ich gebe auf. Ich weiß die Antwort nicht.
glory n ['glɔːri]	**Ruhm, Ehre**
win glory	Ruhm erringen

handle v ['hændl]	**umgehen mit, fertig werden mit, abwickeln, bewältigen**
I can handle the situation.	Ich werde schon mit der Situation fertig.
hard adj [hɑːd]	**schwer, schwierig**
This book is hard to understand.	Dieses Buch ist schwer zu verstehen.
It's hard to tell.	Das ist schwer zu sagen.
I found it hard to make a decision.	Es fiel mir schwer, eine Entscheidung zu treffen.
inferior adj [ɪn'fɪəriə]	**unterlegen**
be inferior to sb	jdm unterlegen sein
known adj [nəʊn]	**bekannt, berühmt**
luck n [lʌk]	**Glück**
Good luck!	Viel Glück!
bring luck	Glück bringen
I didn't have much luck with my new car.	Ich hatte nicht viel Glück mit meinem neuen Wagen.
to try one's luck at sth	sein Glück mit etw versuchen
luckily adv ['lʌkɪli]	**glücklicherweise**
Luckily, we arrived in time.	Glücklicherweise kamen wir (noch) rechtzeitig an.
lucky adj ['lʌki]	**glücklich, Glücks-**
be lucky	Glück haben
It was lucky we got there in time.	Zum Glück kamen wir rechtzeitig dort an.
manage v ['mænɪdʒ]	**(es) schaffen, zurechtkommen (mit), bewältigen**
Can you manage this by tomorrow?	Schaffst du das bis morgen?
manage a difficult job	mit einer schwierigen Aufgabe zurechtkommen
She managed to persuade him.	Sie schaffte es, ihn zu überreden.
popular adj ['pɒpjələ]	**beliebt, populär**
problem n ['prɒbləm]	**Problem**
face a problem	einem Problem gegenüberstehen
cause / present / solve a problem	ein Problem verursachen / darstellen / lösen
address a problem	ein Problem angehen
a serious / major / minor problem	ein ernstes / größeres / kleineres Problem
rise n [raɪz]	**Aufstieg**
The rise and fall of an empire.	Aufstieg und Niedergang eines Weltreichs.
solution n [sə'luːʃn]	**Lösung**
find a solution to a problem	eine Lösung für ein Problem finden
solve v [sɒlv]	**lösen**
solve a problem / case	ein Problem / einen Fall lösen
sort out v [ˌsɔːt 'aʊt]	**in Ordnung bringen, klären, lösen**
sort out a misunderstanding	ein Missverständnis klären
succeed v [sək'siːd]	**Erfolg haben, gelingen, schaffen**
succeed in business	geschäftlichen Erfolg haben
She succeeded in doing it.	Sie schaffte es.
The plan succeeded.	Der Plan gelang.

success n [sək'ses]	**Erfolg**
The course was a great success.	Der Kurs war ein großer Erfolg.
without success	ohne Erfolg / erfolglos
successful adj [sək'sesfl]	**erfolgreich**
superior adj [suː'pɪəriə]	**überlegen**
be superior to sb	jdm überlegen sein
trouble n ['trʌbl]	**Schwierigkeiten, Ärger**
He's in trouble with the police.	Er hat Ärger mit der Polizei.
well-known adj [ˌwel'nəʊn]	**sehr bekannt, berühmt**
a well-known actor	ein berühmter Schauspieler

DER MENSCH IM ALLTAG

Ernährung

Essen und Trinken

appetite n ['æpɪtaɪt]	**Appetit**
have an appetite for sth	Appetit auf etw haben
spoil sb's appetite	jdm den Appetit verderben
appetizing adj ['æpɪtaɪzɪŋ]	**appetitanregend, appetitlich**
bite n [baɪt]	**Bissen, Biss**
I haven't had a bite to eat all day.	Ich habe heute noch keinen Bissen zu essen gehabt.
bite v [baɪt] bit, bitten [bɪt, 'bɪtn]	**beißen**
bite into an apple	in einen Apfel beißen
bite off a piece of cake	ein Stück Kuchen abbeißen
chew v [tʃuː]	**kauen**
chew at / on sth	an / auf etw (herum)kauen
drink v [drɪŋk] drank, drunk [dræŋk, drʌŋk]	**trinken**
Would you like sth to drink?	Möchten Sie etw zu trinken haben?
eat v [iːt] ate, eaten [et, 'iːtn]	**essen**
We're eating in / out today.	Wir essen heute zu Hause / gehen heute essen.
eat up v [ˌiːt 'ʌp] ate, eaten [et, 'iːtn]	**aufessen**
edible adj ['edəbl]	**essbar, genießbar**
edible mushrooms	essbare Pilze
The food was hardly edible.	Das Essen war kaum genießbar.
feed v [fiːd] fed, fed [fed, fed]	**füttern, (sich) ernähren, verpflegen**
feed a baby	ein Baby füttern
feed a large family	eine große Familie ernähren
food n [fuːd]	**Essen, Lebensmittel, Nahrung**
prepare food	Essen zubereiten
heavy / light / plain food	schweres / leichtes / einfaches Essen
frozen food n [ˌfrəʊzn 'fuːd]	**Tiefkühlkost**
gnaw v [nɔː]	**nagen (an)**
The dog was gnawing (at) a bone.	Der Hund nagte an einem Knochen.
have v [hæv] had, had [hæd, hæd]	**essen, trinken**
have breakfast / supper	frühstücken / zu Abend essen
have bacon and eggs for breakfast	Schinken und Eier zum Frühstuck essen
I have tea at breakfast.	Ich trinke Tee zum Frühstück.

health food n ['helθ fu:d]	**Reformkost**
How about ...? [ˌhaʊ ə'baʊt]	**Wie wäre es mit ...?**
How about a cup of tea?	Wie wäre es mit einer Tasse Tee?
hunger n ['hʌŋgə]	**Hunger, Hungersnot**
satisfy one's hunger	seinen Hunger stillen
hungry adj ['hʌŋgri]	**hungrig**
be / get hungry	Hunger haben / bekommen
go hungry	hungern
lick v [lɪk]	**(ab)lecken**
lick one's fingers	sich die Finger ablecken
nibble v ['nɪbl]	**knabbern**
nibble (at) a biscuit	einen Keks knabbern
nourish v ['nʌrɪʃ]	**ernähren**
nourish oneself / children / animals on sth	sich / Kinder / Tiere mit etw ernähren
well-nourished	wohlgenährt
nourishing adj ['nʌrɪʃɪŋ]	**nahrhaft**
nutrition n [nju'trɪʃn]	**Ernährung**
processed food n [ˌprəʊsest 'fu:d]	**Fertiggerichte**
refreshment n pl [rɪ'freʃmənt]	**Erfrischung**
offer (light) refreshments	kleine Erfrischungen reichen
sip n, v [sɪp]	**Schluck, in kleinen Schlucken trinken, nippen**
a few sips of brandy	ein paar Schluck Weinbrand
sip one's tea	seinen Tee in kleinen Schlucken trinken
spoil v [spɔɪl] spoilt / spoiled [spɔɪlt, spɔɪlt]	**verderben**
Don't spoil the vegetables by overdoing them!	Verdirb nicht das Gemüse durch zu langes Kochen!
suck v [sʌk]	**saugen, lutschen, nuckeln**
suck the juice from a fruit	den Saft aus einer Frucht saugen
suck a sweet	einen Bonbon lutschen
suck at a bottle	an einer Flasche nuckeln
suck one's thumb	am Daumen nuckeln
swallow n, v ['swɒləʊ]	**Schluck, (hinunter)schlucken**
take a swallow of wine	einen Schluck Wein nehmen
swallow a piece of meat	ein Stück Fleisch hinunterschlucken
thirst n [θɜ:st]	**Durst**
die of thirst	verdursten
thirsty adj ['θɜ:sti]	**durstig**
be / get thirsty	Durst haben / bekommen
Salty food makes you thirsty.	Von salzigem Essen bekommt man Durst.
try v [traɪ]	**probieren, kosten**
Try some of this fish!	Probieren Sie etwas von diesem Fisch!

underfed adj [ˌʌndəˈfed] — **unterernährt**
undernourished adj [ˌʌndəˈnʌrɪʃt] — **unterernährt**
vegan n [ˈviːgən] — **Veganer/in**
vegetarian n [ˌvedʒəˈteəriən] — **Vegetarier/in**
wholesome adj [ˈhəʊlsəm] — **gesund**

Geschirr und Essbesteck

bowl n [bəʊl] — **Schale, Schüssel**
salad / soup bowl — Salat- / Suppenschüssel
a bowl of fruit — eine Schale mit Früchten
butter dish n [ˈbʌtə dɪʃ] — **Butterdose**
cheeseboard n [ˈtʃiːzbɔːd] — **Käsebrett**
coffee-pot n [ˈkɒfipɒt] — **Kaffeekanne**
coffee-set n [ˈkɒfiset] — **Kaffeeservice**
crockery n [ˈkrɒkəri] — **Geschirr**
cup n [kʌp] — **Tasse**
a cup of tea / coffee — eine Tasse Tee / Kaffee
a tea / plastic cup — eine Tee- / Plastiktasse
cutlery n [ˈkʌtləri] — **Besteck**
dish n [dɪʃ] — **(flache) Schale, Schüssel**
dishes n pl [ˈdɪʃɪz] — **Geschirr**
do / dry the dishes — das Geschirr spülen / abtrocknen
egg-cup n [ˈegkʌp] — **Eierbecher**
fork n [fɔːk] — **Gabel**
glass n [glɑːs] — **Glas**
a glass of milk — ein Glas Milch
gravy boat n [ˈgreɪvi bəʊt] — **Sauciere**
jar n [dʒɑː] — **Glas**
a jar of jam — ein Glas Marmelade
knife n [naɪf] — **Messer**
knives [naɪvz]
eat with a knife and fork — mit Messer und Gabel essen
a blunt / sharp knife — ein stumpfes / scharfes Messer
lay the table v [leɪ ðə ˈteɪbl] — **den Tisch decken**
laid, laid [leɪd, leɪd]
milk jug n [ˈmɪlk dʒʌg] — **Milchkännchen**
mug n [mʌg] — **Becher**
plate n [pleɪt] — **Teller**
dinner plate — flacher Teller
bread and butter plate — kleiner Teller

platter n ['plætə] — **Platte**
The meat was served on a platter. — Das Fleisch wurde auf einer Platte serviert.

pocket knife n ['pɒkɪt naɪf] — **Taschenmesser**

pot n [pɒt] — **Topf**

saucer n ['sɔːsə] — **Untertasse**

service n ['sɜːvɪs] — **Service**
a twenty-piece tea-service — ein zwanzigteiliges Teeservice
coffee- / tea-service — Kaffee- / Teeservice

soup tureen n [ˌsuːp tə'riːn] — **Suppenterrine**

spoon n [spuːn] — **Löffel**

sugar bowl n ['ʃʊgə bəʊl] — **Zuckerdose**

tea-set n ['tiːset] — **Teeservice**

teapot n ['tiːpɒt] — **Teekanne**

teaspoon n ['tiːspuːn] — **Teelöffel**

Kochen, Backen, Braten

add v [æd] — **hinzugeben**
add flour — Mehl hinzugeben

bake v [beɪk] — **backen**

baking powder n ['beɪkɪŋ paʊdə] — **Backpulver**

baking tray n ['beɪkɪŋ treɪ] — **Backblech**

boil n, v [bɔɪl] — **Siedepunkt, kochen**
bring water to the boil — Wasser zum Kochen bringen
the water / kettle is boiling — das Wasser (im Kessel) kocht

boiling point n ['bɔɪlɪŋ pɔɪnt] — **Siedepunkt**

brown v [braʊn] — **anbraten**

chop v [tʃɒp] — **klein schneiden**

colander n ['kʌləndə] — **Sieb, Seiher**

cook n, v [kʊk] — **Koch, Köchin, kochen, zubereiten**
cook dinner / potatoes — Essen / Kartoffeln kochen
The meat was nicely cooked. — Das Fleisch war gut zubereitet.
a cooked meal — eine warme Mahlzeit

cookery book n ['kʊkəri bʊk] — **Kochbuch**

cooking n ['kʊkɪŋ] — **Kochen, Essen**
At home I do all the cooking. — Bei uns zu Hause koche immer ich.
Do you like Chinese cooking? — Mögen Sie die chinesische Küche?

dough n [dəʊ] — **Teig**

flour n ['flaʊə] — **Mehl**

fresh adj [freʃ] — **frisch**
fresh bread / fruit / eggs — frisches Brot / Obst / frische Eier

fry v [fraɪ]	**braten, fritieren**
(frying-)pan n ['fraɪɪŋpæn]	**(Brat-)Pfanne**
grill n, v [grɪl]	**Grill, Bratrost, grillen**
put a steak on the grill	ein Steak auf den Grill legen
grill a steak	ein Steak grillen
heat (up) v [ˌhiːt 'ʌp]	**erhitzen, aufwärmen**
heat water	Wasser erhitzen
heat up the soup	die Suppe aufwärmen
home cooking n [ˌhəʊm 'kʊkɪŋ]	**Hausmannskost**
home-made adj [ˌhəʊm'meɪd]	**hausgemacht**
ingredients n pl [ɪn'griːdiənts]	**Zutaten**
ladle n ['leɪdl]	**Schöpfkelle**
make v [meɪk] made, made [meɪd, meɪd]	**machen, zubereiten**
make dinner / coffee / a cake	Essen / Kaffee kochen / einen Kuchen backen
mix v [mɪks]	**(ver)mischen, mixen**
mix sth with sth	etw mit etw mischen
prepare v [prɪ'peə]	**zubereiten**
prepare a meal	ein Essen zubereiten
raw adj [rɔː]	**roh**
raw meat / vegetables	rohes Fleisch / Gemüse
recipe n ['resəpi]	**Rezept**
roast v [rəʊst]	**rösten**
saucepan n ['sɔːspən]	**Kochtopf**
stir v [stɜː]	**umrühren**
stir the soup / one's tea	die Suppe / seinen Tee umrühren
stir cream into the sauce	Sahne unter die Soße rühren
strainer n ['streɪnə]	**Sieb**
yeast n [jiːst]	**Hefe**

Brot und Auflage

bread n [bred]	**Brot**
a loaf / slice of bread	ein Laib / eine Scheibe Brot
butter n ['bʌtə]	**Butter**
cheese n [tʃiːz]	**Käse**
soft / hard cheese	Weich- / Hartkäse
cold meat n [kəʊld 'miːt]	**Aufschnitt**
corned beef n [ˌkɔːnd 'biːf]	**Corned beef**
ham n [hæm]	**(gekochter) Schinken**
honey n ['hʌni]	**Honig**

jam n [dʒæm]	**Marmelade, Konfitüre**
liver sausage n ['lɪvə sɒsɪdʒ]	**Leberwurst**
marmalade n ['mɑːməleɪd]	**(Orangen-)Marmelade**
roll n [rəʊl]	**Brötchen**
ham roll	Schinkenbrötchen
sandwich n ['sænwɪdʒ]	**Sandwich**
open sandwich	belegtes Brot
slice n [slaɪs]	**Scheibe**
a slice of bread / meat / cheese	eine Scheibe Brot / Fleisch / Käse
cut off a thin / thick slice	eine dicke / dünne Scheibe abschneiden
spread n, v [spred]	**Brotaufstrich, (be)streichen**
spread, spread [spred, spred]	
cheese spread	Streichkäse
spread butter on bread	Butter aufs Brot streichen
toast n, v [təʊst]	**Toast(brot), toasten**
make some toast for breakfast	Toast zum Frühstück machen
white bread n [ˌwaɪt 'bred]	**Weißbrot**
wholemeal bread n ['həʊlmiːl bred]	**Vollkornbrot**

Fisch, Fleisch und Geflügel

bacon n ['beɪkən]	**Schinkenspeck**
have bacon and eggs for breakfast	Eier und Speck zum Frühstück essen
beef n [biːf]	**Rindfleisch**
caviar n ['kæviɑː]	**Kaviar**
chicken n ['tʃɪkɪn]	**Huhn, Hähnchen**
carve a chicken	ein Hähnchen tranchieren
chop n [tʃɒp]	**Kotelett**
pork chop	Schweinekotelett
cod n [kɒd]	**Kabeljau**
cutlet n ['kʌtlət]	**Schnitzel**
eel n [iːl]	**Aal**
egg n [eg]	**Ei**
a raw / soft-boiled / hard-boiled egg	ein rohes / weiches / hart gekochtes Ei
fillet n ['fɪlɪt]	**Filet**
fish n [fɪʃ]	**Fisch**
(fish-)bone n ['fɪʃbəʊn]	**Gräte**
fish fingers n pl [ˌfɪʃ 'fɪŋgəz]	**Fischstäbchen**
frankfurter n ['fræŋkfɜːtə]	**Frankfurter (Würstchen)**
haddock n ['hædək]	**Schellfisch**
herring n ['herɪŋ]	**Hering**

joint n [dʒɔɪnt]	**Braten**
joint of pork	Schweinebraten
kipper n ['kɪpə]	**Räucherhering**
lamb n [læm]	**Lamm(fleisch)**
lobster n ['lɒbstə]	**Hummer**
meat n [mi:t]	**Fleisch**
cook / slice meat	Fleisch zubereiten / in Scheiben aufschneiden
lean / raw / tender / tough meat	mageres / rohes / zartes / zähes Fleisch
cold meat	kalter Braten
mince (meat) n bes BE ['mɪns mi:t]	**Hackfleisch**
mutton n ['mʌtn]	**Hammel(fleisch)**
octopus n ['ɒktəpəs]	**Oktopus, Tintenfisch**
plaice n [pleɪs]	**Scholle**
pork n [pɔ:k]	**Schweinefleisch**
poultry n ['pəʊltri]	**Geflügel**
prawn n [prɔ:n]	**Garnele, Krabbe**
roast beef n ['rəʊst bi:f]	**Roastbeef**
rotten adj ['rɒtn]	**verdorben, faul**
rotten meat / fruit	verdorbenes Fleisch / Obst
salmon n ['sæmən]	**Lachs**
sausage n ['sɒsɪdʒ]	**Wurst**
scale n [skeɪl]	**Schuppe**
shrimp n [ʃrɪmp]	**Garnele, Krabbe**
squid n [skwɪd]	**Kalmar, Tintenfisch**
steak n [steɪk]	**Steak**
a tender / tough steak	ein zartes / zähes Steak
I like my steak rare / medium / well-done.	Ich mag mein Steak blutig / halb durch / gut durchgebraten.
tender adj ['tendə]	**zart**
tough adj [tʌf]	**zäh**
trout n [traʊt]	**Forelle**
veal n [vi:l]	**Kalbfleisch**
venison n ['venɪsn]	**Wild**

Gemüse

asparagus n [ə'spærəgəs]	**Spargel**
bean n [bi:n]	**Bohne**

brussels sprouts n pl [ˌbrʌslz 'sprauts]	**Rosenkohl**
cabbage n ['kæbɪdʒ]	**Kohl**
carrot n ['kærət]	**Karotte, Möhre**
cauliflower n ['kɒliflaʊə]	**Blumenkohl**
celery n ['seləri]	**Stangensellerie**
courgette n [kʊə'ʒet]	**Zucchini**
cucumber n ['kju:kʌmbə]	**Gurke**
horseradish n ['hɔ:srædɪʃ]	**Meerrettich**
leek n [li:k]	**Porree, Lauch**
lentil n ['lentl]	**Linse**
lettuce n ['letɪs]	**Kopfsalat**
onion n ['ʌnjən]	**Zwiebel**
chop onions	Zwiebeln hacken
pea n [pi:]	**Erbse**
pepper n ['pepə]	**Paprika**
red / green / yellow pepper	rote / grüne / gelbe Paprika
potato n [pə'teɪtəʊ]	**Kartoffel**
potatoes [pə'teɪtəʊz]	
jacket potato	(in der Schale) gebackene Kartoffel
red cabbage n [red 'kæbɪdʒ]	**Rotkohl**
spinach n ['spɪnɪtʃ]	**Spinat**
sweet corn n ['swɪ:t kɔ:n]	**Mais**
tomato n [tə'mɑ:təʊ]	**Tomate**
tomatoes [tə'mɑ:təʊz]	
turnip n ['tɜ:nɪp]	**Rübe**
vegetables n pl ['vedʒtəblz]	**Gemüse**
grow vegetables	Gemüse anbauen
white cabbage n [ˌwaɪt 'kæbɪdʒ]	**Weißkohl**

Gewürze, Kräuter und Soßen

basil n ['bæzl]	**Basilikum**
bay leaf n ['beɪ li:f]	**Lorbeer**
bay leaves ['beɪ li:vz]	
caraway (seed) n ['kærəweɪ si:d]	**Kümmel**
chervil n ['tʃɜ:vɪl]	**Kerbel**
chilli (powder) n ['tʃɪli paʊdə]	**Chili(pulver)**
curry (powder) n ['kʌri paʊdə]	**Curry(pulver)**
garlic n ['gɑ:lɪk]	**Knoblauch**
gravy n ['greɪvi]	**(braune) Soße**

ground adj [graʊnd] ground coffee / pepper	**gemahlen** gemahlener Kaffee / Pfeffer
herb n [hɜːb] use dried herbs in cooking	**(Heil-, Würz-)Kraut** getrocknete Kräuter beim Kochen verwenden
ketchup n ['ketʃəp]	**Ketchup**
mayonnaise n [ˌmeɪə'neɪz]	**Mayonnaise**
mint n [mɪnt]	**Minze**
mustard n ['mʌstəd]	**Senf**
nutmeg n ['nʌtmeg]	**Muskat**
paprika n ['pæprɪkə]	**Paprika**
parsley n ['pɑːsli]	**Petersilie**
pepper n, v ['pepə]	**Pfeffer, pfeffern**
pepper-mill n ['pepəmɪl]	**Pfeffermühle**
pepper-pot n ['pepəpɒt]	**Pfefferstreuer**
rosemary n ['rəʊzməri]	**Rosmarin**
sage n [seɪdʒ]	**Salbei**
salt n, v [sɔːlt] a pinch of salt put salt in / on the food	**Salz, salzen** eine Prise Salz Salz auf / in das Essen geben
salt-cellar n ['sɔːltselə]	**Salzstreuer**
salty adj ['sɔːlti]	**salzig**
sauce n [sɔːs]	**Soße**
season v ['siːzn] season meat with salt, pepper and garlic	**würzen** Fleisch mit Salz, Pfeffer und Knoblauch würzen
seasoning n ['siːzənɪŋ] pepper, garlic and other seasonings	**Gewürz** Pfeffer, Knoblauch und andere Gewürze
sour cream n [ˌsaʊə 'kriːm]	**Sauerrahm**
spice n, v [spaɪs]	**Gewürz, würzen**
spicy adj ['spaɪsi]	**stark gewürzt**
tarragon n ['tærəgən]	**Estragon**
thyme n [taɪm]	**Thymian**
vinegar n ['vɪnɪgə]	**Essig**

Mahlzeiten und Speisen

appetizer n ['æpɪtaɪzə]	**Appetitanreger, Appetithappen**
breakfast n ['brekfəst] have breakfast have toast and jam for breakfast	**Frühstück** frühstücken Toast und Marmelade zum Frühstück essen
cereal n ['sɪəriəl]	**Müsli, Cornflakes**

cheeseburger n ['tʃi:zbɜ:gə]	**Cheeseburger, Hamburger mit Käse**
chips n pl BE [tʃɪps]	**Pommes frites**
cornflakes n pl ['kɔ:nfleɪks]	**Cornflakes**
course n [kɔ:s]	**Gang**
a four-course meal	ein viergängiges Menü
dessert n [dɪ'zɜ:t]	**Nachspeise**
What's for dessert?	Was gibt es zum Nachtisch?
dinner n ['dɪnə]	**Abendessen**
What are we having for dinner?	Was gibt es zum Abendessen?
be at dinner	beim Abendessen sein
dish n [dɪʃ]	**Gericht**
entrée n ['ɒntreɪ]	**Hauptgericht, Zwischengericht**
French fries n pl AE [ˌfrentʃ 'fraɪz]	**Pommes frites**
fried eggs n pl [ˌfraɪd 'egz]	**Spiegeleier**
fried potatoes n pl [ˌfraɪd pə'teɪtəʊz]	**Bratkartoffeln**
fruit salad n ['fru:t sæləd]	**Fruchtsalat**
hamburger n ['hæmbɜ:gə]	**Hamburger**
hors d'oeuvre n [ˌɔ: 'dɜ:v]	**Hors d'oeuvre, Vorspeise**
hot dog n [ˌhɒt 'dɒg]	**Hot Dog**
lunch n [lʌntʃ]	**Mittagessen**
have lunch	zu Mittag essen
be at lunch	beim Mittagessen sein
lunchtime n ['lʌntʃtaɪm]	**Mittagszeit**
at lunch-time	um die Mittagszeit
main course n [ˌmeɪn 'kɔ:s]	**Hauptgericht**
mashed potatoes n pl [mæʃt pə'teɪtəʊz]	**Kartoffelpüree, Kartoffelbrei**
meal n [mi:l]	**Essen, Mahlzeit**
a hot meal	eine warme Mahlzeit
go for a meal	essen gehen
noodle n ['nu:dl]	**Nudel**
packet soup n ['pækɪt su:p]	**Tütensuppe**
pancake n ['pænkeɪk]	**(Eier-)Pfannkuchen**
pasta n ['pæstə]	**Nudeln**
pie n [paɪ]	**Pastete**
meat pie	Fleischpastete
potato salad n [pə'teɪtəʊ 'sæləd]	**Kartoffelsalat**
rice n [raɪs]	**Reis**
roast n [rəʊst]	**Braten**
pork roast	Schweinebraten
salad n ['sæləd]	**Salat**
make / garnish / season a salad	einen Salat machen / garnieren / würzen

salad dressing n ['sæləd dresɪŋ]	**Salatdressing, Salatsoße**
scrambled eggs n pl [skræmbld 'egz]	**Rührei**
snack n [snæk]	**Imbiss**
have / fix a snack	einen Imbiss nehmen / zubereiten
soup n [suːp]	**Suppe**
starter n ['stɑːtə]	**Vorspeise**
serve sth as a starter	etw als Vorspeise servieren
stew n [stjuː]	**Eintopf(gericht)**
supper n ['sʌpə]	**Abendessen, warme Abendmahlzeit**
be at supper	beim Abendessen sein
tea n [tiː]	**(frühes) Abendbrot**
Many people have tea at five.	Viele essen um fünf zu Abend.
yoghurt n ['jɒgət]	**Joghurt**

Alkoholfreie Getränke

beverage n ['bevərɪdʒ]	**Getränk**
bottle n ['bɒtl]	**Flasche**
a bottle of water	eine Flasche Wasser
bottle opener n ['bɒtl əʊpnə]	**Flaschenöffner**
buttermilk n ['bʌtəmɪlk]	**Buttermilch**
cap n [kæp]	**Verschluss, Deckel**
coffee n ['kɒfi]	**Kaffee**
make coffee	Kaffee machen / kochen
black / white coffee	schwarzer Kaffee / Kaffee mit Milch
She ordered two coffees.	Sie bestellte zwei Kaffee.
coke n [kəʊk]	**Cola**
drink n [drɪŋk]	**Getränk**
Would you like a drink?	Möchtest du etwas trinken?
hot / cold drinks	heiße / kalte Getränke
I'd like a drink of water, please!	Ich hätte gern etwas Wasser.
drinkable adj ['drɪŋkəbl]	**trinkbar**
fill v [fɪl]	**füllen**
fill a glass with water	ein Glas mit Wasser füllen
hot chocolate n [ˌhɒt 'tʃɒklət]	**heiße Schokolade**
juice n [dʒuːs]	**Saft**
orange / apple / tomato / grape juice	Orangen- / Apfel- / Tomaten- / Traubensaft
lemonade n [ˌlemə'neɪd]	**Limonade**
liquid n, adj ['lɪkwɪd]	**Flüssigkeit, flüssig**
long-life milk n [ˌlɒŋlaɪf 'mɪlk]	**H-Milch**
milk n [mɪlk]	**Milch**
fresh / sour / low-fat milk	frische / saure / fettarme Milch

milk shake n [ˌmɪlk ˈʃeɪk]	**Milchmixgetränk**
mineral water n [ˈmɪnərəl wɔːtə]	**Mineralwasser**
non-alcoholic adj [ˌnɒnælkəˈhɒlɪk] non–alcoholic drink	**alkoholfrei** alkoholfreies Getränk
skimmed milk n [ˌskɪmd ˈmɪlk]	**Magermilch**
soft drink n [sɒft ˈdrɪŋk]	**Softdrink, alkoholfreies Getränk**
spill v [spɪl] spilt / spilled [spɪlt, spɪlt] She spilled the water all over the table.	**verschütten** Sie verschüttete das Wasser über den ganzen Tisch.
squash n [skwɒʃ]	**Fruchtsaftkonzentrat**
tea n [tiː] make / drink tea	**Tee** Tee kochen / trinken
tea bag n [ˈtiː bæg]	**Teebeutel**
turn v [tɜːn] milk turns	**sauer werden** Milch wird sauer

Alkoholische Getränke

alcohol n [ˈælkəhɒl]	**Alkohol**
alcoholic adj [ˌælkəˈhɒlɪk] alcoholic drinks	**alkoholisch** alkoholische Getränke
ale n [eɪl]	**Ale (helles, obergäriges Bier)**
aperitif n [əˌperəˈtiːf]	**Aperitif**
beer n [bɪə]	**Bier**
bitter n [ˈbɪtə]	**halbdunkles, obergäriges Bier**
bottled beer n [bɒtld ˈbɪə]	**Flaschenbier**
bottled wine n [bɒtld ˈwaɪn]	**Flaschenwein**
champagne n [ʃæmˈpeɪn]	**Champagner**
Cheers! [tʃɪəz]	**Prost!**
chill v [tʃɪl] Chill the wine before you serve it!	**kühlen** Kühl den Wein, bevor du ihn servierst.
cocktail n [ˈkɒkteɪl]	**Cocktail**
cork n [kɔːk] remove / pop the cork	**Korken** den Korken ziehen / knallen lassen
corkscrew n [ˈkɔːkskruː]	**Korkenzieher**
draught beer n [ˈdrɑːft bɪə]	**Fassbier**
drink n [drɪŋk] pour sb / oneself a drink	**(alkoholisches) Getränk, Drink** jdm / sich einen Drink eingießen

drink v [drɪŋk] drank, drunk [dræŋk, drʌŋk]	**trinken**
drink to sb / sth	auf jdn / etw anstoßen
She doesn't drink.	Sie trinkt nicht / keinen Alkohol.
drink up v [ˌdrɪŋk 'ʌp] drank, drunk [dræŋk, drʌŋk]	**austrinken**
Drink up!	Trink aus!
foam n, v [fəʊm]	**Schaum, schäumen**
foam on the beer	Schaum auf dem Bier
Champagne foams when poured into a glass.	Champagner schäumt, wenn man ihn einschenkt.
glass n [glɑːs]	**Glas**
pour sb a glass of wine	jdm ein Glas Wein einschenken
Here's to you. [hɪəz tə 'juː]	**Auf dein / Ihr Wohl.**
lager n ['lɑːgə]	**helles Bier, Lagerbier**
liqueur n [lɪ'kjʊə]	**Likör**
liquor n bes AE ['lɪkə]	**Spirituosen**
She never drinks hard liquor.	Sie trinkt keine harten Sachen.
mix v [mɪks]	**mixen**
Shall I mix you a drink?	Soll ich dir einen Drink mixen?
mixture n ['mɪkstʃə]	**Mischung, Mixtur**
pour v [pɔː]	**(ein)gießen, einschenken**
May I pour you another drink?.	Darf ich Ihnen noch etwas einschenken?
red wine n [ˌred 'waɪn]	**Rotwein**
round n [raʊnd]	**Runde**
buy / order a round (of drinks)	eine Runde zahlen / bestellen
shaker n ['ʃeɪkə]	**Mixbecher, Shaker**
sherry n ['ʃeri]	**Sherry**
spirits n pl ['spɪrɪts]	**Spirituosen, Schnaps**
stout n [staʊt]	**dunkles Bier**
strong adj [strɒŋ]	**stark**
strong beer	starkes Bier
table wine n ['teɪbl waɪn]	**Tafelwein**
toast n, v [təʊst]	**Toast, Trinkspruch, trinken auf**
propose a toast to sb	einen Toast auf jdn ausbringen
toast sb / sth	auf jdn / etw trinken
whiskey n AE, Irland ['wɪski]	**Whiskey**
whisky n Schottland ['wɪski]	**Whisky**
white wine n [ˌwaɪt 'waɪn]	**Weißwein**
wine n [waɪn]	**Wein**
dry / sweet wine	trockener / lieblicher Wein

Kuchen und Süßigkeiten

biscuit n ['bɪskɪt]	**Keks**
cake n [keɪk]	**Kuchen, Torte**
candy n bes AE ['kændi]	**Bonbon, Praline, Süßigkeit(en)**
He eats too much candy.	Er isst zu viele Süßigkeiten.
(chewing) gum n ['tʃu:ɪŋ gʌm]	**Kaugummi**
a stick of chewing gum	ein Streifen Kaugummi
chocolate n ['tʃɒklət]	**Schokolade, Praline**
He had some chocolate.	Er aß etwas Schokolade.
He had a chocolate.	Er aß eine Praline.
a bar of chocolate	eine Tafel Schokolade
confectionery n [kən'fekʃənəri]	**Süßigkeiten, Konfekt**
cookie n bes AE ['kʊki]	**Plätzchen, Keks**
cream n [kri:m]	**Sahne**
whip cream	Sahne schlagen
cream cake n [ˌkri:m 'keɪk]	**Sahnetorte**
crisp n, adj bes BE [krɪsp]	**Kartoffelchip, knackig**
ice-cream n [ˌaɪs'kri:m]	**Speiseeis**
jelly n ['dʒeli]	**Götterspeise, Gelee**
strawberry jelly	Erdbeergelee
jelly beans n pl ['dʒeli bi:nz]	**Fruchtgummi**
lollipop n bes BE ['lɒlipɒp]	**Lutscher**
pastry n ['peɪstri]	**Gebäck**
pie n [paɪ]	**Obstkuchen, Obstgebäck**
apple pie	Apfelkuchen
scone n [skəʊn]	**Kuchenbrötchen, britisches Teegebäck**
sugar n ['ʃʊgə]	**Zucker**
sweet n, adj bes BE [swi:t]	**Bonbon, süß**
sweets n pl BE [swi:ts]	**Süßigkeiten**
tart n [tɑ:t]	**Obsttorte, Obsttörtchen**
apple tart	Apfelkuchen, -törtchen
toffee n ['tɒfi]	**Karamelbonbon**
whipped cream n [ˌwɪpt 'kri:m]	**Schlagsahne**

Unterkunft und Wohnen

Wohnen

accommodation n [əˌkɒmə'deɪʃn]	**Unterkunft, Wohnraum**
Student accommodation is scarce.	Unterkünfte für Studenten sind knapp.

apartment n bes AE [ə'pɑːtmənt]	**Wohnung**
apartment house n [ə'pɑːtmənt haʊs]	**Wohnblock**
basement flat n ['beɪsmənt flæt]	**Souterrainwohnung**
bedsit(ter) n [ˌbedsɪt, ˌbed'sɪtə]	**möbliertes Zimmer, Wohn-Schlafzimmer**
block (of flats) n [blɒk əv 'flæts]	**(Wohn-)Block, (Wohn-)Hochhaus**
take a walk round the block	einen Spaziergang um den Block machen
They live three blocks from us.	Sie wohnen drei Blocks / Straßen weiter.
bungalow n ['bʌŋgələʊ]	**Bungalow**
council flat n ['kaʊnsl flæt]	**Sozialwohnung**
detached house n [dɪˌtætʃt haʊs]	**Einfamilienhaus**
flat n bes BE [flæt]	**Wohnung**
rented / (un)furnished flat	Mietwohnung / (un)möblierte Wohnung
high-rise building n [ˌhaɪraɪz 'bɪldɪŋ]	**Hochhaus**
home n [həʊm]	**Zuhause, Heim**
take / go / come home	nach Hause bringen / gehen / kommen
leave home	von zu Hause weggehen
be at home	zu Hause sein
house n [haʊs]	**Haus**
housing n, adj ['haʊzɪŋ]	**Wohnungen, Wohnungs-, Wohn-**
low-income housing	Wohnungen für untere Einkommensgruppen
council housing	sozialer Wohnungsbau
housing shortage	Wohnungsknappheit
the government's housing policy	die Wohnungspolitik der Regierung
in adv [ɪn]	**zu Hause**
She's not in.	Sie ist nicht zu Hause.
live v [lɪv]	**wohnen**
Where do you live?	Wo wohnen Sie?
live in town / in the suburbs / in the country	in der Stadt / in einem Vorort / auf dem Land wohnen
live with one's parents	bei seinen Eltern wohnen
mansion n ['mænʃn]	**Herrenhaus, Villa**
move v [muːv]	**umziehen**
They've moved.	Sie sind umgezogen.
move to Bath	nach Bath ziehen
move to a larger flat	in eine größere Wohnung ziehen
move away v [ˌmuːv ə'weɪ]	**wegziehen**
move away (from Bath)	(aus Bath) wegziehen
move in v [ˌmuːv 'ɪn]	**einziehen**
They moved in last month.	Sie sind letzten Monat eingezogen.
He moved in with his girlfriend.	Er ist bei seiner Freundin eingezogen.
move into v ['muːv ɪntə]	**einziehen**
move into a new house	in ein neues Haus einziehen

move out v [ˌmuːv ˈaʊt]	**ausziehen**
They're moving out next month.	Sie ziehen nächsten Monat aus.
move out of one's old flat	aus seiner alten Wohnung ausziehen
occupy v [ˈɒkjupaɪ]	**bewohnen**
occupy the ground floor	das Erdgeschoss bewohnen
out adv [aʊt]	**nicht zu Hause**
He's out.	Er ist nicht zu Hause.
owner-occupied flat n [ˌəʊnəˈɒkjupaɪd flæt]	**Eigentumswohnung**
penthouse n [ˈpenthaʊs]	**Penthouse**
place n [pleɪs]	**Wohnung, Haus**
Shall we meet at my place?	Wollen wir uns bei mir treffen?
We had to spend the night at Peter's place.	Wir mussten die Nacht bei Peter verbringen.
put up v [ˌpʊt ˈʌp] put, put [pʊt, pʊt]	**unterbringen**
We were put up by friends.	Wir kamen bei Freunden unter.
semi-detached house n [ˌsemidɪˈtætʃt haʊs]	**Doppelhaushälfte**
settle v [ˈsetl]	**sich niederlassen, sich ansiedeln**
settle in Singapore / in the country	sich in Singapur / auf dem Lande niederlassen
studio flat n [ˈstjuːdɪəʊ flæt]	**Einzimmerwohnung**
terraced house n BE [ˌterəst ˈhaʊs]	**Reihenhaus**
villa n [ˈvɪlə]	**Villa**

Mieter und Vermieter

landlady n [ˈlændleɪdi]	**Vermieterin**
landlord n [ˈlændlɔːd]	**Vermieter**
let v [let] let, let [let, let]	**vermieten**
To let.	Zu vermieten.
lodge v [lɒdʒ]	**(zur Untermiete) wohnen**
lodge with sb	bei jdm (zur Untermiete) wohnen
lodge at a boarding-house	in einer Pension wohnen
lodger n [ˈlɒdʒə]	**Untermieter/in**
take in lodgers	(Zimmer) vermieten
lodgings n pl [ˈlɒdʒɪŋz]	**möblierte(s) Zimmer**
take lodgings with sb	sich bei jdm einmieten
notice n [ˈnəʊtɪs]	**Kündigung**
My landlord gave me notice to leave by April 30.	Mein Vermieter hat mir zum 30. April gekündigt.
I gave my landlord a month's notice.	Ich habe meine Wohnung / mein Zimmer zum nächsten Monat gekündigt.

own v, adj [əʊn] — **besitzen, eigene/r/s**
Do you own this flat? — Gehört diese Wohnung Ihnen?
I have my own room. — Ich habe mein eigenes Zimmer.

owner n ['əʊnə] — **Besitzer/in**

property n ['prɒpəti] — **Eigentum, Besitz, Immobilie(n)**
private property — Privateigentum
public property — öffentliches Eigentum
Property prices have gone up. — Die Immobilienpreise sind gestiegen.

rent n, v [rent] — **Miete, mieten**
pay a high / low rent — eine hohe / niedrige Miete (be)zahlen
Rents are going up. — Die Mieten steigen.
be three weeks behind with the rent — drei Wochen mit der Miete im Rückstand sein
rent a house from sb — ein Haus von jdm mieten

rent (out) v [ˌrent 'aʊt] — **vermieten**
She rents (out) to students. — Sie vermietet an Studenten.

sublet v [ˌsʌb'let] — **untervermieten**

tenant n ['tenənt] — **Mieter/in**

Haus und Umgebung

backyard n [ˌbæk'jɑːd] — **Hinterhof**

balcony n ['bælkəni] — **Balkon**

bench n [bentʃ] — **(Sitz-)Bank**

boundary n ['baʊndri] — **Grenze**
the boundary between our properties — die Grenze zwischen unseren Grundstücken

chimney n ['tʃɪmni] — **Schornstein, Schlot**

dig v [dɪg] — **(um)graben**
dug, dug [dʌg, dʌg]
dig a hole / the garden — ein Loch graben / den Garten umgraben

dig in v [ˌdɪg 'ɪn] — **eingraben**
dug, dug [dʌg, dʌg]

dig out / up v [ˌdɪg 'aʊt, ˌdɪg 'ʌp] — **ausgraben**
dug, dug [dʌg, dʌg]

façade n [fə'sɑːd] — **Fassade**

fence n [fens] — **Zaun**

flower-bed n ['flaʊəbed] — **Blumenbeet**

garage n ['gærɑːʒ] — **Garage**

garden n ['gɑːdn] — **Garten**

gardener n ['gɑːdnə] — **Gärtner/in**

gardening n ['gɑːdnɪŋ] — **Gartenarbeit**

gate n [geɪt] — **Tor, Pforte**
garden gate — Gartentor

grass n [grɑːs]	**Gras, Rasen**
cut the grass	den Rasen mähen
grounds n pl [graʊndz]	**Gelände, Grundstück**
Private grounds. Keep off!	Privatgrundstück. Nicht betreten!
gutter n ['gʌtə]	**Dachrinne**
hedge v [hedʒ]	**Hecke**
crop a hedge	eine Hecke stutzen
land n [lænd]	**Grundstück, Landbesitz**
own land	Grundbesitz haben
private land	Privatgrundstück
lawn n [lɔːn]	**Rasen**
lawn-mower n ['lɔːnməʊə]	**Rasenmäher**
lightning conductor n ['laɪtnɪŋ kəndʌktə]	**Blitzableiter**
mow v [məʊ] mowed, mown [məʊd, məʊn]	**mähen**
mow the lawn	den Rasen mähen
neighbour n ['neɪbə]	**Nachbar/in**
They're our next-door neighbours.	Sie wohnen direkt nebenan.
neighbourhood n ['neɪbəhʊd]	**Nachbarschaft, (Wohn-)Gegend**
She's liked by the whole neighbourhood.	Sie ist in der ganzen Nachbarschaft beliebt.
They live in a rather poor neighbourhood.	Sie wohnen in einer ziemlich armen Gegend.
next door adv [ˌnekst 'dɔː]	**nebenan**
They live next door.	Sie wohnen neben uns / nebenan.
patio n ['pætiəʊ]	**Terrasse**
pipe n [paɪp]	**Rohr, Röhre, Rohrleitung**
a blocked pipe	ein verstopftes Rohr
water / waste pipe	Wasser- / Abflussrohr
roof tile n ['ruːf taɪl]	**Dachziegel**
shed n [ʃed]	**Schuppen**
shovel n, v ['ʃʌvl]	**Schaufel, schaufeln, schippen**
spade n [speɪd]	**Spaten**
tank n [tæŋk]	**Tank, Wasserspeicher**
terrace n ['terəs]	**Terrasse**
tile n, v [taɪl]	**Ziegel, Kachel, Fliese, kacheln, fliesen, (mit Ziegeln) decken**
bathroom tiles	Badezimmerfliesen
tile the roof	das Dach (mit Ziegeln) decken
tile the floor / wall	den Fußboden fliesen / die Wand kacheln
veranda(h) n [və'rændə]	**Veranda**
yard n [jɑːd]	**Hof, Garten**
in the yard	auf dem Hof

Im Haus

air-conditioned adj ['eəkəndɪʃənd]	**klimatisiert**
air-conditioning n ['eəkəndɪʃnɪŋ]	**Klimaanlage**
alarm n [ə'lɑːm]	**Alarm(anlage)**
attic n ['ætɪk]	**Dachboden, Speicher, Mansarde**
in the attic	auf dem Dachboden
attic room n ['ætɪk ruːm]	**Dach-, Mansardenzimmer**
back room n [ˌbæk 'ruːm]	**Hinterzimmer**
banister n ['bænɪstə]	**Geländer**
hold on to the banister	sich am Geländer festhalten
basement n ['beɪsment]	**Kellergeschoss, Souterrain**
bathroom n ['bɑːθruːm]	**Badezimmer**
The bathroom is occupied.	Das Badezimmer ist besetzt.
bedroom n ['bedruːm]	**Schlafzimmer**
bulb n [bʌlb]	**Glühbirne**
change / put in a bulb	eine Glühbirne auswechseln / einsetzen
This bulb has burnt out.	Diese Birne ist durchgebrannt.
cable n ['keɪbl]	**Kabel**
electrical / telephone cable	Strom-/ Telefonkabel
ceiling n ['siːlɪŋ]	**(Zimmer-)Decke**
a high / low ceiling	eine hohe / niedrige Decke
cellar n ['selə]	**Keller**
wine / coal cellar	Wein-/ Kohlenkeller
central heating n [ˌsentrəl 'hiːtɪŋ]	**Zentralheizung**
children's room n ['tʃɪldrənz ruːm]	**Kinderzimmer**
dining-room n ['daɪnɪŋruːm]	**Esszimmer**
downstairs adv [ˌdaʊn'steəz]	**die Treppe hin-, herunter, (nach) unten**
go / fall downstairs	die Treppe hinuntergehen / -fallen
sleep / wait downstairs	unten schlafen / warten
electric heater n [ɪˌlektrɪk 'hiːtə]	**Elektroheizer, Heizgerät**
elevator n bes AE ['elɪveɪtə]	**Aufzug**
take the elevator to the 9th floor	den Aufzug in den neunten Stock nehmen
freight elevator	Lastenaufzug
flight (of stairs) n pl [ˌflaɪt əv 'steəz]	**Treppe**
She lives three flights up.	Sie wohnt drei Treppen hoch.
climb four flights of stairs to the top floor	vier Treppen zum obersten Stockwerk hoch gehen
floor n [flɔː]	**Etage, Stockwerk, Fußboden**
on the first / second / top floor	im ersten / zweiten / obersten Stockwerk
sit on the floor	auf dem Fußboden sitzen
front room n ['frʌnt ruːm]	**vorderes Zimmer, Wohnzimmer**

furnish v ['fɜːnɪʃ]	**einrichten, möblieren**
furnish a flat / house	eine Wohnung / ein Haus einrichten
furniture n ['fɜːnɪtʃə]	**Möbel**
a piece of furniture	ein Möbelstück
garden furniture	Gartenmöbel
fuse n [fjuːz]	**Sicherung**
The fuse has blown.	Die Sicherung ist durchgebrannt.
fuse box n ['fjuːz bɒks]	**Sicherungskasten**
gas heating n ['gæs hiːtɪŋ]	**Gasheizung**
gas stove n ['gæs stəʊv]	**Gasofen, Herd**
ground floor n [ˌgraʊnd 'flɔː]	**Erdgeschoss**
guest-room n ['gestruːm]	**Gästezimmer**
hall n [hɔːl]	**Flur, Diele**
handrail n ['hændreɪl]	**Geländer, Handlauf**
hold on to a handrail	sich an einem Geländer festhalten
heat v [hiːt]	**(be)heizen**
heat a house / room	ein Haus / Zimmer heizen
The pool is heated.	Das Schwimmbecken ist beheizt.
heater n ['hiːtə]	**Ofen, Heizgerät**
oil heater	Ölofen
heating n ['hiːtɪŋ]	**Heizung**
turn the heating on / down / off	die Heizung an- / herunter- / abstellen
housewife n ['haʊswaɪf]	**Hausfrau**
kitchen n ['kɪtʃɪn]	**Küche**
landing n ['lændɪŋ]	**Treppenabsatz, Gang / Flur (im oberen Stock)**
level n ['levl]	**Etage, Geschoss**
lift n BE [lɪft]	**Fahrstuhl, Aufzug**
light switch n ['laɪt swɪtʃ]	**Lichtschalter**
living-room n ['lɪvɪŋruːm]	**Wohnzimmer**
loft n [lɒft]	**Speicher, Boden**
in the loft	auf dem Speicher
night storage heater n [ˌnaɪt stɔːrɪdʒ 'hiːtə]	**Nachtspeicherofen**
oil heating n ['ɔɪl hiːtɪŋ]	**Ölheizung**
pantry n ['pæntri]	**Speisekammer**
plug n [plʌg]	**Stecker**
put a plug in the socket	einen Stecker in die Steckdose stecken
plumbing n ['plʌmɪŋ]	**Rohrleitungen, Installationen, sanitäre Anlagen**
radiator n ['reɪdieɪtə]	**Heizkörper**
room n [ruːm]	**Zimmer, Raum**
furnished / large / bright room	möbliertes / großes / helles Zimmer

socket n ['sɒkɪt] — **Steckdose**

stairs n pl [steəz] — **Treppe**
go up / down the stairs — die Treppe hinauf / hinunter gehen
at the top / foot of the stairs — oben auf / unten an der Treppe

step n [step] — **Stufe**
Mind the step! — Vorsicht Stufe!

stove n [stəʊv] — **Ofen, Herd**

study n ['stʌdi] — **Arbeitszimmer**

switch n [swɪtʃ] — **Schalter, Knopf**

upper floor n [ˌʌpə 'flɔː] — **Obergeschoss**

upstairs adv [ˌʌp'steəz] — **die Treppe hin-, herauf, (nach) oben**
go / come / run upstairs — die Treppe hinaufgehen / -kommen / -rennen
The bathroom is upstairs. — Das Badezimmer ist oben.

Türen und Fenster

blind n [blaɪnd] — **Rollo, Jalousie, Rollladen**
raise / draw the blinds — die Jalousien hochziehen / herunterlassen

bolt n, v [bəʊlt] — **Riegel, verriegeln**
bolt a window / door — ein Fenster / eine Tür verriegeln

close v [kləʊz] — **schließen, zumachen**
close a door / window — eine Tür / ein Fenster schließen

door n [dɔː] — **Tür**
close / lock / unlock a door — eine Tür schließen / ab- / aufschließen
show sb to the door — jdn zur Tür bringen
back / revolving door — Hintertür / Drehtür

(door)bell n ['dɔːbel] — **(Tür-)Klingel**
the doorbell is ringing — es klingelt (an der Tür)

door-handle n ['dɔːhændl] — **Türklinke**

entrance n ['entrəns] — **Eingang, Einfahrt**
main entrance — Haupteingang
rear entrance — Hintereingang
side entrance — Seiteneingang

entry n ['entri] — **Eingang, Zutritt**
gain entry to sth — Zutritt zu etw erhalten

exit n ['eksɪt] — **Ausgang**
The exits in the hall are marked. — Die Ausgänge der Halle sind gekennzeichnet.

French door n [ˌfrentʃ 'dɔː] — **Verandatür**

front door n [ˌfrʌnt 'dɔː] — **Haustür**

hinge n [hɪndʒ] — **Scharnier**

key n [kiː] — **Schlüssel**
the key to the front door — der Haustürschlüssel
a bunch of keys — ein Schlüsselbund

keyhole n ['kiːhəʊl]	**Schlüsselloch**
knock v [nɒk]	**klopfen**
knock at the door	an die Tür klopfen
knocker n ['nɒkə]	**Türklopfer**
lock n, v [lɒk]	**Schloss, ab-, zuschließen, sich (ver)schließen lassen**
pick a lock	ein Schloss knacken
lock a house / door / suitcase	ein Haus / eine Tür / einen Koffer abschließen
This door doesn't lock very well.	Diese Tür lässt sich nicht gut schließen.
lock in v [ˌlɒk 'ɪn]	**einschließen**
lock out v [ˌlɒk 'aʊt]	**aussperren**
lock up v [ˌlɒk 'ʌp]	**abschließen**
main entrance n [ˌmeɪn 'entrəns]	**Haupteingang**
open v, adj ['əʊpən]	**(sich) öffnen, offen**
open the window	das Fenster öffnen
The door opened slowly.	Die Tür ging langsam auf.
The door / shop / is open.	Die Tür / der Laden / ist offen.
ring n [rɪŋ] rang, rung [ræŋ, rʌŋ]	**klingeln, läuten**
ring the bell	an der Tür klingeln
The bell rang.	Es klingelte (an der Tür).
shut v, adj [ʃʌt] shut, shut [ʃʌt, ʃʌt]	**schließen, zumachen, geschlossen, zu**
shut a door / book	eine Tür / ein Buch schließen
The door / shop was shut.	Die Tür / das Geschäft war zu.
skylight n ['skaɪlaɪt]	**Dachfenster**
steam up v [ˌstiːm 'ʌp]	**beschlagen**
The window was all steamed up.	Das Fenster war ganz beschlagen.
window n ['wɪndəʊ]	**Fenster**
open / close / break a window	ein Fenster öffnen / schließen / kaputtmachen
window frame n ['wɪndəʊ freɪm]	**Fensterrahmen**
window pane n ['wɪndəʊ peɪn]	**Fensterscheibe**
window-sill n ['wɪndəʊsɪl]	**Fensterbrett**

Wohn- und Schlafzimmer

armchair n ['ɑːmtʃeə]	**Sessel, Lehnstuhl**
armrest n ['ɑːmrest]	**Armlehne**
bed n [bed]	**Bett**
go to bed / to be in bed	ins Bett gehen / im Bett sein
put the children to bed	die Kinder ins Bett bringen
make / change the beds	die Betten machen / frisch beziehen
lie / stay in bed	im Bett liegen / bleiben

bedroom n ['bedru:m]	**Schlafzimmer**
bedside table n ['bedsaɪd teɪbl]	**Nachttisch**
blanket n ['blæŋkɪt]	**(Woll-)Decke**
cabinet n ['kæbɪnət]	**Schränkchen, Vitrine**
candle n ['kændl]	**Kerze**
light / blow out a candle	eine Kerze anzünden / ausblasen
carpet n ['kɑ:pɪt]	**Teppich**
chair n [tʃeə]	**Stuhl**
back (of a chair)	Rückenlehne
chest of drawers n [ˌtʃest əv 'drɔ:z]	**Kommode**
couch n [kaʊtʃ]	**Sofa**
cover v ['kʌvə]	**bedecken, zudecken, abdecken**
cover a table with a table-cloth	einen Tisch mit einem Tischtuch bedecken
cover sb with a blanket	jdn mit einer Decke zudecken
curtain n ['kɜ:tn]	**Vorhang**
draw / pull the curtains	die Vorhänge zu- / aufziehen
cushion n ['kʊʃn]	**Kissen**
double bed n [ˌdʌbl 'bed]	**Doppelbett**
drawer n [drɔ:]	**Schublade**
pull out / push in a drawer	eine Schublade herausziehen / hineinschieben
dressing-table n ['dresɪŋteɪbl]	**Frisierkommode**
fireplace n ['faɪəpleɪs]	**Kamin**
fitted carpet n ['fɪtɪd 'kɑ:pɪt]	**Teppichboden**
floor lamp n ['flɔ læmp]	**Stehlampe**
folding chair n ['fəʊldɪŋ tʃeə]	**Klappstuhl**
lamp n [læmp]	**Lampe, Leuchte**
lampshade n ['læmpʃeɪd]	**Lampenschirm**
living-room n ['lɪvɪŋru:m]	**Wohnzimmer**
lounge n [laʊndʒ]	**Wohnzimmer**
mattress n ['mætrəs]	**Matratze**
picture n ['pɪktʃə]	**Bild**
pillow n ['pɪləʊ]	**Kopfkissen**
pillowcase n ['pɪləʊkeɪs]	**Kopfkissenbezug**
quilt n [kwɪlt]	**Steppdecke, Quilt**
reading lamp n ['ri:dɪŋ læmp]	**Leselampe**
rocking-chair n ['rɒkɪŋtʃeə]	**Schaukelstuhl**
rug n [rʌg]	**Läufer, Brücke, Vorleger**
settee n [se'ti:]	**Couch, Sofa**
sheet n [ʃi:t]	**Betttuch, (Bett-)Laken**

shelf n [ʃelf] shelves [ʃelvz]	**Regalbrett, Regal**
put up the shelves	das Regal aufbauen / anbringen
sideboard n ['saɪdbɔːd]	**Anrichte, Sideboard**
single bed n [ˌsɪŋgl 'bed]	**Einzelbett**
sofa n ['səʊfə]	**Sofa**
table n ['teɪbl]	**Tisch**
lay / clear the table	den Tisch decken / abräumen
leave the table	vom Tisch aufstehen
vase n [vɑːz]	**Vase**
wardrobe n ['wɔːdrəʊb]	**Kleiderschrank**
hang clothes in the wardrobe	Kleider in den Schrank hängen
built-in wardrobe	Einbauschrank

Küche

basket n ['bɑːskɪt]	**Korb**
built-in cupboard n [ˌbɪlt'ɪn kʌbəd]	**Einbauschrank**
container n [kən'teɪnə]	**Behälter, Gefäß**
plastic / metal container	Plastik- / Metallbehälter
cooker n ['kʊkə]	**Herd**
cooking facilities n pl [ˌkʊkɪŋ fə'sɪlətɪz]	**Kochgelegenheit**
cupboard n ['kʌbəd]	**Schrank**
dishwasher n ['dɪʃwɒʃə]	**Geschirrspülmaschine**
drain n [dreɪn]	**Abfluss(rohr), Kanalisationsrohr**
dustbin n ['dʌstbɪn]	**Mülltonne**
electric cooker n [ɪˌlektrɪk 'kʊkə]	**Elektroherd**
freezer n ['friːzə]	**Gefrierschrank, Gefriertruhe, Gefrierfach**
fridge n [frɪdʒ]	**Kühlschrank**
gas cooker n ['gæs kʊkə]	**Gasherd**
hotplate n ['hɒtpleɪt]	**Herdplatte, Warmhalteplatte**
kettle n ['ketl]	**Kessel**
I'll put the kettle on.	Ich setze (Tee- / Kaffee-)Wasser auf.
kitchen n ['kɪtʃɪn]	**Küche**
lid n [lɪd]	**Deckel**
liquidizer n ['lɪkwɪdaɪzə]	**Mixgerät**
microwave (oven) n [ˌmaɪkrəweɪv 'ʌvn]	**Mikrowelle(nherd)**
mixer n ['mɪksə]	**Mixer**
oven n ['ʌvn]	**Backofen**
percolator n ['pɜːkəleɪtə]	**Kaffeemaschine**

rubbish bin n ['rʌbɪʃ bɪn]	**Abfalleimer**
sink n [sɪŋk]	**Spülbecken, Spüle, Ausguss**
stool n [stu:l]	**Hocker, Schemel**
stove n [stəʊv]	**Ofen, Herd**
tablecloth n ['teɪblklɒθ]	**Tischdecke**
tin-opener n ['tɪnˌəʊpnə]	**Dosenöffner**
toaster n ['təʊstə]	**Toaster**
torch n [tɔ:tʃ]	**Taschenlampe**

Badezimmer

bath n, v [bɑ:θ]	**Bad, baden**
take a bath	ein Bad nehmen
give the baby a bath	das Baby baden
bath towel n ['bɑ:θ taʊəl]	**Badehandtuch**
bath(tub) n ['bɑ:θtʌb]	**Badewanne**
run a bath	Wasser (in die Badewanne) einlaufen lassen
bathrobe n ['bɑ:θrəʊb]	**Bademantel**
bathroom n ['bɑ:θru:m]	**Badezimmer**
The bathroom is occupied.	Das Badezimmer ist besetzt.
hair-drier n ['heədraɪə]	**Fön**
lavatory n ['lævətri]	**Toilette**
The lavatory is vacant.	Die Toilette ist frei.
loo n BE, umg [lu:]	**Klo**
mirror n ['mɪrə]	**Spiegel**
look at oneself in the mirror	sich im Spiegel ansehen
plug n [plʌg]	**Stöpsel**
pull (out) the plug	den Stöpsel (heraus)ziehen
shower n ['ʃaʊə]	**Dusche**
have / take a (hot / cold) shower	(heiß / kalt) duschen
turn on / off the shower	die Dusche an- / abstellen
shower cap n ['ʃaʊə kæp]	**Duschhaube**
shower curtain n ['ʃaʊə kɜ:tn]	**Duschvorhang**
soap n [səʊp]	**Seife**
a bar of soap	ein Stück Seife
tap n [tæp]	**Wasserhahn**
hot / cold tap	Heiß- / Kaltwasserhahn
turn the tap on / off	den Wasserhahn anstellen / abdrehen
The tap leaks.	Der Wasserhahn leckt.
toilet n ['tɔɪlət]	**Toilette**
go to the toilet	auf die Toilette gehen
flush the toilet	spülen

toilet paper n ['tɔɪlət peɪpə]	**Toilettenpapier**
toilet roll n ['tɔɪlət ˌrəʊl]	**Toilettenpapierrolle**
towel n ['taʊəl]	**Handtuch**
wash-basin n ['wɒʃbeɪsn]	**Waschbecken**
washing-machine n ['wɒʃɪŋməʃiːn]	**Waschmaschine**
washing-powder n ['wɒʃɪŋpaʊdə]	**Waschpulver**
water n ['wɔːtə]	**Wasser**
run water	Wasser (ein)laufen lassen

Bauen und Renovieren

architect n ['ɑːkɪtekt]	**Architekt/in**
architecture n ['ɑːkɪtektʃə]	**Architektur**
brick n [brɪk]	**Ziegelstein, Backstein**
brick wall n ['brɪk wɔːl]	**Backsteinmauer**
build v [bɪld]	**bauen**
built, built [bɪlt, bɪlt]	
builder n ['bɪldə]	**Bauarbeiter/in, Bauunternehmer/in**
cement n [sɪ'ment]	**Zement**
mix / pour cement	Zement mischen / gießen
column n ['kɒləm]	**Säule**
concrete n ['kɒŋkriːt]	**Beton**
concrete wall / floor	Betonwand / -boden
construct v [kən'strʌkt]	**konstruieren, bauen, errichten**
construct a machine	eine Maschine konstruieren / bauen
construct a building	ein Gebäude errichten
construction n [kən'strʌkʃn]	**Bau, Konstruktion**
the construction of a bridge / a plane	der Bau einer Brücke / die Konstruktion eines Flugzeugs
crane n [kreɪn]	**Kran**
decorate v ['dekəreɪt]	**tapezieren, streichen**
decorate a room	ein Zimmer tapezieren und / oder streichen
demolish v [dɪ'mɒlɪʃ]	**abbrechen**
demolition n [ˌdemə'lɪʃn]	**Abbruch**
exterior n [ɪk'stɪəriə]	**Äußeres**
on the exterior	an der Außenseite
fit v [fɪt]	**anbringen, ausstatten, installieren**
fit a doorbell / plug	eine Türklinkel / einen Stecker anbringen
fit a new bathroom	ein Badezimmer neu ausstatten
install v [ɪn'stɔːl]	**installieren, einbauen**
installation n [ˌɪnstə'leɪʃn]	**Installation, Einbau**

interior n [ɪn'tɪəriə] — **Inneres, Innenausstattung**

interior design n [ɪnˌtɪəriə dɪ'zaɪn] — **Innenarchitektur**

mortar n ['mɔːtə] — **Mörtel**

paint n, v [peɪnt] — **Farbe, (an)streichen**
a coat of paint — eine Farbschicht
give sth a second coat of paint — etw noch einmal streichen
paint a room / wall (white) — ein Zimmer / eine Wand (weiß) streichen

paper v ['peɪpə] — **tapezieren**

pillar n ['pɪlə] — **Säule**

pull down v [ˌpʊl 'daʊn] — **abreißen, abbrechen**

renovate v ['renəveɪt] — **renovieren**

renovation n [ˌrenə'veɪʃn] — **Renovierung**

timber n ['tɪmbə] — **Bauholz, Nutzholz**

varnish n, v ['vɑːnɪʃ] — **Lack, lackieren**

wall n [wɔːl] — **Wand, Mauer**
the outside / inside walls of a house — die Außen- / Innenwände eines Hauses
build / paint / paper a wall — ein Wand ziehen / anstreichen / tapezieren
hang a picture on the wall — ein Bild an die Wand hängen

wallpaper n ['wɔːlpeɪpə] — **Tapete**

wood n [wʊd] — **Holz**

Hausarbeit

broom n [bruːm] — **Besen**

brush n, v [brʌʃ] — **Bürste, Handbesen, bürsten**

brush off v [brʌʃ 'ɒf] — **abbürsten**

brush up v [brʌʃ 'ʌp] — **zusammenkehren /-fegen**

bucket n ['bʌkɪt] — **Eimer**

clean v, adj [kliːn] — **putzen, reinigen, sauber**
clean the window / bathroom — das Fenster / Badezimmer putzen
have one's coat cleaned — seinen Mantel reinigen lassen
a clean dress / bathroom — ein sauberes Kleid / Badezimmer

clean up v [ˌkliːn 'ʌp] — **sauber machen, aufräumen**
They cleaned up the mess. — Sie räumten auf.
clean up the spilled milk — die verschüttete Milch aufwischen

cleaner n ['kliːnə] — **Putzhilfe, Gebäudereiniger/in**

cleaning woman n ['kliːnɪŋ wʊmən] — **Putzfrau**

clear up v [ˌklɪər 'ʌp] — **wegräumen, aufräumen**
clear up the empty bottles — die leeren Flaschen wegräumen
clear up a room — ein Zimmer aufräumen

cloth n [klɒθ] — **Lappen, Tuch**

darn v [dɑːn]	**stopfen**
darn a sock / a hole in a sock	einen Strumpf / ein Loch in einem Strumpf stopfen
detergent n [dɪ'tɜːdʒənt]	**Reinigungsmittel, Waschmittel**
dirt n [dɜːt]	**Schmutz, Dreck**
be covered with dirt	völlig verschmutzt sein
dirty adj ['dɜːti]	**schmutzig**
dirty feet / clothes / work	schmutzige Füße / Kleidung / Arbeit
be / get dirty	schmutzig sein / werden
dirty washing n ['dɜːti ˌwɒʃɪŋ]	**Schmutzwäsche**
dishcloth n ['dɪʃklɒθ]	**Spültuch**
dry v, adj [draɪ]	**(ab)trocknen, trocken**
dry the dishes	das Geschirr abtrocknen
dry clothes / paint	trockene Wäsche / Farbe
dust n, v [dʌst]	**Staub, Staub wischen, abstauben**
dust the living-room / the furniture	im Wohnzimmer Staub wischen / die Möbel abstauben
dusty adj ['dʌsti]	**staubig**
covered in dust	sehr staubig
get dusty	staubig werden / verstauben
fold v [fəʊld]	**(zusammen)falten, zusammenlegen**
fold shirts	Hemden zusammenlegen
fold paper	Papier falten
hang v [hæŋ] hung, hung [hʌŋ, hʌŋ]	**(auf)hängen**
hang a picture (up) on the wall	ein Bild an die Wand hängen
hole n [həʊl]	**Loch**
mend a hole	ein Loch stopfen
hoover n, v ['huːvə]	**Staubsauger, staubsaugen**
hoover (a room)	(in einem Zimmer) staubsaugen
household n ['haʊshəʊld]	**Haushalt**
run / manage a household	einen Haushalt führen
household expenses n ['haʊshəʊld ɪksˌpensəz]	**Haushaltsausgaben**
housekeeper n ['haʊskiːpə]	**Haushälterin**
housework n ['haʊswɜːk]	**Hausarbeit**
do all the housework	die gesamte Hausarbeit erledigen
iron n, v ['aɪən]	**Bügeleisen, bügeln**
steam iron	Dampfbügeleisen
This shirt irons easily.	Dieses Hemd bügelt sich leicht.
ironing board n ['aɪənɪŋ bɔːd]	**Bügelbrett**
laundry n ['lɔːndri]	**Wäsche**
do / iron / fold the laundry	die Wäsche waschen / bügeln / zusammenlegen

mess n [mes]	**Unordnung, Durcheinander**
The room is (in) a terrible mess.	Das Zimmer ist furchtbar unordentlich.
The kitchen looks a mess.	Die Küche sieht schlimm aus.
make a mess of sth	etw vermasseln
pick up v [ˌpɪk ˈʌp]	**auf-, hochheben**
polish n, v [ˈpɒlɪʃ]	**Politur, polieren, putzen**
polish the furniture	die Möbel polieren
polish one's shoes / the silver	seine Schuhe / das Silber putzen
press v [pres]	**bügeln**
press a suit	einen Anzug bügeln
tidy adj [ˈtaɪdi]	**aufgeräumt, ordentlich**
a tidy room / desk	ein aufgeräumtes Zimmer
a tidy person	eine ordentliche Person
tidy (up) v [ˌtaɪdi ˈʌp]	**aufräumen**
tidy up a room / one's desk	sein Zimmer / seinen Schreibtisch aufräumen
untidy adj [ʌnˈtaɪdi]	**unordentlich, unaufgeräumt**
vacuum cleaner n [ˈvækjuəm kliːnə]	**Staubsauger**
washing n [ˈwɒʃɪŋ]	**Wäsche**
do the washing	(die Wäsche) waschen
washing-up n [ˌwɒʃɪŋˈʌp]	**Abwasch**
do the washing-up	abwaschen
wipe v [waɪp]	**(ab)wischen, aufwischen**
wipe the floor	den Fußboden aufwischen
wipe sth with / on a cloth	etw mit / an einem Tuch abwischen
wipe sth clean	etw sauber wischen
wipe away v [ˌwaɪp əˈweɪ]	**wegwischen**
wipe off v [ˌwaɪp ˈɒf]	**weg-, abwischen**

Bekleidung

Stoffe

canvas n [ˈkænvəs]	**Leinwand, Segeltuch**
cloth n [klɒθ]	**Stoff, Tuch**
cotton n, adj [ˈkɒtn]	**Baumwolle, Baumwoll-**
made of cotton	aus Baumwolle
fabric n [ˈfæbrɪk]	**Stoff**
fibre n [ˈfaɪbə]	**Faser**
coarse / synthetic fibre	grobe / synthetische Faser
jersey n [ˈdʒɜːzi]	**Jersey**
lace n [leɪs]	**Spitze**
trim a dress with lace	ein Kleid mit Spitze besetzen
leather n [ˈleðə]	**Leder**

linen n ['lɪnɪn]	**Leinen**
lining n ['laɪnɪŋ]	**Futter(stoff)**
material n [mə'tɪəriəl]	**Material, Stoff**
nylon n ['naɪlɒn]	**Nylon**
pattern n ['pætn]	**Muster**
silk n [sɪlk]	**Seide**
silky adj ['sɪlki]	**seidig**
suede n [sweɪd]	**Wildleder, Velourleder**
synthetic fabric n [sɪn͵θetɪk 'fæbrɪk]	**Kunstfaser**
synthetic silk n [sɪn͵θetɪk 'sɪlk]	**Kunstseide**
textiles n pl ['tekstaɪlz]	**Textilien**
wool n [wʊl]	**Wolle**
woollen adj ['wʊlən] woollen socks / blanket	**aus Wolle, Woll-** Wollstrümpfe / -decke

An- und Ausziehen

bare adj [beə] bare legs / feet with one's bare hands	**nackt, bloß** nackte Beine / Füße mit bloßen Händen
barefoot adj ['beəfʊt]	**barfuß**
button (up) v [͵bʌtn 'ʌp]	**zuknöpfen**
change v [tʃeɪndʒ] She went upstairs to change. change one's shirt / socks	**sich umziehen, wechseln** Sie ging nach oben, um sich umzuziehen. das Hemd / die Strümpfe wechseln
dress v [dres] He always dresses very well. She's dressed in black. dress up dress up as	**(sich kleiden), (sich) anziehen** Er kleidet sich immer sehr gut. Sie ist in schwarz gekleidet. sich schick machen sich verkleiden als
get dressed v [͵get 'drest] get dressed in the morning	**sich anziehen** sich morgens anziehen
naked adj ['neɪkɪd] a naked man / body	**nackt** ein nackter Mann / Körper
put on v [͵pʊt 'ɒn] put, put [pʊt, pʊt] put on a dress / one's coat / one's shoes put on a hat	**anziehen, aufsetzen** ein Kleid / seinen Mantel / seine Schuhe anziehen einen Hut aufsetzen
take off v [͵teɪk 'ɒf] took, taken [tʊk, ͵teɪkən] take off one's pullover / trousers / shoes take off one's hat	**(sich) ausziehen, abnehmen** (sich) den Pullover / die Hose / Schuhe ausziehen den Hut abnehmen

try on v [ˌtraɪ 'ɒn]	**anprobieren, aufprobieren**
try on a new dress	ein neues Kleid anprobieren
try on a new hat	einen neuen Hut aufprobieren
unbutton v [ˌʌn'bʌtn]	**aufknöpfen**
unbutton one's shirt / trousers	sein Hemd / seine Hose aufknöpfen
undress v [ˌʌn'dres]	**sich ausziehen**
He undressed and went to bed.	Er zog sich aus und ging zu Bett.
get undressed	sich ausziehen
unzip v [ˌʌn'zɪp]	**den Reißverschluss aufmachen**
unzip a dress	den Reißverschluß an einem Kleid aufmachen
wear v [weə] wore, worn [wɔː, wɔːn]	**tragen**
wear a shirt / trousers / shoes	ein Hemd / eine Hose / Schuhe tragen
well-dressed adj [ˌwel'drest]	**gut angezogen**
zip n [zɪp]	**Reißverschluss**
The zip on her dress often gets stuck.	Der Reißverschluss an ihrem Kleid klemmt oft.
zip up v [ˌzɪp 'ʌp]	**den Reißverschluss zumachen**
zip up a dress / one's fly	den Reißverschluss an einem Kleid / seinen Hosenschlitz zumachen

Oberbekleidung

anorak n ['ænəræk]	**Anorak**
blouse n [blauz]	**Bluse**
button n ['bʌtn]	**Knopf**
tear off / sew on a button	einen Knopf abreißen / annähen
buttonhole n ['bʌtnhəʊl]	**Knopfloch**
cardigan n ['kɑːdɪgən]	**Strickjacke**
cloak n [kləʊk]	**Umhang**
clothes n pl [kləʊðz]	**Kleidung**
summer / winter clothes	Sommer- / Winterkleidung
casual clothes	legere Kleidung
coat n [kəʊt]	**Mantel**
collar n ['kɒlə]	**Kragen**
collar size n ['kɒlə saɪz]	**Kragenweite**
crease n, v [kriːs]	**(Bügel-)Falte, (zer)knittern**
iron out the creases in a dress	die Falten in einem Kleid ausbügeln
The creases in his trousers are perfect.	Die Bügelfalten in seiner Hose sind perfekt.
This fabric creases easily.	Dieser Stoff knittert leicht.
cuff n [kʌf]	**Manschette**
cufflink n ['kʌflɪŋk]	**Manschettenknopf**
dinner jacket n ['dɪnə dʒækɪt]	**Smokingjacke**

dress n [dres]	**Kleid, Kleidung**
formal dress	Gesellschaftskleidung
dry-clean v [ˌdrʌɪ'kliːn]	**chemisch reinigen**
have sth dry-cleaned	etw chemisch reinigen lassen
evening dress n ['iːvnɪŋ dres]	**Abendkleid**
fly n [flaɪ]	**Hosenschlitz**
fold n, v [fəʊld]	**Falte, (zusammen)falten, zusammenlegen**
fold clothes neatly	Kleider sauber zusammenlegen
fur coat n ['fɜː kəʊt]	**Pelzmantel**
hem n [hem]	**Saum**
hood n [hʊd]	**Kapuze**
pull the hood over one's head	die Kapuze über den Kopf ziehen
jacket n ['dʒækɪt]	**Jacke, Jackett**
jumper n ['dʒʌmpə]	**Pullover**
lapel n [lə'pel]	**Revers**
loose adj [luːs]	**weit (geschnitten)**
wear loose clothes	weite Kleidung tragen
outfit n ['aʊtfɪt]	**Kleidung, Outfit**
tennis / sports outfit	Tennis- / Sportkleidung
pants n pl AE [pænts]	**Hosen**
pocket n ['pɒkɪt]	**Tasche**
coat pocket	Manteltasche
side pocket	Seitentasche
press-stud n ['presstʌd]	**Druckknopf**
pullover n ['pʊləʊvə]	**Pullover**
raincoat n ['reɪnkəʊt]	**Regenmantel**
seam n [siːm]	**Naht**
come apart at the seams	an den Nähten aufreißen
shirt n [ʃɜːt]	**Hemd**
short-sleeved adj [ˌʃɔːt'sliːvd]	**kurzärmelig**
shorts n pl [ʃɔːts]	**kurze Hose, Shorts**
size n [saɪz]	**Größe**
skirt n [skɜːt]	**Rock**
sleeve n [sliːv]	**Ärmel**
roll up one's sleeves	die Ärmel hochkrempeln
smart adj [smɑːt]	**schick, flott, gepflegt, elegant**
a smart dress / suit	ein schickes Kleid / ein schicker Anzug
She always looks smart.	Sie sieht immer elegant / gepflegt aus.
sports jacket n ['spɔːts dʒækɪt]	**Sakko**
spot n [spɒt]	**Fleck(en)**

stain n [steɪn] — **Fleck**
There are tea stains on your dress. — Du hast Teeflecken auf deinem Kleid.
blood stain — Blutfleck

standard size n [ˌstændəd ˈsaɪz] — **Standardgröße**

suit n, v [suːt] — **Anzug (für Männer), Kostüm (für Frauen), gut aussehen, stehen**
two-piece / three-piece suit — zweiteiliger / dreiteiliger Anzug
trouser-suit — Hosenanzug
The dress suits you. — Das Kleid steht dir.

summer dress n [ˈsʌmə dres] — **Sommerkleid**

sweater n [ˈswetə] — **Pullover**

tailor-made adj [ˌteɪləˈmeɪd] — **maßgeschneidert, Maß-**

tight adj [taɪt] — **eng (anliegend)**
tight trousers — enge Hose

trousers n pl [ˈtraʊzəz] — **Hose**
a pair of blue trousers — eine blaue Hose

waistcoat n [ˈweɪskəʊt] — **Weste**

winter coat n [ˈwɪntə kəʊt] — **Wintermantel**

Unterwäsche, Schuhe, Strümpfe

boot n [buːt] — **Stiefel**
football boots — Fußballstiefel / -schuhe

bra n [brɑː] — **BH**
do up one's bra — den BH zumachen

briefs n pl [briːfs] — **Slip**

dressing-gown n [ˈdresɪŋgaʊn] — **Morgenmantel**

fit n [fɪt] — **Passform, passen**
The shoes were a perfect fit. — Die Schuhe passten genau.
These shoes fit (me) exactly. — Diese Schuhe passen (mir) genau.

football boots n [ˈfʊtbɔːl buːts] — **Fußballschuhe**

heel n [hiːl] — **(Schuh-)Absatz**
high / low heels — hohe / niedrige Absätze

knee sock n [ˈniːsɒk] — **Kniestrumpf**

knickers n pl [ˈnɪkəz] — **(Damen-)Slip**

long johns n pl [ˈlɒŋ dʒɒnz] — **lange Unterhose**

nightdress n [ˈnaɪtdres] — **Nachthemd**

panties n pl [ˈpæntiz] — **(Kinder-)Höschen, (Damen-)Slip**

petticoat n [ˈpetɪkəʊt] — **Petticoat, Unterrock**

pyjamas n pl [pəˈdʒɑːməz] — **Schlafanzug, Pyjama**
a pair of pyjamas — ein Schlafanzug

sandal n ['sændl]	**Sandale**
shoe n [ʃuː]	**Schuh**
polish / repair shoes	Schuhe putzen / reparieren
(shoe-)lace n ['ʃuːleɪs]	**Schnürsenkel**
tie / untie the laces	die Schnürsenkel zubinden / aufmachen
slip n [slɪp]	**Unterrock**
slipper n ['slɪpə]	**Pantoffel, Hausschuh**
sock n [sɒk]	**Socke**
sole n [səʊl]	**Sohle**
put a new sole on a shoe	einen Schuh neu besohlen
stocking n ['stɒkɪŋ]	**Damenstrumpf**
seamless stockings	nahtlose Strümpfe
suspender n [sə'spendə]	**Strumpfhalter, Straps**
suspender belt n [sə'spendə belt]	**Hüfthalter, Straps**
tights n pl [taɪts]	**Strumpfhose**
(under)pants n pl BE ['ʌndəpænts]	**Unterhose**
underwear n ['ʌndəweə]	**Unterwäsche**
vest n BE [vest]	**Unterhemd**
vest n AE [vest]	**Weste**
wellingtons n pl bes BE ['welɪŋtənz]	**Gummistiefel**

Schmuck, Mode und Accessoires

accessory n [ək'sesəri]	**Accessoire**
bag n [bæg]	**Tasche, Beutel, Tüte**
plastic bag	Plastiktüte
bareheaded adj [ˌbeə'hedɪd]	**ohne Kopfbedeckung**
belt n [belt]	**Gürtel**
bow tie n [ˌbəʊ 'taɪ]	**Fliege**
bracelet n ['breɪslət]	**Armband, Armreifen**
brooch n [brəʊtʃ]	**Brosche**
cap n [kæp]	**Mütze**
diamond ring n [ˌdaɪəmənd 'rɪŋ]	**Diamantring**
earring n ['ɪərɪŋ]	**Ohrring**
fashion n ['fæʃn]	**Mode**
dressed in the latest fashion	nach der neuesten Mode gekleidet
be / go out of fashion	aus der Mode sein / kommen
fashion show n ['fæʃn ʃəʊ]	**Modenschau**
fashionable adj ['fæʃnəbl]	**modisch, modern**
glove n [glʌv]	**Handschuh**

gold(en) adj ['gəʊldən] — **golden, Gold-**

handbag n ['hændbæg] — **Handtasche**

hat n [hæt] — **Hut, Mütze**

headscarf n ['hedskɑ:f] — **Kopftuch**
headscarves ['hedskɑ:vz]

jewel n ['dʒu:əl] — **Schmuckstück, Edelstein, Juwel**

mitt(en) n [mɪt, 'mɪtn] — **Fausthandschuh**

model n ['mɒdl] — **Modell**

modern adj ['mɒdn] — **modern**

necklace n ['nekləs] — **(Hals-)Kette**

old-fashioned adj [ˌəʊld'fæʃənd] — **altmodisch**

plain adj [pleɪn] — **schlicht, einfach**
plain bracelet — schlichtes Armband

ring n [rɪŋ] — **Ring**
wear a ring on one's finger — einen Ring am Finger tragen

scarf n [skɑ:f] — **Schal**
scarves [skɑ:vz]

shawl n [ʃɔ:l] — **(Umhänge-)Tuch, Stola**

silver adj ['sɪlvə] — **silbern, Silber-**
a silver ring — ein Silberring

straw hat n [ˌstrɔ: 'hæt] — **Strohhut**

tie n [taɪ] — **Krawatte, Schlips**
tie / loosen one's tie — seine Krawatte binden / lockern

top hat n [ˌtɒp 'hæt] — **Zylinder**

valuable n, adj ['væljuəbl] — **Wertsache, wertvoll**

watch n [wɒtʃ] — **Uhr**

Bewegung und Aktivität

Bewegungsarten

bend v [bend] — **beugen, anwinkeln**
bent, bent [bent, bent]
bend one's knees / arm — die Knie beugen / den Arm anwinkeln

climb v [klaɪm] — **klettern**
climb a mountain / tree — auf einen Berg / Baum klettern
climb over a wall / down a ladder — über eine Mauer / von einer Leiter klettern

crawl v [krɔ:l] — **kriechen, krabbeln**
The baby is learning to crawl. — Das Baby lernt krabbeln.

creep v [kri:p] — **schleichen, kriechen**
crept, crept [krept, krept]

draw v [drɔː] drew, drawn [druː, drɔːn]	**ziehen**
He drew the curtains.	Er zog die Vorhänge zu.
drop v [drɒp]	**fallen, fallen lassen**
drop to the ground	(sich) auf den Boden fallen (lassen)
drop dead	tot umfallen
fall v [fɔːl] fell, fallen [fel, ˈfɔːlən]	**fallen, hinfallen**
fall to the floor	auf den Boden fallen
She stumbled and almost fell (down).	Sie stolperte und fiel beinahe hin.
get up v [ˌget ˈʌp] got, got [gɒt, gɒt]	**aufstehen**
She got up and left.	Sie stand auf und ging.
jump v [ˈdʒʌmp]	**springen**
jump up and down	auf und ab springen
lift v [lɪft]	**heben, hochheben**
lift a box down from the shelf	eine Kiste vom Regal herunterheben
motion n [ˈməʊʃn]	**Bewegung**
motionless adj [ˈməʊʃnləs]	**bewegungslos**
move n, v [muːv]	**Bewegung, (sich) bewegen**
movement n [ˈmuːvmənt]	**Bewegung**
pass v [pɑːs]	**vorbeifahren an, vorbeigehen an**
We passed Parliament.	Wir sind am Parlament vorbeigefahren / vorbeigegangen.
place v [pleɪs]	**setzen, stellen, legen, platzieren**
point v [pɔɪnt]	**zeigen mit, richten**
point a finger at sb	mit dem Finger auf jdn zeigen
point a gun at sb	ein Gewehr auf jdn richten
pound v [paʊnd]	**hämmern**
pound against a door	gegen eine Tür hämmern
press v [pres]	**drücken**
She pressed his arm.	Sie drückte seinen Arm.
press the button	den Knopf drücken
pull v [pʊl]	**ziehen**
pull away / back / down / in / out / up	weg- / zurück- / herunter- / ein- / heraus- / hochziehen
pull at sth	an etw ziehen
push v [pʊʃ]	**drängen, drängeln, schieben, stoßen**
push through the crowd	sich durch die Menge drängen / schieben
push past sb	sich an jdm vorbeidrängeln
push a bike up the hill	ein Fahrrad den Berg hinauf schieben
push sb into the pool	jdn ins Schwimmbecken stoßen

put v [pʊt]	**setzen, stellen, legen**
put, put [pʊt, pʊt]	
Put the book on the table.	Leg das Buch auf den Tisch.
put together	zusammenstellen
put away v [ˌpʊt ə'weɪ]	**wegstellen, weglegen**
put down v [ˌpʊt 'daʊn]	**hinlegen**
put up v [ˌpʊt 'ʌp]	**aufstellen, aufhängen, anbringen**
run v [rʌn]	**laufen, rennen**
ran, run [ræn, rʌn]	
set v [set]	**setzen, stellen, legen**
set, set [set, set]	
shake v [ʃeɪk]	**schütteln, zittern**
shook, shaken [ʃʊk, 'ʃeɪkən]	
shake one's head	seinen Kopf schütteln
He was shaking like a leaf.	Er zitterte wie Espenlaub.
sit v [sɪt]	**sitzen**
sat, sat [sæt, sæt]	
sit at a table / next to sb	an einem Tisch / neben jdm sitzen
sit down v [ˌsɪt 'daʊn]	**sich setzen**
sat, sat [sæt, sæt]	
He sat down.	Er setzte sich hin.
slip v [slɪp]	**ausrutschen**
I slipped on the ice.	Ich bin auf dem Eis ausgerutscht.
spring v [sprɪŋ]	**springen**
sprang, sprung [spræŋ, sprʌŋ]	
stand v [stænd]	**stehen**
stood, stood [stʊd, stʊd]	
stand still / about	still stehen / herumstehen
stand up v [ˌstænd 'ʌp]	**aufstehen**
stood, stood [stʊd, stʊd]	
step n, v [step]	**Schritt, steigen, treten**
take a step forward	einen Schritt nach vorne machen
step on sb's foot	jdm auf den Fuß treten
still adj, adv [stɪl]	**bewegungslos, still**
keep still	still halten
stand / sit still	still stehen / still sitzen
swing v [swɪŋ]	**schwingen**
swung, swung [swʌŋ, swʌŋ]	
Monkeys swing from tree to tree.	Affen schwingen von Baum zu Baum.
tiptoe v ['tɪptəʊ]	**auf Zehenspitzen gehen**
turn v [tɜːn]	**sich drehen**
turn away from sb	sich von jemandem abwenden
turn round	sich umdrehen
turn to sb	sich jdm zuwenden

walk n, v [wɔːk]	**Spaziergang, (zu Fuß) gehen**
go for a walk	spazieren gehen
wander v ['wɒndə]	**(ziellos) herumlaufen, schlendern**

Geschwindigkeit

fast adj, adv [fɑːst]	**schnell**
fast cars	schnelle Autos
drive fast	schnell fahren
gradual adj ['grædʒuəl]	**allmählich**
a gradual development	eine allmähliche Entwicklung
haste n [heɪst]	**Eile, Hast**
in great haste	in großer Eile / hastig / überstürzt
hasty adj ['heɪsti]	**hastig, eilig**
Don't be so hasty!	Nicht so hastig!
hurry n, v ['hʌri]	**Eile, sich beeilen**
There's no hurry.	Das hat keine Eile.
We were in a hurry to get home.	Wir hatten es eilig, nach Hause zu kommen.
Hurry (up)!	Beeil dich!
kph [keɪ piː 'eɪtʃ]	**km/h (Kilometer pro Stunde)**
kilometres per hour ['kiləmiːtəs pɜː 'auə]	
at 100 kph	mit 100 km/h
mph [em piː 'eɪtʃ]	**m/h (Meilen pro Stunde)**
miles per hour [mails pɜː 'auə]	
quick adj [kwɪk]	**schnell**
Which is the quickest way to the airport?	Wie kommt man am schnellsten zum Flughafen?
rapid adj ['ræpɪd]	**schnell**
rush n, v [rʌʃ]	**Eile, hetzen, eilen, sich beeilen, drängen**
He's always in a rush.	Er hat es immer eilig.
Don't rush me.	Hetz mich nicht so.
I won't be rushed.	Ich lasse mich nicht drängen.
She rushed not to miss the train.	Sie beeilte sich, um nicht den Zug zu verpassen.
slow adj [sləʊ]	**langsam**
drive slowly	langsam fahren
slow down v [ˌsləʊ 'daʊn]	**langsamer werden**
speed v [spiːd]	**rasen**
sped, sped	
speed n [spiːd]	**Geschwindigkeit**
at a speed of 40 miles per hour	mit einer Geschwindigkeit von 65 km/h
at a high / low / steady speed	mit hoher / niedriger / gleich bleibender Geschwindigkeit
gain speed	schneller werden / beschleunigen
speed of light n [ˌspiːd əv 'laɪt]	**Lichtgeschwindigkeit**
speed of sound n [spiːd ev 'saʊnd]	**Schallgeschwindigkeit**

Kommen und Gehen

access n ['ækses]	**Zugang**
gain / get access to sth	sich Zugang zu etw verschaffen
appear v [ə'pɪə]	**erscheinen, auftauchen, sich zeigen**
Suddenly a plane appeared in the sky.	Plötzlich erschien ein Flugzeug am Himmel.
approach v [ə'prəʊtʃ]	**sich nähern, näherkommen**
He was approaching silently.	Er kam leise näher.
arrival n [ə'raɪvl]	**Ankunft**
on her arrival in London	bei ihrer Ankunft in London
arrive v [ə'raɪv]	**ankommen**
arrive in London / from New York	in London / aus New York ankommen
away adv [ə'weɪ]	**weg**
go / drive away	weggehen / -fahren
depart v [dɪ'pɑːt]	**abreisen, abfahren, abfliegen**
departure n [dɪ'pɑːtʃə]	**Abfahrt, Abreise, Abflug**
departure time of a train / plane	Abfahrtszeit eines Zuges / Abflugzeit eines Flugzeugs
disappear v [ˌdɪsə'pɪə]	**verschwinden**
enter v ['entə]	**hineingehen, hereinkommen, betreten**
enter a house / room	ein Haus / Zimmer betreten
go v [gəʊ] went, gone [went, gɒn]	**gehen, fahren**
She went on foot / by car.	Sie ist zu Fuß gegangen / mit dem Auto gefahren.
go on holiday	in Urlaub fahren
leave v [liːv] left, left [left, left]	**abfahren, abreisen, weggehen, verlassen**
When does your train leave?	Wann fährt dein Zug ab?
She left for America yesterday.	Sie ist gestern nach Amerika abgereist.
He got up and left.	Er stand auf und ging.
leave the office	das Büro verlassen
move on v [ˌmuːv 'ɒn]	**weitergehen**
off adv, prep [ɒf]	**weg**
I must be off.	Ich muss gehen.
a road off the High Street	eine Straße, die von der High Street abgeht
Take it off the table, please.	Nimm es bitte vom Tisch.
reach v [riːtʃ]	**erreichen, eintreffen**
She reached the coast at dawn.	Sie erreichte die Küste im Morgengrauen.
return n, v [rɪ'tɜːn]	**Rückkehr, zurückkehren, zurückkommen**
on her return from London	nach ihrer Rückkehr aus London
return home / to the hotel	nach Hause / ins Hotel zurückkommen

Geben und Nehmen

accept v [ək'sept]	**annehmen, akzeptieren**
accept an offer / a gift	ein Angebot / ein Geschenk annehmen
borrow v ['bɒrəʊ]	**(sich) borgen, leihen**
borrow a book from a friend	sich ein Buch von einer Freundin leihen
cut v [kʌt] cut, cut [kʌt, kʌt]	**reduzieren, senken, verkürzen**
cut prices / salaries / working hours	Preise senken / Gehälter reduzieren / Arbeitszeit verkürzen
divide v [dɪ'vaɪd]	**verteilen**
He divided the sweets among the children.	Er verteilte die Süßigkeiten an die Kinder.
exchange v [ɪks'tʃeɪndʒ]	**(aus)tauschen**
exchange telephone numbers / prisoners	Telefonnummern / Gefangene austauschen
get v [get] got, got [gɒt, gɒt]	**bekommen, erhalten**
get a present / help / a job	ein Geschenk / Hilfe / eine Stelle bekommen
get sth back	etw zurückbekommen
get rid of v [get 'rɪd əv]	**loswerden, beseitigen**
We have to get rid of these old papers.	Wir müssen diese alten Zeitungen loswerden.
gift n [gɪft]	**Geschenk**
A gift from my father to my mother.	Ein Geschenk meines Vaters an meine Mutter.
give v [gɪv] gave, given [geɪv, 'gɪvn]	**geben, schenken**
Give it to me!	Gib es mir!
She was given a book by her father.	Sie bekam ein Buch von ihrem Vater.
give away v [ˌgɪv ə'weɪ]	**weggeben, verschenken**
give away all one's money	sein ganzes Geld verschenken
give in v [ˌgɪv 'ɪn]	**einreichen, abgeben**
give in an article	einen Artikel einreichen
Give in the form when you've filled it in.	Geben Sie das Formular ab, wenn Sie es ausgefüllt haben.
grant v [grɑːnt]	**gewähren, bewilligen**
grant asylum to sb	jdm Asyl gewähren
She was granted £3,000.	Ihr wurden 3000 Pfund bewilligt.
grasp n, v [grɑːsp]	**Griff, (er)greifen**
grasp sb's arm	jds Arm ergreifen
grasp at sth	nach etw greifen
hand out v [ˌhænd 'aʊt]	**austeilen, verteilen**
Hand out a copy of the text to everyone.	Geben Sie jedem ein Exemplar.
Here you are. [hɪə ju 'ɑː]	**Bitte (sehr).**
hold v [həʊld] held, held [held, held]	**halten, festhalten**
She held a book in her hands.	Sie hielt ein Buch in den Händen.

keep v [kiːp] kept, kept [kept, kept]	**behalten, aufbewahren, aufheben**
keep a copy	eine Kopie behalten
She keeps bread in the breadbin.	Sie bewahrt Brot im Brotkasten auf.
Do you want to keep the old rolls?	Willst du die alten Brötchen aufheben?
lend v [lend] lent, lent [lent, lent]	**leihen, verleihen**
lend sb sth / sth to sb	jdm etw leihen / etw an jdn verleihen
pass v [pɑːs]	**reichen, geben**
Pass me the salt, please.	Reichen Sie mir bitte das Salz.
present n ['preznt]	**Geschenk**
provide v [prə'vaɪd]	**zur Verfügung stellen, versorgen, liefern**
reach v [riːtʃ]	**greifen**
The baby reached for the toy.	Das Baby griff nach dem Spielzeug.
receive v [rɪ'siːv]	**erhalten, empfangen**
receive money / a letter	Geld / einen Brief bekommen
recover v [rɪ'kʌvə]	**sicherstellen**
recover stolen cars	gestohlene Autos sicherstellen
save v [seɪv]	**aufheben**
Save some of the cake for later.	Hebe etwas von dem Kuchen für später auf.
take v [teɪk] took, taken [tʊk, 'teɪkən]	**nehmen**
take sth out of a bag	etw aus einer Tasche nehmen
take sth away from sb	jdm etw wegnehmen
waste v [weɪst]	**verschwenden**
That's a waste of time!	Das ist eine Zeitverschwendung!
Don't waste your money on that.	Verschwende dafür nicht dein Geld.

Bringen und Holen

bring v [brɪŋ] brought, brought [brɔːt, brɔːt]	**(mit)bringen, holen**
He brought her flowers.	Er brachte ihr Blumen (mit).
Shall I bring you a glass of water?	Soll ich Ihnen ein Glas Wasser holen?
collect v [kə'lekt]	**abholen, sammeln, einsammeln**
collect the children from school	die Kinder von der Schule abholen
collect money / forms	Geld / Formulare einsammeln
collect waste	Müll sammeln / abholen
courier n ['kʊriə]	**Kurier**
send documents by courier	Dokumente per Kurier schicken
fetch v [fetʃ]	**abholen, holen, bringen**
fetch sb from the airport	jdn vom Flughafen abholen
Could you fetch me a glass from the kitchen?	Könntest du mir ein Glas aus der Küche holen?

get v [get]	**holen, bringen**
got, got [gɒt, gɒt]	
Go and get help!	Geh und hol Hilfe!
Shall I get you something to eat?	Soll ich dir etwas zu essen bringen?
meet v [miːt]	**abholen**
met, met [met, met]	
I'll meet you at the airport.	Ich hole dich vom Flughafen ab.
pick up v [ˌpɪk ˈʌp]	**abholen, (mit dem Auto) abholen**
Please pick me up at the station.	Hol mich bitte vom Bahnhof ab.
return v [rɪˈtɜːn]	**zurückgeben, zurückschicken**
send v [send]	**schicken**
sent, sent [sent, sent]	
send the children to school / away	die Kinder zur Schule schicken / wegschicken
send for v [ˈsend fə]	**holen lassen, kommen lassen**
sent, sent [sent, sent]	
send for the doctor / a catalogue	den Arzt / einen Katalog kommen lassen
take v [teɪk]	**bringen, mitnehmen**
took, taken [tʊk, ˈteɪkən]	
take sb to the hospital / the airport	jdn ins Krankenhaus / zum Flughafen bringen
He took her to the party.	Er nahm sie mit zur Party.

Anstrengen und Ausruhen

active adj [ˈæktɪv]	**aktiv, tätig**
lead an active life	ein aktives Leben führen
activity n [ækˈtɪvəti]	**Aktivität, Beschäftigung**
political / spare-time activities	politische Aktivitäten / Freizeitbeschäftigungen
awake adj [əˈweɪk]	**wach**
be wide awake	hellwach sein
be asleep v [bi əˈsliːp]	**schlafen**
be (sound / fast) asleep	(fest) schlafen
break n [breɪk]	**Pause**
have a break	eine Pause machen
effort n [ˈefət]	**Mühe, Bemühung, Anstrengung**
make an effort to do sth	sich bemühen, etw zu tun
It'll be an effort to talk her out of it.	Es wird einige Mühe kosten, ihr das auszureden.
effortless adj [ˈefətləs]	**mühelos**
exhausted adj [ɪgˈzɔːstəd]	**erschöpft**
fall asleep v [fɔːl əˈsliːp]	**einschlafen**
lie v [laɪ]	**liegen**
lay, lain [leɪ, leɪn]	
lie on one's back / side / front	auf dem Rücken / der Seite / dem Bauch liegen
lie down v [ˌlaɪ ˈdaʊn]	**sich hinlegen**
lay, lain [leɪ, leɪn]	

lie in v [ˌlaɪ ˈɪn] lay, lain [leɪ, leɪn]	**im Bett bleiben, ausschlafen**
to have a lie in	sich ausschlafen
peace n [piːs]	**Ruhe**
Leave me in peace!	Lass mich in Ruhe.
give sb some / no peace	jdm in Ruhe / keine Ruhe lassen
pressure n [ˈpreʃə]	**Druck**
put pressure on sb	jdn unter Druck setzen
work under pressure	unter Druck arbeiten
relax v [rɪˈlæks]	**sich entspannen**
relaxation n [ˌriːlækˈseɪʃn]	**Entspannung**
rest n, v [rest]	**Ruhe, Pause, Erholung, sich ausruhen**
need a rest	Ruhe brauchen
take a rest	sich ausruhen / Pause machen
Let's rest for a while.	Lasst uns ein wenig ausruhen.
sleep n [sliːp]	**Schlaf**
go to sleep	schlafen gehen
sleep v [sliːp] slept, slept [slept, slept]	**schlafen**
sleep soundly / lightly	fest / nicht tief schlafen
sleepy adj [ˈsliːpi]	**schläfrig**
snore v [snɔː]	**schnarchen**
strain n [streɪn]	**Belastung, Beanspruchung**
be under strain	beansprucht sein
put great strain on sb	jdn großen Belastungen aussetzen
stress n [stres]	**Stress, Belastung**
be under stress	unter Stress stehen
put sb under great stress	jdn großen Belastungen aussetzen
tired adj [ˈtaɪəd]	**müde**
be / get tired	müde sein / werden
trouble n [ˈtrʌbl]	**Mühe, Umstände**
It's not worth the trouble.	Es ist nicht der Mühe wert.
It's no trouble at all.	Das macht gar keine Umstände.
wake (up) v [ˌweɪk ˈʌp] woke, woken [wəʊk, ˈwəʊkən]	**aufwachen, (auf)wecken**
wake (up) from deep sleep	aus tiefem Schlaf erwachen
Wake up!	Wach auf!
She woke me up in the middle of the night.	Sie weckte mich mitten in der Nacht auf.
yawn v [jɔːn]	**gähnen**

Verbinden, Trennen und Zerstören

apart (from) adv [ə'pɑːt frəm]	**getrennt (von)**
He and his wife live apart.	Er und seine Frau leben getrennt.
He lives apart from her.	Er lebt von ihr gtrennt.
come apart / fall apart	auseinanderfallen / kaputt gehen
break v [breɪk] broke, broken [brəʊk, 'brəʊkən]	**brechen, zerbrechen, kaputtmachen**
break a cup	eine Tasse zerbrechen
break a window	ein Fenster einschlagen
break a branch off a tree	einen Zweig von einem Baum abbrechen
broken adj ['brəʊkən]	**kaputt**
The machine is broken.	Die Maschine ist kaputt.
burst v [bɜːst] burst, burst [bɜːst, bɜːst]	**platzen (lassen)**
The tyre suddenly burst.	Der Reifen platzte plötzlich.
burst a balloon with a needle	einen Ballon mit einer Nadel zum Platzen bringen
collapse v [kə'læps]	**einstürzen**
The house / bridge collapsed.	Das Haus / Die Brücke stürzte ein.
connect v [kə'nekt]	**verbinden**
crush v [krʌʃ]	**quetschen, zerquetschen, zerdrücken, zerstoßen**
She crushed her fingers.	Sie hat sich ihre Finger gequetscht.
crush some ice	Eis zerstoßen
cut v [kʌt] cut, cut [kʌt, kʌt]	**schneiden, zerschneiden, durchschneiden**
cut a piece of string	ein Stück Schnur durchschneiden
have one's hair cut short	sich die Haare kurz schneiden lassen
I've cut my finger.	Ich habe mir in den Finger geschnitten.
cut off v [ˌkʌt 'ɒf] cut, cut [kʌt, kʌt]	**abschneiden, zer-, durchschneiden**
cut out v [ˌkʌt 'aʊt] cut, cut [kʌt, kʌt]	**ausschneiden**
destroy v [dɪ'strɔɪ]	**zerstören, vernichten**
destroy a bridge / sb's hopes	eine Brücke / jds Hoffnungen zerstören
destroy letters / weeds	Briefe / Unkraut vernichten
destruction n [dɪ'strʌkʃn]	**Zerstörung, Vernichtung**
divide v [dɪ'vaɪd]	**teilen, sich teilen**
divide sth in(to) two parts	etw in zwei Teile teilen
The cells were dividing rapidly.	Die Zellen teilten sich schnell.
establish v [ɪ'stæblɪʃ]	**gründen, herstellen, bilden**
establish a business / organization	eine Firma / Organisation gründen
establish a close relationship with sb	eine enge Beziehung zu jdm herstellen

fasten v ['fɑːsn]	**befestigen**
fasten a label to a suitcase	ein Schild an einem Koffer befestigen
Fasten your seatbelt!	Bitte anschnallen!
form v [fɔːm]	**(sich) bilden, gründen**
form a government / a sentence	eine Regierung / einen Satz bilden
form a company	ein Unternehmen gründen
join v [dʒɔɪn]	**verbinden**
join two parts together	zwei Teile miteinander verbinden
remove v [rɪ'muːv]	**entfernen, beseitigen**
scissors n pl ['sɪzəz]	**Schere**
two pairs of scissors	zwei Scheren
separate adj ['seprət]	**getrennt**
separate rooms / beds	getrennte Zimmer / Betten
keep A separate from B	A von B getrennt halten
separate v ['sepəreɪt]	**(sich) trennen**
They talked until midnight and then separated.	Sie unterhielten sich bis Mitternacht und trennten sich dann.
split v [splɪt]	**teilen, spalten**
split, split [splɪt, splɪt]	
split people into three groups	Leute in drei Gruppen teilen
split atoms	Atome spalten
stick v [stɪk]	**kleben**
stuck, stuck [stʌk, stʌk]	
stick sth together	etw zusammenkleben
stick a poster on the wall	ein Plakat an die Wand kleben
tear v [teə]	**reißen, zerreißen**
tore, torn [tɔː, tɔːn]	
tear sth in(to) two	etw (in zwei Stücke) zerreißen
tie v [taɪ]	**binden, verbinden**
tied, tied [taɪd, taɪd]	
tie a rope to a tree	ein Seil an einen Baum binden
together adv [tə'geðə]	**zusammen**
unite v [ju'naɪt]	**vereinigen**
unity n ['juːnəti]	**Einheit**
untie v [ʌn'taɪ]	**losbinden**
untied, untied [ʌn'taɪd, ʌn'taɪd]	

DER MENSCH IN DER GESELLSCHAFT

Das soziale Umfeld

Liebe und Ehe

adultery n [ə'dʌltəri] — **Ehebruch**
commit adultery with sb — mit jdm Ehebruch begehen

affair n [ə'feə] — **Verhältnis, Affäre**
have an affair with sb — mit jdm eine Affäre haben
love affair — Verhältnis

bachelor n ['bætʃələ] — **Junggeselle**
a confirmed bachelor — ein eingefleischter Junggeselle

boyfriend n ['bɔɪfrend] — **Freund**
a steady boyfriend — ein fester Freund

break up v [ˌbreɪk 'ʌp] broke, broken [brəuk, 'brəukən] — **auseinander gehen, auseinander brechen, sich trennen, beenden**
She has broken up with her boyfriend. — Sie hat sich von ihrem Freund getrennt.
Their marriage is breaking up. — Ihre Ehe geht in die Brüche.
break up a relationship — eine Beziehung beenden

bride n [braɪd] — **Braut**

(bride)groom n ['braɪdgruːm] — **Bräutigam**

broken(-down) adj [ˌbrəʊkən'daʊn] — **zerrüttet**
a broken(-down) marriage — eine zerrüttete Ehe

chat up v umg [ˌtʃæt 'ʌp] — **sich heranmachen an, anmachen**
chat up a girl — ein Mädchen anmachen

couple n ['kʌpl] — **Paar, Ehepaar**

date n, v [deɪt] — **Verabredung, ausgehen mit, gehen mit**
have a date — eine Verabredung haben
She only dated him once. — Sie ist nur ein Mal mit ihm ausgegangen.
They've been dating for three months. — Sie gehen seit drei Monaten miteinander.

divorce n, v [dɪ'vɔːs] — **Scheidung, sich scheiden lassen**
divorce one's wife / husband — sich von seiner Frau / seinem Mann scheiden lassen
get divorced — sich scheiden lassen
She was divorced from her husband. — Sie war / wurde von ihrem Mann geschieden.

embrace n, v [ɪm'breɪs] — **Umarmung, (sich) umarmen**

engaged adj [ɪn'geɪdʒd] — **verlobt**
get engaged to sb — sich mit jdm verloben

engagement n [ɪn'geɪdʒmənt] — **Verlobung**

fiancé n [fɪ'ɒnseɪ] — **Verlobter**

fiancée n [fɪ'ɒnseɪ]	**Verlobte**
flirt n, v [flɜːt]	**Flirt, flirten**
flirt with sb	mit jdm flirten
girlfriend n ['gɜːlfrend]	**Freundin**
go out with v [ˌgəʊ 'aʊt wɪð] went, gone [went, gɒn]	**gehen mit**
Sue has been going out with Ted for a year.	Sue geht seit einem Jahr mit Ted.
They've been going out together for a year.	Sie gehen seit einem Jahr miteinander.
honeymoon n, v ['hʌnimuːn]	**Flitterwochen, Hochzeitsreise, Flitterwochen machen**
be / go on (a) honeymoon	auf Hochzeitsreise sein / gehen
They are honeymooning in Paris.	Sie verbringen ihre Flitterwochen in Paris.
husband n ['hʌzbənd]	**Ehemann**
kiss n, v [kɪs]	**Kuss, küssen**
give sb a kiss	jdm einen Kuss geben
kiss sb's cheek	jdm auf die Wange küssen
leave v [liːv] left, left [left, left]	**weggehen (von), verlassen**
She left him after four years of marriage.	Sie verließ ihn nach vier Ehejahren.
love n, v [lʌv]	**Liebe, lieben**
fall in love with sb	sich in jdn verlieben
do sth for love	etw aus Liebe tun
They love each other.	Sie lieben sich.
love story n ['lʌv stɔːri]	**Liebesgeschichte**
lovers n pl ['lʌvəz]	**Liebespaar**
marriage n ['mærɪdʒ]	**Ehe, Hochzeit**
a happy / broken marriage	eine glückliche / zerrüttete Ehe
break up a marriage	eine Ehe zerstören
Their marriage took place in a church.	Ihre Hochzeit fand in einer Kirche statt.
married couple n [mærid 'kʌpl]	**Ehepaar**
marry v ['mæri]	**heiraten**
marry into a rich family	in eine reiche Familie einheiraten
When did they get married?	Wann haben sie geheiratet?
be married to sb	mit jdm verheiratet sein
He's married with two children.	Er ist verheiratet und hat zwei Kinder.
proposal n [prə'pəʊzl]	**Heiratsantrag**
propose v [prə'pəʊz]	**einen Heiratsantrag machen**
propose to sb	jdm einen Heiratsantrag machen
registry office n ['redʒɪstri ɒfɪs]	**Standesamt**
separate v ['sepəreɪt]	**sich trennen**
They separated after 15 years.	Sie trennten sich nach 15 Jahren.
separated adj ['sepəreɪtɪd]	**getrennt**
She and her husband are separated.	Sie und ihr Mann leben getrennt.

single n, adj ['sɪŋgl] — **Single, unverheiratet, ledig**
There are more singles today than 20 years ago. — Es gibt heute mehr Singles als vor 20 Jahren.
She's a single woman. — Sie ist unverheiratet.

split up v [splɪt 'ʌp] — **sich trennen**
split, split [splɪt, splɪt]

trust n, v [trʌst] — **Vertrauen, vertrauen**

wedding n ['wedɪŋ] — **Hochzeit, Trauung**

wedding anniversary n ['wedɪŋ ænɪˌvɜːsəri] — **Hochzeitstag**

wedding reception n ['wedɪŋ rɪˌsepʃn] — **Hochzeitsempfang**

widow n ['wɪdəʊ] — **Witwe**

widowed adj ['wɪdəʊd] — **verwitwet**

widower n ['wɪdəʊə] — **Witwer**

wife n [waɪf] — **Ehefrau**
wives [waɪvz]

Familie

adopt v [ə'dɒpt] — **adoptieren**

adoption n [ə'dɒpʃn] — **Adoption**

aunt n [ɑːnt] — **Tante**

baby n ['beɪbi] — **Baby, Säugling**

babysit v ['beɪbisɪt] — **babysitten**

babysitter n ['beɪbisɪtə] — **Babysitter**

background n ['bækgraʊnd] — **Herkunft**
have a working-class background — aus einer Arbeiterfamilie stammen

brother n ['brʌðə] — **Bruder**
her brothers and sisters — ihre Geschwister

brotherly adj ['brʌðəli] — **brüderlich**

child n [tʃaɪld] — **Kind**
children ['tʃɪldrən]
raise / spoil a child — ein Kind aufziehen / verwöhnen
She has two children by her first husband. — Sie hat zwei Kinder von ihrem ersten Mann.

Christian name n ['krɪstʃən neɪm] — **Vorname**

cousin n ['kʌzn] — **Cousin/e**
a first / second cousin — eine Cousine ersten / zweiten Grades

daughter n ['dɔːtə] — **Tochter**

descent n [dɪ'sent] — **Abstammung, Herkunft**
be of German descent — deutscher Abstammung sein

family n ['fæməli]	**Familie**
start / support a family	eine Familie gründen / unterhalten
Has she any family?	Hat sie Familie?
Intelligence runs in the family.	Intelligenz liegt in der Familie.
family member n ['fæməli ˌmembə]	**Familienmitglied**
family name n ['fæməli neɪm]	**Nachname**
father n ['fɑːðə]	**Vater**
father-in-law n ['fɑːðərɪnlɔː]	**Schwiegervater**
first name n ['fɜːst neɪm]	**Vorname**
call sb by his / her first name	jdn beim Vornamen nennen
grandchild n ['grændtʃaɪld]	**Enkel/in**
granddaughter n ['grænddɔːtə]	**Enkelin**
grandfather n ['grændfɑːðə]	**Großvater, Opa**
grandmother n ['grændmʌðə]	**Großmutter, Oma**
grandparents n pl ['grændpeərənts]	**Großeltern**
grandson n ['grændsʌn]	**Enkel**
head of the family n [hed əv ðə 'fæməli]	**Familienoberhaupt**
minor n ['maɪnə]	**Minderjährige/r**
mother n ['mʌðə]	**Mutter**
mother-in-law n ['mʌðərɪnˌlɔː]	**Schwiegermutter**
name n, v [neɪm]	**Name, nennen**
What's your name?	Wie heißen Sie?
know sb by name	jdn namentlich kennen
nephew n ['nefjuː]	**Neffe**
next of kin n pl [ˌnekst əv 'kɪn]	**nächste/r Verwandte/r**
Who is your next of kin?	Wer ist Ihr/e nächste/r Verwandte/r?
His next of kin were all at the funeral.	Seine nächsten Verwandten waren alle bei der Beerdigung.
niece n [niːs]	**Nichte**
only child n ['əʊnlɪ tʃaɪld]	**Einzelkind**
parents n pl ['peərənts]	**Eltern**
parents-in-law n pl ['peərəntsɪnˌlɔː]	**Schwiegereltern**
related adj [rɪ'leɪtɪd]	**verwandt**
be related to sb	mit jdm verwandt sein
relation n [rɪ'leɪʃn]	**Verwandte/r**
a close / distant relation of hers	eine nahe / entfernte Verwandte von ihr
He's a / no relation of mine.	Er ist / ist nicht mit mir verwandt.
relative n ['relətɪv]	**Verwandte/r**
He's a close / distant relative of his.	Er ist ein naher / entfernter Verwandter von ihm.
sister n ['sɪstə]	**Schwester**
sisterly adj ['sɪstəli]	**schwesterlich**

son n [sʌn]	**Sohn**
status n ['steɪtəs]	**Familienstand**
surname n ['sɜːneɪm]	**Nachname**
What's your surname?	Wie heißen Sie mit Nachnamen?
triplets n ['trɪpləts]	**Drillinge**
twin n, adj [twɪn]	**Zwilling, Zwillings-**
twin brother n [ˌtwɪn 'brʌðə]	**Zwillingsbruder**
twin sister n [ˌtwɪn 'sɪstə]	**Zwillingsschwester**
uncle n ['ʌŋkl]	**Onkel**

Sozialverhalten

accompany v [ə'kʌmpəni]	**begleiten**
accompany sb to a party	jdn auf eine Party begleiten
ask v [ɑːsk]	**einladen**
ask sb to dinner / a party	jdn zum Essen / zu einer Party einladen
assume v [ə'sjuːm]	**übernehmen**
assume responsibility	Verantwortung übernehmen
attend to v [ə'tend tə]	**sich kümmern um**
attend to a problem / matter	sich um ein Problem / eine Angelegenheit kümmern
behave v [bɪ'heɪv]	**sich verhalten, sich benehmen**
behave badly / well	sich schlecht / gut benehmen
How did she behave towards you?	Wie hat sie sich dir gegenüber verhalten?
He behaved like an idiot.	Er benahm sich wie ein Idiot.
"Behave yourself", her mother said.	"Benimm dich", sagte ihre Mutter.
behaviour n [bɪ'heɪvjə]	**Verhalten, Benehmen**
I don't like his behaviour towards her.	Ich mag sein Verhalten ihr gegenüber nicht.
be on one's best behaviour	sich von seiner besten Seite zeigen
bother v ['bɒðə]	**stören**
Is the light bothering you?	Stört dich das Licht?
I'm sorry to bother you but do you know where John is?	Es tut mir leid, Sie zu stören, aber wissen Sie, wo John ist?
care n [keə]	**Obhut, Fürsorge**
celebrate v ['selɪbreɪt]	**feiern**
celebrate sb's birthday / Christmas	jds Geburtstag / Weihnachten feiern
celebration n [ˌselɪ'breɪʃn]	**Feier**
disturb v [dɪ'stɜːb]	**stören**
Do not disturb!	Bitte nicht stören!
disturb sb / sb's concentration / the silence	jdn / jds Konzentration / die Ruhe stören
drop in v umg [ˌdrɒp 'ɪn]	**vorbeikommen, hereinschauen**
drop in on a friend	bei einem Freund vorbeischauen

emancipated adj [ɪ'mænsɪpeɪtɪd]	**emanzipiert**
emancipation n [ɪˌmænsɪ'peɪʃn]	**Emanzipation**
example n [ɪg'zɑːmpl]	**Beispiel, Vorbild**
Her attitude should be an example to all of you.	Ihre Haltung sollte Ihnen allen als Beispiel dienen.
take sb as an example	sich jdn zum Vorbild nehmen
exclude v [ɪk'skluːd]	**ausschließen**
exclude sb from sth	jdn von etw ausschließen
favour n ['feɪvə]	**Gefallen**
do sb a favour	jdm einen Gefallen tun
ask sb a favour	jdn um einen Gefallen bitten
gather v ['gæðə]	**sich versammeln**
The people gathered in the park.	Die Menschen versammelten sich im Park.
greet v [griːt]	**(be)grüßen**
greet one's guests	seine Gäste begrüßen
help n, v [help]	**Hilfe, helfen, behilflich sein**
She was of great help to us.	Sie war uns eine große Hilfe.
Can I be of any help?	Kann ich irgendwie behilflich sein?
call for help / come to sb's help	um Hilfe rufen / jdm zu Hilfe kommen
help sb to do sth	jdm helfen, etw zu tun
Can I help you?	Kann ich Ihnen behilflich sein?
helpful adj ['helpfl]	**hilfsbereit**
She's always very helpful.	Sie ist immer sehr hilfsbereit.
helpless adj ['helpləs]	**hilflos**
impolite adj [ˌɪmpə'laɪt]	**unhöflich**
include v [ɪn'kluːd]	**einbeziehen**
include sb	jdn einbeziehen
include sth in sth	etw in etw einbeziehen
influence n, v ['ɪnfluəns]	**Einfluss, beeinflussen**
have an influence on sb / sth	Einfluss haben auf jdn / etw
use one's influence to get sth	seinen Einfluss ausüben, um etw zu bekommen
influence sb to do sth	jdn beeinflussen, etw zu tun.
be easily influenced	leicht zu beeinflussen sein
interest n, v ['ɪntrəst]	**Interesse, interessieren**
take a strong interest in sth	sich sehr für etw interessieren
be of interest to sb	für jdn von Interesse sein
interest sb in sth	jds Interesse für etw wecken
It's in your own interest to help us.	Es ist in Ihrem eigenen Interesse, uns zu helfen.
be interested in sb	Interesse an jdm haben
interested adj ['ɪntrəstɪd]	**interessiert**
be very interested in sth	an etw sehr interessiert sein
introduce v [ˌɪntrə'djuːs]	**vorstellen, miteinander bekannt machen**
Allow me to introduce Mrs Quaid.	Darf ich Ihnen Mrs Quaid vorstellen?
Have you been introduced to Mr Dean yet?	Hat man Sie schon mit Mr Dean bekanntgemacht?

invite v [ɪn'vaɪt]	**einladen**
He invited me to his place for a meal.	Er lud mich zum Essen bei sich ein.
join v [dʒɔɪn]	**sich anschließen, begleiten, mitgehen, eintreten, beitreten**
Will you join us for a drink?	Trinkst du einen mit uns?
He joined the company three years ago.	Er trat vor drei Jahren in das Unternehmen ein.
lonely adj ['ləʊnli]	**einsam**
He feels very lonely.	Er fühlt sich sehr einsam.
look after v [ˌlʊk 'ɑːftə]	**betreuen**
meet v [miːt] met, met [met, met]	**treffen, sich treffen mit, kennen lernen**
I met John in the street.	Ich habe John auf der Straße getroffen.
I met her at a party.	Ich habe sie auf einer Party kennengelernt.
Have you met Mrs Penn yet?	Kennen Sie schon Mrs Penn?
Pleased to meet you!	Guten Tag / Abend! / Angenehm!
Nice to have met you.	Es hat mich gefreut, Sie kennenzulernen.
mind v [maɪnd]	**aufpassen, beachten**
Mind your own business!	Kümmer dich um deine eigenen Angelegenheiten!
Mind your words!	Pass auf, was du sagst.
polite adj [pə'laɪt]	**höflich**
be polite to sb	jdm gegenüber höflich sein
rely on v [rɪ'laɪ ɒn]	**sich verlassen auf**
rely on sb	sich auf jdn verlassen
rely on sb to do sth	sich darauf verlassen, dass jd etw tut
request n, v [rɪ'kwest]	**Bitte, bitten**
make a request to sb	sich mit einer Bitte an jdn wenden
at sb's request	auf jds Bitte (hin)
on request	auf Anfrage
rough adj [rʌf]	**ungehobelt, grob, rauh**
rough manners	rauhe Manieren
see v [siː] saw, seen [sɔː, siːn]	**besuchen**
Go and see them when you're in London.	Besuch sie doch (mal), wenn du in London bist.
Come and see us next week.	Besuchen Sie uns doch nächste Woche.
See you!	Bis bald!
serve v [sɜːv]	**dienen**
serve one's country / company	seinem Land / Unternehmen dienen
shake hands v [ʃeɪk 'hænds]	**sich die Hand geben / schütteln**
sociable adj ['səʊʃəbl]	**gesellig**
take care of v [teɪk 'keər əv] took, taken [tʊk, 'teɪkən]	**sich kümmern um**
Who's taking care of the children while you're away?	Wer kümmert sich um die Kinder, während ihr weg seid?
He takes care of it.	Er kümmert sich darum.

take out v [ˌteɪk ˈaʊt] took, taken [tʊk, ˌteɪkən]	**ausführen, einladen**
take sb out to dinner / the cinema	jdn zum Essen / ins Kino einladen
treat v [triːt]	**behandeln**
treat sb / sth well	jdn / etw gut behandeln
trouble v [ˈtrʌbl]	**stören, belästigen**
I'm sorry to trouble you, but …	Tut mir leid, dass ich störe, aber …
welcome n, v [ˈwelkəm]	**Willkommen, willkommen heißen, begrüßen**
Welcome to London / home.	Willkommen in London / daheim.
give sb a warm welcome	jdn herzlich empfangen
They welcomed us to their home.	Sie hießen uns bei sich willkommen.

Soziale Beziehungen und Kontakte

acquaintance n [əˈkweɪntəns]	**Bekanntschaft, Bekannte/r**
make sb's acquaintance	jds Bekanntschaft machen
He's just an acquaintance.	Er ist nur ein Bekannter.
acquainted adj [əˈkweɪntɪd]	**bekannt**
be acquainted with sb	mit jdm bekannt sein
get (better) acquainted	sich (näher) kennenlernen
alone adj, adv [əˈləʊn]	**allein/e**
appointment n [əˈpɔɪntmənt]	**Verabredung, Termin**
have an appointment	eine Verabredung haben
make an appointment	sich verabreden / einen Termin machen
have an appointment at the dentist's	einen Zahnarzttermin haben
by oneself [baɪ wʌnˈself]	**allein**
She went to London by herself.	Sie fuhr allein nach London.
He did it all by himself.	Er machte es ganz allein.
call n, v [kɔːl]	**kurzer Besuch, kurz vorbeigehen, vorbeischauen**
business call	geschäftlicher Besuch
call in on sb	jdm einen kurzen Besuch abstatten
Peter called while you were out.	Peter kam vorbei, als du weg warst.
close adj [kləʊs]	**eng, nahe**
a close friend / relative	ein enger Freund / naher Verwandter
She and her sister are very close (to each other).	Sie und ihre Schwester stehen sich sehr nahe.
company n [ˈkʌmpəni]	**Gesellschaft**
keep sb company	jdm Gesellschaft leisten
I enjoy company.	Ich bin gern in Gesellschaft.
contact n, v [ˈkɒntækt]	**Kontakt, Verbindung, sich in Verbindung setzen mit, sich melden**
to come into contact with sb	mit jdn in Kontakt kommen
to stay in contact with sb	mit jdm in Verbindung bleiben

to break off / lose contact with	den Kontakt zu jdm abbrechen / verlieren
If you have any information, please contact the police.	Wenn Sie Informationen haben, wenden Sie sich bitte an die Polizei.
I've been trying to contact them for hours.	Ich versuche seit Stunden, sie zu erreichen.
deal with v ['di:l wɪð] dealt, dealt [delt, delt]	**verkehren mit**
He deals with the wrong people.	Er verkehrt mit den falschen Leuten.
depend on v [dɪ'pend ɒn]	**abhängig sein von, angewiesen sein auf**
Many students depend on their parents for financial support.	Viele Studenten sind auf die finanzielle Unterstützung ihrer Eltern angewiesen.
friend n [frend]	**Freund/in**
a close friend of Jack's / mine	ein enger Freund von Jack / mir
make friends with sb	sich mit jdm anfreunden
be friends with sb	mit jdm befreundet sein
friendly adj ['frendli]	**freundlich, freundschaftlich**
friendly advice	ein freundschaftlicher Rat
friendly relationship	eine freundschaftliche Beziehung
friendship n ['frendʃɪp]	**Freundschaft**
get on with v [ˌget 'ɒn wɪð] got, got [gɒt, gɒt]	**auskommen mit, sich verstehen mit**
They don't get on with each other.	Sie kommen nicht miteinander aus.
How do you do? [ˌhaʊ dju 'du:]	**Guten Tag / Abend!**
invitation n [ˌɪnvɪ'teɪʃn]	**Einladung**
send out invitations	Einladungen verschicken
receive / decline an invitation	eine Einladung erhalten / ablehnen
an invitation to a wedding	eine Einladung zu einer Hochzeit
mutual adj ['mju:tʃuəl]	**gegenseitig**
The feeling is mutual.	Das Gefühl beruht auf Gegenseitigkeit.
on one's own [ɒn wʌnz 'əʊn]	**allein**
She lives on her own.	Sie lebt allein.
She is always on her own.	Sie ist immer allein.
one another [wʌn ə'nʌðə]	**einander, gegenseitig**
They visited one another regularly.	Sie besuchten sich regelmäßig.
They were looking at one another.	Sie sahen sich an.
owe v [əʊ]	**verdanken**
owe sth to sb	jdm etw verdanken
people n pl ['pi:pl]	**Leute, Menschen**
private adj ['praɪvət]	**privat, Privat-**
private affair / life	Privatsache / -leben
reception n [rɪ'sepʃn]	**Empfang**
give / hold a reception	einen Empfang geben
relations n pl [rɪ'leɪʃnz]	**Beziehungen**
have business relations with sb	geschäftliche Beziehungen zu jdm haben

relationship n [rɪ'leɪʃnʃɪp]	**Beziehung, Verhältnis**
have a good relationship with sb	ein gutes Verhältnis zu jdm haben
social adj ['səʊʃl]	**gesellschaftlich, sozial**
social activities / engagements	gesellschaftliche Aktivitäten / Verpflichtungen
suit v [suːt]	**passen, recht sein**
Would Monday suit you?	Würde Ihnen Montag passen?
touch n [tʌtʃ]	**Verbindung, Kontakt**
be / keep in touch with sb	mit jdm in Verbindung stehen / bleiben
get in touch with sb	mit jdm Kontakt aufnehmen
lose touch with sb	den Kontakt zu jdm verlieren
put sb in touch with sb	jdn mit jdm in Verbindung bringen
visit n, v ['vɪzɪt]	**Besuch, besuchen**
This my first visit to them.	Das ist mein erster Besuch bei ihnen.
pay sb a visit / visit sb	jdn besuchen
Why don't you come and visit us?	Besuchen Sie uns doch einmal.
visitor n ['vɪzɪtə]	**Besucher/in**
We're having visitors / a visitor from abroad.	Wir haben Besuch aus dem Ausland.

Armut und Reichtum

afford v [ə'fɔːd]	**sich leisten (können)**
I can't afford this car.	Ich kann mir dieses Auto nicht leisten.
back v [bæk]	**unterstützen**
back sb (financially)	jdn (finanziell) unterstützen
badly off adj [ˌbædli 'ɒf]	**finanziell schlecht gestellt**
We are badly off but many people are much worse off.	Uns geht es finanziell nicht gut, aber viele Leute sind (noch) schlechter gestellt.
beggar n ['begə]	**Bettler/in**
belong to v [bɪ'lɒŋ tə]	**gehören**
Who does this big house belong to?	Wem gehört dieses große Haus?
broke adj umg [brəʊk]	**pleite, abgebrannt**
I was completely broke then.	Ich war damals völlig pleite.
do without v [ˌduː wɪ'ðaʊt] did, done [dɪd, dʌn]	**auskommen ohne**
She can't do without him.	Sie kommt ohne ihn nicht zurecht.
dole n BE, umg [dəʊl]	**Stempelgeld, Arbeitslosengeld**
be on the dole	Arbeitslosengeld beziehen
economical adj [ˌiːkə'nɒmɪkl]	**sparsam, wirtschaftlich**
This car is very economical.	Dieses Auto ist sehr sparsam.
economize v [ɪ'kɒnəmaɪz]	**sparen**
economize on fuel / energy	(an) Brennstoff / Energie sparen
economy n [ɪ'kɒnəmi]	**Sparsamkeit**
practise economy	Sparsamkeit üben

fortune n ['fɔːtʃuːn]	**Vermögen**
make / inherit a fortune	ein Vermögen machen / erben
have v [hæv] had, had [hæd, hæd]	**haben**
have money / a car / a job	Geld / ein Auto / Arbeit haben
impoverished adj [ɪm'pɒvərɪʃt]	**verarmt**
income support n ['ɪnkʌm səpɔːt]	**staatliche (Einkommens-)Beihilfe**
go on income support	staatliche Beihilfe in Anspruch nehmen
lack n [læk]	**Mangel**
lack of money	Mangel an Geld
luxury n ['lʌkʃəri]	**Luxus**
live in luxury	im Luxus leben
millionaire n [ˌmɪljə'neə]	**Millionär/in**
need n, v [niːd]	**Bedürftigkeit, Bedürfnis, brauchen, benötigen**
people in need	Bedürftige
There's a great need for more council flats.	Wir brauchen dringend mehr Sozialwohnungen.
need help / money	Hilfe / Geld brauchen
pocket money n ['pɒkɪt mʌni]	**Taschengeld**
poor adj [pʊə]	**arm**
poverty n ['pɒvəti]	**Armut**
live in poverty	in Armut leben
purse n bes BE [pɜːs]	**Portemonnaie, Geldbörse**
rich adj [rɪtʃ]	**reich, wohlhabend**
shortage n ['ʃɔːtɪdʒ]	**Knappheit, Mangel**
a shortage of money	Geldknappheit
social security n [ˌsəʊʃl sɪ'kjʊərəti]	**Sozialhilfe**
be on social security	Sozialhilfe bekommen
support n, v [sə'pɔːt]	**Unterstützung, (finanziell) unterstützen, unterhalten**
depend on sb for financial support	von jdm finanziell abhängig sein
support sb financially	jdn finanziell unterstützen
treasure n ['treʒə]	**Schatz**
wallet n ['wɒlɪt]	**Brieftasche**
wealth n [welθ]	**Reichtum, Vermögen**
wealth tax n ['welθ tæks]	**Vermögenssteuer**
wealthy adj ['welθi]	**wohlhabend, reich**
well-off adj [ˌwel'ɒf]	**wohlhabend, finanziell gut gestellt, reich, begütert**
His mother is not very well off.	Seiner Mutter geht es finanziell nicht sehr gut.
with prep [wɪð, wɪθ]	**mit**
without prep [wɪ'ðaʊt]	**ohne**

Gesellschaftliche Gruppen

alien n ['eɪliən]	**Ausländer/in**
aristocracy n [ˌærɪ'stɒkrəsi]	**Aristokratie, Adel**
aristocrat n ['ærɪstəkræt]	**Aristokrat/in, Adlige/r**
class n [klɑːs]	**Klasse, Sozialschicht**
community n [kə'mjuːnəti]	**Gemeinde, Bevölkerungsgruppe**
our local community	unsere hiesige Bevölkerung / unsere Gemeinde
work for the good of the community	für das Allgemeinwohl arbeiten
the Turkish community	die türkische Gemeinde
crowd n [kraʊd]	**Menschenmenge, Zuschauermenge**
A crowd of people gathered in the square.	Eine Menschenmenge versammelte sich auf dem Platz.
The match drew an enormous crowd.	Das Spiel zog eine große Zuschauermenge an.
discriminate v [dɪ'skrɪmɪneɪt]	**diskriminieren**
discrimination n [dɪˌskrɪmɪ'neɪʃn]	**Diskriminierung**
discrimination against women	Diskriminierung von Frauen
emigrant n ['emɪgrənt]	**Auswanderer, Auswanderin, Emigrant/in**
emigrants to Israel	Auswanderer nach Israel
emigrate v ['emɪgrəɪt]	**auswandern, emigrieren**
emigrate from Turkey to Germany	von der Türkei nach Deutschland auswandern
equality n [ɪ'kwɒləti]	**Gleichberechtigung**
Establishment, the n [ɪ'stæblɪʃmənt]	**das Establishment**
foreign worker n [ˌfɒrən 'wɜːkə]	**ausländische/r Arbeitnehmer/in**
foreigner n ['fɒrənə]	**Ausländer/in**
gentleman n ['dʒentlmən]	**Herr**
Ladies and gentlemen!	Meine Damen und Herren!
homeless adj ['həʊmləs]	**obdachlos**
homeless people	Obdachlose
homeless, the n ['həʊmləs]	**die Obdachlosen**
immigrant n ['ɪmɪgrənt]	**Einwanderer, Einwanderin**
immigrate v ['ɪmɪgreɪt]	**einwandern, immigrieren**
immigration n [ˌɪmɪ'greɪʃn]	**Einwanderung**
individual n [ˌɪndɪ'vɪdʒuəl]	**Individuum**
integrate v ['ɪntɪgreɪt]	**eingliedern, integrieren**
integration n [ˌɪntɪ'greɪʃn]	**Eingliederung, Integration**
lady n ['leɪdi]	**Dame**
majority n [mə'dʒɒrəti]	**Mehrheit**
minority n [maɪ'nɒrəti]	**Minderheit**
nobility n [nəʊ'bɪləti]	**(Hoch-)Adel**
be a member of the nobility	zum Adel gehören

noble n, adj ['nəʊbl]	**Adlige/r, adlig**
the nobles	die Adligen
be of noble birth	adlig sein
old-age pensioner n [ˌəʊldeɪdʒ 'penʃənə] OAP [ˌəʊ eɪ 'piː]	**Rentner/in, Pensionär/in**
outsider n [ˌaut'saɪdə]	**Außenseiter/in**
punk n [pʌŋk]	**Punk(er)**
the punks	die Punker / Punks
racial discrimination n ['reɪʃl dɪˌskrɪmɪ'neɪʃn]	**Rassendiskriminierung**
skinhead n ['skɪnhed]	**Skinhead**
society n [sə'saɪəti]	**Gesellschaft**
change the structure of society	die Struktur der Gesellschaft ändern
live in a developed society	in einer entwickelten Gesellschaft leben
status n ['steɪtəs]	**Status, soziale Stellung**
the changing status of women in society	die sich wandelnde Stellung der Frau in der Gesellschaft
be of equal social status	sozial gleichgestellt sein
strange adj [streɪndʒ]	**fremd, fremdartig, seltsam**
strange cultures / people	fremde Kulturen / Menschen
She's strange.	Sie ist seltsam.
stranger n ['streɪndʒə]	**Fremde/r**
a total stranger	ein völlig Fremder

Einrichtungen und Institutionen

bank n [bæŋk]	**Bank**
cemetery n ['semətri]	**Friedhof**
cinema n ['sɪnəmə]	**Kino**
go to the cinema	ins Kino gehen
be at the cinema	im Kino sein
What's on at the cinema tonight?	Was läuft heute abend im Kino?
community centre n [kə'mjuːnəti sentə]	**Bürgerzentrum**
employment agency n [ɪm'plɔɪmənt eɪdʒənsi]	**(private) Stellenvermittlung**
facilities n pl [fə'sɪlətiz]	**Einrichtungen, Anlagen**
sports / social facilities	Sportanlagen / soziale Einrichtungen
hospital n ['hɒspɪtl]	**Hospital, Krankenhaus**
job centre n [dʒɒb sentə]	**Arbeitsamt**
library n ['laɪbrəri]	**Bücherei, Bibliothek**
museum n [mjuː'zɪəm]	**Museum**
opera (house) n ['ɒprə haʊs]	**Opernhaus**

post office n ['pəʊst ɒfɪs]	**Postamt**
public n, adj ['pʌblɪk] He appeared in public.	**Öffentlichkeit, öffentlich** Er erschien in der Öffentlichkeit.
(public) swimming-bath n pl [ˌpʌblɪk 'swɪmɪŋbɑːðz]	**(öffentliche) Badeanstalt**
public toilet n [ˌpʌblɪk 'tɔɪlət]	**öffentliche Toilette**
(railway) station n ['reɪlweɪ steɪʃn]	**Bahnhof**
shopping centre n ['ʃɒpɪŋ sentə]	**Einkaufszentrum**
shopping facilities n pl [ˌʃɒpiŋ fə'sɪlətiz]	**Einkaufsmöglichkeiten**
sports facilities n pl ['spɔːts fəˌsɪlətiz]	**Sporteinrichtungen**
sportsground n ['spɔːtsgraʊnd]	**Sportplatz**
stadium n ['steɪdiəm]	**Stadion**
theatre n ['θɪətə]	**Theater**
town hall n [ˌtaʊn 'hɔːl]	**Rathaus**
welfare n ['welfeə] social welfare	**Wohlfahrt, Fürsorge** soziale Fürsorge
youth centre n ['juːθ sentə]	**Jugendzentrum**
zoo n [zuː] go to the zoo	**Zoo** in den Zoo gehen

Gefahr und Bedrohung

caution n ['kɔːʃn] use caution proceed with extreme caution	**Vorsicht, Umsicht** Vorsicht / Umsicht walten lassen mit äußerster Vorsicht verfahren
cautious adj ['kɔːʃəs] She's a cautious driver. be cautious of strangers	**vorsichtig** Sie ist eine vorsichtige Fahrerin. Fremden gegenüber vorsichtig sein
danger n ['deɪndʒə] constitute a danger to society There was a danger that… be in / out of danger put sb / sth in danger	**Gefahr** eine Gefahr für die Gesellschaft darstellen Es bestand die Gefahr, dass … in / außer Gefahr sein jdn / etw in Gefahr bringen
dangerous adj ['deɪndʒərəs]	**gefährlich**
flee v [fliː] fled, fled [fled, fled] flee from sb / danger	**fliehen, flüchten** vor jdm / einer Gefahr fliehen
follow v ['fɒləʊ] He followed her into the house / to America. The detective followed the suspect.	**(ver)folgen** Er folgte ihr ins Haus / nach Amerika. Der Detektiv verfolgte dem Verdächtigen.

force n, v [fɔːs]	**Gewalt, (er)zwingen, aufzwingen**
use force	Gewalt anwenden
do sth by force	etw gewaltsam tun
force sb to do sth	jdn zwingen, etw zu tun
force a confession	ein Geständnis erzwingen
force sth on sb	jdm etw aufzwingen
harmless adj ['hɑːmləs]	**harmlos, ungefährlich**
hide v [haɪd] hid, hidden [hɪd, 'hɪdn]	**(sich) verstecken, (sich) verbergen**
hide sth from sb	etw vor jdm verstecken
She's hiding from the police.	Sie versteckt sich vor der Polizei.
persecute v ['pɜːsɪkjuːt]	**verfolgen**
persecute sb for his political beliefs	jdn wegen seiner politischen Überzeugungen verfolgen
persecution n [ˌpɜːsɪ'kjuːʃn]	**Verfolgung**
the persecution of minorities	die Verfolgung von Minderheiten
protect v [prə'tekt]	**schützen, beschützen**
protect sb / sth from sb / sth	jdn / etw vor jdm / etw schützen
protection n [prə'tekʃn]	**Schutz**
give sb protection from sth	jdm Schutz vor etw gewähren
be under police protection	unter Polizeischutz stehen
racism n ['reɪsɪzəm]	**Rassismus**
racist n ['reɪsɪst]	**Rassist/in**
rescue n, v ['reskjuː]	**Rettung, retten**
rescue operation n ['reskjuː ɒpəreɪʃn]	**Rettungsaktion**
risk n, v [rɪsk]	**Risiko, riskieren**
run / take a high / low risk	ein hohes / geringes Risiko eingehen
at one's own risk	auf eigenes Risiko
risk a lot of money	viel Geld riskieren
risk losing one's life	(es) riskieren, sein Leben zu verlieren
risky adj ['rɪski]	**riskant**
safe adj [seɪf]	**sicher, in Sicherheit, heil, wohlbehalten**
keep sth in a safe place	etw an einem sicheren Ort aufbewahren
be safe from sb / sth	vor jdm / etw sicher sein
She is safe.	Sie ist in Sicherheit
Get home safely.	Komm heil nach Hause.
safety n ['seɪfti]	**Sicherheit**
for your own safety	zu Ihrer eigenen Sicherheit
save v [seɪv]	**retten**
save sb's life	jdm das Leben retten
save sb from sth	jdn vor etw retten
security n [sɪ'kjʊərəti]	**Sicherheit**
national / personal security	nationale / persönliche Sicherheit
The police have tightened the security.	Die Polizei hat die Sicherheitsvorkehrungen verstärkt.

serious adj ['sɪəriəs]	**schlimm, schwer**
a serious accident / mistake	ein schwerer Unfall / Fehler
a serious situation / threat	eine ernste Situation / Drohung
threat n [θret]	**Bedrohung**
threaten v ['θretn]	**bedrohen**
unsafe adj [ˌʌn'seɪf]	**unsicher**
victim n ['vɪktɪm]	**Opfer**
warn v [wɔːn]	**warnen, hinweisen auf**
warning n ['wɔːnɪŋ]	**Warnung**

Vergehen und Verbrechen

assassin n [ə'sæsɪn]	**Attentäter/in**
assassination n [əˌsæsɪ'neɪʃn]	**Attentat**
beat v [biːt] beat, beaten [biːt, 'biːtn]	**schlagen**
beat sb over the head with a stick	jdn mit einem Stock auf den Kopf schlagen
beat up v [ˌbiːt 'ʌp] beat, beaten [biːt, biːtn]	**verprügeln, zusammenschlagen**
blow n [bləʊ]	**Schlag**
deal sb a blow on the head	jdm einen Schlag auf den Kopf versetzen
break v [breɪk] broke, broken [brəʊk, 'brəʊkən]	**nicht einhalten**
break a promise / contract	ein Versprechen / einen Vertrag brechen
break in(to) v ['breɪk ɪntə] broke, broken [brəʊk, 'brəʊkən]	**einbrechen**
My flat has been broken into.	In meine Wohnung ist eingebrochen worden.
bribe n, v [braɪb]	**Bestechung, bestechen**
take a bribe	sich bestechen lassen
give / offer sb a bribe	jdn bestechen / bestechen wollen
burglar n ['bɜːglə]	**Einbrecher/in**
burglary n ['bɜːgləri]	**Einbruch, Einbruchsdiebstahl**
burgle v ['bɜːgəl]	**einbrechen (in)**
My flat has / I have been burgled.	In meine Wohnung / Bei mir wurde eingebrochen.
crime n [kraɪm]	**Verbrechen, Straftat, Vergehen**
criminal n, adj ['krɪmɪnl]	**Kriminelle/r, Verbrecher/in, Straftäter/in, kriminell**
cruel adj [kruːəl]	**grausam**
cruelty n ['kruːəlti]	**Grausamkeit**
deceive v [dɪ'siːv]	**täuschen**
deceive oneself	sich etwas vormachen

embezzle v [ɪm'bezl]	**unterschlagen, veruntreuen**
embezzle money	Geld unterschlagen
embezzlement v [ɪm'bezlmənt]	**Unterschlagung, Veruntreuung**
fake n, v [feɪk]	**Fälschung, fälschen**
This picture / signature is a fake.	Dieses Bild / diese Unterschrift ist eine Fälschung.
fake a picture / signature	ein Bild / eine Unterschrift fälschen
false adj [fɔːls]	**falsch**
a false statement / accusation	eine falsche Behauptung / Anschuldigung
fingerprint n ['fɪŋgəprɪnt]	**Fingerabdruck**
footprint n ['fʊtprɪnt]	**Fußabdruck**
fraud n [frɔːd]	**Betrug**
genetic fingerprint n [dʒəˌnetɪk 'fɪŋgəprɪnt]	**genetischer Fingerabdruck**
hijack n, v ['haɪdʒæk]	**Entführung, entführen**
hijack a plane	ein Flugzeug entführen
hijack a lorry	einen Lastwagen überfallen
hijacker n ['haɪdʒækə]	**Entführer/in**
hit v [hɪt] hit, hit [hɪt, hɪt]	**schlagen**
hit sb in the face / on the head	jdn ins Gesicht / auf den Kopf schlagen
hit n [hɪt]	**Schlag**
He got a hit on the head.	Er bekam einen Schlag auf den Kopf.
hit-and-run n [ˌhɪtənd'rʌn]	**Fahrerflucht**
hooligan n ['huːlɪgən]	**Randalierer/in**
illegal adj [ɪ'liːgl]	**gesetzeswidrig, illegal**
kidnap v ['kɪdnæp]	**entführen**
kidnapper n ['kɪdnæpə]	**Entführer/in**
kill v [kɪl]	**töten**
killer n ['kɪlə]	**Killer/in, Mörder/in**
lie v [laɪ] lied, lied [laɪd, laɪd]	**lügen, belügen**
lie to sb	jdn anlügen, belügen
lie n [laɪ]	**Lüge**
tell sb lies	jdn anlügen
missing adj ['mɪsɪŋ]	**vermisst, verschwunden, fehlend**
Some pieces of jewellery are missing.	Einige Schmuckstücke fehlen.
The child has gone missing.	Das Kind ist verschwunden.
the missing person	der / die Vermisste
motive n ['məʊtɪv]	**Motiv, Beweggrund**
mug v [mʌg]	**überfallen, ausrauben**
mugger n ['mʌgə]	**Straßenräuber/in**

murder n, v ['mɜːdə]	**Mord, ermorden**
murderer n ['mɜːdərə]	**Mörder**
murderess n ['mɜːdəres]	**Mörderin**
prison n ['prɪzn]	**Gefängnis**
punish v ['pʌnɪʃ]	**bestrafen**
rape n, v [reɪp]	**Vergewaltigung, vergewaltigen**
report v [rɪ'pɔːt]	**anzeigen**
report sb to the police	jdn bei der Polizei anzeigen
reward n, v [rɪ'wɔːd]	**Belohnung, belohnen**
offer / pay / receive a reward	eine Belohnung aussetzen / zahlen / erhalten
reward sb for sth	jdn für etw belohnen
riot n ['raɪət]	**Aufstand, Krawall, Aufruhr**
rob v [rɒb]	**ausrauben**
robber n ['rɒbə]	**Räuber**
robbery n ['rɒbəri]	**Raub**
seize v [siːz]	**(er)greifen, packen**
He seized the bag and ran away.	Er (er)griff die Tasche und rannte davon.
seize sb's arm	jdn am Arm packen
steal v [stiːl] stole, stolen [stəʊl, 'stəʊlən]	**stehlen**
suspect n ['sʌspekt]	**Verdächtige/r**
swindle n, v ['swɪndl]	**Schwindel, schwindeln**
terrorist n ['terərɪst]	**Terrorist/in**
thief n [θiːf] thieves [θiːvz]	**Dieb/in**
violence n ['vaɪələns]	**Gewalt**
violent adj ['vaɪələnt]	**gewalttätig**

Erziehung und Bildung

Wissenschaft

atom n ['ætəm]	**Atom**
split atoms	Atome spalten
biologist n [baɪ'ɒlədʒɪst]	**Biologe, Biologin**
biology n [baɪ'ɒlədʒi]	**Biologie**
carbon n ['kɑːbən]	**Kohlenstoff**
chemical n, adj ['kemɪkl]	**Chemikalie, chemisch**
chemical reaction	chemische Reaktion
chemist n ['kemɪst]	**Chemiker/in**

chemistry n ['kemɪstri]	**Chemie**
discover v [dɪ'skʌvə]	**entdecken, herausfinden**
discovery n [dɪ'skʌvəri]	**Entdeckung**
element n ['elɪmənt]	**Element**
experiment n, v [ɪk'sperɪmənt]	**Versuch, Experiment, experimentieren**
carry out a scientific experiment	ein wissenschaftliches Experiment durchführen
experiment with new methods	neue Methoden ausprobieren
force n [fɔːs]	**Kraft, Wucht**
magnetic forces	magnetische Kräfte
the force of a blow	die Wucht eines Schlages
genetic engineering n [dʒəˌnetɪk ˌendʒɪ'nɪərɪŋ]	**Gentechnik**
geologist n [dʒi'ɒlədʒɪst]	**Geologe, Geologin**
geology n [dʒi'ɒlədʒi]	**Geologie**
historian n [hɪ'stɔːriən]	**Historiker/in**
historical adj [hɪ'stɒrɪkl]	**geschichtlich**
humanities n pl [hjuː'mænətiz]	**Geisteswissenschaften**
hydrogen n ['haɪdrədʒən]	**Wasserstoff**
lab n [læb] laboratory [lə'bɒrətri]	**Labor(atorium)**
a chemistry lab	ein Chemielabor
molecule n ['mɒlɪkjuːl]	**Molekül**
nitrogen n ['naɪtrədʒən]	**Stickstoff**
organism n ['ɔːgənɪzəm]	**Organismus**
small organisms like bacteria	kleine Organismen wie Bakterien
oxygen n ['ɒksɪdʒən]	**Sauerstoff**
lack of oxygen	Sauerstoffmangel
physical science n [ˌfɪzɪkl 'saɪəns]	**Naturwissenschaft**
research n, v [rɪ'sɜːtʃ]	**Forschung, (er)forschen**
do research on sth	Forschung über etw betreiben
research into sth	über etw forschen
researcher n [rɪ'sɜːtʃə]	**Forscher/in**
science n ['saɪəns]	**Wissenschaft**
scientific adj [ˌsaɪən'tɪfɪk]	**wissenschaftlich**
scientist n ['saɪəntɪst]	**Wissenschaftler/in**
silicon n ['sɪlɪkən]	**Silizium, Silikon**
social science n [ˌsəʊʃl 'saɪəns]	**Sozialwissenschaft**
sociologist n [ˌsəʊsi'ɒlədʒɪst]	**Soziologe, Soziologin**
sociology n [ˌsəʊsi'ɒlədʒɪ]	**Soziologie**
structure n ['strʌktʃə]	**Struktur**
substance n ['sʌbstəns]	**Substanz**

sulphur n ['sʌlfə] | **Schwefel**
system n ['sɪstəm] | **System**
systematic adj [ˌsɪstə'mætɪk] | **systematisch**

Hochschule

bachelor n ['bætʃələ]	**Vordiplom**
course n [kɔːs]	**Kurs, Lehrgang**
take on a course in Maths	einen Kurs in Mathe belegen
go on / complete a course	einen Kurs besuchen / beenden
elementary / introductory / English course	Grund- / Einführungs- / Englischkurs
typing course	Schreibmaschinenkurs
correspondence course	Fernunterricht
degree n [dɪ'griː]	**akademischer Grad**
take a degree in law	einen akademischen Grad in Jura erwerben
She's got a degree in chemistry.	Sie hat Chemie studiert.
diploma n [dɪ'pləʊmə]	**Abschlusszeugnis**
doctor n ['dɒktə]	**Doktor**
doctorate n ['dɒktərət]	**Doktorwürde, Promotion**
do a doctorate	promovieren
fellow student n [ˌfeləʊ 'stjuːdnt]	**Kommilitone, Kommilitonin**
graduate v ['grædʒueɪt]	**einen Abschluss machen, graduieren**
graduate as an engineer	den Abschluss als Techniker / Ingenieur machen
graduate from law school	das Juraexamen ablegen
graduate n ['grædʒuət]	**(Hochschul-)Absolvent/in**
She's a graduate from Harvard University.	Sie ist eine Hochschulabsolventin der Harvard Universität.
grant n [grɑːnt]	**Stipendium**
receive a grant	ein Stipendium bekommen
lecture n, v ['lektʃə]	**Vorlesung, Vorlesung halten**
give a lecture on sth	eine Vorlesung über etw halten
lecturer n ['lektʃərə]	**Dozent/in**
postgraduate n [ˌpəʊst'grædʒuət]	**Postgraduierte/r**
professor n [prə'fesə]	**Professor/in**
professor of physics	Professorin für Physik
seminar n ['semɪnɑː]	**Seminar**
student n ['stjuːdnt]	**Student/in**
medical / law students	Medizin-/ Jurastudenten
study n, v ['stʌdi]	**Studium, studieren, lernen**
study to be a teacher	ein Lehramtsstudium machen
study medicine	Medizin studieren
study for an exam	für eine Prüfung lernen

term n [tɜːm]	**Semester, Trimester**
Which courses are you taking next term?	Welche Kurse belegst du nächstes Trimester / Semester?
autumn / spring / summer term	Herbst- / Frühjahrs- / Sommertrimester
undergraduate n [ˌʌndəˈɡrædʒuət]	**nicht graduierte/r Student/in**
university n [ˌjuːnɪˈvɜːsəti]	**Universität**
go to university	studieren

Unterricht, Prüfung und Zeugnis

absence n [ˈæbsəns]	**Abwesenheit, Fehlen**
in sb's absence	während jds Abwesenheit
absence from school	Fehlen in der Schule
absent adj [ˈæbsənt]	**abwesend, nicht da**
be absent from school	in der Schule fehlen
attend v [əˈtend]	**(regelmäßig) besuchen, teilnehmen an**
attend school	die Schule besuchen
attend a course	an einem Kurs teilnehmen
attention n [əˈtenʃn]	**Aufmerksamkeit**
May I have your attention, please?	Darf ich um Ihre Aufmerksamkeit bitten?
pay attention to sb / sth	jdn / etw beachten
call sb's attention to sth	jds Aufmerksamkeit auf etw lenken
turn one's attention to sb / sth	jdm / etw seine Aufmerksamkeit zuwenden
attentive adj [əˈtentɪv]	**aufmerksam**
cheat v [tʃiːt]	**mogeln, schummeln**
class n [klɑːs]	**Unterricht**
an English class	eine Englischstunde
composition n [ˌkɒmpəˈzɪʃn]	**Aufsatz**
correct v, adj [kəˈrekt]	**berichtigen, richtig, genau**
correct a mistake / false impression	einen Fehler / falschen Eindruck berichtigen
the correct answer	die richtige Antwort
a correct description	eine genaue Beschreibung
cross v [krɒs]	**ankreuzen**
dictation n [dɪkˈteɪʃn]	**Diktat**
exam, examination n [ɪɡˈzæm, ɪɡˌzæmɪˈneɪʃn]	**Prüfung, Examen**
take an examination	eine Prüfung ablegen
pass / fail an exam	eine Prüfung bestehen / nicht bestehen
an oral / written exam in maths	eine mündliche / schriftliche Prüfung in Mathematik
examine v [ɪɡˈzæmɪn]	**prüfen**
examine students in chemistry	Studenten in Chemie prüfen
exercise book n [ˈeksəsaɪz bʊk]	**(Übungs-)Heft**

fail v [feɪl]	**durchfallen, nicht bestehen**
homework n ['həʊmwɜːk]	**Hausaufgaben**
do one's homework	seine Hausaufgaben machen
interpret v [ɪn'tɜːprɪt]	**interpretieren, auslegen**
interpret a novel / a work of art	einen Roman / ein Kunstwerk interpretieren
interpretation n [ɪnˌtɜːprɪ'teɪʃn]	**Interpretation**
know v [nəʊ]	**kennen, wissen**
knew, known [njuː, nəʊn]	
know sth by heart / for certain	etw auswendig / mit Sicherheit wissen
knowledge n ['nɒlɪdʒ]	**Wissen, Kenntnis(se)**
acquire knowledge about sth	Wissen erwerben über etw
learn v [lɜːn]	**lernen**
learnt, learnt [lɜːnt, lɜːnt]	
learn a language / game	eine Sprache / ein Spiel lernen
learn to dance / drive	tanzen / fahren lernen
learn sth from sb / experience	etw von jdm / aus Erfahrung lernen
lesson n ['lesn]	**(Schul-)Stunde**
an English lesson	eine Englischstunde
take driving lessons	Fahrstunden nehmen
look up v [ˌlʊk 'ʌp]	**nachschlagen, nachsehen**
look up a word in the dictionary	ein Wort im Wörterbuch nachschlagen
mark n [mɑːk]	**Note, Zensur**
mistake n [mɪ'steɪk]	**Fehler**
make / correct a mistake	einen Fehler machen / verbessern
a serious / minor mistake	ein schwerer / leichter Fehler
do sth by mistake	etw aus Versehen tun
motivate v ['məʊtɪveɪt]	**motivieren**
motivation n [ˌməʊtɪ'veɪʃn]	**Motivation**
oral adj ['ɔːrəl]	**mündlich**
an oral examination	eine mündliche Prüfung
pass v [pɑːs]	**bestehen**
practise v ['præktɪs]	**üben**
present adj ['preznt]	**anwesend**
report n [rɪ'pɔːt]	**(Schul-)Zeugnis**
get a good / bad report	ein gutes / schlechtes Zeugnis bekommen
right adj [raɪt]	**richtig**
the right answer	die richtige Antwort
strict adj [strɪkt]	**streng**
He was very strict with the children.	Er war sehr streng mit den Kindern.
summarize v ['sʌməraɪz]	**zusammenfassen**
summary n ['sʌməri]	**Zusammenfassung**
write a brief summary of a short story	eine kurze Zusammenfassung einer Kurzgeschichte schreiben

take part v [teɪk 'pɑːt] took, taken [tʊk, 'teɪkən]	**teilnehmen, mitmachen**
take part in a discussion	an einer Diskussion teilnehmen
teach v [tiːtʃ] taught, taught [tɔːt, tɔːt]	**unterrichten**
teach sb / a subject	jdn / ein Fach unterrichten
teach sth to sb	jdn in etw unterrichten / jdm etw beibringen
teach sb (how) to do sth	jdm beibringen, wie man etw tut
test n, v [test]	**Prüfung, Klassenarbeit, prüfen, abfragen**
take a test	eine Prüfung machen
The pupils were tested.	Die Schüler wurden geprüft.
textbook n ['tekstbʊk]	**Lehrbuch**
timetable n ['taɪmteɪbl]	**Stundenplan**
true adj [truː]	**richtig, wahr**
a true story	eine wahre Geschichte
True or false?	Richtig oder falsch?
That's true.	Das stimmt.
vocabulary n [və'kæbjələri]	**Vokabular, Wortschatz**
workbook n ['wɜːkbʊk]	**Arbeitsbuch**
written adj ['rɪtn]	**schriftlich**
a written examination	eine schriftliche Prüfung
wrong adj [rɒŋ]	**falsch**
the wrong answer	die falsche Antwort

Schulformen und Bildungssystem

academy n [ə'kædəmi]	**Akademie**
be at a military / art academy	an einer Militär- / Kunstakademie sein
adult education n [ˌædʌlt edʒu'keɪʃn]	**Erwachsenenbildung**
adult education centre	Volkshochschule
boarding-school n ['bɔːdɪŋskuːl]	**Internat**
be at a boarding-school	im Internat sein
college n ['kɒlɪdʒ]	**(Berufs-)Fachschule, Fachhochschule**
commercial college	Fachschule für kaufmännische Berufe
technical college	Technische Fachschule
college of art	Kunstakademie
business college	Wirtschaftsfachhochschule
comprehensive school n [kɒmprɪ'hensɪv skuːl]	**Gesamtschule**
educate v ['edʒukeɪt]	**erziehen, (aus)bilden, schulen**
She was educated at a boarding-school.	Sie ging auf ein Internat.
educated adj ['edʒukeɪtɪd]	**gebildet**

education n [ˌedʒuˈkeɪʃn]	**Erziehung, (Schul-)Bildung, Ausbildung**
Education is compulsory.	Es besteht allgemeine Schulpflicht.
study education	Pädagogik studieren
education policy n [ˌedʒuˈkeɪʃn pɒləsi]	**Bildungspolitik**
education system n [ˌedʒuˈkeɪʃn sɪstəm]	**Erziehungs- und Bildungssystem**
grammar school n BE [ˈgræmə skuːl]	**Gymnasium**
high school n AE [ˈhaɪ skuːl]	**Oberschule**
higher education n [ˌhaɪə edʒuˈkeɪʃn]	**Hochschulausbildung**
kindergarten n [ˈkɪndəgɑːtn]	**Kindergarten**
nursery school n [ˈnɜːsəri skuːl]	**Kindergarten, Vorschule**
polytechnic n [ˌpɒliˈteknɪk]	**Fachhochschule, Technikerschule**
preparatory school n BE [prɪˈpærətri skuːl] prep school	**private Vorbereitungsschule**
primary education n [ˌpraɪməri edʒuˈkeɪʃn]	**Grundschul(aus)bildung**
primary school n [ˈpraɪməri skuːl]	**Grundschule**
public school n BE [ˌpʌblɪk ˈskuːl]	**Privatschule**
secondary education n [ˌsekəndri edʒuˈkeɪʃn]	**Schul(aus)bildung in der Sekundarstufe**
secondary school n [ˈsekəndri skuːl]	**Schule der Sekundarstufe, weiterführende Schule**

Schule und Klassenzimmer

art n [ɑːt]	**Kunst(unterricht)**
at prep [æt]	**an, auf**
at school / university	an / auf der Schule / Universität
biology n [baɪˈɒlədʒi]	**Biologie**
(black)board n [ˈblækbɔːd]	**Tafel**
chalk n [tʃɔːk]	**Kreide**
chemistry n [ˈkemɪstri]	**Chemie**
class n [klɑːs]	**(Schul-)Klasse**
be in the same class	in der gleichen Klasse sein
classroom n [ˈklɑːsruːm]	**Klassenzimmer**
desk n [desk]	**Schreibtisch, Pult**
clear one's desk	seinen Schreibtisch / sein Pult aufräumen
form n [fɔːm]	**Klasse, Jahrgangsstufe**
to be in the fourth form	in der vierten Klasse sein
geography n [dʒiˈɒgrəfi]	**Erdkunde**
Greek n [griːk]	**Griechisch**
handicraft lessons n pl [ˈhændikrɑːft ˈlesns]	**Werken, Werkunterricht**

headmaster n [ˌhed'mɑːstə]	**Schulleiter, Direktor**
headmistress n [ˌhed'mɪstrəs]	**Schulleiterin, Direktorin**
history n ['hɪstri]	**Geschichte**
home economics n sg [ˌhəʊm iːkə'nɒmɪks]	**Hauswirtschaft**
Latin n ['lætɪn]	**Latein**
maths n [mæθs]	**Mathe(matik)**
metalwork n ['metlwɜːk]	**Werken mit Metall**
overhead projector n [ˌəʊvəhed prə'dʒektə]	**Overheadprojektor, Tageslichtprojektor**
physical education n [ˌfɪzɪkl edʒu'keɪʃn] PE [ˌpiː 'iː]	**Sport(unterricht)**
physics n sg ['fɪzɪks]	**Physik**
Physics was my favourite subject.	Physik war mein Lieblingsfach.
pupil n ['pjuːpl]	**Schüler/in, Schulkind**
religious education n [rɪˌlɪdʒəs edʒu'keɪʃn] RE [ˌɑːr 'iː]	**Religion(sunterricht)**
ruler n ['ruːlə]	**Lineal**
school n [skuːl]	**Schule**
go to school	in die Schule gehen
at school	in der Schule
school playground n BE [skuːl 'pleɪgraʊnd]	**Schulhof**
school-leaver n [ˌskuːl'liːvə]	**Schulabgänger/in**
schoolyard n ['skuːljɑːd]	**Schulhof**
social studies n [ˌsəʊʃl 'stʌdiz]	**Gesellschaftskunde, Sozialkunde**
sponge n [spʌndʒ]	**Schwamm**
staff n [stɑːf]	**Lehrer, Lehrpersonal**
subject n ['sʌbdʒekt]	**(Schul-)Fach**
take a subject	ein Fach wählen
main subject	Hauptfach
teacher n ['tiːtʃə]	**Lehrer/in**
waste-paper basket n [ˌweɪst'peɪpə ˌbɑːskɪt]	**Papierkorb**
woodwork n ['wʊdwɜːk]	**Werken mit Holz**

Lesen und Schreiben

abbreviate v [ə'briːvieɪt]	**abkürzen**
'Mister' is often abbreviated to 'Mr'.	‚Mister' wird oft zu ‚Mr' abgekürzt.

abbreviation n [əˌbriːviˈeɪʃn]	**Abkürzung**
'Jan' is the usual abbreviation of / for 'January'.	‚Jan' ist die übliche Abkürzung für ‚Januar'.
alphabet n [ˈælfəbet]	**Alphabet**
the Latin / Greek alphabet	das lateinische / griechische Alphabet
alphabetical adj [ˌælfəˈbetɪkl]	**alphabetisch**
put sth in alphabetical order	etw in alphabetische Reihenfolge bringen
ballpoint (pen) n [ˌbɔːlpɔɪnt ˈpen]	**Kugelschreiber, Kuli**
capital (letter) n [ˈkæpɪtl letə]	**Großbuchstabe**
Please write your name in capitals.	Schreiben Sie bitte Ihren Namen in Blockschrift.
felt-tip n [ˌfeltˈtɪp]	**Filzstift**
fountain pen n [ˈfaʊntɪn ˌpen]	**Füllfederhalter, Füller**
handwriting n [ˈhændraɪtɪŋ]	**Handschrift**
illegible adj [ɪˈledʒəbl]	**unleserlich**
illegible handwriting	unleserliche Handschrift
ink n [ɪŋk]	**Tinte**
write in ink	mit Tinte schreiben
letter n [ˈletə]	**Buchstabe**
in capital / small letters	in großen / kleinen Buchstaben
pencil n [ˈpensl]	**Bleistift**
print v [prɪnt]	**in Druckschrift schreiben**
Please print your name.	Schreiben Sie Ihren Namen bitte in Druckschrift.
put down v [ˌpʊt ˈdaʊn] put, put [pʊt, pʊt]	**nieder-, aufschreiben**
Let me put down your address before I forget it.	Lassen Sie mich Ihre Adresse aufschreiben, bevor ich sie vergesse.
read v [riːd] read, read [red, red]	**lesen**
read a book / newspaper / story	ein Buch / eine Zeitung / Geschichte lesen
read a poem to sb	jdm ein Gedicht vorlesen
teach a child to read	ein Kind lesen lehren
readable adj [ˈriːdəbl]	**lesbar, lesenswert**
a readable book	ein lesenswertes Buch
reader n [ˈriːdə]	**Leser/in**
reading n [ˈriːdɪŋ]	**Lesen, Lektüre**
Reading is her favourite pastime.	Lesen ist ihr liebster Zeitvertreib.
His latest novel makes interesting reading.	Sein neuester Roman ist interessant zu lesen.
reading-room n [ˈriːdɪŋruːm]	**Lesesaal**
rub out v [ˌrʌb ˈaʊt]	**ausradieren**
rubber n [ˈrʌbə]	**Radiergummi**

spell v [spel]	**buchstabieren**
spelt, spelt [spelt, spelt]	
How do you spell your name?	Wie schreibt man Ihren Namen?
Could you spell that, please?	Könnten Sie das bitte buchstabieren?
spelling n ['spelɪŋ]	**Rechtschreibung**
The correct spelling is …	Die richtige Schreibweise ist …
write v [raɪt]	**schreiben**
wrote, written [rəʊt, 'rɪtn]	
write sb a letter	jdm einen Brief schreiben
He has written six novels.	Er hat sechs Romane geschrieben.
I am writing to you today to ask you …	Ich schreibe Ihnen heute mit der Bitte …
written adj ['rɪtn]	**schriftlich**
written by hand / on a typewriter	mit der Hand / Maschine geschrieben
a written statement	eine schriftliche Erklärung

Kommunikation und Medien

Wort und Satz

apostrophe n [ə'pɒstrəfi]	**Apostroph**
bracket n ['brækɪt]	**Klammer**
put a word in brackets	ein Wort in Klammern setzen
colon n ['kəʊlən]	**Doppelpunkt**
comma n ['kɒmə]	**Komma**
connotation n [ˌkɒnə'teɪʃn]	**Nebenbedeutung, Assoziation, Konnotation**
consonant n ['kɒnsənənt]	**Konsonant**
dash n [dæʃ]	**Gedankenstrich**
euphemism n ['juːfəmɪzəm]	**Euphemismus**
exclamation mark n [ekskla'meɪʃn mɑːk]	**Ausrufezeichen**
expression n [ɪk'spreʃn]	**Ausdruck**
What's the English expression for that?	Wie lautet der englische Ausdruck dafür?
figurative adj ['fɪgərətɪv]	**übertragen**
the figurative sense of a word	die übertragene Bedeutung eines Wortes
full stop n [ˌfʊl 'stɒp]	**Punkt**
hyphen n ['haɪfn]	**Bindestrich, Trennstrich**
inverted commas n pl BE [ɪnˌvɜːtɪd 'kɒməz]	**Anführungszeichen**
Direct speech is to be put in inverted commas.	Direkte Rede ist in Anführungszeichen zu setzen.
literal adj ['lɪtərəl]	**wörtlich**
a literal translation	eine wörtliche Übersetzung
pun n [pʌn]	**Wortspiel**
punctuation n [ˌpʌŋktʃu'eɪʃn]	**Zeichensetzung, Interpunktion**

punctuation mark n [ˌpʌŋktʃu'eɪʃn mɑːk]	**Satzzeichen**
Put punctuation marks where necessary.	Setzen Sie Satzzeichen, wo es nötig ist.
question mark n ['kwestʃən mɑːk]	**Fragezeichen**
semicolon n [ˌsemi'kəʊlən]	**Semikolon**
sentence n ['sentəns]	**Satz**
form / finish a sentence	einen Satz bilden / beenden
slash n [slæʃ]	**Schrägstrich**
syllable n ['sɪləbl]	**Silbe**
stress a syllable	eine Silbe betonen
technical term n [ˌteknɪkl 'tɜːm]	**Fachbegriff**
term n [tɜːm]	**Begriff, Ausdruck, Terminus**
technical term	Fachbegriff
usage n ['juːsɪdʒ]	**(Sprach-)Gebrauch, Verwendung**
These words are in common usage.	Diese Wörter sind allgemein gebräuchlich.
This is common usage in the South.	Das ist im Süden gebräuchlich.
vowel n ['vaʊəl]	**Vokal**
word n [wɜːd]	**Wort**
put one's thoughts into words	seine Gedanken in Worte fassen
Words fail me.	Mir fehlen die Worte.
in a word / in other words	mit einem Wort / mit anderen Worten

Sprache und Sprechen

accent n ['æksent]	**Akzent**
She speaks English without an accent.	Sie spricht Englisch akzentfrei.
He's got a French accent.	Er spricht mit einem französischen Akzent.
bilingual adj [ˌbaɪ'lɪŋgwəl]	**zweisprachig**
a bilingual dictionary	ein zweisprachiges Wörterbuch
call v [kɔːl]	**rufen**
call sb's name	jdn rufen
call for help	um Hilfe rufen
colloquial adj [kə'ləʊkwiəl]	**umgangssprachlich**
colloquial language n [kə'ləʊkwiəl ˌlæŋgwɪdʒ]	**Umgangssprache**
communicate v [kə'mjuːnɪkeɪt]	**sich verständigen, kommunizieren**
The soldiers were communicating by radio.	Die Soldaten verständigten sich über Funk.
communication n, adj [kəˌmjuːnɪ'keɪʃn]	**Verständigung, Kommunikation, Kommunikations-**
cry n, v [kraɪ]	**Schrei, schreien, rufen**
a cry of help	ein Hilferuf
cry (out) in pain	vor Schmerz (auf)schreien
cry for help	um Hilfe rufen / schreien

dialect n ['daɪəlekt]	**Dialekt, Mundart**
speak in dialect	Dialekt sprechen
diction n ['dɪkʃn]	**Diktion, Sprache**
dictionary n ['dɪkʃənri]	**Wörterbuch**
look sth up in a dictionary	etw im Wörterbuch nachschlagen
emphasize v ['emfəsaɪz]	**betonen, hervorheben**
exclaim v [ɪk'skleɪm]	**ausrufen**
"I'm innocent," he exclaimed.	"Ich bin unschuldig", rief er aus.
express v [ɪk'spres]	**ausdrücken, zum Ausdruck bringen**
express one's feelings / thanks	seine Gefühle / seinen Dank zum Ausdruck bringen
express one's thoughts in another language	seine Gedanken in einer anderen Sprache ausdrücken
fluent adj ['flu:ənt]	**fließend**
She's fluent in English / speaks English fluently.	Sie spricht fließend englisch.
foreign language n [ˌfɒrən 'læŋgwɪdʒ]	**Fremdsprache**
grunt v [grʌnt]	**grunzen**
idiom n ['ɪdiəm]	**Idiom, Redewendung**
interpret v [ɪn'tɜ:prɪt]	**dolmetschen**
interpreter n [ɪn'tɜ:prɪtə]	**Dolmetscher/in**
language n ['læŋgwɪdʒ]	**Sprache**
English is her native language.	Englisch ist ihre Muttersprache.
sign language	Zeichensprache
official language	Amtssprache
monolingual adj [ˌmɒnə'lɪŋgwəl]	**einsprachig**
mumble v ['mʌmbl]	**nuscheln, murmeln**
Don't mumble – speak clearly!	Nuschel nicht so – sprich deutlich!
pronounce v [prə'naʊns]	**aussprechen**
pronounce a word correctly	ein Wort richtig aussprechen
The 'k' in 'knock' isn't pronounced.	Das ‚k' in ‚knock' wird nicht ausgesprochen.
pronunciation n [prəˌnʌnsi'eɪʃn]	**Aussprache**
Her English pronunciation is good.	Ihre englische Aussprache ist gut.
put v [pʊt] put, put [pʊt, pʊt]	**formulieren, sagen, schreiben**
She put it very politely.	Sie formulierte es sehr höflich.
I don't know how to put it.	Ich weiß nicht, wie ich es sagen soll.
Let me put the question another way.	Lassen Sie mich die Frage anders stellen / formulieren.
rhetoric n ['retərɪk]	**Rhetorik**
rhetorical adj [rɪ'tɒrɪkl]	**rhetorisch**
say v [seɪ] said, said [sed, sed]	**sagen**

I'm not saying you 're wrong, but …	Ich will damit nicht sagen, Sie hätten unrecht, aber …
If you want to leave, say so!	Wenn du gehen willst, sag es!
People say that …	Man sagt, dass …
She's said to be very pretty.	Sie soll sehr hübsch sein.
scream n, v [skriːm]	**Schrei, schreien**
scream at sb	jdn anschreien
scream for help / with pain	um Hilfe / vor Schmerz schreien
short adj [ʃɔːt]	**knapp, kurz angebunden**
a short answer	eine knappe Antwort
be short with sb	jdm gegenüber kurz angebunden sein
shout n, v [ʃaʊt]	**Ruf, Schrei, (laut) rufen, schreien, schimpfen**
give a shout	einen Schrei ausstoßen
a shout of pain / joy	ein Schmerzens- / Freudenschrei
shout an order to sb	jdm einen Befehl zurufen
Don't shout at me.	Schimpf nicht mit mir.
shriek n, v [ʃriːk]	**(schriller) Schrei, (schrill) schreien, kreischen**
give a shriek of delight	vor Entzücken aufschreien
shriek with terror	vor Schreck aufschreien
shut up v umg [ˌʃʌt ˈʌp] shut, shut [ʃʌt, ʃʌt]	**den Mund halten**
She told him to shut up.	Sie sagte ihm, er solle den Mund halten.
slang n [slæŋ]	**Slang, Jargon**
army slang	Armeejargon
speak v [spiːk] spoke, spoken [spəʊk, ˈspəʊkən]	**sprechen, reden**
speak the truth / not a word	die Wahrheit / kein Wort sagen
speak to sb about sb / sth	mit jdm über jdn / etw sprechen
She speaks five languages fluently.	Sie spricht fünf Sprachen fließend.
straight adj [streɪt]	**direkt, offen**
a straight answer / question	eine direkte Frage / Antwort
be straight with sb	offen (und ehrlich) mit jdm sein
stress n, v [stres]	**Betonung, betonen, hervorheben**
In 'describe', the stress is on the second syllable.	Bei 'describe' liegt die Betonung auf der zweiten Silbe.
stress the importance of sth	die Bedeutung von etw hervorheben
swear v [sweə] swore, sworn [swɔː, swɔːn]	**fluchen**
swearword n [ˈsweəwɜːd]	**Schimpfwort**
translate v [trænsˈleɪt]	**übersetzen**
translate from English into German	vom Englischen ins Deutsche übersetzen
translation n [trænsˈleɪʃn]	**Übersetzung**
translator n [trænsˈleɪtə]	**Übersetzer/in**
verbal adj [ˈvɜːbl]	**mündlich**
a verbal statement / agreement	eine mündliche Erklärung / Vereinbarung

whisper n, v ['wɪspə]	**Flüstern, flüstern**
He spoke in whispers.	Er flüsterte.
whisper sth in sb's ear	jdm etwas ins Ohr flüstern
yell v [jel]	**(laut) schreien, brüllen**
yell at sb	jdn anbrüllen
yell sb's name	jds Namen brüllen

Information und Mitteilung

about prep [ə'baʊt]	**über**
talk with sb about sth	mit jdm über etw reden
a film / book about the last war	ein Film / Buch über den letzten Krieg
account n [ə'kaʊnt]	**Darstellung, Bericht**
give a full account of sth	einen vollständigen Bericht von etw geben
according to press accounts	nach Darstellungen in der Presse
advice n [əd'vaɪs]	**Ratschlag, Ratschläge, (guter) Rat**
give sb a piece of advice	jdm einen guten Rat geben
take sb's advice	auf jds Rat hören
seek sb's advice	jdn um Rat fragen
advise v [əd'vaɪz]	**raten, beraten, benachrichtigen**
advise sb on sth	jdn bei etw beraten
advise sb against sth	jdm von etw abraten
advise sb of the dispatch of goods	jdn über den Versand von Waren informieren
announce v [ə'naʊns]	**bekanntgeben, ankündigen**
The Prime Minister announced his decision.	Der Premierminister gab seine Entscheidung bekannt.
announce sth to sb	jdm etw bekanntgeben
announcement n [ə'naʊnsmənt]	**Bekanntgabe, Ankündigung**
answer n, v ['ɑːnsə]	**Antwort, antworten, beantworten**
give an answer to a question	eine Antwort auf eine Frage geben
I've had no answer to my letter so far.	Ich habe bisher keine Antwort auf meinen Brief bekommen.
answer sb / sb's question	jdm antworten / jds Frage beantworten
ask v [ɑːsk]	**fragen, bitten**
ask sb a question	jdm eine Frage stellen
ask sb the way / price	jdn nach dem Weg / Preis fragen
break v [breɪk] broke, broken [brəʊk, 'brəʊkən]	**überbringen, bekannt machen, mitteilen**
He broke the news to her.	Er überbrachte ihr die Nachricht.
circular n ['sɜːkjələ]	**Rundschreiben**
cover v ['kʌvə]	**behandeln, einschließen**
The speaker covered all aspects.	Der Redner behandelte alle Aspekte.
describe v [dɪ'skraɪb]	**beschreiben**
describe sth to sb	jdm etw beschreiben

description n [dɪ'skrɪpʃn]	**Beschreibung, Schilderung**
the description of a picture / event	die Beschreibung eines Bildes / eines Vorfalls
a man who fits the description	ein Mann, auf den die Beschreibung passt
example n [ɪg'zɑːmpl]	**Beispiel**
for example	zum Beispiel
give an example of sth	ein Beispiel für etw anführen
explain v [ɪk'spleɪn]	**erklären**
explain sth to sb	jdm etw erklären
This explains why she isn't here yet.	Das erklärt, warum sie noch nicht hier ist.
explanation n [ˌekspləˈneɪʃn]	**Erklärung**
There's no reasonable explanation for his behaviour.	Es gibt keine vernünftige Erklärung für sein Verhalten.
She gave a short explanation.	Sie gab eine kurze Erklärung ab.
gossip n, v ['gɒsɪp]	**Klatsch, Tratsch, klatschen, tratschen**
hint n, v [hɪnt]	**Hinweis, Andeutung, Wink, andeuten**
give sb a hint	jdm einen Wink / Hinweis geben
She hinted at the possibility of success.	Sie deutete die Möglichkeit eines Erfolgs an.
imply v [ɪm'plaɪ]	**andeuten, implizieren**
I don't want to imply that you're completely wrong.	Ich will damit nicht sagen, dass Sie völlig unrecht hätten.
inform v [ɪn'fɔːm]	**informieren, benachrichtigen**
inform sb of sth	jdn über etw informieren
keep sb / oneself informed of sth	jdn / sich über etw auf dem Laufenden halten
inform the police	die Polizei verständigen
information n [ˌɪnfə'meɪʃn]	**Auskunft, Information**
get information on sb / sth	sich über jdn / etw informieren
give sb information on sb / sth	jdm Informationen über etw geben
a piece of information	eine Information / Auskunft
for your information	zu Ihrer Information
inquire v [ɪn'kwaɪə]	**sich erkundigen nach, fragen nach**
I'll inquire about the exchange rates.	Ich werde mich nach den Wechselkursen erkundigen.
inquiry n [ɪn'kwaɪəri]	**Anfrage, Erkundigung**
to make inquiries about sb / sth	Erkundigungen über jdn / etw einziehen
list n, v [lɪst]	**Liste, auflisten**
draw up a list	eine Liste aufstellen
She's not on the list.	Sie steht nicht auf der Liste.
guest / waiting / shopping list	Gäste- / Warte- / Einkaufsliste
message n ['mesɪdʒ]	**Mitteilung, Nachricht**
give sb a message	jdm etwas ausrichten
Can I take a message for him?	Kann ich ihm etwas ausrichten?
name v [neɪm]	**nennen, benennen**
Name some important composers.	Nennen Sie mir einige bedeutende Komponisten.
Name the people you spoke to.	Nenn mir die Leute, mit denen du gesprochen hast.

news n sg [nju:z]	**Neuigkeit, Nachricht**
Have you heard the news?	Hast du es schon gehört?
That's bad news.	Das ist eine schlechte Nachricht.
note n, v [nəʊt]	**Notiz, zur Kenntnis nehmen**
She took note of everything that was said.	Sie notierte alles, was gesagt wurde.
She noted the remark but didn't respond.	Sie nahm die Bemerkung zur Kenntnis, reagierte aber nicht.
notice n ['nəʊtɪs]	**Mitteilung, Benachrichtigung**
opinion poll n [ə'pɪniən pəʊl]	**Meinungsumfrage**
page v [peɪdʒ]	**ausrufen**
He was paged at the airport.	Er wurde am Flughafen ausgerufen.
question n, v ['kwestʃən]	**Frage, be-, ausfragen, verhören, in Frage stellen**
ask (sb) a question	(jdm) eine Frage stellen
raise / answer a question	eine Frage aufwerfen / beantworten
They questioned passers-by about their …	Sie befragten Passanten über ihre …
They questioned us for hours.	Sie haben uns stundenlang ausgefragt / verhört.
question sth	etw in Frage stellen
report n, v [rɪ'pɔ:t]	**Bericht, Reportage, berichten, melden**
give a report on sth	eine Reportage machen über etw / einen Bericht über etw (ab)geben
report on an event	über ein Ereignis berichten
The paper reported that …	Die Zeitung berichtete, dass …
rumour n ['ru:mə]	**Gerücht**
spread / confirm a rumour	ein Gerücht verbreiten / bestätigen
Rumour has it that he was fired.	Es geht das Gerücht, dass er gefeuert wurde.
secret n, adj ['si:krət]	**Geheimnis, geheim, heimlich**
keep / guard / reveal a secret	ein Geheimnis wahren / hüten / lüften
make no secret of sth	kein Geheimnis machen aus etw
tell sb a secret	jdm ein Geheimnis anvertrauen
keep sth secret from sb	etw geheimhalten vor jdm
top secret	streng geheim
speak out v [ˌspi:k 'aʊt] spoke, spoken [spəʊk, 'spəʊkən]	**aussprechen, seine Meinung sagen**
speak out against sth	sich gegen etw aussprechen
speak out for sb / sth	für jdn / etw eintreten
speak up v [ˌspi:k 'ʌp]	**seine Meinung (deutlich) sagen, laut sprechen**
Don't be afraid to speak up!	Sagen Sie ruhig Ihre Meinung!
speaker n ['spi:kə]	**Redner, Sprecher**
native speaker	Muttersprachler/in
speech n [spi:tʃ]	**Rede, Vortrag**
make a speech about sth	eine Rede / einen Vortrag über etw halten
statement n ['steɪtmənt]	**Aussage, Feststellung, Erklärung**
That's not a statement, but a question.	Das ist keine Feststellung, sondern eine Frage.
make a public statement	eine öffentliche Erklärung abgeben
make a statement to the press	eine Presseerklärung abgeben

tell v [tel] told, told [təʊld, təʊld]	**sagen, erzählen**
Tell him to come later.	Sag ihm, er soll später kommen.
tell sb the time	jdm sagen, wie spät es ist.
tell sb a story	jdm eine Geschichte erzählen
He was told to come home.	Ihm wurde gesagt, dass er nach Hause kommen solle.
tip n [tɪp]	**Hinweis, Tip**
title n ['taɪtl]	**Titel, Bezeichnung**
the title of a book / painting / poem / film	der Titel eines Buchs / Gemäldes / Gedichtes / Films
Name and title: Dr Richard Brown	Name und Titel / Bezeichnung: Dr. Richard Brown

Diskutieren und Streiten

admit v [əd'mɪt]	**zugeben, eingestehen**
admit a mistake	einen Fehler zugeben
He admitted that he was wrong.	Er gab zu, dass er unrecht hatte.
argue v ['ɑːgjuː]	**(sich) streiten, behaupten, argumentieren**
argue with sb about sth	sich mit jdm über etw streiten
He was arguing that …	Er behauptete, dass …
argue for / against sth	(sich) für / gegen etw (aus)sprechen
argument n ['ɑːgjumənt]	**Streit, Auseinandersetzung, Argument**
settle an argument	einen Streit beilegen
have an argument with sb about sth	mit jdm wegen etw eine Auseinandersetzung haben
put forward / disprove an argument	ein Argument vorbringen / widerlegen
a convincing argument for / against sth	ein überzeugendes Argument für / gegen etw
be right v [bi 'raɪt]	**Recht haben**
be right about sth	recht haben mit etw
You were right in assuming that …	Du hattest recht mit der Annahme, dass …
be wrong v [bi 'rɒŋ]	**Unrecht haben**
You were wrong in thinking that.	Du hattest unrecht, als du das dachtest.
He was wrong about that.	Da hat er sich getäuscht.
claim n, v [kleɪm]	**Behauptung, behaupten**
make bold claims	kühne Behauptungen aufstellen
He claims to know a lot about computers.	Er behauptet, viel über Computer zu wissen.
convince v [kən'vɪns]	**überzeugen**
convince sb of one's innocence	jdn von seiner Unschuld überzeugen
There was no convincing her.	Sie ließ sich nicht überzeugen.
debate n, v [dɪ'beɪt]	**Debatte, debattieren**
hold a (heated) debate about sth	eine (hitzige) Debatte über etw führen
be under debate	zur Debatte stehen
debate with sb about sth	mit jdm über etw debattieren

deny v [dɪ'naɪ]	**abstreiten, bestreiten**
She denied the charge.	Sie stritt die Anklage ab.
She denied knowing anything about it.	Sie bestritt, etwas darüber zu wissen.
discuss v [dɪ'skʌs]	**diskutieren (über), besprechen, erörtern**
We discussed whether we should go or not.	Wir diskutierten, ob wir gehen sollten oder nicht.
discussion n [dɪ'skʌʃn]	**Diskussion**
have a discussion about sth	eine Diskussion über etw haben
bring sth up for discussion	etw zur Diskussion stellen
be under discussion	zur Diskussion stehen
after much discussion	nach langer Diskussion / langen Diskussionen
give in v [ˌgɪv 'ɪn] gave, given [geɪv, 'gɪvn]	**nachgeben**
give in to sb / threats	jdm / Drohungen nachgeben
harsh adj [hɑːʃ]	**hart, streng**
harsh criticism	harte Kritik
be harsh with sb	jdn hart anfassen
insult n ['ɪnsʌlt]	**Beleidigung, Beschimpfung**
insult v [ɪn'sʌlt]	**beleidigen, beschimpfen**
insulted adj [ɪn'sʌltəd]	**beleidigt**
deeply insulted	tief beleidigt
issue n ['ɪʃuː]	**Frage, Thema, Problem**
raise another issue	eine andere Frage aufwerfen
Our future is at issue.	Es geht um unsere Zukunft.
item n ['aɪtəm]	**Punkt**
item 3 on our list	Punkt 3 auf unserer Liste
matter n, v ['mætə]	**Sache, Angelegenheit, ausmachen (jdm etw)**
What's the matter?	Was ist los?
Does it matter?	Macht das was?
It doesn't matter to me whether you go or not.	Es ist mir egal, ob du gehst oder nicht.
persuade v [pə'sweɪd]	**überzeugen, überreden**
persuade sb that …	jdn davon überzeugen, dass …
persuade sb of the advantages	jdn von den Vorteilen überzeugen
persuasion n [pə'sweɪʒn]	**Überzeugung, Überredung**
powers of persuasion	Überredungskünste
quarrel n, v ['kwɒrəl]	**Streit, streiten**
have a quarrel with sb about sth	mit jdm wegen etw Streit haben
settle a quarrel	einen Streit beilegen
quarrel with sb about sth	mit jdm wegen etw streiten
subject n ['sʌbdʒekt]	**Thema**
bring up / discuss a subject	ein Thema zur Sprache bringen / diskutieren
avoid / drop a subject	ein Thema vermeiden / fallen lassen
change the subject	das Thema wechseln
I have nothing to say on that subject.	Ich habe zu dem Thema nichts zu sagen.

topic n ['tɒpɪk]	**Thema**
bring up a topic	ein Thema anschneiden
discuss a topic	ein Thema diskutieren
a controversial topic	ein umstrittenes Thema
topic of conversation	Gesprächsthema
urge v [ɜːdʒ]	**drängen, zureden**
Tom urged her to come to his party.	Tom drängte sie, zu seiner Party zu kommen.

Im Gespräch

add v [æd]	**hinzufügen**
She added that …	Sie fügte hinzu, dass …
address v [ə'dres]	**anreden, ansprechen**
How do you address a bishop?	Wie redet man einen Bischof an?
In Great Britain you should address a policeman as *officer*.	In Großbritannien sollte man einen Polizisten mit *officer* ansprechen.
all right n [ɔːl 'raɪt]	**in Ordnung, gut, verstanden**
Could you help? – All right, what do you want me to do?	Könntest du mir helfen? – In Ordnung, was soll ich machen?
That's all right by me.	Das ist mir recht.
bring up v [ˌbrɪŋ 'ʌp] brought, brought [brɔːt, brɔːt]	**zur Sprache bringen**
He brought up the problem at the last meeting.	Er brachte das Problem auf der letzten Sitzung zur Sprache.
Do you have to bring that up again?	Musst du schon wieder davon anfangen?
by the way [baɪ ðə 'weɪ]	**übrigens**
By the way, what do you think of his latest novel?	Was hältst du übrigens von seinem neuesten Roman?
bye [baɪ]	**tschüss**
chat n, v [tʃæt]	**Unterhaltung, Plauderei, plaudern, sich unterhalten**
have a chat about sth	sich über etw unterhalten / über etw plaudern
They were chatting all evening.	Sie plauderten den ganzen Abend.
comment n, v ['kɒment]	**Bemerkung, Kommentar, bemerken, kommentieren**
make a comment on sth	eine Bemerkung über etw machen
No comment!	Kein Kommentar!
He didn't comment on the latest film.	Er gab keinen Kommentar zu dem neuesten Film.
conversation n [ˌkɒnvə'seɪʃn]	**Gespräch**
begin / interrupt a conversation	ein Gespräch beginnen / unterbrechen / abbrechen
have a long conversation with sb about sth	sich lange mit jdm über etw unterhalten
converse v [kən'vɜːs]	**sich unterhalten**
converse with sb about sth	sich mit jdm über etw unterhalten

exaggerate v [ɪg'zædʒəreɪt]	**übertreiben**
She exaggerated the problems they had to solve.	Sie übertrieb die Probleme, die sie zu lösen hatten.
exaggeration n [ɪgˌzædʒə'reɪʃn]	**Übertreibung**
We can say without exaggeration that …	Wir können ohne Übertreibung sagen, dass …
excuse me [ɪk'skjuːz mi]	**Entschuldigung**
Excuse me, could you pass me the salt, please?	Entschuldigen Sie, könnten Sie mir bitte das Salz reichen?
Excuse me for interrupting you.	Entschuldigen Sie, dass ich Sie unterbreche.
fine adj [faɪn]	**gut, schön**
I'll finish this by tomorrow. – Oh, that's fine.	Ich habe das bis morgen fertig. – Sehr schön.
Is it too hot in here? – No, it's fine	Ist es hier zu heiß? – Nein, es ist angenehm.
If you want to leave now that's fine by me.	Wenn du jetzt gehen willst, ist mir das recht.
form of address n [fɔːm əv ə'dres]	**Anrede**
What's the correct form of address for a bishop?	Was ist die korrekte Anrede für einen Bischof?
get at v ['get ət] got, got [gɒt, gɒt]	**hinauswollen auf**
I just don't understand what you are getting at.	Ich verstehe einfach nicht, worauf du hinaus willst.
goodbye [ˌgʊd'baɪ]	**auf Wiedersehen**
hello [hə'ləʊ]	**Hallo**
interrupt v [ˌɪntə'rʌpt]	**unterbrechen, ins Wort fallen, stören**
Don't interrupt her when she's talking.	Unterbrich sie nicht, wenn sie spricht.
Sorry to interrupt, but this is urgent.	Es tut mir leid, wenn ich störe, aber das hier ist dringend.
joke n, v [dʒəʊk]	**Witz, Scherz, Witze machen**
tell a joke	einen Witz erzählen
She can't take a joke.	Sie versteht keinen Spaß.
She was only joking.	Sie hat nur Spaß gemacht.
He didn't get the joke.	Er hat den Witz nicht verstanden.
mention v ['menʃn]	**erwähnen, nennen**
I mentioned to her that …	Ich erwähnte ihr gegenüber, dass …
Thanks a lot. – Don't mention it.	Vielen Dank. – Das ist doch nicht der Rede wert.
Never mind. adv [ˌnevə 'maɪnd]	**Egal., Macht nichts., Das macht nichts., Schon gut.**
Oh, I forgot your books. – Never mind!	Oh, ich habe deine Bücher vergessen. – Macht nichts!
Not at all. [nɒt ət 'ɔːl]	**Gern geschehen., Aber bitte.**
Thank you for … – Not at all.	Vielen Dank für … – Gern geschehen.
of course [əf 'kɔːs]	**natürlich, selbstverständlich**
okay [ˌəʊ'keɪ]	**in Ordnung, okay / OK**
Is that okay with you?	Ist dir das recht?

pardon n ['pɑːdn]	**Verzeihung**
Where's Sue? – Pardon? – I said where is Sue.	Wo ist Sue? – Bitte? – Ich habe gefragt, wo Sue ist.
I beg your pardon?	Wie bitte?
please v [pliːz]	**bitte**
Please be on time.	Sei bitte pünktlich.
Would you like some tea? – Yes, please.	Möchten Sie Tee? – Ja, bitte.
refer to v [rɪ'fɜː tə]	**erwähnen, sprechen von, sich beziehen auf**
The barrister never referred to the victim's youth.	Der Anwalt erwähnte nie die Jugend des Opfers.
What are you referring to?	Wovon sprechen Sie?
This sentence refers to the victim's statement.	Dieser Satz bezieht sich auf die Aussage des Opfers.
remark n [rɪ'mɑːk]	**Bemerkung, bemerken**
make a remark on sth	eine Bemerkung machen über etw
She remarked that …	Sie bemerkte, dass …
repeat v [rɪ'piːt]	**wiederholen**
Please repeat what you just said.	Wiederholen Sie bitte, was Sie gerade gesagt haben.
Repeat after me!	Sprecht mir nach!
Sorry! adj ['sɒri]	**Entschuldigung!**
talk n, v [tɔːk]	**Gespräch, Unterredung, Unterhaltung, sprechen, reden**
We had a really good talk.	Wir hatten ein wirklich gutes Gespräch.
He's talking nonsense.	Er redet Unsinn.
I think you should talk to her about it.	Ich denke, du solltest mit ihr darüber reden.
What are you talking about?	Wovon redest du eigentlich?
welcome adj ['welkəm]	**gern geschehen**
Thank you very much. – You're welcome.	Vielen Dank. – Gern geschehen.
what adj, pron [wɒt]	**was, welche/r/s**
What did your father say?	Was hat dein Vater gesagt?
What is your name?	Wie ist Ihr Name?
What colour is it?	Welche Farbe hat es?
which adj, pron [wɪtʃ]	**welche/r/s**
Which (one) is yours?	Welches gehört dir?
Which of the books is it?	Welches Buch ist es?
Which car is yours / is it?	Welches Auto gehört dir / ist es?
who pron [huː]	**wer / wen / wem, der / die / das**
Who is that woman over there?	Wer ist die Frau da drüben?
Who have you just talked to?	Mit wem hast du eben gesprochen?
I don't know who she is.	Ich weiß nicht, wer sie ist.
The girl who …	Das Mädchen, das …
whom pron geh [huːm]	**wen, wem**
She wanted to know whom I had rung.	Sie wollte wissen, wen ich angerufen hatte.

whose pron [huːz]	**wessen, dessen, deren**
Whose book is that over there?	Wessen Buch ist das dort drüben?
Whose pen is this?	Wem gehört dieser Füller?
That's the woman whose car was stolen.	Das ist die Frau, deren Auto gestohlen wurde.
why adv [waɪ]	**warum**

Brief und Post

address n, v [ə'dres]	**Adresse, adressieren**
My home address is 27 High Street, Birmingham.	Meine Privatadresse ist High Street 27, Birmingham.
at this address	unter dieser Adresse
address a letter / parcel to sb	einen Brief / ein Paket an jdn adressieren
address book n [ə'dres bʊk]	**Adressbuch**
airmail n ['eəmeɪl]	**Luftpost**
send a letter by airmail	einen Brief per Luftpost schicken
cash on delivery n [ˌkæʃ ɒn dɪ'lɪvəri] COD [ˌsiː əʊ 'diː]	**Nachnahme**
send sth cash on delivery	etwas per Nachnahme schicken
collection n [kə'lekʃn]	**Leerung**
correspond n [ˌkɒrɪ'spɒnd]	**korrespondieren**
correspond with sb (about sth)	mit jdm (über etw) korrespondieren
correspondence n [ˌkɒrɪ'spɒndəns]	**Briefwechsel, Korrespondenz**
be in correspondence with sb about sth	mit jdm wegen etw korrespondieren
Dear ..., [dɪə]	**Liebe/r/s ..., Sehr geehrte/r/s ...,**
Dear Sir or Madam,	Sehr geehrte Damen und Herren,
Dear Mr Brown,	Lieber / Sehr geehrter Herr Brown,
Dear Sirs,	Sehr geehrte Herren,
deliver v [dɪ'lɪvə]	**austragen, zustellen**
The postman delivers the mail at about nine.	Der Postbote bringt die Post gegen neun.
delivery n [dɪ'lɪvəri]	**Zustellung**
envelope n ['envələʊp]	**Briefumschlag**
forward v ['fɔːwəd]	**nachsenden**
letter n ['letə]	**Brief**
send sb a letter	jdm einen Brief schicken
answer a letter	auf einen Brief antworten / einen Brief beantworten
by letter	brieflich
registered letter	Einschreiben
letter-box n ['letəbɒks]	**Briefkasten**
letterhead n ['letəhed]	**Briefkopf**
Love (from) ... ['lʌv frəm]	**Herzliche Grüße (von) ...**

mail n, v [meɪl]	**Post, mit der Post schicken**
send sth by mail	etw mit der Post schicken
The mail hasn't been delivered yet.	Die Post ist noch nicht da.
open one's mail	seine Post öffnen
She mailed her letter by air.	Sie verschickte ihren Brief per Luftpost.
notepaper n ['nəʊtpeɪpə]	**Briefpapier**
pack v [pæk]	**packen, einpacken, verpacken**
pack a parcel	ein Paket packen
package n ['pækɪdʒ]	**Paket**
wrap / unwrap a package	ein Paket einpacken / auspacken
parcel n ['pɑːsl]	**Paket, Päckchen**
post a parcel	ein Paket aufgeben
send / receive a parcel	ein Paket abschicken / bekommen
post n, v [pəʊst]	**Post, mit der Post schicken, einwerfen**
to send a letter / parcel by post	einen Brief / ein Paket mit der Post schicken
The book was posted to London.	Das Buch wurde nach London geschickt.
post office n ['pəʊst ɒfɪs]	**Postamt**
post office box n ['pəʊst ɒfɪs bɒks] PO Box	**Postfach**
postbox n ['pəʊstbɒks]	**Briefkasten**
postage n ['pəʊstɪdʒ]	**Porto**
pay the postage	das Porto bezahlen
How much is the postage for a letter to the USA?	Wie hoch ist das Porto für einen Brief in die USA?
postal district n [ˌpəʊstl 'dɪstrɪkt]	**Postbezirk**
postcard n ['pəʊstkɑːd]	**Postkarte**
postcode n ['pəʊstkəʊd]	**Postleitzahl**
postman n ['pəʊstmən]	**Briefträger**
postwoman n ['pəʊstwʊmən]	**Briefträgerin**
printed matter n ['prɪntɪd mætə]	**Drucksache**
recorded delivery n [rɪˌkɔːdɪd dɪ'lɪvəri]	**(persönliches) Einschreiben**
by recorded delivery	per Einschreiben
regards n pl [rɪ'gɑːdz]	**Gruß, Grüße**
Give my regards to …	Grüße … von mir.
Give him my best regards.	Grüße ihn herzlich.
With kind regards.	Mit freundlichen Grüßen.
registered delivery n [ˌredʒɪstəd dɪ'lɪvəri]	**Einschreiben**
by registered delivery	per Einschreiben
reply n, v [rɪ'plaɪ]	**Antwort, antworten**
I didn't get a reply to my letter.	Ich erhielt keine Antwort auf meinen Brief.
in reply to your letter	in Beantwortung Ihres Briefes
He hasn't replied yet.	Er hat noch nicht geantwortet.

send v [send] sent, sent [sent, sent]	**senden, schicken, verschicken**
send a telegram	ein Telegramm schicken
send back	zurückschicken
send sth by post	etw per Post verschicken
sheet n [ʃiːt]	**Blatt (Papier)**
a sheet of paper	ein Blatt Papier
stamp n, v [stæmp]	**Briefmarke, Stempel, frankieren, stempeln**
stick a stamp on an envelope	eine Briefmarke auf einen Umschlag kleben
stamp a letter	einen Brief frankieren
stationery n ['steɪʃənri]	**Briefpapier**
stick v [stɪk] stuck, stuck [stʌk, stʌk]	**kleben**
stick a stamp on a letter	eine Briefmarke auf einen Brief kleben
telegram n ['telɪgræm]	**Telegramm**
send a telegram to sb / to London	ein Telegramm an jdn / nach London schicken
receive a telegram from sb / from London	ein Telegramm von jdm / aus London erhalten
(With) best wishes [wɪð best 'wɪʃɪz]	**Alles Gute**
Yours, [jɔːz]	**dein/e, Ihr/e, euer/e**
Lots of love – Yours, Dennis	Viele Grüße – euer Dennis
Yours faithfully, [jɔːz 'feɪθfəli]	**Mit freundlichen Grüßen, Hochachtungsvoll**
You write *Yours faithfully* when you don't know the name of the addressee.	Man schreibt *Yours faithfully,* wenn der Name des Adressaten unbekannt ist.
Yours sincerely, [jɔːz sɪn'sɪəli]	**Mit freundlichen Grüßen**
You write *Yours sincerely* when you know the name of the addressee.	Man schreibt *Yours sincerely,* wenn der Name des Adressaten bekannt ist.
Yours truly, [jɔːz 'truːli]	**Mit freundlichen Grüßen**

Telefon

answering machine, answerphone n ['ɑːnsərɪŋ məʃiːn, 'ɑːnsəfəʊn]	**Anrufbeantworter**
area code n ['eəriə kəʊd]	**Vorwahl**
busy adj ['bɪzi]	**besetzt**
The line is busy at the moment.	Momentan ist die Leitung besetzt.
call n, v [kɔːl]	**Anruf, Telefongespräch, anrufen**
give sb a call	jdn anrufen
make / take a call	ein Gespräch führen / entgegennehmen
put a call through	einen Anruf durchstellen
I'll call again later.	Ich rufe später wieder an.
call back v [ˌkɔːl 'bæk]	**zurückrufen**
connect v [kə'nekt]	**verbinden**
I'll connect you.	Ich verbinde (Sie).
connection n [kə'nekʃn]	**Verbindung, Anschluss**

dial n, v ['daɪəl]	**(Wähl-)Scheibe, wählen**
I can't read the numbers on the dial.	Ich kann die Nummern auf der Wählscheibe nicht lesen.
dial (a number)	(eine Nummer) wählen
She dialled Frankfurt direct.	Sie wählte nach Frankfurt durch.
dialling code n ['daɪəlɪŋ kəʊd]	**Vorwahl**
directory n [də'rektəri]	**Telefonbuch**
directory enquiries n [dəˌrektəri ɪn'kwaɪəriz]	**Auskunft**
If you don't know the number, call directory enquiries.	Wenn du die Nummer nicht weißt, ruf die Auskunft an.
engaged adj [ɪn'geɪdʒd]	**besetzt**
It's engaged.	Es ist besetzt.
hang up v [ˌhæŋ 'ʌp] hung, hung [hʌŋ, hʌŋ]	**auflegen**
She hung up before I could explain.	Sie legte auf, bevor ich es erklären konnte.
She hung up on me / him.	Sie hat einfach aufgelegt.
line n [laɪn]	**(Telefon-)Leitung, Anschluss**
Our company has five lines.	Unsere Firma hat fünf Anschlüsse.
The line's engaged.	Der Anschluss ist besetzt.
Please hold the line.	Bleiben Sie bitte am Apparat.
The line was very bad.	Die Verbindung war sehr schlecht.
She's talking on the other line.	Sie spricht auf der anderen Leitung.
long-distance call n [ˌlɒŋdɪstəns 'kɔːl]	**Ferngespräch**
mailbox n ['meɪlbɒks]	**Mailbox, Handy-Anrufbeantworter**
May I speak to ...? [meɪ aɪ 'spiːk tə]	**Könnte ich bitte ... sprechen?**
memory n ['meməri]	**(Nummern-)Speicher**
number n ['nʌmbə]	**(Telefon-)Nummer**
look up a number in the directory	eine Nummer im Telefonbuch nachschlagen
dial the wrong number	sich verwählen
operator n ['ɒpəreɪtə]	**Telefonist/in, (Telefon-)Vermittlung**
put through v [ˌpʊt 'θruː] put, put [pʊt, pʊt]	**verbinden, durchstellen**
Could you put me through to the manager, please?	Könnten Sie mich bitte mit dem Geschäftsführer verbinden?
put a call through to sb / London	ein Gespräch zu jdm / nach London durchstellen
receiver n [rɪ'siːvə]	**(Telefon-)Hörer**
pick up / put down the receiver	den Hörer abnehmen / auflegen
remote control facility n [rɪˌməʊt kən'trəʊl fəˌsɪləti]	**Fernabfrage**
ring v bes BE [rɪŋ] rang, rung [ræŋ, rʌŋ]	**anrufen**
I rang her / the airport about the tickets.	Ich rief sie / beim Flughafen wegen der Tickets an.
I'll ring you back in a minute.	Ich rufe dich gleich wieder an.

speaking ['spi:kɪŋ]	**am Apparat**
Could I please speak to Mrs Floyd? – Speaking.	Ich hätte gern Frau Floyd gesprochen. – Am Apparat.
(tele)phone n, v ['telɪfəʊn]	**Telefon, telefonieren, anrufen**
You're wanted on the phone.	Sie werden am Telefon verlangt.
pick up / put down the phone	(den Hörer) abnehmen / auflegen
Could you answer the phone, please?	Kannst du bitte ans Telefon gehen?
speak to sb on the telephone	mit jdm telefonieren
phone a friend / the office	einen Freund / im Büro anrufen
(tele)phone box n ['telɪfəʊn bɒks]	**Telefonzelle**
(tele)phone call n ['telɪfəʊn kɔ:l]	**Telefongespräch**
telecommunications n pl [ˌtelikəˌmju:nɪ'keɪʃnz]	**Fernmeldewesen**
trade directory n ['treɪd dəˌrektəri]	**Branchenverzeichnis**
Yellow Pages, the n [ˌjeləʊ 'peɪdʒɪz]	**die Gelben Seiten**

Datenfernübertragung

archive n ['ɑ:kaɪv]	**Archiv**
bookmark n ['bʊkmɑ:k]	**Bookmark, Lesezeichen**
browser n ['braʊzə]	**Browser**
communication n, adj [kəˌmju:nɪ'keɪʃn]	**Kommunikation, Kommunikations-**
compress n [kəm'pres]	**komprimieren**
compression n [kəm'preʃn]	**Kompression**
data transmission n [ˌdeɪtə træns'mɪʃn]	**Daten(fern)übertragung**
download v [ˌdaʊn'ləʊd]	**empfangen, downloaden**
e-mail n ['i:meɪl] electronic mail [ˌɪlektrɒnɪk 'meɪl]	**E-Mail**
encrypt v [ɪn'krɪpt]	**verschlüsseln**
FAQ n [ˌef eɪ 'kju:] Frequently Asked Questions	**FAQ**
fax n, v [fæks]	**Fax, faxen**
fax machine n ['fæks məʃi:n]	**Faxgerät**
FTP n [ˌef ti: 'pi:] File Transfer Protocol	**FTP**
hacker n ['hækə]	**Hacker/in**
home page n ['həʊm peɪdʒ]	**Homepage**
host n [həʊst]	**Host**
HTML n [eɪtʃ ˌti: em 'el] Hypertext Markup Language	**HTML**

hypertext n ['haɪpətekst]	**Hypertext**
icon n ['aɪkɒn]	**Ikon, Schaltflächensymbol**
information highway n [ˌɪnfə'meɪʃn 'haɪweɪ]	**Datenautobahn**
Internet, the n ['ɪntənet]	**Internet**
surf the Internet	im Internet surfen
link n [lɪŋk]	**Link**
log in v [ˌlɒg 'ɪn]	**einloggen**
log off v [ˌlɒg 'ɒf]	**ausloggen**
mailbox n ['meɪlbɒks]	**Mailbox, elektronischer Briefkasten**
modem n, v ['məʊdem]	**Modem, per Modem übertragen**
navigate v ['nævɪgeɪt]	**navigieren**
network n ['netwɜːk]	**Netzwerk**
offline adj, adv ['ɒflaɪn]	**Offline-, offline**
online adj, adv ['ɒnlaɪn]	**Online-, online**
password n ['pɑːswɜːd]	**Passwort**
protocol n ['prəʊtəkɒl]	**Protokoll**
provider n [prə'vaɪdə]	**Provider**
search engine n ['sɜːtʃ endʒɪn]	**Suchmaschine**
server n ['sɜːvə]	**Server**
stuff v [stʌf]	**komprimieren**
surf n [sɜːf]	**surfen**
transfer n, v ['trænsfɜː]	**Transfer, transferieren, übermitteln**
data transfer	Datentransfer
transfer data	Daten transferieren / übermitteln
transmission n [træns'mɪʃn]	**Übertragung, Sendung**
transmit v [træns'mɪt]	**übertragen**
unstuff v [ˌʌn'stʌf]	**dekomprimieren, entpacken**
upload v [ˌʌp'ləʊd]	**senden, uploaden**
URL n [ˌjuː ɑːr 'el] Universal Resource Locator	**URL**
user n ['juːzə]	**User, Benutzer/in**
user name n [ˌjuːzə 'neɪm]	**Benutzername**
web site n ['web saɪt]	**Web-Seite**
world wide web n [ˌwɜːld waɪd 'web] www	**World Wide Web (www)**

Datenverarbeitung

access n, v ['ækses]	**Zugriff, zugreifen auf**
gain / get / deny access to a file	Zugriff auf eine Datei bekommen / verwehren
access data / files	auf Daten / Dateien zugreifen
back-up n ['bækʌp]	**Sicherungskopie**
bug n [bʌg]	**Bug, Programmierfehler**
CD drive n [ˌsiː'diː 'draɪv]	**CD-Laufwerk**
CD-ROM n [ˌsiːdiː'rɒm]	**CD-ROM**
command n [kə'mɑːnd]	**Befehl**
computer n [kəm'pjuːtə]	**Computer**
feed data into a computer	Daten in einen Computer eingeben
personal computer	Personalcomputer
computing n [kəm'pjuːtɪŋ]	**Computerwissenschaft**
She's in computing.	Sie ist in der Computerbranche.
copy n, v ['kɒpi]	**Kopie, kopieren**
a copy of a file	eine Kopie einer Datei
copy a file onto the hard disk	eine Datei auf die Festplatte kopieren
crash n, v [kræʃ]	**Absturz, abstürzen**
a computer crash	ein Computerabsturz
the computer crashed	der Computer ist abgestürzt
data n ['deɪtə]	**Daten**
The data is / are available on disk.	Die Daten sind auf Diskette verfügbar.
feed in / process data	Daten einlesen / verarbeiten
gather data	Daten sammeln
data capture n [ˌdeɪtə 'kæptʃə]	**Datenerfassung**
data protection n [ˌdeɪtə prə'tekʃn]	**Datenschutz**
database n ['deɪtəbeɪs]	**Datenbank**
delete v [dɪ'liːt]	**löschen**
delete a word / file	ein Wort / eine Datei löschen
directory n [də'rektəri]	**Inhaltsverzeichnis**
disk n [dɪsk]	**Diskette**
disk drive n ['dɪsk draɪv]	**Diskettenlaufwerk**
duplicate v ['djuːplɪkeɪt]	**duplizieren**
DVD n [ˌdiː viː 'diː]	
Digital Versatile Disk	**DVD**
edit v ['edɪt]	**bearbeiten**
edit a file	eine Datei bearbeiten
electronic adj [ˌɪlek'trɒnɪk]	**elektronisch**
electronic data processing	elektronische Datenverarbeitung
error n ['erə]	**Fehler**
typing error	Tippfehler
export n ['ekspɔːt]	**Export**

export v [ɪk'spɔːt]	**exportieren**
file n [faɪl]	**Datei**
create / copy / open / delete a file	eine Datei anlegen / kopieren / öffnen / löschen
format n, v ['fɔːmæt]	**Format, formatieren**
hard disk n [ˌhɑːd 'dɪsk]	**Festplatte**
hardware n ['hɑːdweə]	**Hardware**
import v [ɪm'pɔːt]	**importieren**
import n ['ɪmpɔːt]	**Import**
input n ['ɪnpʊt]	**Eingabe**
data input into a computer	Dateneingabe in einen Computer
key n [kiː]	**Taste**
press a key	eine Taste drücken
keyboard n ['kiːbɔːd]	**Tastatur**
load v [ləʊd]	**laden, aufrufen**
load a program	ein Programm laden / aufrufen
memory card n ['meməri kɑːd]	**Karte**
menu n ['menjuː]	**Menü**
print menu	Druckmenü
microchip n ['maɪkrəʊtʃɪp]	**Mikrochip**
monitor n ['mɒnɪtə]	**Monitor, Bildschirm**
mouse n [maʊs]	**Maus**
mouse pad n [maʊs pæd]	**Mauspad**
print v [prɪnt]	**drucken**
printer n ['prɪntə]	**Drucker**
printout n ['prɪntaʊt]	**(Computer-)Ausdruck**
program n, v ['prəʊgræm]	**(Computer-)Programm, programmieren**
run a program on the computer	ein Programm auf dem Computer laufen lassen
write / load a program	ein Programm schreiben / laden
a user-friendly program	ein benutzerfreundliches Programm
programmer n ['prəʊgræmə]	**Programmierer/in**
retrieve v [rɪ'triːv]	**abrufen, wiederherstellen, retten**
retrieve information	Informationen abrufen
retrieve a file	eine Datei wiederherstellen / retten
save v [seɪv]	**sichern, speichern**
save a file	eine Datei sichern / speichern
scanner n ['skænə]	**Scanner**
screen n [skriːn]	**Bildschirm**
software n ['sɒftweə]	**Software, Computerprogramm(e)**
spell-check n ['speltʃek]	**Rechtschreibprüfung**
store v AE [stɔː]	**speichern**
store information on computer	Informationen auf (einem) Computer speichern

terminal n ['tɜːmɪnl] — **Computerarbeitsplatz, Terminal**

typeface n ['taɪpfeɪs] — **Schrift**

user-friendly adj [ˌjuːzə'frendli] — **benutzerfreundlich**

virus n ['vaɪrəs] — **Virus**

Presse

advertise v ['ædvətaɪz] — **inserieren, per Anzeige suchen**
advertise a flat / job / used car — eine Wohnung / Stelle / einen Gebrauchtwagen inserieren
advertise for a flat / job / secretary — eine Wohnung / Stelle / Sekretärin per Anzeige suchen

advertisement n [əd'vɜːtɪsmənt] — **Anzeige**
ad [æd]
put an advertisement for sth in the paper — eine Anzeige für etw in die Zeitung setzen

article n ['ɑːtɪkl] — **Artikel**
write an article about sth — einen Artikel über etw schreiben

column n ['kɒləm] — **Spalte, Kolumne**
The story took up six columns. — Die Geschichte füllte sechs Spalten.
sports column — Sportteil
gossip column — Klatschspalte

daily paper n [ˌdeɪli 'peɪpə] — **Tageszeitung**

edit v ['edɪt] — **redigieren, herausgeben**
edit texts / articles — Texte / Artikel redigieren
edit a book on air pollution — ein Buch über Luftverschmutzung herausgeben
edit a newspaper / magazine — eine Zeitung / ein Magazin herausgeben

edition n [ɪ'dɪʃn] — **Ausgabe, Auflage**
the morning edition of a newspaper — die Morgenausgabe einer Zeitung
the paperback edition of a book — die Taschenbuchausgabe eines Buches
The book appeared in its third edition. — Das Buch erschien in dritter Auflage.

editor n ['edɪtə] — **Redakteur/in, Herausgeber/in**
the editor of a book / newspaper — der Herausgeber eines Buches / einer Zeitung
our paper's sports editor — der Sportredakteur unserer Zeitung

editorial n [ˌedɪ'tɔːriəl] — **Leitartikel, Editorial**
write an editorial about sth — einen Leitartikel über etw schreiben

heading n ['hedɪŋ] — **Überschrift**

headline n ['hedlaɪn] — **Schlagzeile**
hit / make the headlines — in die Schlagzeilen kommen

issue n ['ɪʃuː] — **Ausgabe**
today's issue of the Morning Star — die heutige Ausgabe des Morning Star

journal n ['dʒɜːnl] — **Zeitschrift, Journal**
a medical / scientific journal — eine medizinische / wissenschaftliche Zeitschrift

journalism n ['dʒɜːnəlɪzəm] — **Journalismus**

journalist n ['dʒɜːnəlɪst]	**Journalist/in**
layout n ['leɪaʊt]	**Layout**
leader, leading article n ['liːdə, ˌliːdɪŋ 'ɑːtɪkl]	**Leitartikel**
magazine n [ˌmægə'ziːn]	**Zeitschrift, Magazin**
fashion / woman's magazine	Mode- / Frauenzeitschrift
mass media n pl [ˌmæs 'miːdiə]	**Massenmedien**
media n pl ['miːdiə]	**Medien**
The media are reporting on the event.	Die Medien berichten über das Ereignis.
monthly n ['mʌnθli]	**Monatszeitschrift**
newspaper n ['njuːspeɪpə]	**Zeitung**
today's paper	die heutige Zeitung
the national papers	die überregionalen Zeitungen
weekly newspaper	Wochenzeitung
page n [peɪdʒ]	**Seite**
on page 25	auf Seite 25
at the top / bottom of the page	oben / unten auf der Seite
turn a page	umblättern
press n [pres]	**Presse**
the quality press	die seriöse Presse
yellow press, tabloid press	Sensations- / Boulevardpresse
press officer	Pressesprecher
press conference n ['pres kɒnfərəns]	**Pressekonferenz**
call / hold a press conference	eine Pressekonferenz einberufen / geben
print n, v [prɪnt]	**Schrift, Druck, (ab)drucken**
I can't read the print without glasses.	Ich kann die Schrift nicht ohne Brille lesen.
the small print	das Kleingedruckte
The book is out of / in print.	Das Buch ist vergriffen / wieder erhältlich.
print an article / story	einen Artikel / eine Geschichte (ab)drucken
publication n [ˌpʌblɪ'keɪʃn]	**Veröffentlichung**
publish v ['pʌblɪʃ]	**veröffentlichen, verlegen**
publish a book / an article	ein Buch / einen Artikel veröffentlichen
This book is published in Germany.	Dieses Buch ist in Deutschland erschienen.
publisher n ['pʌblɪʃə]	**Verleger/in**
publishing n ['pʌblɪʃɪŋ]	**Verlagswesen**
work in publishing	im Verlagswesen tätig sein
publishing house n ['pʌblɪʃɪŋ haʊs]	**Verlag**
scandal n ['skændl]	**Skandal(geschichte)**
uncover / cover up a scandal	einen Skandal aufdecken / vertuschen
subscribe v [səb'skraɪb]	**abonnieren**
subscriber n [səb'skraɪbə]	**Abonnent/in**
weekly n, adj ['wiːkli]	**Wochenzeitung, Wochenzeitschrift**

Radio und Fernsehen

aerial n ['eəriəl]	**Antenne**
broadcast v ['brɔːdkɑːst] broadcast, broadcast ['brɔːdkɑːst, 'brɔːdkɑːst]	**übertragen, senden**
broadcast a live concert / the news	ein Livekonzert übertragen / die Nachrichten senden
broadcast n ['brɔːdkɑːst]	**Übertragung, Sendung**
a live broadcast of a match on the radio / on TV	eine Liveübertragung eines Spiels im Radio / Fernsehen
channel n ['tʃænl]	**Kanal, Programm**
What's on the other channels?	Was gibt es auf den anderen Kanälen?
switch to another channel	auf ein anderes Programm umschalten
comedy show n ['kɒmədi ʃəʊ]	**Unterhaltungssendung, Komödie**
documentary n [ˌdɒkju'mentri]	**Dokumentarbericht**
a documentary on air pollution	ein Dokumentarbericht über Luftverschmutzung
entertainer n [ˌentə'teɪnə]	**Unterhalter/in, Entertainer/in**
feature n ['fiːtʃə]	**Sonderbeitrag, Sonderbericht**
game show n ['geɪm ʃəʊ]	**Spielshow, Gameshow**
interview n, v ['ɪntəvjuː]	**Interview, interviewen, befragen, ein Interview führen**
do / give an interview	ein Interview geben
interview a film star about sth	einen Filmstar über etw interviewen
listen v ['lɪsn]	**zuhören**
listen to the radio / news	Radio / die Nachrichten hören
listener n ['lɪsnə]	**Zuhörer/in**
live adj, adv [laɪv]	**live**
The programme will be broadcast live.	Die Sendung wird live übertragen.
live programme n [ˌlaɪv 'prəʊgræm]	**Livesendung**
multimedia n, adj [ˌmʌlti'miːdiə]	**Multimedia, multimedial, Multimedia-**
network n ['netwɜːk]	**Sender**
an interview on one of the big networks	ein Interview auf einem der großen Sender
news n sg [njuːz]	**Nachrichten(sendung), Meldungen**
listen to / watch the 7 o'clock news	die 7 Uhr Nachrichten hören / sehen
I heard / saw it on the news.	Ich habe es in den Nachrichten gehört / gesehen.
home / international news	Nachrichten aus dem Inland / Ausland
financial / sports news	Wirtschafts- / Sportmeldungen
newsflash n ['njuːzflæʃ]	**Kurznachrichten, Kurzmeldungen**
newsreader n ['njuːzriːdə]	**Nachrichtensprecher/in**
present v [prɪ'zent]	**moderieren**
present a programme on TV	eine Sendung im Fernsehen moderieren

presenter n [prɪ'zentə]	**Moderator/in**
profile n ['prəʊfaɪl]	**Porträt, Beschreibung**
a profile of an old craft	ein Porträt eines alten Handwerks
program v AE ['prəʊgræm]	**Sendung, Programm**
programme n BE ['prəʊgræm]	**Sendung, Programm**
There's an interesting programme on tonight.	Heute abend gibt es eine interessante Sendung.
quiz n [kwɪz]	**Quiz**
take part in a quiz	an einem Quiz teilnehmen
There's a quiz show on TV tonight.	Heute abend gibt es eine Quizsendung im Fernsehen.
radio n ['reɪdiəʊ]	**Radio, Rundfunk**
to turn the radio on / off	das Radio an- / abschalten
to turn the radio up / down	das Radio lauter / leiser stellen
I heard it on the radio.	Ich habe es im Radio gehört.
listen to the radio	Radio hören
radio play n ['reɪdiəʊ pleɪ]	**Hörspiel**
radio set n ['reɪdiəʊ set]	**Radioapparat**
(radio / TV) station n ['reɪdiəʊ steɪʃn, ˌtiː 'viː steɪʃn]	**(Radio-, Fernseh-)sender**
receive v [rɪ'siːv]	**empfangen**
reception n [rɪ'sepʃn]	**Empfang**
a good / poor reception	ein guter / schlechter Empfang
remote control n [rɪˌməʊt kən'trəʊl]	**Fernbedienung**
reporter n [rɪ'pɔːtə]	**Reporter/in**
sports reporter	Sportreporter
series n ['sɪəriːz]	**Serie**
TV series	Fernsehserie
show n [ʃəʊ]	**Show, Unterhaltungssendung**
televise v ['telɪvaɪz]	**im Fernsehen übertragen**
The film has not been televised.	Der Film wurde noch nicht im Fernsehen übertragen.
television n ['telɪvɪʒn] TV [ˌtiː 'viː]	**Fernsehgerät, Fernsehen**
on TV	im Fernsehen
What's on TV tonight?	Was gibt es heute abend im Fernsehen?
watch TV	fernsehen
colour TV	Farbfernseher
television set n ['telɪvɪʒn set]	**Fernsehgerät, Fernseher**
tune in v [ˌtjuːn 'ɪn]	**einschalten**
tune in to BBC1	BBC1 einschalten
turn down v [ˌtɜːn 'daʊn]	**leiser stellen**
turn down the radio / TV	das Radio / den Fernseher leiser stellen

turn up v [ˌtɜːn ˈʌp]	**lauter stellen**
turn the radio / TV up	das Radio / den Fernseher lauter stellen
viewer n [ˈvjuːə]	**Zuschauer/in**

Hi-Fi und Video

cassette n [kəˈset]	**Kassette**
cassette deck n [kəˈset dek]	**Kassettendeck**
cassette recorder n [kəˈset rɪkɔːdə]	**Kassettenrekorder**
CD player n [ˌsiːˈdiː ˈpleɪə]	**CD-Player, CD-Spieler**
CD n [ˌsiːˈdiː]	**CD**
compact disk	
earphones n pl [ˈɪəfəʊnz]	**Kopfhörer**
put on / take off the earphones	den Kopfhörer aufsetzen / abnehmen
(fast-)forward n, v [ˌfɑːstˈfɔːwəd]	**(schneller) Vorlauf, schnell vorspulen**
headphones n pl [ˈhedfəʊnz]	**Kopfhörer**
listen to music on the headphones	Musik über Kopfhörer hören
hi-fi n [ˈhaɪfaɪ]	**Hi-Fi**
high fidelity	
hi-fi cassettes / quality	Hi-Fi-Kassetten / -Qualität
LP n [ˌel ˈpiː]	**Langspielplatte (LP)**
long-playing record	
microphone n [ˈmaɪkrəfəʊn]	**Mikrophon**
speak into / through a microphone	in / über ein Mikrophon sprechen
music centre n [ˈmjuːzɪk sentə]	**Kompaktstereoanlage**
play v [pleɪ]	**(ab)spielen**
play a record	eine Platte (ab)spielen
record v [rɪˈkɔːd]	**aufnehmen, aufzeichnen**
record an interview on tape / video	ein Interview auf Band / Video aufzeichnen
record music from the radio	Musik im Radio aufnehmen
a recorded programme	eine Aufzeichnung
record n [ˈrekɔːd]	**(Schall-)Platte**
record-player n [ˈrekɔːdpleɪə]	**Plattenspieler**
recording n [rɪˈkɔːdɪŋ]	**Aufnahme, Aufzeichnung**
an excellent recording of the concert	eine exzellente Aufnahme des Konzerts
a recording of the match on video	eine Aufzeichnung des Spiels auf Video
recording studio n [rɪˈkɔːdɪŋ stjuːdiəʊ]	**Aufnahmestudio**
rewind v [ˌriːˈwaɪnd]	**zurückspulen**
speaker n [ˈspiːkə]	**Lautsprecher**
stereo n, adj [ˈsteriəʊ]	**Stereoanlage, Stereo, Stereo-**
turn on one's stereo	seine Stereoanlage anschalten
in stereo	in Stereo
a stereo recording	eine Stereoaufnahme

tape n, v [teɪp]	**(Ton-)Band, (Video-)Band, (auf Band) aufnehmen, aufzeichnen**
record / have sth on tape	etw auf Band aufnehmen / haben
tape a record	eine Platte aufnehmen
tape recorder n ['teɪp rɪˌkɔːdə]	**Tonbandgerät**
video n, v, adj ['vɪdiəʊ]	**Video(film), auf Videokassette aufnehmen, Video-**
record sth on video	etw auf Video aufzeichnen
watch a video	sich ein Video ansehen
video a film	einen Film auf Video aufnehmen
video recorder n ['vɪdiəʊ rɪkɔːdə]	**Videorekorder**
videotape n ['vɪdiəʊteɪp]	**Videokassette**
volume n ['vɒljuːm]	**Lautstärke**
Turn the volume up / down!	Stell (das Gerät) lauter / leiser!
volume control n ['vɒljuːm kəntrəʊl]	**Lautstärkeregler**
wind v [waɪnd] wound, wound [waʊnd, waʊnd]	**spulen**
wind the tape back / forward	das Band zurück / -vorspulen

Werte und Normen

Norm und Gewohnheit

adapt v [ə'dæpt]	**(sich) anpassen**
adjust v [ə'dʒʌst]	**sich anpassen, sich einstellen**
adjust oneself to a new situation	sich einer neuen Situation anpassen
adjustment n [ə'dʒʌstmənt]	**Anpassung, Einstellung**
apply v [ə'plaɪ]	**gelten**
These rules apply to everybody.	Diese Bestimmungen gelten für jeden.
be accustomed to v [bi ə'kʌstəmd tə]	**gewöhnt sein an**
be accustomed to sth / to doing sth	gewöhnt sein an etw / daran, etw zu tun
common adj ['kɒmən]	**häufig, weit verbreitet, geläufig, allgemein, normal, üblich, gewöhnlich**
a common expression	ein weit verbreiteter / geläufiger Ausdruck
common practice	allgemeine Praxis
Nowadays it's quite common for people to work from home.	Es ist heutzutage ganz normal, dass Leute von zu Hause aus arbeiten.
custom n ['kʌstəm]	**Sitte, Brauch**
do sth according to old custom	etw nach altem Brauch tun
observe old customs	alte Bräuche pflegen
everyday adj ['evrideɪ]	**alltäglich, Alltags-**
in everyday life	im alltäglichen Leben
in everyday language	in der Alltagssprache

familiar adj [fə'mɪliə]	**vertraut, bekannt**
Are you familiar with these methods?	Sind Sie mit diesen Methoden vertraut?
Her name seems familiar to me.	Ihr Name kommt mir bekannt vor.
make oneself familiar with sth	sich mit etw vertraut machen
guideline n ['gaɪdlaɪn]	**Richtlinie**
use sth as a guideline	etw als Richtlinie nehmen
habit n ['hæbɪt]	**Gewohnheit, Angewohnheit**
be in the habit of doing sth	die (An-)Gewohnheit haben, etw zu tun
get into the habit of doing sth	sich angewöhnen, etw zu tun
let sth become a habit	etw zur Gewohnheit werden lassen
do sth out of habit	etw aus Gewohnheit tun
maintain v [meɪn'teɪn]	**aufrechterhalten, bewahren**
manners n pl ['mænəz]	**Umgangsformen, Manieren**
have good / bad / no manners	gute / schlechte / keine Manieren haben
It's bad manners to …	Es gehört sich nicht, zu …
moral n, adj ['mɒrəl]	**Moral, Lehre, sittlich, moralisch, Moral-**
the moral of a fairy tale	die Moral eines Märchens
moral values	sittliche Werte / Moralvorstellung
moral support	moralische Unterstützung
morals n ['mɒrəlz]	**Moral**
have different morals	andere Moralvorstellungen haben
norm n [nɔːm]	**Norm**
set / follow / break a norm	eine Norm setzen / befolgen / brechen
normal adj ['nɔːml]	**normal, üblich**
normally adv ['nɔːməli]	**normalerweise**
one pron [wʌn]	**man**
One doesn't do that!	Das macht man nicht!
ordinary adj ['ɔːdnri]	**gewöhnlich, normal**
right adj [raɪt]	**richtig**
do the right thing	das Richtige tun
put / set sth right	korrigieren / in Ordnung bringen
rule n [ruːl]	**Vorschrift, Regel**
against the rules	gegen die Vorschriften
standard n, adj ['stændəd]	**Norm, Maßstab, Niveau, Standard-, Normal-**
set standards	Normen / Maßstäbe setzen
apply a high / low standard	einen hohen / niedrigen Maßstab anlegen
standard of education	das Bildungsniveau
suitable adj ['suːtəbl]	**angemessen, passend, geeignet**
a suitable reaction	eine angemessene Reaktion
suitable clothes	angemessene / geeignete Kleidung
She's suitable for the job.	Sie ist für die Stelle geeignet.
tradition n [trə'dɪʃn]	**Tradition, Sitte**
break with a tradition	mit einer Tradition brechen
according to ancient tradition	nach althergebrachter Tradition
unusual adj [ʌn'juːʒʊəl]	**ungewöhnlich**

used to adj ['ju:st tə] — **gewöhnt an**
become / get used to sb / sth — sich an jdn / etw gewöhnen

usual adj ['ju:ʒuəl] — **gewöhnlich, meistens**
as usual — wie gewöhnlich
His usual drink is tea. — Er trinkt gewöhnlich / normalerweise Tee.
We usually go walking on Sundays. — Sonntags gehen wir meistens spazieren.

values n pl ['vælju:z] — **Werte**

wrong adj [rɒŋ] — **falsch**
What's wrong? — Was ist los?

Erlaubnis und Verbot

admission n [əd'mɪʃn] — **Zutritt, Zulassung, Eintritt**
Admission restricted to members. — Zutritt nur für Mitglieder.
£5 admission — 5 Pfund Eintritt

admit v [əd'mɪt] — **herein-, hineinlassen, zulassen**
She was not admitted to the club. — Sie wurde nicht in den Club hineingelassen.
Children are not admitted. — Für Kinder kein Zutritt.
He wasn't admitted to university. — Er wurde nicht zur Universität zugelassen.

allow v [ə'laʊ] — **erlauben, gestatten, zulassen**
allow sb sth — jdm etw erlauben, gestatten
Will you allow him to go there? — Werden Sie ihm gestatten hinzugehen?
We weren't allowed to go. — Wir durften nicht gehen.
We weren't allowed in. — Wir wurden nicht hineingelassen.

ban n, v [bæn] — **Verbot, verbieten**
place a ban on nuclear weapons — Atomwaffen mit einem Verbot belegen
ban nuclear weapons — Atomwaffen verbieten
ban sb from driving — jdm Fahrverbot erteilen

can v [kæn] — **dürfen, können**
could [kʊd]
Can I take the car? — Kann ich das Auto nehmen?

deny v [dɪ'naɪ] — **verwehren**
deny sb access to sth — jdm den Zugang zu etw verwehren

forbid v [fə'bɪd] — **verbieten**
forbade, forbidden [fə'beɪd, fə'bɪdn]
forbid sb to do sth — jdm verbieten, etw zu tun
He was forbidden to go there alone. — Es war ihm verboten, allein dorthin zu gehen.
The meeting was forbidden. — Die Versammlung wurde verboten.

freedom n ['fri:dəm] — **Freiheit**
freedom of thought / speech / religion / the press — Gedanken- / Rede- / Religion- / Pressefreiheit

let v [let] — **erlauben, zulassen**
let, let [let, let]
She didn't let him go. — Sie ließ ihn nicht gehen.
Why did they let this happen? — Warum haben sie zugelassen, dass das geschieht?
let sb in / out — jdn herein- / hinauslassen

may v [meɪ]	**dürfen, können**
May I come in?	Darf ich reinkommen?
mind v [maɪnd]	**dagegen (etw ... haben)**
Do you mind if I close the window?	Hast du etwas dagegen, wenn ich das Fenster schließe?
Our landlord doesn't mind pets.	Unser Vermieter hat nichts gegen Haustiere.
I don't mind waiting.	Es macht mir nichts aus zu warten.
Would you mind her coming along?	Hätten Sie etwas dagegen, wenn sie mitkommt?
must not ['mʌst nɒt] mustn't ['mʌsnt]	**nicht dürfen**
permission n [pə'mɪʃn]	**Erlaubnis, Einverständnis**
give sb permission to do sth	jdm die Erlaubnis geben, etw zu tun
ask sb's permission to do sth	jdn um Erlaubnis bitten, etw zu tun
permit n ['pəmɪt]	**Genehmigung**
permit v [pəː'mɪt]	**erlauben**
prohibit v [prə'hɪbɪt]	**verbieten, untersagen**
Smoking prohibited!	Rauchen verboten!

Religion und Weltanschauung

angel n ['eɪndʒl]	**Engel**
atheist n, adj ['eɪθiɪst]	**Atheist/in, atheistisch**
baptism n ['bæptɪzəm]	**Taufe**
belief n [bɪ'liːf]	**Glaube**
She's lost her belief in God.	Sie hat ihren Glauben an Gott verloren.
believe v [bɪ'liːv]	**glauben**
believe in God	an Gott glauben
believer n [bɪ'liːvə]	**Gläubige/r**
Bible n ['baɪbl]	**Bibel**
bishop n ['bɪʃəp]	**Bischof, Bischöfin**
christen v ['krɪsn]	**taufen**
She was christened Anna.	Sie wurde auf den Namen Anna getauft.
christening v ['krɪsnɪŋ]	**Taufe**
clergy, the n ['klɜːdʒi]	**die Geistlichkeit**
clergyman n ['klɜːdʒimən]	**Geistlicher**
clergywoman n ['klɜːdʒiwʊmən]	**Geistliche**
confession n [kən'feʃn]	**Konfession, Beichte**
congregation n [ˌkɒŋgrɪ'geɪʃn]	**Gemeinde**
cross n [krɒs]	**Kreuz**
die on the cross	am Kreuz sterben
make the sign of the cross	das Kreuzzeichen machen

cultural adj ['kʌltʃərəl]	**kulturell, Kultur-**
cultural event / history	kulturelles Ereignis / Kulturgeschichte
culture n ['kʌltʃə]	**Kultur**
He's interested in culture and history.	Er ist an Kultur und Geschichte interessiert.
destiny n ['destəni]	**Schicksal**
control one's own destiny	sein Schicksal selbst bestimmen
devil n ['devl]	**Teufel**
divine adj [dɪ'vaɪn]	**göttlich**
faith n [feɪθ]	**Glaube, Bekenntnis, Vertrauen**
the Christian faith	der christliche Glaube
have faith in God	Gottvertrauen haben
fanatic n, adj [fə'nætɪk]	**Fanatiker/in, fanatisch**
a religious fanatic	ein religiöser Fanatiker
fanaticism n [fə'nætɪsɪzəm]	**Fanatismus**
fate n [feɪt]	**Schicksal**
meet one's fate	vom Schicksal ereilt werden
decide sb's fate	jds / über jds Schicksal entscheiden
resign one's / be resigned to one's fate	sich mit seinem Schicksal abfinden / abgefunden haben
stroke of fate	Schicksalsschlag
god n [gɒd]	**Gott**
the Greek and Roman gods	die griechischen und römischen Götter
believe in God	an Gott glauben
pray to God	zu Gott beten
goddess n ['gɒdes]	**Göttin**
Gospel n ['gɒspl]	**Evangelium**
preach the Gospel	das Evangelium predigen
spread the Gospel	das Evangelium verbreiten
the Gospel according to Saint Mark	das Markusevangelium
heaven n ['hevn]	**Himmel**
go to heaven	in den Himmel kommen
be in heaven	im Himmel sein
heavenly adj ['hevnli]	**himmlisch**
hell n [hel]	**Hölle**
go to hell	in die Hölle kommen
holy adj ['həʊli]	**heilig**
the Holy Land	das Heilige Land
the Holy Ghost / Spirit	der Heilige Geist
ideology n [ˌaɪdi'ɒlədʒi]	**Ideologie, Weltanschauung**
adhere to an ideology	einer Ideologie anhängen
Koran n [kə'rɑːn]	**Koran**
Lord n [lɔːd]	**Herr**
the Lord's prayer	das Vaterunser

mass n [mæs]	**Messe**
minister n ['mɪnɪstə]	**Pfarrer, protestantischer Geistlicher**
monk n [mʌŋk]	**Mönch**
nun n [nʌn]	**Nonne**
paradise n ['pærədaɪs]	**Paradies**
go to paradise	ins Paradies kommen
parish n ['pærɪʃ]	**Pfarrgemeinde**
pope n [pəʊp]	**Papst**
pray v [preɪ]	**beten**
pray to God	zu Gott beten
pray for sb / good health	für jdn / um Gesundheit beten
prayer n [preə]	**Gebet**
say a prayer for peace	ein Gebet für den Frieden sprechen
Our prayers were heard.	Unsere Gebete wurden erhört.
preach v [priːtʃ]	**predigen**
preach the word of God	das Wort Gottes predigen
priest n [priːst]	**Priester/in, Geistliche/r**
rabbi n ['ræbaɪ]	**Rabbiner, Rabbi**
repent v [rɪ'pent]	**bereuen, Buße tun**
reverend n ['revərənd]	**Pfarrer**
sacred adj ['seɪkrɪd]	**heilig, sakral, geistlich**
In India cows are regarded as sacred.	In Indien gelten Kühe als heilig.
sacred buildings / music	sakrale Bauwerke / geistliche Musik
saint n [seɪnt]	**Heilige/r**
sect n [sekt]	**Sekte**
belong to a sect	einer Sekte angehören
sermon n ['sɜːmən]	**Predigt**
give / preach a sermon	eine Predigt halten
service n ['sɜːvɪs]	**Gottesdienst**
hold a service	Gottesdienst halten
sin n [sɪn]	**Sünde**
commit a sin	eine Sünde begehen
forgive sb's sins	jdm seine Sünden vergeben
soul n [səʊl]	**Seele**
save sb's soul	jds Seele retten
supernatural adj [ˌsuːpə'nætʃrəl]	**übernatürlich**
supernatural powers / beings	übernatürliche Fähigkeiten / Kräfte
superstition n [ˌsuːpə'stɪʃn]	**Aberglaube**
superstitious adj [ˌsuːpə'stɪʃəs]	**abergläubisch**
vicar n ['vɪkə]	**(anglikanischer) Pfarrer**
witch n [wɪtʃ]	**Hexe**

worship v ['wɜːʃɪp] — **beten, anbeten, verehren**
worship God — Gott verehren

Religionen und Gotteshäuser

abbey n ['æbi] — **Abtei, Klosterkirche**

altar n ['ɔːltə] — **Altar**

Anglican n, adj ['æŋglɪkən] — **Anglikaner/in, anglikanisch**

Buddhism n ['bʊdɪzəm] — **Buddhismus**

Buddhist n, adj ['bʊdɪst] — **Buddhist/in, buddhistisch**

cathedral n [kə'θiːdrəl] — **Dom, Kathedrale**

Catholic n, adj ['kæθəlɪk] — **Katholik/in, katholisch**

Christian n, adj ['krɪstʃən] — **Christ/in, christlich**

Christianity n [ˌkrɪsti'ænəti] — **Christentum**

church n [tʃɜːtʃ] — **Kirche**
go to church on Sundays — sonntags in die Kirche gehen

cloister n ['klɔɪstə] — **Kloster**

convent n ['kɒnvənt] — **Nonnenkloster**

Hindu n ['hɪnduː] — **Hindu, hinduistisch, Hindu-**

Hinduism n ['hɪnduːɪzəm] — **Hinduismus**

Islam n [ɪz'lɑːm] — **Islam**

Islamic adj [ɪz'læmɪk] — **islamisch**

Jew n [dʒuː] — **Jude, Jüdin**

Jewish adj ['dʒuːɪʃ] — **jüdisch**

Judaism n ['dʒuːdeɪɪzəm] — **Judaismus**

monastery n ['mɒnəstri] — **(Mönchs-)Kloster**

mosque n [mɒsk] — **Moschee**

Muslim n, adj ['mʊzlɪm] — **Moslem, Moslime, moslemisch**

pagoda n [pə'gəʊdə] — **Pagode**

Protestant n, adj ['prɒtɪstənt] — **Protestant/in, protestantisch**

religion n [rɪ'lɪdʒən] — **Religion, Glaube**
What's your religion? — Welcher Religion gehören Sie an?
practise one's religion — seine Religion ausüben
the Christian / Hindu religion — der christliche / hinduistische Glaube

religious adj [rɪ'lɪdʒəs] — **religiös, Religions-**
religious war / instruction — Religionskrieg / -unterricht
She's very religious. — Sie ist sehr religiös.

synagogue n ['sɪnəgɒg] — **Synagoge**

temple n ['templ] — **Tempel**
a Roman / Hindu temple — ein römischer / hinduistischer Tempel

FREIZEIT UND UNTERHALTUNG

Sport und Spiel

Sportarten

baseball n ['beɪsbɔ:l]	**Baseball**
basketball n ['bɑ:skɪtbɔ:l]	**Basketball**
beach volleyball n [bi:tʃ 'vɒlibɒ:l]	**Beachvolleyball**
breast-stroke n ['breststrəʊk]	**Brustschwimmen**
cricket n ['krɪkɪt]	**Kricket**
cycle racing n ['saɪkl reɪsɪŋ]	**Radrennen**
figure skating n ['fɪgə skeɪtɪŋ]	**Eiskunstlauf**
football n ['fʊtbɔ:l]	**Fußball**
a football match / boot	ein Fußballspiel / -schuh
golf n [gɒlf]	**Golf**
play a round of golf	eine Runde Golf spielen
handball n ['hændbɔ:l]	**Handball**
hockey n ['hɒki]	**Hockey**
inline skating n ['ɪnlaɪn skeɪtɪŋ]	**Inlineskaten**
judo n ['dʒu:dəʊ]	**Judo**
karate n [kə'rɑ:ti]	**Karate**
motor sport n ['məʊtə spɔ:t]	**Motorsport**
race n, v [reɪs]	**Rennen, Rennen fahren**
a car race	ein Autorennen
ride v [raɪd]	**reiten**
rode, ridden [rəʊd, 'rɪdn]	
ride a horse / on a horse	ein Pferd / auf einem Pferd reiten
ride n [raɪd]	**Ritt**
riding n ['raɪdɪŋ]	**Reiten**
roller-skating n ['rəʊləskeɪtɪŋ]	**Rollschuhlaufen**
row v [rəʊ]	**rudern**
rowing ['rəʊɪŋ]	**Rudern**
rugby n ['rʌgbi]	**Rugby**
sail n, v [seɪl]	**Segel, segeln (mit)**
set sail for America	nach Amerika absegeln
sail round the world	um die Welt segeln
sailing n ['seɪlɪŋ]	**Segeln**
go sailing	segeln gehen

skate n, v [skeɪt]	**Schlittschuh, Schlittschuhlaufen**
put on one's skates	seine Schlittschuhe anziehen
She skates very well.	Sie läuft richtig gut Schlittschuh.
skateboarding n ['skeɪtbɔːdɪŋ]	**Skateboarden**
skating n ['skeɪtɪŋ]	**Eislauf**
ski n, v [skiː]	**Ski, skilaufen**
a pair of skis	ein Paar Ski
skiing n ['skiːɪŋ]	**Skilaufen**
go skiing	skilaufen gehen
snowboarding n ['snəʊbɔːdɪŋ]	**Snowboarden**
soccer n bes AE ['sɒkə]	**Fußball**
sport n [spɔːt]	**Sport, Sportart**
What's your favourite sport?	Was ist dein Lieblingssport?
squash n [skwɒʃ]	**Squash**
swim v [swɪm]	**schwimmen**
swam, swum [swæm, swʌm]	
swimming n ['swɪmɪŋ]	**Schwimmen, Schwimm-**
go swimming	schwimmen gehen
table tennis n ['teɪbl tenɪs]	**Tischtennis**
tennis n ['tenɪs]	**Tennis**
tennis ball n ['tenɪs bɔːl]	**Tennisball**
tennis court n ['tenɪs kɔːt]	**Tennisplatz**
volleyball n ['vɒlibɔːl]	**Volleyball**
water sports n pl ['wɔːtə spɔːts]	**Wassersport**
windsurfing n ['wɪndsɜːfɪŋ]	**Windsurfen**
go windsurfing	windsurfen (gehen)
winter sports n pl ['wɪntə spɔːts]	**Wintersport**

Sport und Fitness

bathe v [beɪð]	**baden, schwimmen**
bathe in the sea / river	im Meer / Fluss baden
club n [klʌb]	**Klub, Verein**
football / tennis club	Fußball- / Tennisverein
join a club	in einen Verein eintreten
be a member of a club	Mitglied in einem Verein sein
coach n, v [kəʊtʃ]	**Trainer/in, trainieren**
a football / tennis coach	ein Fußball- / Tennistrainer
national coach	Nationaltrainer
coach a team	eine Mannschaft trainieren
cycling n ['saɪklɪŋ]	**Rad fahren**

dive v [daɪv]	**springen, hechten, tauchen**
She dived into the pool.	Sie sprang in den Pool.
dive for pearls	nach Perlen tauchen
The submarine dived when the enemy ship attacked.	Das U-Boot tauchte, als das feindliche Schiff angriff.
diver n ['daɪvə]	**Taucher/in**
diving-board n ['daɪvɪŋbɔ:d]	**Sprungbrett**
fan n [fæn]	**Anhänger/in, Fan**
a football fan	ein Fußballfan
fan club n ['fæn klʌb]	**Fanklub**
fit adj [fɪt]	**in Form, fit, gesund**
Sport keeps you fit.	Sport hält dich in Form / gesund.
fitness n ['fɪtnəs]	**Fitness, Kondition**
hike n, v [haɪk]	**Wanderung, wandern**
go on a twenty-mile hike	ein Wanderung von zwanzig Meilen machen
hike round Wales	durch Wales wandern
hiker n ['haɪkə]	**Wanderer, Wanderin**
jog v [dʒɒg]	**joggen**
jogging n ['dʒɒgɪŋ]	**Jogging**
rowing-boat n ['rəʊɪŋbəʊt]	**Ruderboot**
rucksack n ['rʌksæk]	**Rucksack**
season n ['si:zn]	**Spielzeit, Saison**
the football season	die Fußballsaison
snorkel n, v ['snɔ:kl]	**Schnorchel, schnorcheln**
sporting adj ['spɔ:tɪŋ]	**Sport-**
sporting equipment n ['spɔ:tɪŋ ɪˌkwɪpmənt]	**Sportausrüstung**
sporting event n ['spɔ:tɪŋ ɪˌvent]	**Wettkampf**
sports shirt n ['spɔ:ts ʃɜ:t]	**Sporthemd**
sportsground n ['spɔ:tsgraʊnd]	**Sportplatz**
sportsman n ['spɔ:tsmən]	**Sportler**
sportswoman n ['spɔ:tswʊmən]	**Sportlerin**
swimming-bath n ['swɪmɪŋbɑ:θ]	**Badeanstalt, Schwimmbad**
swimming-pool n ['swɪmɪŋpu:l]	**Schwimmbad, Schwimmbecken**
track-suit n ['træksu:t]	**Trainingsanzug**
train v [treɪn]	**trainieren**
train for the Olympics	für die Olympischen Spiele trainieren
train a football team	eine Fußballmannschaft trainieren
trainer n ['treɪnə]	**Trainer/in**

training n ['treɪnɪŋ] — **Training**
go into training — mit dem Training beginnen

workout n ['wɜːkaʊt] — **Fitnesstraining**

Auf dem Spielfeld

advantage n [əd'vɑːntɪdʒ] — **Vorteil**
to sb's advantage — zu jds Vorteil
Advantage: Hingis. — Vorteil: Hingis.

ball n [bɔːl] — **Ball**
throw / catch a ball — einen Ball werfen / fangen
play ball with sb — mit jdm Ball spielen

bat n [bæt] — **Schläger**
table tennis / baseball / cricket bat — Tischtennis- / Baseball- / Kricketschläger

catch v [kætʃ] — **fangen**
caught, caught [kɔːt, kɔːt]
catch a ball — einen Ball fangen

court n [kɔːt] — **Court, Platz, Halle**
a tennis / squash court — ein Tennisplatz / Squashcourt
grass / hard court — Rasen- / Hartplatz

defence n [dɪ'fens] — **Verteidigung**

defender n [dɪ'fendə] — **Verteidiger/in**

disadvantage n [ˌdɪsəd'vɑːntɪdʒ] — **Nachteil, Schaden**
be at a disadvantage — im Nachteil sein
put sb at a disadvantage — jdn benachteiligen

fair adj [feə] — **fair**

fair play n [ˌfeə 'pleɪ] — **Fairplay**

fairness n ['feənəs] — **Fairness**

field n [fiːld] — **Feld, Platz**
on the football field — auf dem Fußballplatz

final n ['faɪnl] — **Endspiel**
get to the final — ins Finale kommen
They were beaten in the final. — Sie wurden im Endspiel geschlagen.

foul n [faʊl] — **Foul**

game n [geɪm] — **Spiel**

goal n [gəʊl] — **Tor**
score a goal — ein Tor schießen / erzielen
keep goal — im Tor stehen

goal-line n ['gəʊllaɪn] — **Torlinie**

goalkeeper n ['gəʊlkiːpə] — **Torwart, Torhüter**

half-time n [ˌhɑːf'taɪm] — **Halbzeit, Halbzeitpause**
at half-time — zur Halbzeit

match n [mætʃ]	**Spiel, Wettkampf, Match**
a football / boxing / tennis match	ein Fußballspiel / Boxkampf / Tennismatch
a championship match	ein Meisterschaftsspiel
a return match	ein Rückspiel
game, set and match	Spiel, Satz und Sieg
own goal n [ˌəʊn ˈɡəʊl]	**Eigentor**
pass n, v [pɑːs]	**Pass, Vorlage, abspielen**
pass the ball to sb	jdm den Ball zuspielen
penalty n [ˈpenlti]	**Strafstoß, Zeitstrafe**
play v [pleɪ]	**spielen**
play baseball / football	Baseball / Fußball spielen
Who are they playing?	Gegen wen spielen sie?
player n [ˈpleɪə]	**Spieler/in**
football player	Fußballspieler/in
tennis player	Tennisspieler/in
racket n [ˈrækɪt]	**Schläger**
tennis / squash racket	Tennis- / Squashschläger
referee n [ˌrefəˈriː]	**Schiedsrichter/in**
a boxing / football / hockey referee	ein Box- / Fußball- / Hockeyschiedsrichter
score n, v [skɔː]	**Spielstand, schießen, erzielen**
What's the score?	Wie steht es?
What was the final score?	Wie ist das Spiel ausgegangen?
He scored three goals in the second half.	Er schoss drei Tore in der zweiten Halbzeit.
score 30 points	30 Punkte erzielen
set n [set]	**Satz**
Hingis won the first set	Hingis hat den ersten Satz gewonnen
team n [tiːm]	**Mannschaft**
throw v [θrəʊ] threw, thrown [θruː, θrəʊn]	**werfen**
throw out	hinauswerfen
umpire n [ˈʌmpaɪə]	**Schiedsrichter/in**
umpire in a tennis / baseball / cricket match	Schiedsrichter in einem Tennis- / Baseball- / Kricketspiel
unfair adj [ˌʌnˈfeə]	**unfair, ungerecht**

Sieg und Niederlage

beat v [biːt] beat, beaten [biːt, ˈbiːtn]	**schlagen, besiegen**
The home team was beaten by three goals to one.	Die Heimmannschaft wurde mit drei zu einem Tor geschlagen.
She beat me at tennis.	Sie besiegte mich im Tennis.
bet n [bet]	**Wette**
have a bet (with sb)	(mit jdm) wetten

bet v [bet] bet, bet [bet, bet]	**wetten**
I bet you £20 he'll win.	Ich wette um 20 Pfund mit dir, dass er gewinnt.
bet £100 on a horse	100 Pfund auf ein Pferd wetten
champion n ['tʃæmpiən]	**Meister/in, Champion**
championship n ['tʃæmpiənʃɪp]	**Meisterschaft**
The championships are held in January.	Die Meisterschaften werden im Januar ausgetragen.
win the championship	die Meisterschaft gewinnen
chance n [tʃɑːns]	**Chance, Gelegenheit**
She has a good chance of winning.	Sie hat gute Chancen zu gewinnen.
Our team didn't stand a chance against the opposition.	Unsere Mannschaft hatte keine Chance gegen den Gegner.
What are the chances of him supporting us?	Wie stehen die Chancen, dass er uns unterstützt?
He missed the chance of scoring a goal.	Er vergab die Chance, ein Tor zu schießen.
cup n [kʌp]	**Pokal**
lead v [liːd] led, led [led, led]	**führen**
lead 3 to 1	3 zu 1 führen
lead n [liːd]	**Führung**
John is in the lead.	John liegt in Führung.
lose v [luːz] lost, lost [lɒst, lɒst]	**verlieren**
lose a match / race	ein Spiel / Rennen verlieren
loser n ['luːzə]	**Verlierer/in**
Olympic Games n pl [əˌlɪmpɪk 'geɪmz]	**Olympische Spiele**
take part in the Olympic Games	an den Olympischen Spielen teilnehmen
record n ['rekɔːd]	**Rekord**
set / hold / beat a record	einen Rekord aufstellen / halten / schlagen
She ran the 100 metres in record time.	Sie lief die 100 Meter in Rekordzeit.
tight adj [taɪt]	**knapp**
a tight race	ein knappes Rennen
win v [wɪn] won, won [wʌn, wʌn]	**gewinnen, siegen**
Who has won (the match / prize)?	Wer hat (das Spiel / den Preis) gewonnen?
winner n ['wɪnə]	**Gewinner/in, Sieger/in**
world champion n [ˌwɜːld 'tʃæmpiən]	**Weltmeister/in, Champion**
world championship n [ˌwɜːld 'tʃæmpiənʃɪp]	**Weltmeisterschaft**
world record n [ˌwɜːld 'rekɔːd]	**Weltrekord**

Freizeit und Vergnügen

adventure n [əd'ventʃə]	**Abenteuer**
have an adventure	ein Abenteuer erleben
adventure playground n [əd'ventʃə pleɪgraʊnd]	**Abenteuerspielplatz**
adventurous adj [əd'ventʃərəs]	**abenteuerlich, abenteuerlustig**
an adventurous trip	ein abenteuerlicher Ausflug
an adventurous lady	eine abenteuerlustige Dame
amuse v [ə'mju:z]	**sich vergnügen, sich die Zeit vertreiben**
They amused themselves playing cards.	Sie vertrieben sich die Zeit mit Karten spielen.
keep the children amused	die Kinder unterhalten
amusement n [ə'mju:zmənt]	**Vergnügen, Belustigung**
amusement park n [ə'mju:zmənt pɑ:k]	**Freizeitpark**
barbecue n, v ['bɑ:bɪkju:]	**Grillparty, grillen**
have a barbecue	eine Grillparty geben
darts n sg [dɑ:ts]	**Darts, Pfeilwurfspiel**
enjoy oneself v [ɪn'dʒɔɪ wʌnself]	**sich amüsieren, Spaß haben**
Did you enjoy yourselves at the party?	Habt ihr euch auf der Party gut amüsiert?
free time n [ˌfri: 'taɪm]	**Freizeit, freie Zeit**
fruit machine n ['fru:t məʃi:n]	**Spielautomat**
fun n [fʌn]	**Spaß**
for fun	aus Spaß
have a lot of fun	sich gut amüsieren / viel Spaß haben
Amusement parks are great fun.	In Freizeitparks kann man viel Spaß haben.
gatecrasher n ['geɪtkræʃə]	**ungebetener Gast**
go out v [ˌgəʊ 'aʊt] went, gone [went, gɒn]	**ausgehen**
They go out a lot.	Sie gehen sehr viel aus.
go out for a meal / to the theatre	zum Essen gehen / ins Theater gehen
guest n [gest]	**Gast**
We're having guests for dinner.	Wir haben Gäste zum Essen.
wedding guest	Hochzeitsgast
have a good time v [həv ə gʊd 'taɪm] had, had [həd, həd]	**sich gut amüsieren, viel Spaß haben**
Did you have a good time at the party?	Habt ihr euch gut auf der Party amüsiert?
Have a good time (at the cinema)!	Viel Spaß (im Kino)!
host n [həʊst]	**Gastgeber**
hostess n ['həʊstəs]	**Gastgeberin**
leisure (time) n ['leʒə taɪm]	**Freizeit**
Do it at your leisure.	Machen Sie es, wenn Sie Zeit dazu finden.
have the leisure to do sth	die Muße haben, etw zu tun

party n ['pɑ:ti]	**Party, Fest, Feier**
have / give a party	eine Party geben
bottle-party	Feier, zu der jeder seine eigenen Getränke mitbringt
birthday party	Geburtstagsfeier
Christmas party	Weihnachtsfeier
playground n ['pleɪgraʊnd]	**Spielplatz**
spare time n [ˌspeə 'taɪm]	**Freizeit**
What do you do in your spare time?	Was machen Sie in Ihrer Freizeit?
a spare-time occupation	eine Freizeitbeschäftigung
sunbathe v ['sʌnbeɪð]	**sonnenbaden, in der Sonne liegen**
swing v [swɪŋ]	**schaukeln**
swung, swung [swʌŋ, swʌŋ]	
swing n [swɪŋ]	**Schaukel**
table football n ['teɪbl fʊtbɔ:l]	**Tischfußball**
variety n [və'raɪəti]	**Abwechslung**
Variety is the spice of life.	Öfter mal was Neues.

Hobby und Spiel

board game n ['bɔ:d geɪm]	**Brettspiel**
card n [kɑ:d]	**Karte**
play cards	Karten spielen
playing card	Spielkarte
chess n [tʃes]	**Schach**
play chess	Schach spielen
chess piece n ['tʃes pi:s]	**Schachfigur**
chessboard n ['tʃesbɔ:d]	**Schachbrett**
collect v [kə'lekt]	**sammeln, einsammeln**
collect stamps / coins	Briefmarken / Münzen sammeln
collect conkers	Kastanien (ein)sammeln
collection n [kə'lekʃn]	**Sammlung**
stamp collection	Briefmarkensammlung
collector n [kə'lektə]	**Sammler/in**
dice n [daɪs]	**Würfel**
dice [daɪs]	
play dice	würfeln
doll n [dɒl]	**Puppe**
draw v [drɔ:]	**zeichnen**
drew, drawn [dru:, drɔ:n]	
draw a tree / plan	einen Baum / Plan zeichnen
draw a line	eine Linie ziehen

gamble v ['gæmbl]	**(um Geld) spielen**
game n [geɪm]	**Spiel**
play a game	ein Spiel spielen
glue n, v [glu:]	**Klebstoff, kleben**
You can mend the broken toy with glue.	Man kann das zerbrochene Spielzeug mit Klebstoff reparieren.
glue the parts together	die Teile zusammenkleben
glue part A on to part B	Teil A an / auf Teil B kleben
hobby n ['hɒbi]	**Hobby**
pursue one's hobbies	seinen Hobbies nachgehen
jigsaw n ['dʒɪgsɔ:]	**Puzzle**
knit v [nɪt]	**stricken**
knitted / knit ['nɪtɪd, nɪt]	
He knitted himself a jumper	Er strickte sich einen Pullover.
lay v [leɪ]	**legen**
laid, laid [leɪd, leɪd]	
lay the cards on the table	die Karten auf den Tisch legen
move n [mu:v]	**Zug**
It's your move!	Du bist am Zug / dran!
needle n ['ni:dl]	**Nadel**
needlework n ['ni:dlwɜ:k]	**Handarbeit**
play n [pleɪ]	**spielen**
play games	Spiele spielen
player n ['pleɪə]	**(Mit-)Spieler/in**
rule n [ru:l]	**Regel**
rules of the game	Spielregeln
scissors n pl ['sɪzəz]	**Schere**
see-saw n ['si:sɔ:]	**Wippe**
sew v [səʊ]	**nähen**
sewed, sewn [səʊd, səʊn]	
sew a button onto a dress	einen Knopf an ein Kleid nähen
sew the parts of the dress together	die Teile des Kleides zusammennähen
sewing-machine n ['səʊɪŋməʃi:n]	**Nähmaschine**
string n [strɪŋ]	**Schnur**
a piece of string	ein Stück Schnur
tape n [teɪp]	**Klebeband**
toy n [tɔɪ]	**Spielzeug**

Tourismus

Unterkunft

accommodation n [əˌkɒmə'deɪʃn] — **Unterkunft**
find accommodation for the night — ein Zimmer für die Nacht finden
holiday accommodation — Urlaubsquartier

bed n [bed] — **Bett**
single / double bed — Einzel- / Doppelbett

bed and breakfast n [ˌbed ən 'brekfəst] — **Pensionszimmer mit Frühstück**
We paid £20 a night for bed and breakfast. — Wir haben 20 Pfund die Nacht für ein Pensionszimmer mit Frühstück bezahlt.

boarding-house n ['bɔːdɪŋhaʊs] — **Pension**
stay at a boarding-house — in einer Pension übernachten

book v [bʊk] — **buchen, reservieren**
book a room in a hotel — ein Zimmer in einem Hotel buchen

booking n ['bʊkɪŋ] — **Buchung, Reservierung**
They cancelled the booking. — Sie stornierten die Reservierung.
change one's booking — umbuchen

camp v [kæmp] — **zelten, campen**

camper n ['kæmpə] — **Camper/in, Wohnmobil**

camping n ['kæmpɪŋ] — **Zelten**
No camping! — Zelten / Camping verboten!

camping site, camp site n ['kæmpɪŋ saɪt, 'kæmp saɪt] — **Campingplatz**

caravan n BE ['kærəvæn] — **Wohnwagen**
go on a caravan holiday — mit dem Wohnwagen Urlaub machen

check in v [ˌtʃek 'ɪn] — **absteigen, sich anmelden**
check into a small hotel — in einem kleinen Hotel absteigen
check in at the reception — sich an der Rezeption anmelden

confirm v [kən'fɜːm] — **bestätigen**
confirm sb's reservation — jds Reservierung bestätigen

dining-room n ['daɪnɪŋruːm] — **Speisesaal**

double room n [ˌdʌbl 'ruːm] — **Doppelzimmer**

guest-house n ['gesthaʊs] — **Pension**

hotel n [həʊ'tel] — **Hotel**
stay at a hotel — in einem Hotel übernachten
run a hotel — ein Hotel führen
a first-class / three-star hotel — ein erstklassiges Hotel / ein Dreisternehotel

hotel management n [həʊ'tel mænɪdʒmənt] — **Hotelleitung**

lobby n ['lɒbi] — **Foyer, Eingangshalle**

lodging n ['lɒdʒɪŋ] — **Unterkunft**
find / seek lodging for the night — eine Unterkunft für die Nacht finden / suchen
board and lodging — Unterkunft und Verpflegung

lounge n [laʊndʒ] — **Hotelhalle, Lounge**

mobile home n [ˌməʊbaɪl ˈhəʊm] — **(großer) Wohnwagen**

motel n [məʊˈtel] — **Motel**

occupied adj [ˈɒkjupaɪd] — **belegt**
The room is still occupied. — Das Zimmer ist noch belegt.

porter n [ˈpɔːtə] — **Portier, Gepäckträger, Kofferträger**

reception n [rɪˈsepʃn] — **Empfang, Rezeption**
leave a message at the reception — eine Nachricht an der Rezeption hinterlassen

receptionist n [rɪˈsepʃənɪst] — **Empfangschef, Empfangsdame**

reservation n [ˌrezəˈveɪʃn] — **Reservierung**
make a reservation at a hotel — ein Zimmer in einem Hotel reservieren lassen
I made a reservation for four. — Ich habe für vier Personen reservieren lassen.
Have you got a reservation? — Haben Sie reservieren lassen?

reserve v [rɪˈzɜːv] — **reservieren (lassen)**
reserve a room — ein Zimmer reservieren

room n [ruːm] — **Zimmer**
book a room — ein Zimmer reservieren / buchen

single room n [ˌsɪŋgl ˈruːm] — **Einzelzimmer**

stay n, v [steɪ] — **Aufenthalt, bleiben, übernachten**
We wish you a pleasant stay! — Wir wünschen Ihnen einen angenehmen Aufenthalt.
stay in a hotel / with a friend — in einem Hotel / bei einem Freund wohnen / übernachten
stay for dinner — zum Abendessen bleiben

tent n [tent] — **Zelt**
pitch a tent — ein Zelt aufstellen

vacancy n [ˈveɪkənsi] — **freies Zimmer**
Do you have any vacancies for next week? — Haben Sie nächste Woche noch Zimmer frei?
The sign said 'No vacancies'. — Auf dem Schild stand 'Belegt'.

Gastronomie

bar n [bɑː] — **Bar, Lokal, Theke**
stop for a drink at a bar — in ein Lokal gehen, um etw zu trinken
sit at the bar — an der Bar sitzen
milk bar — Milchbar

barmaid n [ˈbɑːmeɪd] — **Bardame**

barman n [ˈbɑːmən] — **Barkeeper, Barmann**

bartender n AE [ˈbɑːtendə] — **Barkeeper, Barmann**

beer garden n [ˈbɪə gɑːdn] — **Biergarten**

book v [bʊk] — **bestellen, reservieren**
book a table — einen Tisch bestellen

buffet n ['bʊfeɪ]	**Büfett, Stehimbiss**
cold buffet	kaltes Büfett
buffet lunch / dinner	Mittags- / Abendbüfett
café n ['kæfeɪ]	**Café**
cafeteria n [ˌkæfə'tɪəriə]	**Kantine (mit Selbstbedienung), Cafeteria**
check n AE [tʃek]	**(Gaststätten-)Rechnung**
choose v [tʃuːz] chose, chosen [tʃəʊz, 'tʃəʊzn]	**wählen, aussuchen**
choose sth from the menu	etw aus der Speisekarte auswählen
cloakroom n ['kləʊkruːm]	**Garderobe**
coffee bar n ['kɒfi bɑː]	**Café**
cook n [kʊk]	**Koch, Köchin**
help oneself v ['help wʌnself]	**sich bedienen**
Help yourself / yourselves!	Bedienen Sie sich! / Nehmen Sie doch!
help oneself to the peas	sich Erbsen nehmen
helping n ['helpɪŋ]	**Portion**
have a second helping of meat	sich vom Fleisch noch einmal nachnehmen
a large helping of vegetables	eine große Portion Gemüse
include v [ɪn'kluːd]	**enthalten**
Service is included (in the price).	Bedienung ist (im Preis) inbegriffen.
inn n [ɪn]	**(Land-)Gasthaus**
innkeeper n ['ɪnkiːpə]	**Gastwirt**
landlady n ['lændleɪdi]	**Wirtin**
landlord n ['lændlɔːd]	**Wirt**
licensed premises n pl [ˌlaɪsnst 'premɪsɪz]	**Lokal mit Schankerlaubnis**
menu n ['menjuː]	**Speisekarte, Menü**
May we see the menu?	Würden Sie uns bitte die Speisekarte bringen?
What's on the menu today?	Was steht heute auf der Speisekarte?
set menu	Tageskarte
a three-course menu	ein dreigängiges Menü
order n, v ['ɔːdə]	**Bestellung, bestellen**
take an order	eine Bestellung aufnehmen
Are you ready to order?	Haben Sie schon gewählt?
portion n ['pɔːʃn]	**Portion**
large / small / children's portion	große / kleine / Kinderportion
pub n [pʌb]	**Gaststätte, Kneipe**
go to the pub	in die Kneipe gehen
publican n ['pʌblɪkən]	**Gastwirt/in**
recommend v [ˌrekə'mend]	**empfehlen**
recommend sth to sb	jdm etw empfehlen
recommendation n [ˌrekəmen'deɪʃn]	**Empfehlung**
on sb's recommendation	auf jds Empfehlung

restaurant n ['restrɒnt] — **Restaurant**
run a restaurant — ein Restaurant führen / betreiben

serve v [sɜːv] — **servieren, bedienen**
The waitress served us dinner. — Die Kellnerin servierte uns das Essen.
Dinner is served. — Das Essen ist serviert.
The waiter served the guests. — Der Kellner bediente die Gäste.

service n ['sɜːvɪs] — **Bedienung, Service**
The service in this restaurant is good / poor. — Die Bedienung in diesem Restaurant ist gut / schlecht.
We were charged 10% extra for service. — Wir mussten noch 10% extra für Bedienung zahlen.

snack bar n ['snæk bɑː] — **Imbissstube**

take-away n ['teɪkəweɪ] — **Imbiss, Außer-Haus-Verkauf**

tea-room n ['tiːruːm] — **Teestube, Café**

tip n, v [tɪp] — **Trinkgeld, Tip, Trinkgeld geben**
give a tip — ein Trinkgeld geben
I didn't tip the waiter because … — Ich habe dem Kellner kein Trinkgeld gegeben, weil …

treat sb to v ['triːt tə] — **jdn einladen zu**
treat sb to a meal — jdn zum Essen einladen

waiter n ['weɪtə] — **Kellner**
Waiter! — Herr Ober!

waitress n ['weɪtrɪs] — **Kellnerin, Bedienung**
Waitress! — Fräulein!

Urlaub und Reisen

aboard adv, prep [ə'bɔːd] — **einsteigen, an Bord (befindlich)**
come / go aboard a plane / ship / train / bus — in das Flugzeug / Schiff / den Zug / Bus einsteigen
The plane crashed with 250 people aboard. — Das Flugzeug stürzte mit 250 an Bord befindlichen Passagieren ab.

abroad adv [ə'brɔːd] — **im / ins Ausland**
be / live abroad — im Ausland sein / leben
go abroad — ins Ausland gehen / fahren
return from abroad — aus dem Ausland zurückkehren

bag n [bæg] — **Reisetasche**

baggage n bes AE ['bægɪdʒ] — **Gepäck**

board n, v [bɔːd] — **Bord, an Bord gehen, ein-, besteigen**
be on board a ship / plane — an Bord eines Schiffes / Flugzeugs sein
We have to board now. — Wir müssen jetzt an Bord gehen / einsteigen.
board the ship for America — an Bord des Schiffes nach Amerika gehen
board a bus / train / plane — einen Bus / Zug / ein Flugzeug besteigen

cancel v ['kænsl]	**stornieren, rückgängig machen, streichen**
cancel a booking	eine Buchung stornieren
cancel a flight / train/bus	einen Flug / Zug / Bus streichen
connect with v [kə'nekt wɪð]	**Anschluss haben an**
This train / bus connects with the 9 o'clock ferry to Calais.	Dieser Zug / Bus hat Anschluss an die Fähre nach Calais um 9 Uhr.
connection n [kə'nekʃn]	**Verbindung, Anschluss**
a direct rail / bus connection between two cities	eine direkte Bahn- / Busverbindung zwischen zwei Städten
She missed her connection.	Sie verpasste ihren Anschluss.
crew n [kru:]	**Besatzung , Mannschaft, Crew**
150 passengers and 15 crew	150 Passagiere und 15 Mann Besatzung
The plane / ship has a crew of eight.	Das Flugzeug / Schiff hat acht Mann Besatzung.
crew member n ['kru: membə]	**Besatzungsmitglied**
delay n, v [dɪ'leɪ]	**Verspätung, Verzögerung, verspäten, verzögern**
What's the reason for the delay?	Was ist der Grund für die Verspätung / Verzögerung?
The train / bus / flight was delayed.	Der Zug / Bus / Flug hatte Verspätung.
disembark v [ˌdɪsɪm'bɑ:k]	**von Bord gehen, (sich) ausschiffen, von Bord bringen**
The passengers disembarked from the ferry / plane.	Die Passagiere gingen von Bord der Fähre / des Flugzeugs.
disembark sb / sth	jd / etw von Bord bringen
disembarkation n [ˌdɪsˌembɑ:'keɪʃn]	**Landung, Ausschiffung**
economy class n [ɪ'kɒnəmi klɑ:s]	**Touristenklasse, Sparklasse**
embark v [ɪm'bɑ:k]	**an Bord gehen, (sich) einschiffen**
First class passengers may embark first.	Passagiere erster Klasse dürfen zuerst an Bord gehen.
embark for …	sich einschiffen nach …
embarkation n [ˌembɑ:'keɪʃn]	**Boarding, Einschiffung**
entry n ['entri]	**Einreise**
She was refused entry to the USA.	Ihr wurde die Einreise in die USA verweigert.
entry visa n ['entri vi:zə]	**Einreisevisum**
fare n [feə]	**Fahrpreis**
What is the fare to Bath?	Was kostet die Fahrt nach Bath?
at half / reduced fare	zum halben / zu einem reduzierten Preis
get lost v [ˌget 'lɒst] got, got [gɒt, gɒt]	**sich verfahren, sich verlaufen**
We got completely lost in London.	Wir haben uns in London völlig verfahren / verlaufen.
guide(book) n ['gaɪdbʊk]	**Reiseführer**
a guide book to London	ein Reiseführer von London
high season n [ˌhaɪ 'si:zn]	**Hochsaison**

holiday n ['hɒlədeɪ]	**Ferien, Urlaub**
be / go on holiday	im Urlaub sein / in Urlaub fahren
go to Paris for a holiday	Urlaub in Paris machen
take three weeks' holiday	drei Wochen Urlaub nehmen
school holidays	Schulferien
holiday season n ['hɒlədeɪ ˌsi:zn]	**Urlaubszeit**
immigration n [ˌɪmɪ'greɪʃn]	**Einwanderungsstelle**
journey n ['dʒɜ:ni]	**Reise, Fahrt**
go on a journey	eine Reise machen / verreisen
on their journey home	auf ihrer Heimreise
lead v [li:d]	**führen**
led, led [led, led]	
Our guide led us through town.	Unser Führer führte uns durch die Stadt.
luggage n bes BE ['lʌgɪdʒ]	**Gepäck**
check in / collect one's luggage	sein Gepäck aufgeben / abholen
a piece of luggage	ein Gepäckstück
luggage trolley n ['lʌgɪdʒ trɒli]	**Gepäckwagen**
map n [mæp]	**Stadtplan, Landkarte**
read a map	eine Karte lesen
find a road on the map	eine Straße auf der Karte finden
miss v [mɪs]	**verpassen**
miss the train / bus	den Zug / Bus verpassen
off-season n ['ɒfsi:zn]	**Nebensaison**
passenger n ['pæsɪndʒə]	**Passagier, Fluggast, Fahrgast, Personen-**
take passengers on board	Passagiere an Bord nehmen
carry passengers	Passagiere befördern
passport control n ['pɑ:spɔ:t kənˌtrəʊl]	**Passkontrolle**
phrase book n ['freɪz bʊk]	**Sprachführer**
pleasure trip n ['pleʒə trɪp]	**Vergnügungsreise**
ready adj ['redi]	**fertig, bereit**
get ready	sich fertig machen
We're ready to leave.	Wir können abfahren / gehen.
resort n [rɪ'zɔ:t]	**Ferienort, Urlaubsort**
a seaside / winter resort	ein Bade- / Wintersportort
ride v [raɪd]	**fahren**
rode, ridden [rəʊd, 'rɪdn]	
ride in a car / bus / on a train	mit dem Auto / Bus / Zug fahren
ride n [raɪd]	**Fahrt**
go for a ride in the car / bus / on the train	eine Fahrt mit dem Auto / Bus / Zug machen
It's a two hours' ride by train / bus.	Man fährt zwei Stunden mit dem Zug / Bus.
run v [rʌn]	**fahren**
ran, run [ræn, rʌn]	
I'll run you into town.	Ich fahre Sie in die Stadt.
How often do the trains to Oxford run?	Wie oft fahren die Züge nach Oxford?

run n [rʌn]	**Fahrt**
go for a run in the car / on the train	eine Fahrt mit dem Auto / dem Zug machen
season n ['si:zn]	**Saison**
The season opens / finishes next week.	Die Saison beginnt / endet nächste Woche.
show v [ʃəʊ] showed, shown [ʃəʊd, ʃəʊn]	**zeigen**
The guide showed us all the sights.	Der Führer zeigte uns alle Sehenswürdigkeiten.
sights n pl [saɪts]	**Sehenswürdigkeiten**
see the sights of London	die Sehenswürdigkeiten von London besichtigen
sightseeing n ['saɪtsi:ɪŋ]	**Besichtigungen, Sightseeing**
go sightseeing	Sehenswürdigkeiten besichtigen
We didn't have time for sightseeing.	Wir hatten keine Zeit für Besichtigungen.
sightseeing tour n ['saɪtsi:ɪŋ tʊə]	**Stadtrundfahrt**
sleeping-bag n ['sli:pɪŋbæg]	**Schlafsack**
souvenir n [ˌsu:və'nɪə]	**Andenken, Souvenir**
a souvenir of Paris	ein Andenken an Paris
steward n [stju:əd]	**Steward**
stewardess n [ˌstju:ə'des]	**Stewardess**
suitcase n ['su:tkeɪs]	**Koffer**
pack / unpack a suitcase	einen Koffer packen / auspacken
ticket n ['tɪkɪt]	**Fahrkarte, Ticket, Flugschein**
tour n, v [tʊə]	**Tour, Führung, Rundgang, Rundfahrt, Rundreise, eine Rundreise machen**
go on a sightseeing tour of England	eine Besichtigungstour durch England machen
organize a tour of London	eine Führung durch London organisieren
go on a guided tour of the castle	an einer Schlossführung teilnehmen
a tour of Wales / a world tour	eine Rundreise durch Wales / eine Weltreise
He's touring New Zealand.	Er macht eine Rundreise durch Neuseeland.
(tour) guide n ['tʊə gaɪd]	**Fremdenführer/in, Reiseleiter/in**
tourism n ['tʊərɪzəm]	**Tourismus, Fremdenverkehr**
tourist n ['tʊərɪst]	**Tourist/in**
tourist class n ['tʊərɪst klɑ:s]	**Touristenklasse**
travel n, v ['trævl]	**Reisen, reisen, fahren**
In the days when travel was difficult ...	In der Zeit, als Reisen beschwerlich war ...
on her travels	auf ihren Reisen
travel around the world / England	um die Welt / durch England reisen
travel abroad	ins Ausland reisen / fahren
The train travels at 90 miles per hour.	Der Zug hat eine Reisegeschwindigkeit von 90 Meilen pro Stunde
travel agency n ['trævl eɪdʒənsi]	**Reisebüro**
traveller n ['trævələ]	**Reisende/r**

trip n [trɪp]	**Ausflug, Reise**
go on a trip to London / the seaside	eine Reise nach London / ans Meer machen
business trip	Geschäftsreise
vacation n AE [vəˈkeɪʃn]	**Urlaub, Ferien**
be / go on vacation	in Urlaub sein / gehen
take a vacation	Urlaub nehmen
visit v [ˈvɪzɪt]	**besichtigen, besuchen**
visit a museum	ein Museum besichtigen
wait v [weɪt]	**warten**
wait for the bus / plane	auf den Bus / das Flugzeug warten

Flugreise

(aero)plane n [ˈeərəpleɪn]	**Flugzeug**
go by plane	fliegen
board / fly / land a plane	ein Flugzeug besteigen / fliegen / landen
on a plane	in einem Flugzeug
When does your plane leave?	Wann geht dein Flug?
air fare n [ˈeə feə]	**Flugpreis**
charge the full fare	den vollen Flugpreis berechnen
air hostess n [ˈeə həʊstəs]	**Stewardess**
airport n [ˈeəpɔːt]	**Flughafen**
I'll meet you at the airport.	Ich hole dich vom Flughafen ab.
aisle n [aɪl]	**Gang**
an aisle seat	ein Platz am Gang
altitude n [ˈæltɪtjuːd]	**Höhe (über NN)**
The plane was flying at an altitude of 10,000 metres.	Das Flugzeug flog in einer Höhe von 10 000 Metern.
fly at high altitude	in großer Höhe fliegen
arrival lounge n [əˈraɪvl laʊndʒ]	**Ankunftshalle**
baggage claim n [ˈbægɪdʒ kleɪm]	**Gepäckausgabe**
cabin n [ˈkæbɪn]	**Passagierraum, Fluggastraum, Kabine**
cabin crew n [ˈkæbɪn kruː]	**Kabinenbesatzung**
captain n [ˈkæptɪn]	**(Flug-)Kapitän**
charter flight n [ˈtʃɑːtə flaɪt]	**Charterflug**
check in v [ˌtʃek ˈɪn]	**(sich) einchecken, (sich) abfertigen (lassen)**
check in for a flight	sich für einen Flug einchecken
check-in n [ˌtʃekɪn]	**Einchecken, Abfertigung**
check-in time	Eincheck- / Abfertigungszeit
cockpit n [ˈkɒkpɪt]	**Cockpit**
copilot n [ˈkəʊpaɪlət]	**Kopilot/in**
cruising altitude n [ˌkruːzɪŋ ˈæltɪtjuːd]	**Reiseflughöhe**

departure lounge n [dɪ'pɑːtʃə laʊndʒ]	**Abflughalle, Warteraum**
domestic flight n [dəˌmestɪk 'flaɪt]	**Inlandsflug**
duty-free shop n [ˌdjuːti'friː ʃɒp]	**Dutyfreeshop**
emergency landing n [i'mɜːdʒənsi lændɪŋ]	**Notlandung**
flight n [flaɪt]	**Flug**
a charter / connecting / direct flight	ein Charter- / Anschluss- / Direktflug
on the flight to Frankfurt	auf dem Flug nach Frankfurt
flight attendant n ['flaɪt əˌtendənt]	**Flugbegleiter/in**
fly v [flaɪ]	**fliegen**
flew, flown [fluː, fləʊn]	
fly a plane	ein Flugzeug fliegen
gate n [geɪt]	**Flugsteig, Gate**
ground crew n ['graʊnd kruː]	**Bodenpersonal**
land v [lænd]	**landen**
landing n ['lændɪŋ]	**Landung**
make a hard / safe / soft landing	eine harte / sichere / weiche Landung machen
pilot n ['paɪlət]	**Pilot/in, Flugzeugführer/in**
return flight n [rɪˌtɜːn 'flaɪt]	**Rückflug**
rough adj [rʌf]	**unruhig**
a rough flight	ein unruhiger Flug
runway n ['rʌnweɪ]	**Startbahn, Landebahn**
scheduled flight n ['ʃedjuːld flaɪt]	**Linienflug**
smooth adj [smuːð]	**ruhig, glatt**
a smooth flight	eine ruhiger Flug
a smooth landing	eine glatte Landung
stopover n ['stɒpəʊvə]	**Zwischenlandung, Stopover, Zwischenstation**
We had a stopover in London.	Wir sind in London zwischengelandet.
We had a three-day stopover in Singapore.	Wir hatten einen dreitägigen Stopover in Singapur.
take off v [ˌteɪk 'ɒf]	**starten, abheben**
took, taken [tʊk, ˌteɪkən]	
They took off at 5.45 pm.	Sie sind um 17.45 Uhr gestartet.
takeoff n ['teɪkɒf]	**Start, Abflug**
Takeoff is at 5.45 pm.	Der Abflug ist um 17.45 Uhr.
terminal n ['tɜːmɪnl]	**Terminal, Abfertigungsgebäude**
at the terminal	im Terminal
wing n [wɪŋ]	**Tragfläche, Flügel**

Schiffsreise

ashore adv [ə'ʃɔː]	**an Land**
come / go ashore	an Land kommen / gehen

boat n [bəʊt] — **Boot, Schiff**
go by boat — mit dem Schiff fahren
go out on the lake in a small boat — mit einem kleinen Boot auf den See hinausfahren

cabin n ['kæbɪn] — **Kabine, Kajüte**

calm n [kɑːm] — **ruhig**
the sea is calm — die See ist ruhig

captain n ['kæptɪn] — **Kapitän**

car deck n ['kɑː dek] — **Autodeck**

crossing n ['krɒsɪŋ] — **Überfahrt**
the crossing from Calais to Dover — die Überfahrt von Calais nach Dover

cruise n, v [kruːz] — **Kreuzfahrt, eine Kreuzfahrt machen, kreuzen**
go on a cruise — eine Kreuzfahrt machen
They cruised the Caribbean for six months. — Sie haben eine sechsmonatige Kreuzfahrt in der Karibik gemacht.

deck n [dek] — **Deck**
go up on / below deck — an Deck / unter Deck gehen

harbour n ['hɑːbə] — **Hafen**
a natural harbour — ein natürlicher Hafen
come into / leave the harbour — in den Hafen einlaufen / aus dem Hafen auslaufen

lifeboat n ['laɪfbəʊt] — **Rettungsboot**

moor v [mʊə] — **anlegen, festmachen**
moor a boat to the river-bank — ein Boot am Ufer festmachen
moor alongside the quay — am Kai anlegen

motor boat n ['məʊtə bəʊt] — **Motorboot**

ocean liner n ['əʊʃn laɪnə] — **Ozeandampfer**

pier n [pɪə] — **Pier, Anlegestelle**

port n [pɔːt] — **Hafen, Hafenstadt, Backbord**
The ship spent one day in port. — Das Schiff lag einen Tag im Hafen
fishing port — Fischereihafen
to port — nach Backbord

put in v [ˌpʊt 'ɪn] — **einlaufen**
put, put [pʊt, pʊt]
put in at a port / to Dover — in einen Hafen / in Dover einlaufen

put out v [ˌpʊt 'aʊt] — **auslaufen**
put out to sea — in See stechen

quay n [kiː] — **Kai**
alongside the quay — am Kai

rough adj [rʌf] — **rauh, unruhig**
rough sea — rauhe See

sail n, v [seɪl] — **Segel, segeln (mit), abfahren, ablegen**
hoist the sails — die Segel hissen
The ferry sails at 11 am. — Die Fähre legt um 11 Uhr ab.

sailing-boat n ['seɪlɪŋbəʊt]	**Segelboot**
sea n [siː]	**Meer, See**
be at sea	auf See sein
ship n [ʃɪp]	**Schiff**
go to America by ship	mit dem Schiff nach Amerika fahren
smooth adj [smuːð]	**ruhig**
a smooth crossing	eine ruhige Überfahrt
starboard n ['stɑːbəd]	**Steuerbord**
to starboard	nach Steuerboard
tie up v [ˌtaɪ 'ʌp] tied, tied [taɪd, taɪd]	**festmachen**
We tied up alongside the quay.	Wir machten am Kai fest.
voyage n ['vɔɪɪdʒ]	**(See-)Reise**
go on a voyage across the ocean	eine Reise übers Meer machen
go on a voyage to India	auf eine Reise nach Indien gehen
yacht n [jɒt]	**Jacht**

Bus- und Bahnreise

bus n [bʌs]	**Bus**
bus driver n ['bʌs draɪvə]	**Busfahrer/in**
bus stop n ['bʌs stɒp]	**Bushaltestelle**
carriage n ['kærɪdʒ]	**Eisenbahnwagen**
a first-class carriage	ein Wagen erster Klasse
catch v [kætʃ] caught, caught [kɔːt, kɔːt]	**erreichen, nehmen**
He caught the train just in time.	Er hat den Zug gerade noch rechtzeitig erreicht.
She caught the bus into town.	Sie fuhr mit dem Bus in die Stadt.
change v [tʃeɪndʒ]	**umsteigen**
change at Victoria for Kew Gardens	in Victoria nach Kew Gardens umsteigen
class n [klɑːs]	**Klasse**
travel first / second class	erster / zweiter Klasse reisen / fahren
compartment n [kəm'pɑːtmənt]	**Abteil**
conductor n [kən'dʌktə]	**Busschaffner/in**
day return n BE [ˌdeɪ rɪ'tɜːn]	**(verbilligte) Tagesrückfahrkarte**
get off v [ˌget 'ɒf] got, got [gɒt, gɒt]	**aussteigen**
get off a bus / train	aus einem Bus / Zug aussteigen
Get off at the next station!	Steigen Sie an der nächsten Station aus!
get on v [ˌget 'ɒn] got, got [gɒt, gɒt]	**einsteigen**
get on a bus / train	in einen Bus / Zug einsteigen
guard n [gɑːd]	**Schaffner/in, Zugbegleiter/in**

left-luggage locker n [ˌleft'lʌgɪdʒ lɒkə]	**Gepäckschließfach**
left-luggage office n BE [ˌleft'lʌgɪdʒ ɒfɪs]	**Gepäckaufbewahrung**
locker n ['lɒkə]	**Schließfach**
luggage-rack n ['lʌgɪdʒræk]	**Gepäcknetz**
monthly season ticket n [ˌmʌnθli 'siːzn tɪkɪt]	**Monatsfahrkarte**
occupied adj ['ɒkjupaɪd]	**besetzt**
Is this seat occupied?	Ist dieser Platz besetzt?
platform n ['plætfɔːm]	**Bahnsteig, Gleis**
The London train leaves from platform 10.	Der Zug nach London geht von Gleis 10 ab.
The train arrives at platform 13.	Der Zug kommt auf Gleis 13 an.
She was waiting on the platform.	Sie wartete auf dem Bahnsteig.
queue n, v [kjuː]	**Reihe, Schlange, anstehen, Schlange stehen**
stand in a queue at the bus station	an der Bushaltestelle Schlange stehen
queue for sth	für etw anstehen / Schlange stehen
railway n ['reɪlweɪ]	**(Eisen-)Bahn**
railway line n ['reɪlweɪ laɪn]	**(Eisen-)Bahnlinie**
(railway) station n ['reɪlweɪ steɪʃn]	**Bahnhof**
I'll meet you at the station.	Ich hole dich am Bahnhof ab.
take sb to the station	jdn zum Bahnhof bringen
restaurant car n ['restrɒnt kɑː]	**Speisewagen**
return ticket n [rɪˌtɜːn 'tɪkɪt]	**Rückfahrkarte**
seat n [siːt]	**(Sitz-)Platz**
The train has 200 seats.	Der Zug bietet 200 Sitzplätze.
book three seats on a train	drei Plätze in einem Zug reservieren lassen
signal n, v ['sɪgnəl]	**Signal, Zeichen, ein Zeichen geben**
He blew the whistle as a signal.	Er gab mit der Pfeife ein Signal.
give sb a signal	jdm ein Zeichen geben
give the signal for sth / to do sth	das Zeichen / Signal geben zu etw / etw zu tun
signal to sb	jdm ein Zeichen geben
single ticket n [ˌsɪŋgl 'tɪkɪt]	**einfache Fahrkarte**
sleeper, sleeping-car n ['sliːpə, 'sliːpɪŋkɑː]	**Schlafwagen**
book a sleeper	einen Platz im Schlafwagen buchen
terminal n ['tɜːmɪnl]	**Endstation**
ticket collector n ['tɪkɪt kəˌlektə]	**Zugschaffner/in**
ticket inspector n ['tɪkɪt ɪnˌspektə]	**Fahrkartenkontrolleur/in**
ticket office n ['tɪkɪt ɒfɪs]	**Fahrkartenschalter**
timetable n ['taɪmteɪbl]	**Fahrplan, Kursbuch**
train n [treɪn]	**Zug**
go to Bath by train	mit dem Zug nach Bath fahren
catch / miss a train	einen Zug erreichen / verpassen

vacant adj ['veɪkənt] — **frei**
The lavatory is vacant. — Die Toilette ist frei.

waiting-room n ['weɪtɪŋruːm] — **Wartesaal**

Autofahrt

accelerate v [ək'seləreɪt] — **beschleunigen**

back v [bæk] — **rückwärts fahren**
He backed into the tree. — Er fuhr rückwärts gegen den Baum.
back a car into the garage — einen Wagen rückwärts in die Garage fahren

back up v [ˌbæk 'ʌp] — **zurücksetzen**
You can back up a little more. — Du kannst noch ein bisschen zurücksetzen.

brake n, v [breɪk] — **Bremse, bremsen**
put on the brakes — bremsen
The brakes jammed / failed. — Die Bremsen blockierten / versagten.
brake hard — scharf bremsen

car n [kɑː] — **Auto, Wagen**
go (to Bath) by car — mit dem Auto (nach Bath) fahren
get into / out of a car — in ein Auto einsteigen / aus einem Auto aussteigen
He sat in the back of the car. — Er saß hinten im Auto.

car park n ['kɑː pɑːk] — **Parkplatz, Parkhaus**
leave one's car in a car park — sein Auto auf einem Parkplatz / in einem Parkhaus abstellen

control n, v [kən'trəʊl] — **Gewalt, Kontrolle, kontrollieren, beherrschen**
lose control of one's car — die Kontrolle über seinen Wagen verlieren

dipped headlights n BE [dɪpt 'hedlaɪts] — **Abblendlicht**
drive on dipped headlights — mit Abblendlicht fahren

diversion n [daɪ'vɜːʃn] — **Umleitung**
follow a diversion — einer Umleitung folgen

drive n [draɪv] — **Autofahrt**
go for a drive in the country — mit dem Auto aufs Land fahren
It's only a 15 minute drive. — Mit dem Auto sind es nur 15 Minuten.

drive v [draɪv] — **fahren**
drove, driven [drəʊv, 'drɪvn]
drive at high speed — mit hoher Geschwindigkeit fahren
He drove her to the station. — Er fuhr sie zum Bahnhof.

driver n ['draɪvə] — **Fahrer/in**

driving-licence n ['draɪvɪŋlaɪsns] — **Führerschein**
do / lose one's driving-licence — seinen Führerschein machen / verlieren

filling station n AE ['fɪlɪŋ steɪʃn] — **Tankstelle**

full beam n [ˌfʊl 'biːm] — **Fernlicht**
drive on full beam — das Fernlicht eingeschaltet haben

garage n ['gærɑːʒ]	**(Auto-)Werkstatt, Tankstelle**
I'll have my car repaired at the garage.	Ich lasse mein Auto in der Werkstatt reparieren.
(garage) mechanic n [ˌgærɑːʒ mɪ'kænɪk]	**(Kraftfahrzeug-)Mechaniker/in**
gas n AE [gæs]	**Benzin**
gear n [gɪə]	**Gang**
The car is out of / in gear.	Es ist kein / ein Gang eingelegt.
change gears	schalten
change from fourth into third gear	vom vierten in den dritten Gang schalten
handbrake n ['hændbreɪk]	**Handbremse**
put on / release the handbrake	die Handbremse anziehen / lösen
hard shoulder n [ˌhɑːd 'ʃəʊldə]	**Seitenstreifen**
keep v [kiːp] kept, kept [kept, kept]	**bleiben**
Keep to the left!	Bleiben Sie auf der linken Spur! / Links fahren!
leaded adj ['ledɪd]	**verbleit**
main beam n [ˌmeɪn 'biːm]	**Fernlicht**
drive on main beam	das Fernlicht eingeschaltet haben
overtake v [ˌəʊvə'teɪk] overtook, overtaken [ˌəʊvə'tʊk, ˌəʊvə'teɪkən]	**überholen**
park n [pɑːk]	**parken, einparken**
find a place to park	einen Parkplatz finden
park a car	ein Auto (ein)parken
parking v ['pɑːkɪŋ]	**Parken, Parkmöglichkeit(en)**
No parking.	Parken verboten.
There is parking for 20 cars.	Es gibt Parkmöglichkeiten für 20 Autos.
parking space n ['pɑːkɪŋ speɪs]	**Parkplatz, Parklücke**
look for a parking space	einen Parkplatz suchen
The parking space is too small	Die Parklücke ist zu klein.
passenger n, adj ['pæsɪndʒə]	**Beifahrer/in, Mitfahrer/in, Personen-**
petrol n BE ['petrəl]	**Benzin**
super / regular petrol	Super- / Normalbenzin
I have to get some petrol.	Ich muss noch tanken.
Have you put petrol in?	Hast du getankt?
(petrol) pump n ['petrəl pʌmp]	**Zapfsäule**
petrol station n BE ['petrəl steɪʃn]	**Tankstelle**
reverse n [rɪ'vɜːs]	**Rückwärtsgang**
go into reverse	in den Rückwärtsgang schalten
The car is in reverse.	Der Rückwärtsgang ist eingelegt.
road map n ['rəʊd mæp]	**Straßenkarte**
rush hour n ['rʌʃ aʊə]	**Hauptverkehrszeit, Rushhour**
in the rush hour	zur Hauptverkehrszeit

service n, v ['sɜːvɪs]	**Wartung, Inspektion, warten, Inspektion machen**
put one's car in for service	sein Auto zur Inspektion geben
send one's car to be serviced	sein Auto zur Inspektion geben
service station n ['sɜːvɪs steɪʃn]	**(Autobahn-)Raststätte**
sign n [saɪn]	**(Hinweis-)Schild, Zeichen**
Can you see the sign to the station?	Kannst du das Hinweisschild zum Bahnhof sehen?
give sb a sign	jdm ein Zeichen geben
signpost n, v ['saɪnpəʊst]	**Wegweiser, ausschildern**
The signpost says it's 25 miles to London.	Auf dem Wegweiser steht, dass es 25 Meilen bis London sind.
The village / diversion is signposted.	Das Dorf / die Umleitung ist ausgeschildert.
speed v [spiːd]	**rasen**
sped, sped [sped, sped]	
He was speeding past the traffic lights.	Er raste an der Ampel vorbei.
speed n [spiːd]	**Geschwindigkeit**
at a speed of 40 miles per hour	mit einer Geschwindigkeit von 65 km/h
speed limit n ['spiːd lɪmɪt]	**Geschwindigkeitsbegrenzung**
exceed the speed limit	die Geschwindigkeitsbegrenzung überschreiten
speeding n ['spiːdɪŋ]	**Geschwindigkeitsüberschreitung**
He was fined for speeding.	Er bekam eine Geldstrafe für zu schnelles Fahren.
stall v [stɔːl]	**ausgehen, abwürgen**
The engine suddenly stalled.	Der Motor ging plötzlich aus.
He stalled the engine / car.	Er würgte den Motor / Wagen ab.
steer v [stɪə]	**lenken, steuern**
steer a car	ein Auto lenken
stop v [stɒp]	**(an)halten**
stop a pedestrian	einen Fußgänger anhalten
The car stopped at the lights.	Der Wagen hielt an der Ampel.
Stop!	Halt!
ticket n ['tɪkɪt]	**Strafzettel**
get a ticket for speeding	einen Strafzettel für zu schnelles Fahren bekommen
traffic n ['træfɪk]	**(Straßen-)Verkehr**
heavy / light traffic	starker / wenig Verkehr
direct / block / divert traffic	den Verkehr regeln / behindern / umleiten
traffic jam n ['træfɪk dʒæm]	**(Verkehrs-)Stau, Verkehrschaos**
get stuck in a traffic jam	in einem Verkehrsstau stecken bleiben
(traffic-)lights n ['træfɪklaɪts]	**(Verkehrs-)Ampel**
stop at the (traffic-)lights	an der Ampel halten
The (traffic-)lights turned red.	Die Ampel wurde / sprang auf Rot.
(traffic) sign n ['træfɪk saɪn]	**Verkehrsschild**

turn v [tɜːn] — **abbiegen**
turn right / left — nach rechts / links abbiegen
The car turned into London Road. — Der Wagen bog in die London Road ein.
She turned onto the motorway. — Sie fuhr auf die Autobahn (auf).
He turned off the High Street. — Er bog von der High Street ab.

unleaded adj [ʌn'ledɪd] — **bleifrei**

Fahrrad- und Motorradfahrt

back wheel n [ˌbæk 'wiːl] — **Hinterrad**

bell n [bel] — **Klingel**

bicycle n ['baɪsɪkl] — **Fahrrad**

bicycle ride n ['baɪsɪkl raɪd] — **Fahrradtour**
Let's go for a bicycle ride. — Lasst uns eine Fahrradtour machen.

bike n [baɪk] — **(Fahr-)Rad**
get off a bike — von einem Fahrrad absteigen
go by bike — Fahrrad fahren

carrier n ['kæriə] — **Gepäckträger**

chain n [tʃeɪn] — **Kette**

crash helmet n ['kræʃ helmɪt] — **Sturzhelm**
put on / wear a crash helmet — einen Sturzhelm aufsetzen / tragen

cycle n, v, adj ['saɪkl] — **Fahrrad, Rad fahren, Fahrrad-**
She cycled down the road. — Sie fuhr mit dem Rad die Straße runter.
a cycle shop — ein Fahrradladen

cycle clip n ['saɪkl klɪp] — **Fahrradklammer**

cycle path n ['saɪkl pɑːθ] — **Fahrradweg**

cycle rack n ['saɪkl ræk] — **Fahrradständer**

cycling n ['saɪklɪŋ] — **Rad fahren**

cyclist n ['saɪklɪst] — **Radfahrer/in**

front wheel n [ˌfrʌnt 'wiːl] — **Vorderrad**

gears n pl [gɪəz] — **Gangschaltung**

handlebars n pl ['hændlbɑːz] — **Lenkstange**

moped n ['məʊped] — **Moped, Mofa**

motor cycle n ['məʊtə saɪkl] — **Motorrad**
drive / ride a motor cycle — ein Motorrad fahren

motor-cyclist n ['məʊtəsaɪklɪst] — **Motorradfahrer/in**

motor-scooter n ['məʊtəskuːtə] — **Motorroller**

mountain bike n ['maʊntən baɪk] — **Mountainbike**

mudguard n ['mʌdgɑːd] — **Schutzblech**

pedal n ['pedl] — **Pedal**

racing bike n ['reɪsɪŋ baɪk] — **Rennrad**

reflector n [rɪ'flektə] | **Katzenauge**

ride v [raɪd] | **fahren**
rode, ridden [rəʊd, 'rɪdn]
ride a bike | Rad fahren

saddle n ['sædl] | **Sattel**

saddlebag n ['sædlbæg] | **Satteltasche**

spoke n [spəʊk] | **Speiche**

tail-light n ['teɪllaɪt] | **Rücklicht**

tire n AE ['taɪə] | **Reifen**

trekking bike n ['trekɪŋ baɪk] | **Trekkingrad**

tricycle n ['traɪsɪkl] | **Dreirad**

tyre n BE ['taɪə] | **Reifen**

wheel n [wiːl] | **Rad**
change a wheel | ein Rad wechseln

Kunst

Theater und Varieté

act n, v [ækt] | **Akt, (Theater) spielen, schauspielern**
a play in three acts | ein Stück in drei Akten
act in a play | in einem Stück auftreten
act the part of Macbeth | die Rolle des Macbeth spielen

actor n ['æktə] | **Schauspieler**
cast an actor for the part of Hamlet | einem Schauspieler die Rolle des Hamlet geben
a character actor | ein Charakterdarsteller

actress n ['æktrəs] | **Schauspielerin**

appear v [ə'pɪə] | **auftreten**
appear as Macbeth | als Macbeth auftreten

appearance v [ə'pɪərəns] | **Auftritt**
His stage appearance was a success. | Sein Bühnenauftritt war ein Erfolg.

art n [ɑːt] | **Kunst**
contemporary art | zeitgenössische Kunst
the fine arts | die schönen Künste

audience n ['ɔːdiəns] | **Publikum**
a large / small audience | ein großes / kleines Publikum

box office n ['bɒks ɒfɪs] | **(Theater-)Kasse**

comedian n [kə'miːdiən] | **Komiker/in**

comedy n ['kɒmədi] | **Komödie, Comedy**

copy v ['kɒpi] | **nachahmen**
copy sb / sth | jdn / etw nachahmen

drama n ['drɑːmə] | **Drama**

entertain v [ˌentəˈteɪn]	**unterhalten**
entertain an audience with jokes	ein Publikum mit Witzen unterhalten
entertainment n [ˌentəˈteɪnmənt]	**Unterhaltung, Entertainment**
provide entertainment	für Unterhaltung sorgen
much to her entertainment	sehr zu ihrer Belustigung
entrance n [ˈentrəns]	**Auftritt**
make an entrance	auftreten
On her entrance (onto the stage) the audience applauded.	Als sie auftrat, applaudierte das Publikum.
epilogue n [ˈepɪlɒg]	**Epilog, Nachwort**
foyer n [ˈfɔɪeɪ]	**Foyer**
magic n, adj [ˈmædʒɪk]	**Zauberei, magisch, Zauber-**
They made the tiger disappear by magic.	Sie zauberten den Tiger weg.
like magic	wie durch Zauberei
magic words / tricks	Zauberworte / -tricks
magician n [məˈdʒɪʃn]	**Zauberer, Zauberin**
parody n, v [ˈpærədi]	**Parodie, parodieren**
part n [pɑːt]	**Rolle, Part**
perform v [pəˈfɔːm]	**aufführen, auftreten**
perform a play	ein Stück aufführen
perform on stage	auf der Bühne auftreten
performance n [pəˈfɔːməns]	**Vorstellung, Aufführung, Auftritt**
give a performance	eine Vorstellung geben
His performance was a success.	Sein Auftritt war ein Erfolg.
play n [pleɪ]	**(Theater-)Stück, Schauspiel**
write / stage / perform a play	ein Theaterstück schreiben / inszenieren / aufführen
prologue n [ˈprəʊlɒg]	**Prolog**
prompter n [ˈprɒmptə]	**Souffleur, Souffleuse**
protagonist n [prəˈtægənɪst]	**Protagonist/in**
role n [rəʊl]	**Rolle**
play the role of Macbeth	die Rolle des Macbeth spielen
a leading / supporting role in a play	eine Haupt- / Nebenrolle in einem Theaterstück
scene n [siːn]	**Szene**
a scene from a famous play	eine Szene aus einem berühmten Stück
season ticket n [ˈsiːzn tɪkɪt]	**(Theater-)Abonnement**
have a season ticket for the theatre / theatre season ticket	ein Theaterabonnement haben
show business n [ˈʃəʊ bɪznəs]	**Showgeschäft**
be in show business	im Showgeschäft sein
stage n [steɪdʒ]	**Bühne**
leave the stage	von der Bühne abtreten
She's always wanted to go on stage.	Sie wollte schon immer zur Bühne.
stage fright n [ˈsteɪdʒ fraɪt]	**Lampenfieber**

theatre n ['θɪətə] — **Theater**
go to the theatre — ins Theater gehen
They were at the theatre last night. — Sie waren gestern abend im Theater.
What's on at the theatre? — Was wird im Theater gegeben?

theatre company n ['θɪətə kʌmpəni] — **Theatertruppe, Theaterensemble**

theatre-goer n ['θɪətəˌgəʊə] — **Theaterbesucher/in**
He's not much of a theatre-goer. — Er geht nicht gern ins Theater.

ticket n ['tɪkɪt] — **(Eintritts-)Karte**

ticket office n ['tɪkɪt ɒfɪs] — **Kasse**

tragedy n ['trædʒədi] — **Tragödie**

tragic adj ['trædʒɪk] — **tragisch**

tragicomedy n [ˌtrædʒi'kɒmədi] — **Tragikomödie**

work of art n [ˌwɜːk əv 'ɑːt] — **Kunstwerk**

Literatur

appendix n [ə'pendɪks] — **Anhang**
three appendices — drei Appendizes

author n ['ɔːθə] — **Autor/in, Schriftsteller/in**
She's a talented young author. — Sie ist eine begabte junge Schriftstellerin.
Who's the author of this book? — Wer ist der Autor dieses Buches?

autobiography n [ˌɔːtəbaɪ'ɒgrəfi] — **Autobiographie**

bestseller n ['bestselə] — **Bestseller**

biography n [baɪ'ɒgrəfi] — **Biographie**

book n [bʊk] — **Buch**
publish a book — ein Buch veröffentlichen
The book is out of print. — Das Buch ist vergriffen.
a book on Shakespeare — ein Buch über Shakespeare

chapter n ['tʃæptə] — **Kapitel**
The book is divided into seven chapters. — Das Buch ist in sieben Kapitel unterteilt.

character n ['kærəktə] — **(Roman-)Figur**

comic n, adj ['kɒmɪk] — **Comic(strip), komisch, lustig**
a comic cartoon — ein lustiger/s Cartoon

copy n ['kɒpi] — **Exemplar**
a copy of a book / record — Exemplar eines Buches / einer Platte

fairy-tale n ['feəriteɪl] — **Märchen**
tell a fairy-tale — ein Märchen erzählen

fiction n ['fɪkʃn] — **Erzählliteratur, Romanliteratur**
light fiction — leichte Unterhaltungsliteratur

line n [laɪn] — **Zeile**

literature n ['lɪtrətʃə] — **Literatur**
specialist literature — Fachliteratur
There is extensive literature on the topic. — Es gibt umfangreiche Literatur zu dem Thema.

metre n ['mi:tə]	**Versmaß**
myth n [mɪθ]	**Mythos**
the Greek myths	die griechischen Mythen
mythology n [mɪ'θɒlədʒi]	**Mythologie**
in Greek mythology	in der griechischen Mythologie
narration n [nə'reɪʃn]	**Erzählung**
narrative n, adj ['nærətɪv]	**Erzählung, erzählend**
narrator n [nə'reɪtə]	**Erzähler/in**
non-fiction n [ˌnɒn'fɪkʃn]	**Sachbücher**
a non-fiction book	ein Sachbuch
novel n ['nɒvl]	**Roman**
a dime / historical novel	ein Groschen- / historischer Roman
make a novel into a film	einen Roman verfilmen
paperback n ['peɪpəbæk]	**Taschenbuch**
plot n [plɒt]	**Handlungsablauf**
poem n ['pəʊɪm]	**Gedicht**
a poem by Shakespeare	ein Gedicht von Shakespeare
read a poem	ein Gedicht vorlesen
poet n ['pəʊɪt]	**Dichter/in**
poetry n ['pəʊətri]	**Dichtung**
write poetry	dichten
quotation n [kwəʊ'teɪʃn]	**Zitat**
a quotation from Shakespeare	ein Zitat von Shakespeare
quote v [kwəʊt]	**zitieren**
satire n ['sætaɪə]	**Satire**
satirical adj ['sə'tɪrɪkl]	**satirisch**
science fiction n, adj [ˌsaɪəns 'fɪkʃn]	**Sciencefiction, Zukunfts-**
science-fiction novels	Sciencefictionromane
short story n [ˌʃɔ:t 'stɔ:ri]	**Kurzgeschichte**
story n ['stɔ:ri]	**Erzählung, Geschichte**
style n [staɪl]	**Stil**
stylistic adj [staɪ'lɪstɪk]	**stilistisch**
The book is a stylistic masterpiece.	Das Buch ist ein stilistisches Meisterwerk.
Stylistically, the book is a masterpiece.	Stilistisch ist das Buch ein Meisterwerk.
text n [tekst]	**Text**
theme n [θi:m]	**Thema**
the theme of a book	das Thema eines Buchs
verse n [vɜ:s]	**Vers**
writer n ['raɪtə]	**Schriftsteller/in, Autor/in**
a horror-story writer	ein Autor von Horrorgeschichten

Malerei und Skulptur

(art) collection n [ɑːt kə'lekʃn]	**(Kunst-)Sammlung**
(art) gallery n ['ɑːt gæləri]	**(Kunst-)Galerie**
artist n ['ɑːtɪst]	**Künstler/in**
She's a talented / great artist.	Sie ist eine begabte / große Künstlerin.
bronze n, adj [brɒnz]	**Bronze, aus Bronze**
a bronze statue	eine Bronzestatue
cartoon n [kɑː'tuːn]	**Karikatur**
a political cartoon	eine politische Karikatur
cartoonist n [kɑː'tuːnɪst]	**Karikaturist/in**
carve v [kɑːv]	**schnitzen, (be)hauen, meißeln**
carve (out of / in) wood / marble	(aus) Holz schnitzen / aus Marmor hauen
carving n ['kɑːvɪŋ]	**Skulptur, (Holz-)Schnitzerei**
cast v [kɑːst]	**gießen**
cast a sculpture	eine Skulptur gießen
colour v ['kʌlə]	**kolorieren, ausmalen**
create v [kriː'eɪt]	**(er)schaffen**
We believe that God created the world.	Wir glauben, dass Gott die Welt erschuf.
creation n [kri'eɪʃn]	**Werk**
literary creation	literarisches Werk
drawing n ['drɔːɪŋ]	**Zeichnung, Zeichenkunst**
make a drawing of sth	eine Zeichnung von etw anfertigen
engraving n [ɪn'greɪvɪŋ]	**Stich**
etching n ['etʃɪŋ]	**Radierung**
exhibit v [ɪg'zɪbɪt]	**ausstellen**
exhibit a work of art in a museum	ein Kunstwerk in einem Museum ausstellen
exhibition n [ˌeksɪ'bɪʃn]	**Ausstellung**
put on / open an exhibition	eine Ausstellung veranstalten / eröffnen
Her pictures are on exhibition at the museum.	Ihre Bilder werden im Museum ausgestellt.
frame n, v [freɪm]	**Rahmen, (ein)rahmen**
have a picture framed	ein Bild rahmen lassen
genuine adj ['dʒenjuɪn]	**echt**
a genuine Picasso	ein echter Picasso
graphic artist n [ˌgræfɪk ɑːtɪst]	**Grafiker/in**
museum n [mjuː'zɪəm]	**Museum**
oil-painting n ['ɔɪlpaɪntɪŋ]	**Ölgemälde**
opening n ['əʊpnɪŋ]	**Eröffnung**
the opening of an exhibition	die Ausstellungseröffnung
original n, adj [ə'rɪdʒənl]	**Original, original, ursprünglich**
the original of a painting	das Original eines Gemäldes
the original colour	die ursprüngliche Farbe

paint n, v [peɪnt]	**Farbe, malen**
paint a picture / landscape	ein Bild / eine Landschaft malen
paintbrush n ['peɪntbrʌʃ]	**Pinsel**
paintbox n ['peɪntbɒks]	**Malkasten**
painter n ['peɪntə]	**Maler/in**
painting n ['peɪntɪŋ]	**Gemälde**
picture frame n ['pɪktʃə freɪm]	**Bilderrahmen**
print n [prɪnt]	**Druck**
a print of a famous painting	ein Druck eines berühmten Gemäldes
sculptor n ['skʌlptə]	**Bildhauer**
sculptress n ['skʌlptrəs]	**Bildhauerin**
sculpture n ['skʌlptʃə]	**Plastik, Skulptur**
an exhibition of modern sculpture	eine Ausstellung moderner Plastik
a stone sculpture	eine Steinskulptur
sketch n, v [sketʃ]	**Skizze, skizzieren**
draw a rough sketch of a landscape	eine grobe Skizze einer Landschaft anfertigen
sketch a building	ein Gebäude skizzieren
statue n ['stætʃuː]	**Statue, Standbild**
cast a statue in bronze	eine Statue in Bronze gießen
Statue of Liberty	Freiheitsstatue
water-colour painting n [ˌwɔːtəkʌlə 'peɪntɪŋ]	**Aquarell**

Fotografie und Film

adapt v [ə'dæpt]	**adaptieren, umarbeiten**
adapt a book for a film	ein Buch für einen Film umarbeiten
adaptation n [ˌædæp'teɪʃn]	**Adap(ta)tion, Umarbeitung**
an adaptation of a play by Shakespeare for the cinema	eine Adaption eines Stücks von Shakespeare für das Kino
background n ['bækgraʊnd]	**Hintergrund**
camera n ['kæmərə]	**Fotoapparat, Kamera**
load a camera	einen Film in eine Kamera einlegen
cartoon n [kɑː'tuːn]	**Zeichentrickfilm, Cartoon**
cast n [kɑːst]	**Besetzung**
cinema n ['sɪnəmə]	**Kino**
be on at the cinema	im Kino laufen
detective film n [dɪ'tektɪv fɪlm]	**Kriminalfilm, Krimi**
direct v [də'rekt]	**Regie führen**
director n [də'rektə]	**Regisseur/in**
enlarge v [ɪn'lɑːdʒ]	**vergrößern**
have a photograph enlarged	ein Foto vergrößern lassen

enlargement n [ɪn'lɑ:dʒmənt]	**Vergrößerung**
make an enlargement of a photograph	eine Vergrößerung von einem Foto machen
film n, v [fɪlm]	**Film, filmen, verfilmen**
load / develop a film	einen Film einlegen / entwickeln
make / produce / release / show a film	einen Film drehen / produzieren / herausbringen / zeigen
black and white film	Schwarzweißfilm
colour film	Farbfilm
film a book for television	ein Buch fürs Fernsehen verfilmen
flash(light) n ['flæʃlaɪt]	**Blitz(licht)**
foreground n ['fɔ:graʊnd]	**Vordergrund**
in the foreground	im Vordergrund
instant camera n ['ɪnstənt kæmərə]	**Sofortbildkamera**
movie n bes AE ['mu:vi]	**Spielfilm**
make / produce a movie	einen Film machen / produzieren
movies, the n pl bes AE ['mu:viz]	**Kino**
go to the movies	ins Kino gehen
photo(graph) n, v ['fəʊtəʊ, 'fəʊtəgrɑ:f]	**Foto(grafie), fotografieren**
take a photo of sb	ein Foto von jdm machen
develop / enlarge a photo	ein Foto entwickeln / vergrößern
photograph children / landscapes	Kinder / Landschaften fotografieren
photo album n ['fəʊtəʊ ælbəm]	**Fotoalbum**
photographer n [fə'tɒgrəfə]	**Fotograf/in**
photography n [fə'tɒgrəfi]	**Fotografie**
picture n ['pɪktʃə]	**Bild**
take a picture of sb	ein Bild machen von jdm
print n [prɪnt]	**Abzug**
have two prints made of each picture	von jedem Bild zwei Abzüge machen lassen
shot n [ʃɒt]	**Aufnahme**
take some shots of sth	einige Aufnahmen von etw machen
That's a good shot!	Das ist eine gute Aufnahme!
slide n [slaɪd]	**Dia**
(slide) projector n ['slaɪd prədʒektə]	**(Dia-)Projektor**
star n [stɑ:]	**Star**
a film star	ein Filmstar
suspense n [sə'spens]	**Spannung**
thriller n ['θrɪlə]	**spannender Film, Krimi**

Musik, Gesang und Tanz

bagpipes n pl ['bægpaɪps]	**Dudelsack**
ballet n ['bæleɪ]	**Ballett**
ballet-dancer n ['bæleɪdɑ:nsə]	**Balletttänzer/in**

band n [bænd]	**(Musik-)Kapelle, Band**
a dance / military / rock band	eine Tanz- / Militärkapelle / Rockband
play the piano in a band	in einer Band Klavier spielen
bow n [bəʊ]	**Bogen**
chorus n ['kɔːrəs]	**Refrain, Chor**
Everyone joined in the chorus.	Alle sangen beim / den Refrain mit.
sing in a chorus	in einem Chor singen
classical music n [ˌklæsɪkl 'mjuːzɪk]	**klassische Musik, Klassik**
compose v [kəm'pəʊz]	**komponieren**
compose a song / an opera	ein Lied / eine Oper komponieren
composer n [kəm'pəʊzə]	**Komponist/in**
composition n [ˌkɒmpə'zɪʃn]	**Komposition**
a composition by Bach	eine Komposition von Bach
concert n ['kɒnsət]	**Konzert**
go to a concert	in ein Konzert gehen
She wasn't at the concert.	Sie war nicht beim / im Konzert.
I saw my favourite band in concert at the Odeon.	Ich habe ein Konzert meiner Lieblingsgruppe im Odeon gesehen.
(concert) hall n ['kɒnsət hɔːl]	**(Konzert-)Halle, (Konzert-)Saal**
conduct v [kən'dʌkt]	**dirigieren**
conduct an orchestra	ein Orchester dirigieren
conductor n [kən'dʌktə]	**Dirigent/in**
cymbal n ['sɪmbl]	**Becken**
dance n, v [dɑːns]	**Tanz, Tanzveranstaltung, tanzen**
May I have the next dance?	Darf ich um den nächsten Tanz bitten?
go to a dance	tanzen gehen
dance cheek to cheek	Wange an Wange tanzen
dancer n ['dɑːnsə]	**Tänzer/in**
disco n ['dɪskəʊ]	**Disko(thek)**
go to a disco	in eine Disko gehen
drum n [drʌm]	**Trommel, Drum**
play the drums	Schlagzeug spielen
on drums	am Schlagzeug
drummer n ['drʌmə]	**Trommler/in, Drummer**
festival n ['festɪvl]	**Festival, Festspiele**
the Salzburg Festival	die Salzburger Festspiele
flute n [fluːt]	**Flöte**
folk-music n ['fəʊkmjuːzɪk]	**Folklore, Volksmusik**
French horn n [ˌfrentʃ 'hɔːn]	**Waldhorn**
guitar n [gɪ'tɑː]	**Gitarre**
play the guitar	Gitarre spielen
harp n [hɑːp]	**Harfe**

hit (record) n [hɪt ˈrekɔːd]	**Hit, Schlager**
lyrics n pl [ˈlɪrɪks]	**(Lied-)Text**
music n [ˈmjuːzɪk]	**Musik**
a piece of music	ein Musikstück
(musical) instrument n [ˌmjuːzɪkl ˈɪnstrəmənt]	**(Musik-)Instrument**
play several instruments	mehrere Instrumente spielen
musician n [mjuːˈzɪʃn]	**Musiker/in**
note n [nəʊt]	**Note**
opera n [ˈɒprə]	**Oper**
orchestra n [ˈɔːkɪstrə]	**Orchester**
conduct an orchestra	ein Orchester dirigieren
organ n [ˈɔːgən]	**Orgel**
piano n [piˈænəʊ]	**Klavier**
play the piano	Klavier spielen
tune a piano	ein Klavier stimmen
pop music n [ˈpɒp mjuːzɪk]	**Popmusik, Schlager**
popular adj [ˈpɒpjələ]	**beliebt, populär**
practice n [ˈpræktɪs]	**Übung**
be out of practice	aus der Übung sein
Practice makes perfect.	Übung macht den Meister.
practise v [ˈpræktɪs]	**(ein)üben**
practise the piano	Klavier (spielen) üben
recorder n [rɪˈkɔːdə]	**Blockflöte**
sing v [sɪŋ] sang, sung [sæŋ, sʌŋ]	**singen**
She sings very well.	Sie singt sehr gut.
Sing me a song!	Sing mir ein Lied vor!
singer n [ˈsɪŋə]	**Sänger/in**
a pop / opera singer	eine Pop- / Opernsängerin
song n [sɒŋ]	**Lied, Song**
string n [strɪŋ]	**Saite**
symphony n [ˈsɪmfəni]	**Sinfonie**
techno n [ˈteknəʊ]	**Techno**
trombone n [trɒmˈbəʊn]	**Posaune**
trumpet n [ˈtrʌmpɪt]	**Trompete**
tune n [tjuːn]	**Melodie**
variation n [ˌveəriˈeɪʃn]	**Variation**
violin n [ˌvaɪəˈlɪn]	**Geige**
voice n [vɔɪs]	**Stimme**
have a deep / high voice	eine tiefe / hohe Stimme haben

STAAT UND POLITIK

Internationale Beziehungen

Länder, Völker, Kontinente

Africa n ['afrɪkə]	**Afrika**
African n, adj ['afrɪkən]	**Afrikaner/in, afrikanisch**
Albania n [æl'beɪniə]	**Albanien**
Albanian n, adj [æl'beɪniən]	**Albanier/in, albanisch**
America n [ə'merɪkə]	**Amerika**
American n, adj [ə'merɪkən]	**Amerikaner/in, amerikanisch**
Antarctica n [ænt'ɑːktɪkə]	**Antarktis**
Asia n ['eɪʃə]	**Asien**
Asian n, adj ['eɪʃn]	**Asiate, Asiatin, asiatisch**
Australia n [ɒ'streɪliə]	**Australien**
Australian n, adj [ɒ'streɪliən]	**Australier/in, australisch**
Austria n ['ɒstriə]	**Österreich**
Austrian n, adj ['ɒstriən]	**Österreicher/in, österreichisch**
Belgian n, adj ['beldʒən]	**Belgier/in, belgisch**
Belgium n ['beldʒəm]	**Belgien**
Bosnia n ['bɒzniə]	**Bosnien**
Bosnian n, adj ['bɒzniən]	**Bosnier/in, bosnisch**
Britain n ['brɪtn]	**Britannien**
British adj ['brɪtɪʃ]	**britisch**
the British Empire	das britische Weltreich
She's / He's British.	Sie / Er ist Brite.
the British	die Briten
the (British) Commonwealth (of Nations)	das Commonwealth
Bulgaria n [bʌl'geəriə]	**Bulgarien**
Bulgarian n, adj [bʌl'geəriən]	**Bulgare, Bulgarin, bulgarisch**
Canada n ['kænədə]	**Kanada**
Canadian n, adj [kə'neɪdiən]	**Kanadier/in, kanadisch**
China n ['tʃaɪnə]	**China**
Chinese n, adj [ˌtʃaɪ'niːz]	**Chinese, Chinesin, chinesisch**
continent n ['kɒntɪnənt]	**Erdteil, Kontinent**
on the African continent	auf dem afrikanischen Kontinent
The British speak of the rest of Europe as the Continent.	Die Briten sprechen vom übrigen Europa als der Kontinent.
Croat n ['krəʊæt]	**Kroate, Kroatin**

Croatia n [krəʊ'eɪʃə]	**Kroatien**
Croatian adj [krəʊ'eɪʃən]	**kroatisch**
Czech n, adj [tʃek]	**Tscheche, Tschechin, tschechisch**
Czech Republic, the n [tʃek rɪ'pʌblɪk]	**Tschechische Republik, Tschechien**
Dane n [deɪn]	**Däne, Dänin**
Danish adj ['deɪnɪʃ]	**dänisch**
Denmark n ['denmɑ:k]	**Dänemark**
Dutch adj [dʌtʃ] the Dutch	**holländisch** die Holländer / Niederländer
Dutchman n ['dʌtʃmən]	**Holländer**
Dutchwoman n ['dʌtʃwʊmən]	**Holländerin**
England n ['ɪŋglənd]	**England**
English adj ['ɪŋglɪʃ] He's / She's English. the English	**englisch** Er ist Engländer. / Sie ist Engländerin. die Engländer
Englishman n ['ɪŋglɪʃmən] He's an Englishman.	**Engländer** Er ist Engländer.
Englishwoman n ['ɪŋglɪʃwʊmən]	**Engländerin**
Estonia n [e'stəʊniə]	**Estland**
Estonian n, adj [e'stəʊniən]	**Este, Estin, estländisch**
Europe n ['jʊərəp]	**Europa**
European n, adj [ˌjʊərə'pi:ən]	**Europäer/in, europäisch**
Finland n ['fɪnlənd]	**Finnland**
Finn n [fɪn]	**Finne, Finnin**
Finnish adj ['fɪnɪʃ]	**finnisch**
France n [frɑ:ns]	**Frankreich**
French adj [frentʃ] She's / He's French. the French	**französisch** Sie ist Französin. / Er ist Franzose. die Franzosen
Frenchman n ['frentʃmən] He's a Frenchman.	**Franzose** Er ist Franzose.
Frenchwoman n ['frentʃwʊmən] She's a Frenchwoman.	**Französin** Sie ist Französin.
German n, adj ['dʒɜ:mən] the Germans	**Deutsche/r, deutsch** die Deutschen
Germany n ['dʒɜ:məni]	**Deutschland**
Great Britain n [ˌgreɪt 'brɪtn]	**Großbritannien**
Greece n [gri:s]	**Griechenland**
Greek adj [gri:k] She's / He's Greek.	**Grieche, Griechin, griechisch** Sie / Er ist Grieche / Griechin.

Holland n ['hɒlənd]	**Holland**
Hungarian n, adj [hʌŋ'geəriən]	**Ungar/in, ungarisch**
Hungary n ['hʌŋgəri]	**Ungarn**
Iceland n ['aɪslənd]	**Island**
Icelander n ['aɪsləndə]	**Isländer/in**
Icelandic adj [aɪs'lændɪk]	**isländisch**
India n ['ɪndiə]	**Indien**
Indian n, adj ['ɪndiən]	**Inder/in, indisch**
Ireland n ['aɪələnd]	**Irland**
Northern Ireland	Nordirland
the Republic of Ireland	die irische Republik
Irish n ['aɪrɪʃ]	**irisch**
She's / He's Irish.	Sie / Er ist Ire / Irin.
Italian n, adj [ɪ'tæliən]	**Italiener/in, italienisch**
Italy n ['ɪtəli]	**Italien**
Japan n [dʒə'pæn]	**Japan**
Japanese n, adj [ˌdʒæpə'ni:z]	**Japaner/in, japanisch**
Latvia n ['lætviə]	**Lettland**
Latvian n, adj ['lætviən]	**Lette, Lettin, lettisch**
Lithuania n [ˌlɪθju'eɪniə]	**Litauen**
Lithuanian n, adj [ˌlɪθju'eɪniən]	**Litauer/in, litauisch**
Luxembourg n, adj ['lʌksəmbɜ:g]	**Luxemburg, Luxemburger**
Luxembourger n ['lʌksəmbɜ:gə]	**Luxemburger/in**
Macedonia n [ˌmæsɪ'dəʊniə]	**Mazedonien**
Macedonian n, adj [ˌmæsɪ'dəʊniən]	**Mazedonier/in, mazedonisch**
Native American n [ˌneɪtɪv ə'merɪkən]	**Indianer/in, indianisch**
Netherlands, the n ['neðələndz]	**die Niederlande**
New Zealand n, adj [ˌnju: 'zi:lənd]	**Neuseeland, neuseeländisch**
New Zealander n [ˌnju: 'zi:ləndə]	**Neuseeländer/in**
Norway n ['nɔ:weɪ]	**Norwegen**
Norwegian n, adj [nɔ:'wi:dʒən]	**Norweger/in, norwegisch**
Poland n ['pəʊlənd]	**Polen**
Pole n [pəʊl]	**Pole, Polin**
She's a Pole.	Sie ist Polin.
Polish n, adj ['pəʊlɪʃ]	**polnisch**
She's / He's Polish.	Sie / Er ist Pole / Polin.
Portugal n ['pɔ:tʃʊgl]	**Portugal**
Portuguese n, adj [ˌpɔ:tʃu'gi:z]	**Portugiese, Portugiesin, portugiesisch**
Romania n [ru:'meɪniə]	**Rumänien**

Romanian n, adj [ruː'meɪniən]	**Rumäne, Rumänin, rumänisch**
Russia n ['rʌʃə]	**Russland**
Russian n, adj ['rʌʃn]	**Russe, Russin, russisch**
Scot n [skɒt]	**Schotte, Schottin**
Scotland n ['skɒtlənd]	**Schottland**
Scotsman n ['skɒtsmən]	**Schotte**
Scotswoman n ['skɒtswʊmən]	**Schottin**
Scottish adj ['skɒtɪʃ]	**schottisch**
Serb n [sɜːb]	**Serbe, Serbin**
Serbia n ['sɜːbiə]	**Serbien**
Serbian adj ['sɜːbiən]	**serbisch**
Slovak n, adj ['sləʊvæk]	**Slowake, Slowakin, slowakisch**
Slovakia n [ˌsləʊvækiə]	**die Slowakei**
Slovene n [sləʊ'viːn]	**Slowene, Slowenin**
Slovenia n [sləʊ'viːniə]	**Slowenien**
Slovenian adj [sləʊ'viːniən]	**slowenisch**
South America n [ˌsaʊθ ə'merɪkə]	**Südamerika**
Spain n [speɪn]	**Spanien**
Spaniard n ['spænjəd]	**Spanier/in**
Spanish adj ['spænɪʃ]	**spanisch**
Swede n [swiːd]	**Schwede, Schwedin**
Sweden n ['swiːdn]	**Schweden**
Swedish adj ['swiːdɪʃ]	**schwedisch**
Swiss n, adj [swɪs]	**Schweizer/in, Schweizer, schweizerisch**
Switzerland n ['swɪtsələnd]	**Schweiz**
Turk n [tɜːk]	**Türke, Türkin**
Turkey n ['tɜːki]	**Türkei**
Turkish adj ['tɜːkɪʃ]	**türkisch**
United Kingdom n [juˌnaɪtɪd 'kɪŋdəm]	**Vereinigtes Königreich**
United States (of America), the n sg [juˌnaɪtɪd 'steɪts əv ə'merɪkə]	**Vereinigte Staaten (von Amerika)**
Wales n [weɪlz]	**Wales**
Welsh adj [welʃ] She's Welsh.	**walisisch** Sie ist Waliserin.
Yugoslav n ['juːgəʊslɑːv]	**Jugoslawe, Jugoslawin**
Yugoslavia n [ˌjuːgəʊ'slɑːviə]	**Jugoslawien**
Yugoslavian adj [ˌjuːgəʊ'slɑːviən]	**jugoslawisch**

Außenpolitik

ambassador n [æm'bæsədə]	**Botschafter/in**
appoint / recall an ambassador	einen Botschafter ernennen / zurückrufen
the American ambassador to Germany	der amerikanische Botschafter in Deutschland
border n ['bɔːdə]	**Grenze**
cross the border	die Grenze überschreiten
smuggle goods across the border	Waren über die Grenze schmuggeln
on the border	an der Grenze
boycott n, v ['bɔɪkɒt]	**Boykott, boykottieren**
impose an economic boycott on a country	einen Wirtschaftsboykott über ein Land verhängen
lift a trade boycott	einen Handelsboykott aufheben
They boycotted the Olympic Games.	Sie boykottierten die Olympischen Spiele.
confederacy n [kən'fedərəsi]	**Staatenbund, Konföderation**
consul n ['kɒnsl]	**Konsul**
the American Consul in Munich	der amerikanische Konsul in München
consul general	der Generalkonsul
consulate n ['kɒnsjələt]	**Konsulat**
turn to the German Consulate in New York	sich an das deutsche Konsulat in New York wenden
consulate general	Generalkonsulat
developing country n [dɪˌveləpɪŋ 'kʌntri]	**Entwicklungsland**
diplomacy n [dɪ'pləʊməsi]	**Diplomatie**
diplomat n ['dɪpləmæt]	**Diplomat/in**
diplomatic adj [ˌdɪplə'mætɪk]	**diplomatisch**
join the diplomatic service	in den diplomatischen Dienst eintreten
embargo n [ɪm'bɑːgəʊ]	**Embargo**
put / place an embargo on sth	etw mit einem Embargo belegen
lift / raise / remove an embargo on sth	ein Embargo auf etw aufheben
enforce a trade embargo	ein Handelsembargo durchsetzen
embassy n ['embəsi]	**Botschaft, Botschaftsgebäude**
at the German embassy in London	in der deutschen Botschaft in London
foreign adj ['fɒrən]	**Auslands-, Außen-, ausländisch**
foreign affairs n BE [ˌfɒrən ə'feəz]	**Außenpolitik**
foreign aid n [ˌfɒrən 'eɪd]	**Entwicklungshilfe**
Foreign Office n BE [ˌfɒrən 'ɒfɪs]	**Außenministerium**
foreign policy n [ˌfɒrən 'pɒləsi]	**Außenpolitik**
Foreign Secretary n BE [ˌfɒrən 'sekrətri]	**Außenminister/in**
international adj [ˌɪntə'næʃnəl]	**international**
international treaty n ['ɪntəˌnæʃnəl triːti]	**Staatsvertrag**
sanctions n pl ['sæŋkʃnz]	**Sanktionen**
apply sanctions against a country	Sanktionen gegen ein Land verhängen
lift sanctions	Sanktionen aufheben

Secretary of State n AE [ˌsekrətri əv ˈsteɪt]	**Außenminister/in**
State Department n AE [ˈsteɪt dipɑːtmənt]	**Außenministerium**
territory n [ˈterətri]	**Gebiet, Territorium**
Third World, the n [ˌθɜːd ˈwɜːld]	**die Dritte Welt, die Entwicklungsländer**
third-world country n [ˌθɜːdˈwɜːld kʌntri]	**Entwicklungsland**
treaty n [ˈtriːti]	**Vertrag**
treaty of friendship n [ˌtriːti əv ˈfrendʃɪp]	**Freundschaftsvertrag**

Krieg und Frieden

aggression n [əˈgreʃn]	**Aggression, Angriff**
armistice (agreement) n [ˈɑːmɪstɪs əˈgriːmənt]	**Waffenstillstand(sabkommen)**
sign / observe / break an armistice (agreement)	einen Waffenstillstandsvertrag unterzeichnen / einhalten / brechen
attack n, v [əˈtæk]	**Angriff, angreifen**
The attack failed / succeeded.	Der Angriff schlug fehl / war erfolgreich.
launch an attack against / on sb / sth	einen Angriff gegen jdn / etw führen
The enemy attacked (the village) at night.	Der Feind griff (das Dorf) in der Nacht an.
battle n [ˈbætl]	**Kampf, Schlacht**
fight / win / lose a battle	eine Schlacht schlagen / verlieren / gewinnen
at the battle of Waterloo	in der Schlacht von Waterloo
be killed in battle	(im Kampf) fallen
battlefield n [ˈbætlfiːld]	**Schlachtfeld**
capitulate v [kəˈpɪtʃuleɪt]	**kapitulieren**
capitulation n [kəˌpɪtʃuˈleɪʃn]	**Kapitulation**
cease-fire n [ˈsiːsfaɪə]	**Feuerpause, Waffenruhe**
observe / break a cease-fire	eine Feuerpause / einhalten / brechen
civil war n [ˌsɪvl ˈwɔː]	**Bürgerkrieg**
conflict n [ˈkɒnflɪkt]	**Konflikt**
an armed conflict	ein bewaffneter Konflikt
a border conflict	ein Grenzkonflikt
provoke / resolve a conflict	einen Konflikt provozieren / lösen
conflict of interests n [ˌkɒnflɪkt əv ˈɪntrəsts]	**Interessenkonflikt**
conquer v [ˈkɒŋkə]	**erobern**
conquer a town / country	eine Stadt / ein Land erobern
conqueror n [ˈkɒŋkərə]	**Eroberer**
conquest n [ˈkɒŋkwest]	**Eroberung**
make a conquest	eine Eroberung machen
the British conquests	die britischen Eroberungen
declaration of war n [dekləˌreɪʃn əv ˈwɔː]	**Kriegserklärung**

defeat n, v [dɪ'fiːt]	**Niederlage, besiegen, schlagen**
suffer / admit defeat	eine Niederlage erleiden / eingestehen
defeat the enemy / an army	den Feind / eine Armee besiegen
defence n [dɪ'fens]	**Verteidigung**
put up a defence	eine Verteidigung aufbauen
defend v [dɪ'fend]	**verteidigen**
enemy n ['enəmi]	**Feind, feindlich**
defeat an enemy	einen Feind besiegen
enemy aircraft / positions	feindliche Flugzeuge / Stellungen
fight v [faɪt] fought, fought [fɔːt, fɔːt]	**kämpfen, bekämpfen**
He fought in the Vietnam War.	Er kämpfte im Vietnamkrieg.
fight the enemy	den Feind bekämpfen
fight n [faɪt]	**Kampf, Gefecht**
hostile adj ['hɒstaɪl]	**feindlich**
hostile warships	feindliche Kriegsschiffe
hostilities n pl [hɒ'stɪlətiz]	**feindliche Handlungen**
at the outbreak of hostilities	beim Ausbruch der feindlichen Handlungen
invade v [ɪn'veɪd]	**einmarschieren in, eindringen**
The Germans invaded Poland in 1939.	Die Deutschen marschierten 1939 in Polen ein.
invasion n [ɪn'veɪʒn]	**Einmarsch, Invasion**
Alexander's invasion of India	Alexanders Einmarsch in Indien
lose v [luːz] lost, lost [lɒst, lɒst]	**verlieren**
lose the war	den Krieg verlieren
Thousands of people lost their lives in the war.	Tausende Menschen verloren im Krieg ihr Leben.
Minister of Defence n [ˌmɪnɪstər əv dɪ'fens]	**Verteidigungsminister/in**
Ministry of Defence n [ˌmɪnɪstri əv dɪ'fens]	**Verteidigungsministerium**
nuclear war n [ˌnjuːkliə 'wɔː]	**Atomkrieg**
occupation n [ˌɒkju'peɪʃn]	**Besetzung**
the attempted occupation of a country	die versuchte Besetzung eines Landes
The country was under enemy occupation.	Das Land stand unter feindlicher Besetzung.
occupy v ['ɒkjupaɪ]	**besetzen**
The troops occupied the town.	Die Truppen besetzten die Stadt.
peace n [piːs]	**Frieden, Friede**
keep / break the peace	den Frieden wahren / brechen / stören
The former enemies now live together in peace.	Die früheren Feinde leben jetzt in Frieden zusammen.
make peace between two countries	Frieden zwischen zwei Ländern stiften
The former enemies are now at peace.	Zwischen den früheren Feinden herrscht jetzt Frieden.

peace negotiations / talks n ['piːs nɪˌgəʊʃi'eɪʃns / tɔːks]	**Friedensverhandlungen**
peace treaty n ['piːs triːti]	**Friedensvertrag**
peaceful adj ['piːsfl]	**friedlich, friedliebend**
the peaceful uses of nuclear power	die friedliche Nutzung der Atomenergie
peaceful nations	friedliebende Nationen
refugee n [ˌrefju'dʒiː]	**Flüchtling**
political refugees (from)	politische Flüchtlinge (aus)
refugee camp n [ˌrefju'dʒiː kæmp]	**Flüchtlingslager**
resist v [rɪ'zɪst]	**Widerstand leisten (gegen), sich wehren (gegen)**
They didn't resist when the enemy attacked.	Sie leisteten keinen Widerstand, als der Feind angriff.
resist an enemy / attack	sich gegen einen Feind / Angriff wehren
resistance n [rɪ'zɪstəns]	**Widerstand**
offer (no) resistance to sb / sth	jdm / etw (keinen) Widerstand leisten
meet with resistance	auf Widerstand stoßen
overcome resistance	Widerstand überwinden
retreat n, v [rɪ'triːt]	**Rückzug, sich zurückziehen**
The army was in retreat.	Die Armee befand sich auf dem Rückzug.
They retreated two miles.	Sie zogen sich zwei Kilometer zurück.
seize v [siːz]	**einnehmen**
seize a town	eine Stadt einnehmen
surrender n, v [sə'rendə]	**Kapitulation, sich ergeben, aufgeben**
the soldiers' surrender to the enemy	die Kapitulation der Soldaten vor dem Feind
They surrendered to the enemy.	Sie ergaben sich dem Feind.
take v [teɪk] took, taken [tʊk, 'teɪkən]	**einnehmen**
take a town by force	eine Stadt gewaltsam einnehmen
war n [wɔː]	**Krieg**
declare war on a country	einem Land den Krieg erklären
wage / win / lose / end a war	einen Krieg führen / gewinnen / verlieren / beenden

Militär und Waffen

aim v [eɪm]	**zielen**
aim a gun at sb	eine Waffe auf jdn richten
air force n ['eə fɔːs]	**Luftwaffe**
arm n [ɑːm]	**bewaffnen, ausrüsten, aufrüsten**
the guerillas armed themselves	die Guerillakämpfer bewaffneten sich
arm warships with new guns	Kriegsschiffe mit neuen Geschützen ausrüsten
arm a country with nuclear weapons	ein Land mit Atomwaffen aufrüsten

armament n ['ɑːməmənt]	**Ausrüstung, Rüstung, Aufrüstung**
spend money on armament	Geld für die Rüstung ausgeben
(armed) forces n pl [ɑːmd 'fɔːsɪz]	**Streitkräfte**
join the armed forces	in die Streitkräfte eintreten
army n ['ɑːmi]	**Armee, Militär, Heer**
join the army	zur Bundeswehr / Armee gehen
be in the army	in der Bundeswehr / Armee sein
artillery n [ɑː'tɪləri]	**Artillerie**
artillery fire	Artilleriefeuer / -beschuss
battleship n ['bætlʃɪp]	**Schlachtschiff, Kriegsschiff**
bomb n, v [bɒm]	**Bombe, bombardieren**
drop / plant a bomb	eine Bombe abwerfen / legen
a nuclear / car / letter bomb	eine Atom- / Auto- / Briefbombe
bomb enemy positions	feindliche Stellungen bombardieren
bullet n ['bʊlɪt]	**Kugel, Geschoss**
bulletproof adj ['bʊlɪtpruːf]	**kugelsicher**
command n, v [kə'mɑːnd]	**Befehl, Kommando, befehlen, befehligen, kommandieren**
at sb's command	auf jds Befehl
take command of an army	das Kommando über eine Armee übernehmen
be in command	das Kommando haben
command sb to do sth	jdm befehlen, etw zu tun
command an army / ship	eine Armee / ein Schiff befehligen
disarm v [dɪs'ɑːm]	**abrüsten**
disarmament n [dɪs'ɑːməmənt]	**Abrüstung**
negotiate about nuclear disarmament	über nukleare Abrüstung verhandeln
duty n ['djuːti]	**Dienst**
be on / off duty	im / außer Dienst sein
be on night duty	Nachtdienst haben
report for duty	sich zum Dienst melden
equip v [ɪ'kwɪp]	**ausrüsten, ausstatten**
equip a ship / soldiers / the army with new weapons	ein Schiff / Soldaten / die Armee mit neuen Waffen ausrüsten
explode v [ɪk'spləʊd]	**explodieren, zur Explosion bringen**
The bomb suddenly exploded.	Die Bombe explodierte plötzlich.
explode a bomb	eine Bombe zur Explosion bringen
explosion n [ɪk'spləʊʒn]	**Explosion**
explosive device n [ɪkˌspləʊsɪv dɪ'vaɪs]	**Sprengkörper**
fire n, v ['faɪə]	**Feuer, Beschuss, (ab)feuern, (ab)schießen**
open fire on sb	das Feuer auf jdn eröffnen
be / come under fire	unter Beschuss stehen / geraten
fire (a gun) at sb	auf jdn schießen
fire a shot	einen Schuss abgeben
fleet n [fliːt]	**Flotte**

gun n [gʌn]	**(Schuss-)Waffe, Gewehr, Pistole, Geschütz**
carry a gun	eine Schußwaffe tragen
aim a gun at sb	eine Schußwaffe auf jdn richten
hit v [hɪt] hit, hit [hɪt, hɪt]	**treffen**
The bullet hit the target.	Die Kugel traf das Ziel.
He was hit.	Er wurde getroffen.
honour n, v ['ɒnə]	**Ehre, ehren**
in honour of sb / sth	zu Ehren von jdm / etw
word of honour	Ehrenwort
honour sb with a medal	jdn mit einer Medaille ehren
infantry n ['ɪnfəntri]	**Infanterie**
line of fire n [ˌlaɪn əv 'faɪə]	**Schusslinie**
be in the line of fire	in der Schusslinie stehen
machine-gun n [mə'ʃiːngʌn]	**Maschinengewehr**
marine n, adj [mə'riːn]	**Marinesoldat, Marine-**
the marines	die Marinetruppen
military n, adj ['mɪlətri]	**Militär, militärisch, Militär-**
The military overthrew the legal government.	Das Militär stürzte die rechtmäßige Regierung.
with full military honours	mit allen militärischen Ehren
military government n [ˌmɪlətri 'gʌvənmənt]	**Militärregierung**
military police n [ˌmɪlətri pə'liːs]	**Militärpolizei**
naval n ['neɪvl]	**Marine-, See-, Flotten-**
naval officer	Marineoffizier
naval warfare	Seekrieg
naval parade	Flottenparade
naval base n [ˌneɪvl 'beɪs]	**Flottenstützpunkt**
naval forces n [ˌneɪvl 'fɔːsɪz]	**Seestreitkräfte**
navy n ['neɪvi]	**(Kriegs-)Marine**
join the navy	zur Marine gehen
be in the navy	bei der Marine sein
nuclear bomb n [ˌnjuːkliə 'bɒm]	**Atombombe**
officer n ['ɒfɪsə]	**Offizier/in**
promote / dismiss an officer	einen Offizier befördern / entlassen
army / air force officer	Offizier in der Armee / bei der Luftwaffe
the duty officer / officer on duty	der diensthabende Offizier
order n, v ['ɔːdə]	**Befehl, befehlen**
give / receive / carry out an order	einen Befehl geben / erhalten / ausführen
order sb to do sth	jdm befehlen, etw zu tun
He was ordered to return immediately.	Ihm wurde befohlen, sofort umzukehren.
pumpgun n ['pʌmpgʌn]	**Pumpgun**

serve v [sɜːv]	**dienen**
serve in the Navy	in der Marine sein
shoot v [ʃuːt] shot, shot [ʃɒt, ʃɒt]	**(an)schießen, erschießen**
He was shot (while) attempting to escape.	Er wurde auf der Flucht erschossen.
She was shot and badly wounded.	Sie wurde angeschossen und dabei schwer verletzt.
shot n [ʃɒt]	**Schuss**
fire a shot at sb	einen Schuss auf jdn abgeben
shotgun n ['ʃɒtgʌn]	**Schrotflinte**
soldier n ['səʊldʒə]	**Soldat/in**
a professional soldier	ein Berufssoldat
a common soldier	ein einfacher Soldat
submarine n [ˌsʌbmə'riːn]	**U-Boot**
The submarine dived / surfaced.	Das U-Boot tauchte / tauchte auf.
tank n [tæŋk]	**Panzer**
target n ['tɑːgɪt]	**Ziel**
the bomb was on / off target	die Bombe landete im Ziel / hat das Ziel verfehlt
troops n pl [truːps]	**Truppen**
warship n ['wɔːʃɪp]	**Kriegsschiff**
weapon n ['wepən]	**Waffe**
load / draw / fire a weapon	eine Waffe laden / ziehen / abfeuern
nuclear / chemical / conventional weapons	nukleare / chemische / konventionelle Waffen

Politik und Verwaltung

Staatsapparat

act n [ækt]	**Gesetz**
Parliament has passed the act.	Das Parlament hat das Gesetz verabschiedet.
an act of Parliament	ein vom Parlament verabschiedetes Gesetz
affairs n pl [ə'feəz]	**Angelegenheiten**
affairs of state	Staatsangelegenheiten
current affairs	Tagespolitik
assembly n [ə'sembli]	**Versammlung**
national assembly	Nationalversammlung
bill n [bɪl]	**Gesetzentwurf, Gesetzesvorlage**
propose / support / defeat a bill	eine Gesetzesvorlage einbringen / unterstützen /ablehnen
cabinet n ['kæbɪnət]	**Kabinett**
form a cabinet	ein Kabinett bilden
the British Cabinet	das britische Kabinett

citizen n ['sɪtɪzn]	**(Staats-)Bürger/in**
a British / French citizen	ein britischer / französischer Staatsbürger
citizenship n ['sɪtɪznʃɪp]	**Staatsbürgerschaft**
apply for American citizenship	die amerikanische Staatsbürgerschaft beantragen
Congress n AE ['kɒŋgres]	**Kongress**
Congressman n AE ['kɒŋgresmən]	**Kongressabgeordneter**
Congresswoman n AE ['kɒŋgreswʊmən]	**Kongressabgeordnete**
Conservative n, adj [kən'sɜːvətɪv]	**Konservative/r, konservativ**
The Conservatives are gaining votes.	Die Konservativen gewinnen Stimmen.
A Conservative is a member of the British Conservative Party.	Ein „Conservative" ist ein Mitglied der britischen Konservativen Partei.
country n ['kʌntri]	**Land**
govern a country	ein Land regieren
in one's native country	in seinem Heimatland
the neighbouring countries	die Nachbarländer
developing country	Entwicklungsland
declaration n [ˌdeklə'reɪʃn]	**Erklärung**
make a declaration	eine Erklärung abgeben
department n [dɪ'pɑːtmənt]	**Ministerium, Ressort**
Department of the Environment	Umweltministerium
development n [dɪ'veləpmənt]	**Entwicklung**
recent political and economic developments	die jüngsten politischen und wirtschaftlichen Entwicklungen
domestic adj [də'mestɪk]	**Innen-, Inland(s)-**
domestic affairs	innere Angelegenheiten
domestic policy n [dəˌmestɪk 'pɒləsi]	**Innenpolitik**
foreign and domestic policy	Außen- und Innenpolitik
European Union n [ˌjʊərəpiːən 'juːniən] EU [ˌiː 'juː]	**Europäische Union**
federal adj ['fedərəl]	**Bundes-, föderativ**
the Federal Republic of Germany	die Bundesrepublik Deutschland
the federal government	die Bundesregierung
the 50 federal states of the USA	die 50 Bundesstaaten der USA
federation n [ˌfedə'reɪʃn]	**Bundesstaat**
The USA is a federation.	Die USA sind ein Bundesstaat.
govern v ['gʌvn]	**regieren, verwalten**
Democratic countries are governed by elected representatives.	Demokratische Länder werden von gewählten Volksvertretern regiert.
govern a town	eine Stadt verwalten
government n ['gʌvənmənt]	**Regierung**
form / head / overthrow a government	eine Regierung bilden / führen / stürzen
be in government	an der Regierung sein

governor n ['gʌvənə]	**Gouverneur/in**
the governor of a federal state / colony	der Gouverneur eines Bundesstaates / einer Kolonie
head of government n [hed ev 'gʌvənmənt]	**Regierungschef**
head of state n [hed ev 'steɪt]	**Staatsoberhaupt**
Home Office n ['həʊm ɒfɪs]	**Innenministerium**
impeachment n [ɪm'piːtʃmənt]	**Amtsenthebung**
local government n [ˌləʊkl 'gʌvənmənt]	**Kommunalverwaltung**
Member (of Parliament) n BE [ˌmembər əv 'pɑːləmənt]	**Parlamentsmitglied**
minister n ['mɪnɪstə]	**Minister/in**
She was appointed Minister of the Environment.	Sie wurde zur Umweltministerin ernannt.
ministry n ['mɪnɪstri]	**Ministerium**
the Ministry of Defence	das Verteidigungsministerium
head a ministry	ein Ministerium leiten
motion n ['məʊʃn]	**Antrag**
propose a motion	einen Antrag einbringen
nation n ['neɪʃn]	**Nation**
the French nation	die französische Nation
a powerful / peace-loving nation	eine starke / friedliebende Nation
national n, adj ['næʃnəl]	**Staatsbürger/in, national, National-, Staats-, Landes-**
She's an American national.	Sie ist amerikanische Staatsangehörige.
the national anthem	die Nationalhymne
act in the national interest	im nationalen Interesse handeln
national economy	Volkswirtschaft
nationality n [ˌnæʃə'næləti]	**Staatsangehörigkeit**
What's your nationality?	Welche Staatsangehörigkeit haben Sie?
I'm of British nationality.	Ich habe die britische Staatsangehörigkeit.
office n ['ɒfɪs]	**Amt, Amtszeit, Regierung, Regierungszeit**
take office	ein Amt / die Regierung übernehmen
be in / hold an office	im Amt sein / an der Regierung sein
during his office	während seiner Amts- / Regierungszeit
opposition n [ˌɒpə'zɪʃn]	**Opposition**
be in opposition	in der Opposition sein
go into opposition	in die Opposition gehen
the leader of the opposition	der / die Oppositionsführer/in
parliament n ['pɑːləmənt]	**Parlament**
get into parliament	ins Parlament kommen
parliament is in session today	das Parlament tagt heute
stand for parliament	für das Parlament kandidieren
the British Parliament	das britische Parlament

party n ['pɑːti]	**Partei**
found / dissolve a party	eine Party gründen / auflösen
be a member of a party	Mitglied einer Partei sein
pass v [pɑːs]	**verabschieden**
The resolution was passed by 101 votes to 46.	Die Resolution wurde mit 101 zu 46 Stimmen verabschiedet.
people, the n pl ['piːpl]	**das Volk**
all the peoples of Africa	alle Völker Afrikas
policy n ['pɒləsi]	**(praktische) Politik**
follow a wise / cautious policy	eine weise / vorsichtige Politik verfolgen
The government has changed its policy.	Die Regierung hat ihre Politik geändert.
What's the new government's policy on fighting crime?	Welche Politik verfolgt die neue Regierung im Bereich der Kriminalitätsbekämpfung?
political adj [pə'lɪtɪkl]	**politisch**
political parties / views	politische Parteien / Ansichten
politician n [ˌpɒlə'tɪʃn]	**Politiker/in**
politics n sg ['pɒlətɪks]	**Politik**
go into politics	in die Politik gehen
withdraw from politics	sich aus der Politik zurückziehen
be interested in politics	sich für Politik interessieren
population n [ˌpɒpju'leɪʃn]	**Bevölkerung, Bevölkerungszahl**
a population explosion	eine Bevölkerungsexplosion
a decreasing / increasing population	eine abnehmende / zunehmende Bevölkerungszahl
What is the population of London?	Wie viele Einwohner hat London?
president n ['prezɪdənt]	**Präsident/in**
run for president	für das Amt des / der Präsidenten / Präsidentin kandidieren
presidential adj [ˌprezɪ'denʃl]	**Präsidial-, Präsidentschafts-, Präsidenten-**
presidential power / democracy	Präsidialgewalt / -demokratie
presidential election / candidate	Präsidentschaftswahl / -kandidat
prime minister n [ˌpraɪm 'mɪnɪstə]	**Premierminister**
public n, adj ['pʌblɪk]	**Öffentlichkeit, öffentlich, staatlich**
in public	in der Öffentlichkeit
reduce public spending	die öffentlichen Ausgaben kürzen
public services	staatliche Dienstleistungen
resign v [rɪ'zaɪn]	**zurücktreten**
resign from office	sein Amt niederlegen
The minister was forced to resign.	Der Minister wurde zum Rücktritt gezwungen.
resignation n [ˌrezɪg'neɪʃn]	**Rücktritt**
The minister handed in her resignation.	Die Ministerin reichte ihren Rücktritt ein.
accept / reject sb's resignation	jds Rücktritt annehmen / ablehnen
secretary n ['sekrətri]	**Minister/in**
Secretary of State	Innenminister

state n [steɪt] — **Staat**
found a state — einen Staat gründen
govern a state — einen Staat regieren
fight for an independent state — für einen unabhängigen Staat kämpfen

statesman n ['steɪtsmən] — **Staatsmann**

subject n ['sʌbdʒekt] — **Staatsbürger/in**
British subjects — britische Staatsbürger

Politische Systeme und Wahlen

abdicate n ['æbdɪkeɪt] — **abdanken**

anarchy n ['ænəki] — **Anarchie**

ballot n ['bælət] — **(geheime) Abstimmung, (geheime) Wahl**
elect sb by ballot — jdn in geheimer Wahl wählen
decide sth by ballot — über etw geheim abstimmen
hold a ballot — eine Wahl halten
on the first / second ballot — im ersten / zweiten Wahlgang

ballot-box n ['bælətbɒks] — **Wahlurne**

candidate n ['kændɪdət] — **Kandidat/in**
put up a candidate for an office — einen Kandidaten für ein Amt aufstellen

communism n ['kɒmjunɪzəm] — **Kommunismus**

Communist n ['kɒmjunɪst] — **Kommunist/in, kommunistisch**
Communist countries — kommunistische Länder

constituency n [kən'stɪtjuənsi] — **Wahlkreis**

constitution n [ˌkɒnstɪ'tjuːʃn] — **Verfassung**
violate the constitution — gegen die Verfassung verstoßen

court n [kɔːt] — **Hof**
hold court — Hof halten
at the court of Henry VIII — am Hofe Heinrich VIII

crown n, v [kraʊn] — **Krone, krönen**
She is the heir to the crown. — Sie ist die Thronfolgerin.
succeed to the crown — die Thronfolge antreten
crown sb queen — jdn zur Königin krönen

democracy n [dɪ'mɒkrəsi] — **Demokratie**

democrat n ['deməkræt] — **Demokrat/in**

democratic adj [ˌdemə'krætɪk] — **demokratisch**

dictator n [dɪk'teɪtə] — **Diktator/in**

dictatorship n [dɪk'teɪtəʃɪp] — **Diktatur**
set up / bring down a dictatorship — eine Diktatur errichten / stürzen

dynasty n ['dɪnəsti] — **Dynastie**
establish / overthrow a dynasty — eine Dynastie errichten / stürzen

elect v [ɪ'lekt]	**wählen**
elect sb president	jdn zum Präsidenten wählen
elect sb to parliament	jdn ins Parlament wählen
election n [ɪ'lekʃn]	**(politische) Wahl**
hold a general and free election	allgemeine und freie Wahlen abhalten
decide / win / lose an election	eine Wahl entscheiden / gewinnen / verlieren
stand for election	zur Wahl stehen
election campaign n [ɪˌlekʃn kæm'peɪn]	**Wahlkampagne, Wahlkampf**
election day n [ɪˌlekʃn 'deɪ]	**Wahltag**
elector n [ɪ'lektə]	**Wähler/in**
electorate n [ɪ'lektərət]	**Wählerschaft, die Wähler**
emperor n ['empərə]	**Kaiser**
the emperors of Austria	die Kaiser von Österreich
empire n ['empaɪə]	**(Welt-)Reich**
the British Empire	das britische Weltreich
empress n ['emprəs]	**Kaiserin**
fascism n ['fæʃɪzəm]	**Faschismus**
fascist n, adj ['fæʃɪst]	**Faschist/in, faschistisch**
imperialism n [ɪm'pɪəriəlɪzəm]	**Imperialismus**
king n [kɪŋ]	**König**
King Juan Carlos of Spain	König Juan Carlos von Spanien
crown sb king	jdn zum König krönen
depose a king	einen König absetzen
kingdom n ['kɪŋdəm]	**Königreich**
liberal n, adj ['lɪbərəl]	**Liberale/r, liberal**
liberal policy	liberale Politik
the Liberal Party	die Liberale Partei
monarchy n ['mɒnəki]	**Monarchie**
abolish the monarchy	die Monarchie abschaffen
absolute monarchy	eine absolute Monarchie
constitutional monarchy	konstitutionelle Monarchie
overthrow v [ˌəʊvə'θrəʊ] overthrew, overthrown [ˌəʊvə'θruː, ˌəʊvə'θrəʊn]	**stürzen**
overthrow the government / president	die Regierung / den Präsidenten stürzen
poll n [pəʊl]	**Wahl, Wahlbeteiligung**
go to the polls	zur Wahl gehen
win at the polls	einen Wahlsieg erringen
a light / heavy poll	eine niedrige / hohe Wahlbeteiligung
prince n [prɪns]	**Prinz, Fürst**
the Prince of Wales	der Prinz von Wales
the Prince of Monaco	der Fürst von Monaco
princess n [ˌprɪn'ses]	**Prinzessin, Fürstin**

queen n [kwiːn]	**Königin**
referendum n [ˌrefə'rendəm]	**Volksentscheid, Referendum**
hold a referendum on sth	einen Volksentscheid über etw durchführen
republic n [rɪ'pʌblɪk]	**Republik**
royal adj ['rɔɪəl]	**königlich**
the royal family / palace	die königliche Familie / der Königspalast
run v [rʌn] ran, run [ræn, rʌn]	**kandidieren**
run for president	für das Präsidentenamt kandidieren
social adj ['səʊʃl]	**sozial, gesellschaftlich**
social problems	soziale Probleme
social policy / system	Sozialpolitik / Gesellschaftssystem
socialism n ['səʊʃəlɪzəm]	**Sozialismus**
socialist adj ['səʊʃəlɪst]	**sozialistisch**
succeed v [sək'siːd]	**(nach)folgen**
succeed to the throne	auf den Thron folgen
succeed sb in office	jdm in einem Amt nachfolgen
support n, v [sə'pɔːt]	**Unterstützung, unterstützen, befürworten**
The union leader thanked the members for their support.	Der Gewerkschaftsführer dankte den Mitgliedern für ihre Unterstützung.
support a political party	eine politische Partei unterstützen
support the government's immigration policy	die Einwanderungspolitik der Regierung unterstützen
supporter n [sə'pɔːtə]	**Anhänger/in, Befürworter/in**
the supporters of the ruling party	die Anhänger der regierenden Partei
the supporters of the new trade union policy	die Befürworter der neuen Gewerkschaftspolitik
the supporters of the ruling party	die Anhänger der regierenden Partei
system n ['sɪstəm]	**System**
system of government	Regierungssystem
political system	politisches System
throne n [θrəʊn]	**Thron**
Queen Elizabeth II succeeded to the throne in 1952.	Königin Elisabeth II folgte 1952 auf den Thron.
totalitarianism n [təʊˌtælə'teəriənɪzəm]	**Totalitarismus**
vote n, v [vəʊt]	**(Wahl-)Stimme, Abstimmung, Wahl, abstimmen, wählen**
The motion was defeated by 220 votes to 70.	Der Antrag wurde mit 220 zu 70 Stimmen abgelehnt.
give one's vote to a party	seine Stimme einer Partei geben
vote for / against sth	für / gegen etw stimmen
vote by a show of hands	per Handzeichen abstimmen
voter n ['vəʊtə]	**Wähler/in**
welfare state n [ˌwelfeə 'steɪt]	**Sozialstaat**
social welfare	soziale Fürsorge

Freiheit und Herrschaft

authority n [ɔː'θɒrəti]	**Autorität, Befugnis**
parental authority	elterliche Autorität
be in / have authority	Autorität haben
colonist n ['kɒlənɪst]	**Kolonist/in, Siedler/in**
colonization n [ˌkɒlənaɪ'zeɪʃn]	**Kolonisation**
colonize v ['kɒlənaɪz]	**kolonisieren, besiedeln**
Britain colonized North America.	Großbritannien kolonisierte Nordamerika.
colony n ['kɒləni]	**Kolonie**
establish a colony	eine Kolonie gründen
India was a British colony until 1947.	Indien war bis 1947 eine britische Kolonie.
control n, v [kən'trəʊl]	**Gewalt, Herrschaft, Kontrolle, beherrschen, kontrollieren**
bring sth under control	etw unter Kontrolle bringen
be in control of the situation	Herr der Lage sein
control a country	ein Land beherrschen
demonstrate v ['demənstreɪt]	**demonstrieren**
demonstrate for independence / against a war	für die Unabhängigkeit / gegen einen Krieg demonstrieren
demonstration n [ˌdemən'streɪʃn]	**Demonstration**
demonstrator n ['demənstreɪtə]	**Demonstrant/in**
flag n [flæg]	**Flagge, Fahne**
free adj, v [friː]	**frei, befreien**
a free man	ein freier Mann
free a country	ein Land befreien
free speech n [ˌfriː 'spiːtʃ]	**Redefreiheit, Recht auf freie Meinungsäußerung**
freedom n ['friːdəm]	**Freiheit**
independence n [ˌɪndɪ'pendəns]	**Unabhängigkeit**
independent adj [ˌɪndɪ'pendənt]	**unabhängig**
lead n [liːd]	**(an-)führen**
leader n ['liːdə]	**Führer/in, Anführer/in**
liberty n ['lɪbəti]	**Freiheit**
gain liberty	die Freiheit erlangen
political / religious liberty	politische / religiöse Freiheit
obey v [ə'beɪ]	**gehorchen, befolgen**
obey sb	jdm gehorchen
obey the law / an order	das Gesetz / einen Befehl befolgen
oppress v [ə'pres]	**unterdrücken**
oppression n [ə'preʃn]	**Unterdrückung**
power n ['paʊə]	**Macht**
be in power	an der Macht sein
come to power	an die Macht kommen

powerful adj ['paʊəfl]	**mächtig, einflussreich**
rebellion n [rɪ'beliən]	**Aufstand, Rebellion**
rebellious adj [re'beliəs]	**aufständisch, rebellisch**
reign n, v [reɪn]	**Herrschaft, herrschen, regieren**
in the reign of …	unter der Herrschaft von …
revolt n [rɪ'vəʊlt]	**Revolte**
revolution n [ˌrevə'luːʃn]	**Revolution**
revolutionary n, adj [ˌrevə'luːʃənəri]	**Revolutionär, revolutionär**
rule n, v [ruːl]	**Herrschaft, herrschen**
under foreign rule	unter fremder Herrschaft
ruler n ['ruːlə]	**Herrscher/in**
an absolute / strong / weak ruler	ein absoluter / starker / schwacher Herrscher
slave n [sleɪv]	**Sklave, Sklavin**
solidarity n [ˌsɒlɪ'dærəti]	**Solidarität**
sovereign n, adj ['sɒvrɪn]	**Souverän, Herrscher/in, souverän, unabhängig**
a sovereign state	ein unabhängiger Staat
standard n ['stændəd]	**Standarte, Flagge**
the royal standard	die königliche Standarte

Recht und Ordnung

accusation n [ˌækju'zeɪʃn]	**Beschuldigung, Anklage**
accuse v [ə'kjuːz]	**beschuldigen, anklagen**
accuse sb of sth	jdn einer Sache beschuldigen
accused, the n [ə'kjuːzd]	**der / die Beschuldigte, der / die Angeklagte**
action n ['ækʃn]	**Klage, Prozess, Verfahren**
bring an action against sb	jdn (vor Gericht) verklagen
alleged adj [ə'ledʒd]	**mutmaßlich**
the alleged murderer	der mutmaßliche Mörder
arrest n, v [ə'rest]	**Festnahme, Verhaftung, festnehmen, verhaften**
attorney n AE [ə'tɜːni]	**(Rechts-)Anwalt, (Rechts-)Anwältin**
barrister n BE ['bærɪstə]	**(Rechts-)Anwalt, (Rechts-)Anwältin**
case n [keɪs]	**Prozess, Fall**
win one's case	seinen Prozess gewinnen
catch v [kætʃ] caught, caught [kɔːt, kɔːt]	**ergreifen, schnappen**
charge n, v [tʃɑːdʒ]	**Anklage, Anzeige, Beschuldigung, anklagen, beschuldigen**
bring a charge against sb	jdn unter Anklage stellen
press charges against sb	jdn anzeigen
What's the charge?	Wessen wurde er / sie beschuldigt?
charge sb	jdn anklagen / beschuldigen

confess v [kən'fes]	**(ein)gestehen**
confession n [kən'feʃn]	**Geständnis**
court n [kɔːt]	**Gericht, Gericht(s)hof**
defendant n [dɪ'fendənt]	**Beklagte/r**
The court ruled in favour / against the defendant.	Das Gericht entschied für / gegen den Beklagten.
evidence n ['evɪdəns]	**Beweis(mittel)**
use sth in evidence against sb	etw als Beweismittel gegen jdn verwenden
guilt n [gɪlt]	**Schuld**
guilty adj ['gɪlti]	**schuldig**
find / pronounce sb guilty	jdn schuldig sprechen
handcuff n, v ['hændkʌf]	**Handschelle, Handschellen anlegen**
innocence n ['ɪnəsns]	**Unschuld**
innocent adj ['ɪnəsnt]	**unschuldig**
investigate v [ɪn'vestɪgeɪt]	**untersuchen, ermitteln**
investigate a murder	einen Mord(fall) untersuchen
investigation n [ɪnˌvestɪ'geɪʃn]	**Untersuchung, Ermittlung**
on closer investigation they discovered that …	bei näherer Untersuchung stellten sie fest, dass …
police investigations	polizeiliche Ermittlungen
judge n [dʒʌdʒ]	**Richter/in**
jury n ['dʒʊəri]	**Schöffen, Geschworene, Geschworenengericht**
justice n ['dʒʌstɪs]	**Gerechtigkeit**
law n [lɔː]	**Jura, Recht(swissenschaft), Gesetz**
study law	Jura studieren
practise law	eine Anwaltspraxis haben
That's against the law.	Das ist gesetzlich verboten. / Das verstößt gegen das Gesetz.
observe / break the law	das Gesetz beachten / brechen
pass a law	ein Gesetz verabschieden
lawyer n ['lɔːjə]	**(Rechts-)Anwalt, (Rechts-)Anwältin**
legal adj ['liːgl]	**gesetzlich, legal, rechtmäßig, Rechts-**
legal requirements	gesetzliche Bestimmungen
the legal heir	der rechtmäßige Erbe
make sth legal	etw legalisieren
order n ['ɔːdə]	**Ordnung**
law and order	Recht und Ordnung
penalty n ['penlti]	**Strafe, Strafmaß**
plaintiff n ['pleɪntɪf]	**Kläger/in**
police station n [pə'liːs steɪʃn]	**Polizeiwache**
policeman n [pə'liːsmən]	**Polizist**
policewoman n [pə'liːswʊmən]	**Polizistin**

prisoner n ['prɪznə]	**Häftling, Strafgefangene/r**
proof n [pru:f]	**Beweis**
provide proof of sth	den Beweis für etw liefern
What proof have you that ... ?	Welche Beweise haben Sie, dass ... ?
prove v [pru:v]	**beweisen**
prove sb's guilt	jds Schuld beweisen
punish v ['pʌnɪʃ]	**bestrafen**
punishment n ['pʌnɪʃmənt]	**Strafe, Bestrafung**
right n [raɪt]	**Recht**
have the right to do sth	das Recht haben, etw zu tun
exercise one's legal rights	seine gesetzlichen Rechte in Anspruch nehmen
the right to remain silent	das Recht, die Aussage zu verweigern
rule v [ru:l]	**entscheiden**
The court ruled in favour / against the plaintiff.	Das Gericht entschied für / gegen den Kläger.
search n, v [sɜ:tʃ]	**Suche, Durchsuchung, suchen, durchsuchen**
the search for the missing child	die Suche nach dem vermissten Kind
in search of sth	auf der Suche nach etw
the search of a house / her luggage	die Durchsuchung eines Hauses / ihres Gepäcks
search for sb / sth	nach jdm / etw suchen
search sb's house / luggage	jds Haus / Gepäck durchsuchen
search warrant n ['sɜ:tʃ wɒrənt]	**Durchsuchungsbefehl**
sentence n, v ['sentəns]	**Strafe, Strafmaß, verurteilen**
serve a sentence	eine Strafe verbüßen
pass / pronounce sentence	das Strafmaß verkünden
sentence sb to death	jdn zum Tode verurteilen
solicitor n [sə'lɪsɪtə]	**(Rechts-)Anwalt, (Rechts-)Anwältin**
sue v [su:]	**verklagen, (gerichtlich) belangen**
suspicion n [sə'spɪʃn]	**Verdacht**
arrest sb on suspicion of murder	jdn unter Mordverdacht festnehmen
suspicious adj [sə'spɪʃəs]	**verdächtig**
a suspicious action	eine verdächtige Handlung
It's suspicious that ...	Es ist verdächtig, dass ...
swear v [sweə] swore, sworn [swɔ:, swɔ:n]	**schwören**
swear to tell the truth	schwören, die Wahrheit zu sagen
testify v ['testɪfaɪ]	**bezeugen, aussagen**
testimony n ['testɪməni]	**Aussage**
title n ['taɪtl]	**Titel, Eigentumsrecht**
trial n ['traɪəl]	**Prozess, Gerichtsverfahren, Gerichtsverhandlung**
verdict n ['vɜ:dɪkt]	**Urteil**
witness n ['wɪtnəs]	**Zeuge, Zeugin**

Verwaltung

administrate v [əd'mɪnɪstreɪt]	**verwalten**
administration n [əd,mɪnɪ'streɪʃn]	**Verwaltung**
public administration	die öffentliche Verwaltung
administrative adj [əd'mɪnɪstrətɪv]	**administrativ, Verwaltungs-**
application n [,æplɪ'keɪʃn]	**Antrag, Gesuch**
available on application	auf Antrag erhältlich
application form n [,æplɪ'keɪʃn fɔːm]	**Antragsformular**
assess v [ə'ses]	**(steuerlich) veranlagen**
authority n [ɔː'θɒrəti]	**Behörde, Amt, Verwaltung**
the local health authority	das örtliche Gesundheitsamt
local authority	Gemeindeverwaltung
bureaucracy n [bjʊə'rɒkrəsi]	**Bürokratie**
certificate n [sə'tɪfɪkət]	**Urkunde**
civil servant n [,sɪvl 'sɜːvənt]	**(Staats-)Beamte/r, (Staats-)Beamtin**
civil service n [,sɪvl 'sɜːvɪs]	**öffentlicher Dienst, Beamtenschaft**
work in the civil service	im Staatsdienst tätig sein
The German civil service is / are not allowed to go on strike.	Deutsche Beamten dürfen nicht streiken.
council n ['kaʊnsl]	**Rat**
be on the council	im Rat sein
councillor n ['kaʊnsələ]	**Ratsmitglied**
county n ['kaʊnti]	**britische Grafschaft, (US Verwaltungs-) Bezirk**
district n ['dɪstrɪkt]	**(Verwaltungs-)Bezirk**
district council n [,dɪstrɪkt 'kaunsl]	**Bezirksrat**
document n ['dɒkjumənt]	**Dokument**
file v [faɪl]	**einreichen, abgeben**
file a petition / complaint	eine Petition / Beschwerde einreichen
fill in v [,fɪl 'ɪn]	**ausfüllen, eintragen**
fill in a form / questionnaire	ein Formular / einen Fragebogen ausfüllen
form n [fɔːm]	**Formular, Vordruck**
tax / application form	Steuerformular / Berwerbungsbogen
licence n ['laɪsns]	**Genehmigung, Lizenz**
grant / issue a licence	eine Genehmigung erteilen / ausstellen
apply for a licence	eine Lizenz beantragen
mayor n [meə]	**Bürgermeister/in**
officer n ['ɒfɪsə]	**Beamte/r, Beamtin**
official n, adj [ə'fɪʃl]	**Beamte/r, Beamtin, Funktionär/in, Offizielle/r, offiziell, amtlich, Amts-**
a government official	ein/e Regierungsvertreter/in
an official statement / official duties	eine offizielle Verlautbarung / amtliche Aufgaben
the president's official residence	der Amtssitz des Präsidenten

papers n pl ['peɪpəz]	**(Ausweis-)Papiere, Unterlagen, Dokumente**
show one's papers	seine (Ausweis-)Papiere vorzeigen
passport n ['pɑːspɔːt]	**(Reise-)Pass**
sign v [saɪn]	**unterschreiben, unterzeichnen**
Please sign at the bottom.	Bitte unten unterschreiben.
signature n ['sɪgnətʃə]	**Unterschrift**
tax n, v [tæks]	**Steuer, besteuern**
put a tax on sb / sth	jdn / etw besteuern
pay a tax on sth	Steuer auf etw zahlen
increase / reduce taxes	die Steuern erhöhen / senken
tax luxury goods	Luxusgüter besteuern
(tax) allowance n [ˌtæks əˈlaʊəns]	**Steuerfreibetrag**
tax form n ['tæks fɔːm]	**Steuerformular**
tax-free adj [ˌtæks'friː]	**steuerfrei**
town council n [ˌtaʊn 'kaʊnsl]	**Stadtrat**
town councillor n [taʊn 'kaʊnsələ]	**Stadtrat / Stadträtin**
town hall n [ˌtaʊn 'hɔːl]	**Rathaus**
valid adj ['vælɪd]	**gültig**

Verbände und Gewerkschaften

association n [əˌsəʊsi'eɪʃn]	**Verband, Gesellschaft**
form an association	einen Verband gründen
football association	Fußballverband
medical association	medizinische Gesellschaft
campaign n, v [kæm'peɪn]	**Kampagne, sich einsetzen**
conduct / run a campaign for / against sth	eine Kampagne für / gegen etw führen
campaign for / against sth	sich für / gegen etw einsetzen
chairman n ['tʃeəmən]	**Vorsitzender**
He was elected chairman of the committee.	Er wurde zum Vorsitzenden des Komitees gewählt.
chairperson n ['tʃeəpɜːsn]	**Vorsitzende/r**
chairwoman n ['tʃeəwʊmən]	**Vorsitzende**
collective bargaining n [kə'lektɪv 'bɑːgənɪŋ]	**Tarifverhandlung**
committee n [kə'mɪti]	**Ausschuss, Komitee**
set up a committee	einen Ausschuss bilden
a standing committee	ein ständiger Ausschuss
be on a committee	in einem Ausschuss sein
factory committee n [ˌfæktəri kə'mɪti]	**Betriebsrat**
general strike n [ˌdʒenrəl 'straɪk]	**Generalstreik**

go-slow n [ˌgəʊ'sləʊ]	**Bummelstreik**
be on a go-slow	sich im Bummelstreik befinden
industrial action n [ɪnˌdʌstriəl 'ækʃn]	**Arbeitskampfmaßnahmen, Ausstand**
take industrial action	in den Ausstand treten
lock-out n ['lɒkaʊt]	**Aussperrung**
member n ['membə]	**Mitglied**
admit new members into an organization	neue Mitglieder in eine Organisation aufnehmen
membership n ['membəʃɪp]	**Mitgliedschaft**
negotiate v [nɪ'gəʊʃieɪt]	**verhandeln, aushandeln**
negotiate with a customer about an order	mit einem Kunden über einen Auftrag verhandeln
negotiate a contract with sb	einen Vertrag mit jdm aushandeln
negotiation n [nɪˌgəʊʃi'eɪʃn]	**Verhandlung**
enter into / break off negotiations with sb	Verhandlungen mit jdm aufnehmen / abbrechen
be in negotiation with sb	mit jdm in Verhandlung stehen
The price is a matter for negotiation.	Der Preis ist Verhandlungssache.
The terms are still under negotiation.	Über die Bedingungen wird noch verhandelt.
organization n [ˌɔːgənaɪ'zeɪʃn]	**Organisation**
participate v [pɑː'tɪsɪpeɪt]	**mitbestimmen**
participation n [pɑːˌtɪsɪ'peɪʃn]	**Mitbestimmung**
represent v [ˌreprɪ'zent]	**vertreten**
representation n [ˌreprɪzen'teɪʃn]	**Vertretung**
representation of union member interests	Vertretung der Interessen der Gewerkschaftsmitglieder
representative n, adj [ˌreprɪ'zentətɪv]	**Vertreter/in, Abgeordnete/r, repräsentativ**
shop-steward n [ˌʃɒp'stjuːəd]	**gewerkschaftlicher Vertrauensmann, Arbeitnehmervertreter**
society n [sə'saɪəti]	**Gesellschaft**
found a society	eine Gesellschaft gründen
spokesperson n ['spəʊkspɜːsn]	**Sprecher/in**
strike n, v [straɪk]	**Streik, streiken**
be on strike	streiken
call a strike	einen Streik ausrufen
strike for / against sth	für / gegen etw streiken
struggle n, v ['strʌgl]	**Kampf, kämpfen**
a struggle for power	der Kampf um die Macht
struggle for / against sth	für / gegen etw kämpfen
trade union n [ˌtreɪd 'juːniən]	**Gewerkschaft**
join the trade union	in die Gewerkschaft eintreten
wage settlement n ['weɪdʒ setlmənt]	**Tarifabschluss**
works committee n [ˌwɜːks kə'mɪti]	**Betriebsrat**

WIRTSCHAFT, INFRASTRUKTUR UND TECHNIK

Markt und Geld

Prosperität und Krise

bankrupt adj ['bæŋkrʌpt] — **bankrott, pleite**
be / go bankrupt — bankrott sein / Bankrott machen / in Konkurs gehen

bankruptcy n ['bæŋkrʌpsi] — **Bankrott, Konkurs**
declare bankruptcy — den Konkurs erklären
file for bankruptcy — Konkurs anmelden

boom n, v [bu:m] — **Hochkonjunktur, Boom, boomen**
the boom in the computer industry — die Hochkonjunktur in der Computerindustrie
business is booming — das Geschäft blüht

control n, v [kən'trəʊl] — **Kontrolle, kontrollieren, beherrschen, bestimmen**
Inflation is getting out of control. — Die Inflation gerät außer Kontrolle.
control the market — den Markt beherrschen
the controlling factors — die bestimmenden Faktoren

crisis n ['kraɪsɪs] — **Krise**
crises ['kraɪsi:z]
a political / economic / energy crisis — eine politische / Wirtschafts- / Energiekrise
cause a serious crisis — eine schwere Krise verursachen

crisis management n [ˌkraɪsɪs 'mænɪdʒmənt] — **Krisenmanagement**

damage n, v ['dæmɪdʒ] — **Schaden, schaden**
damage the country's economy — der Wirtschaft des Landes schaden

deflation n [dɪ'fleɪʃn] — **Deflation**

depression n [dɪ'preʃn] — **Wirtschaftskrise, Depression**
cause a major depression — zu einer schweren Wirtschaftskrise führen

drop n, v [drɒp] — **Rückgang, zurückgehen, nachgeben**
a drop in unemployment figures / demand — ein Rückgang der Arbeitslosenzahlen / Nachfrage
share prices are dropping — die Aktienkurse geben nach

fall v [fɔ:l] — **zurückgehen, sinken, fallen**
fell, fallen [fel, 'fɔ:lən]

fall n [fɔ:l] — **Rückgang, Sinken, Fallen**
a fall in profits — ein Rückgang der Gewinne
a fall in prices — ein Sinken der Preise

growth n [grəʊθ] | **Wachstum**
growth factors | Wachstumsfaktoren

improve v [ɪm'pruːv] | **(sich) verbessern, sich bessern**
improve the state of the economy | die Lage der Wirtschaft verbessern
The situation has greatly improved. | Die Lage hat sich sehr verbessert.

improvement n [ɪm'pruːvmənt] | **Verbesserung, Besserung**
major / minor improvements | bedeutende / geringfügige Verbesserungen

inflation n [ɪn'fleɪʃn] | **Inflation**
cause / fight inflation | Inflation verursachen / bekämpfen

loss n [lɒs] | **Verlust**

national debt n [ˌnæʃnəl 'det] | **Staatsschuld**

profit n ['prɒfɪt] | **Profit, Gewinn**
make a profit on sth | mit etw Gewinn machen
sell sth at a profit | etw mit Gewinn verkaufen
bring in a large / small profit | einen großen / kleinen Gewinn bringen

profit margin n ['prɒfɪt mɑːdʒɪn] | **Gewinnspanne**

profitable n ['prɒfɪtəbl] | **gewinnbringend, rentabel**

prosperity n [prɒ'sperəti] | **Prosperität, Aufschwung**
economic / industrial prosperity | wirtschaftliche / industrielle Prosperität

prosperous adj ['prɒspərəs] | **prosperierend, gut gehend, florierend**
prosperous economy / industry | prosperierende Wirtschaft / Industrie

rate of inflation n [reɪt ev ɪn'fleɪʃn] | **Inflationsrate**
a high / low rate of inflation | eine hohe / niedrige Inflationsrate

recession n [rɪ'seʃn] | **Rezession**

recovery n [rɪ'kʌvəri] | **Erholung, Aufschwung**
economic recovery | wirtschaftlicher Aufschwung

stability n [stə'bɪləti] | **Stabilität**
economic stability | wirtschaftliche Stabilität

stagnation n [stæg'neɪʃn] | **Stagnation**

unemployment n [ˌʌnɪm'plɔɪmənt] | **Arbeitslosigkeit**

unemployment figures n pl [ʌnɪm'plɔɪmənt fɪgəz] | **Arbeitslosenzahlen**

Finanzen

bill n AE [bɪl] | **Geldschein**

capital n ['kæpɪtl] | **Kapital**
raise / invest capital | Kapital aufbringen / investieren

cash n, v [kæʃ] | **Bargeld, Barzahlung, einlösen**
pay in cash | bar zahlen
Cash only! | Nur (gegen) Barzahlung!
cash a cheque | einen Scheck einlösen

change n, v [tʃeɪndʒ]	**Wechselgeld , Kleingeld, wechseln, umtauschen**
She didn't have any change, only a £20 note.	Sie hatte kein Kleingeld, nur eine 20 Pfundnote.
The waiter didn't have change for £100.	Der Kellner konnte auf 100 Pfund nicht herausgeben.
Keep the change.	Der Rest ist für Sie.
Have you got change for £5?	Können Sie mir 5 Pfund wechseln?
Can I change dollars here?	Kann ich hier Dollars umtauschen?
coin n [kɔɪn]	**Münze**
corporation n [ˌkɔːpəˈreɪʃn]	**Körperschaft (des öffentlichen Rechts), Kapitalgesellschaft, (Aktien-)Gesellschaft**
private / public corporation	privatrechtliche- / öffentlich-rechtliche Körperschaft
corporation tax n [ˌkɔːpəˈreɪʃn tæks]	**Körperschaftssteuer**
cover n [ˈkʌvə]	**(ab)decken**
cover costs / expenses	Kosten / Ausgaben decken
currency n [ˈkʌrənsi]	**Währung**
a hard currency	eine harte Währung
currency n AE [ˈkʌrənsi]	**Bargeld**
debt n [det]	**Schulden**
get into / get out of debt	Schulden machen / aus den Schulden herauskommen
be in debt (to sb) (for £1000)	(1000 Pfund) Schulden (bei jdm) haben
be free of debt	frei von Schulden sein
pay a debt	eine Schuld bezahlen
deficit n [ˈdefɪsɪt]	**Defizit**
trade deficit	Handelsdefizit
devalue v [ˌdiːˈvæljuː]	**abwerten**
devalue the dollar	den Dollar abwerten
Euro n [ˈjʊərəʊ]	**Euro**
Eurocheque n [ˈjʊərəʊtʃek]	**Euroscheck**
European Monetary System n [ˌjʊərəpiːən ˌmʌnɪtri ˈsɪstəm] EMS [ˌiː em ˈes]	**Europäisches Währungssystem (EWS)**
exchange rate n [ɪksˈtʃeɪndʒ reɪt]	**(Wechsel-)Kurs**
What's the exchange rate between the pound and the dollar?	Wie ist der Kurs zwischen Pfund und Dollar?
expenditure n [ɪkˈspendɪtʃə]	**Ausgabe**
an expenditure of £8,000 on a new car	eine Ausgabe von 8 000 Pfund für ein neues Auto
reduce public expenditure	die öffentlichen Ausgaben reduzieren
expense n [ɪkˈspens]	**Kosten**
spare no expense	keine Kosten scheuen
at the nation's expense	auf Kosten der Nation
expense account n [ɪkˈspens əkaʊnt]	**Spesenkonto**

expenses n pl [ɪk'spensɪz]	**Kosten, Spesen**
Her company covers all her expenses.	Ihre Firma erstattet ihr alle Kosten.
This is on expenses.	Das geht auf Spesen.
finance n, v ['faɪnæns]	**finanzielle Mittel, Finanz-, finanzieren**
finance for the public health system	finanzielle Mittel für das Gesundheitssystem
an expert in finance	ein Finanzexperte
finances n pl ['faɪnænsɪz]	**Finanzen, Finanzlage, Vermögenslage**
The company's finances are sound.	Die Finanzlage der Firma ist gesund.
financial adj [faɪ'nænʃl]	**finanziell, Finanz-**
financial difficulties / situation	finanzielle Schwierigkeiten / Lage
foreign currency n [ˌfɒrən 'kʌrənsi]	**Devisen**
trade in foreign currency	mit Devisen handeln
invest v [ɪn'vest]	**investieren, anlegen**
invest a lot of money in a company	viel Geld in eine Firma investieren
investment n [ɪn'vestmənt]	**Investition, Anlage**
make a good / bad investment	eine gute / schlechte Investition machen
encourage investments in sth	Investitionen in etw fördern
joint stock company n [ˌdʒɔɪnt 'stɒk kʌmpəni]	**Aktiengesellschaft, Kapitalgesellschaft**
meet v [miːt] met, met [met, met]	**decken**
meet expenses / a deficit	Ausgaben / ein Defizit decken
method of payment n [ˌmeθəd əv 'peɪmənt]	**Zahlungsweise**
money n ['mʌni]	**Geld**
earn good money	gut verdienen
waste / spend money on sth	Geld für etw verschwenden / ausgeben
This car is good value for money.	Dieses Auto ist sein Geld wert.
owe v [əʊ]	**schulden**
owe money to sb	jdm Geld schulden
pay v [peɪ] paid, paid [peɪd, peɪd]	**bezahlen**
pay taxes to the state	Steuern an den Staat bezahlen
pay sb / money / a bill	jdn / Geld / eine Rechnung bezahlen
pay back v [ˌpeɪ 'bæk] paid, paid [peɪd, peɪd]	**zurückzahlen**
payment n ['peɪmənt]	**Zahlung**
We didn't receive any payments.	Wir haben keine Zahlungen erhalten.
pound n [paʊnd] £	**Pfund (Sterling)**
rate n [reɪt]	**Satz**
charge the going rate	den üblichen Satz berechnen
resources n pl [rɪ'sɔːsɪz]	**Mittel, Ressourcen**
financial resources	finanzielle Mittel

revalue v [ˌriːˈvæljuː]	**aufwerten**
revalue a currency	eine Währung aufwerten
spend v [spend] spent, spent [spent, spent]	**ausgeben**
spend money on sth	Geld für etw ausgeben
start-up capital n [ˈstɑːtʌp ˌkæpɪtl]	**Startkapital**
takings n pl [ˈteɪkɪŋz]	**Einnahmen**
increase the takings	die Einnahmen erhöhen
turnover n [ˈtɜːnəʊvə]	**Umsatz**
They have an annual turnover of …	Sie haben einen Jahresumsatz von …
yield n [jiːld]	**Rendite**

Bank und Börse

account n [əˈkaʊnt]	**Konto**
open / close an account	ein Konto eröffnen / auflösen
pay money into an account	Geld auf ein Konto einzahlen
account holder n [əˈkaʊnt həʊldə]	**Kontoinhaber/in**
account number n [əˈkaʊnt nʌmbə]	**Kontonummer**
allotment n [əˈlɒtmənt]	**(Aktien-)Zuteilung**
balance (of account) n [ˈbæləns əv əˈkaʊnt]	**Kontostand**
What's the balance of my account?	Wie ist mein Kontostand?
balanced adj [ˈbælənst]	**ausgeglichen**
balanced account	ausgeglichenes Konto
bank n [bæŋk]	**Bank**
work at a bank	bei einer Bank arbeiten
have money in the bank	Geld auf der Bank haben
bank book n [ˈbæŋk bʊk]	**Sparbuch**
bank clerk n [ˈbæŋk klɑːk]	**Bankangestellte/r**
(bank)note n [ˈbæŋknəʊt]	**Geldschein, Banknote**
a five pound note	eine Fünfpfundnote
10,000 dollars in small notes	10 000 Dollar in kleinen Scheinen
(bank) statement n [ˈbæŋk steɪtmənt]	**Kontoauszug**
banking n [ˈbæŋkɪŋ]	**Bankwesen**
go into banking	ins Bankgewerbe gehen
bear n [beə]	**Baissier**
big bang n [bɪg ˈbæŋ]	**Big Bang (Umstrukturierung der Londoner Börse)**
borrow v [ˈbɒrəʊ]	**sich leihen, Kredit aufnehmen**
borrow money from a bank	sich Geld von einer Bank leihen
branch n [brɑːntʃ]	**Filiale, Zweigstelle**

branch manager n ['brɑːntʃ mænɪdʒə]	**Filialleiter/in**
building society n ['bɪldɪŋ səsaɪəti]	**Bausparkasse, Hypothekenbank**
bull n [bʊl]	**Haussier**
cash dispenser n ['kæʃ dɪspensə]	**Geldautomat**
central bank n [ˌsentrəl 'bæŋk]	**Zentralbank**
The Bank of England is the UK's, the Federal Reserve the USA's central bank.	Die Bank von England ist die Zentralbank des Vereinigten Königreichs, die Fed die der Vereinigten Staaten.
check n AE [tʃek]	**Scheck**
cheque n BE [tʃek]	**Scheck**
write out a cheque	einen Scheck ausstellen
cash a cheque for £100	einen Scheck über 100 Pfund einlösen
pay by cheque	mit Scheck bezahlen
a bad cheque	ein ungedeckter Scheck
cheque book n ['tʃek bʊk]	**Scheckbuch, Scheckheft**
counter n ['kaʊntə]	**Schalter**
You will be served at the next counter.	Sie werden am nächsten Schalter bedient.
credit n, v ['kredɪt]	**Kredit, Gutschrift, (Gut-)Haben, gutschreiben**
buy sth on credit	etw auf Kredit kaufen
give / refuse sb credit	jdm einen Kredit geben / verweigern
My account is in credit. / I'm in credit.	Mein Konto ist im Plus. / Ich habe Geld auf dem Konto.
a credit of £50	eine Gutschrift von 50 Pfund
credit an amount to sb's account	jds Konto einen Betrag gutschreiben
credit card n ['kredɪt kɑːd]	**Kreditkarte**
crossed cheque n BE [ˌkrɒst 'tʃek]	**Verrechnungsscheck**
current account n ['kʌrənt əkaʊnt]	**Girokonto**
debit n, v ['debɪt]	**Soll, belasten**
on the debit side of an account	auf der Sollseite eines Kontos
debit an account	ein Konto belasten
deposit n, v [dɪ'pɒzɪt]	**Einzahlung, Guthaben, einzahlen**
make a deposit of £300 into one's account	£300 auf sein Konto einzahlen
have £300 on deposit	ein Guthaben von £300 haben
I deposited £50 into my account last month.	Ich habe letzten Monat £50 auf mein Konto eingezahlt.
draw v [drɔː] drew, drawn [druː, drɔːn]	**ausstellen, trassieren**
draw a bill on sb	einen Wechsel auf jdn ausstellen
drawer n [drɔː]	**(Wechsel-)Aussteller/in, Trassant**
ease v [iːz]	**nachgeben, leichter tendieren**
Share prices have eased.	Die Aktienkurse gaben nach.
interest n ['ɪntrəst]	**Zins(en)**
an account that earns interest at 6%	ein Konto, das mit 6% verzinst ist
pay 6% interest on a loan	6% Zinsen auf ein Darlehen bezahlen

interest rate n ['ɪntrəst reɪt]	**Zinssatz**
borrow money at a high / low interest rate	Geld zu einem hohen / niedrigen Zinssatz leihen
issue n, v ['ɪʃuː]	**Emission, Ausgabe, emittieren, ausgeben**
share issue	Aktienemission
lend v [lend] lent, lent [lent, lent]	**leihen, verleihen, Darlehen geben**
The bank lent me money.	Die Bank hat mir Geld geliehen / ein Darlehen gegeben.
loan n [ləʊn]	**Darlehen, Kredit**
get / pay off a loan	ein Darlehen bekommen / zurückzahlen
an interest-free / short-term loan	ein zinsfreies / kurzfristiges Darlehen
main branch n [ˌmeɪn 'brɑːntʃ]	**Hauptgeschäftsstelle**
money order n ['mʌni ɔːdə] M.O. [ˌem 'əʊ]	**Zahlungsanweisung, Postanweisung**
make out / cash a money order	eine Zahlungsanweisung ausstellen / einlösen
mortgage n, v ['mɔːgɪdʒ]	**Hypothek, hypothekarisch belasten**
take out a mortgage on one's house	eine Hypothek auf sein Haus aufnehmen
pay off a mortgage	eine Hypothek abzahlen
mortgage a house	ein Haus hypothekarisch belasten
overdraft facility n ['əʊvədrɑːft fəˌsɪləti]	**Überziehungskredit**
have an overdraft facility	einen Überziehungskredit haben
overdrawn adj [ˌəʊvə'drɔːn]	**überzogen**
Her account is overdrawn by £50.	Ihr Konto ist um 50 Pfund überzogen.
plastic n umg ['plæstɪk]	**Kreditkarte, Kundenkarte**
safe n [seɪf]	**Safe, Tresor**
crack a safe	einen Safe knacken
save v [seɪv]	**sparen**
save for a new car	für ein neues Auto sparen
save on energy costs	an den Energiekosten sparen
savings n pl ['seɪvɪŋz]	**Ersparnisse**
withdraw one's savings from the bank	seine Ersparnisse von der Bank abheben
savings account n ['seɪvɪŋz əkaʊnt]	**Sparkonto**
share n [ʃeə]	**Aktie, (Geschäfts-)Anteil**
hold shares in a company	Aktien eines Unternehmens besitzen
share price n ['ʃeə praɪs]	**Aktienkurs**
shareholder n ['ʃeəhəʊldə]	**Aktionär/in, Anteilseigner/in**
stock n [stɒk]	**Aktie**
stock exchange n ['stɒk ɪkstʃeɪndʒ]	**(Wertpapier-)Börse**
on the stock exchange	an der Börse
subscribe v [səb'skraɪb]	**zeichnen**
subscribe shares	Aktien zeichnen
subscribe for a loan	eine Anleihe zeichnen

subscriber n [səb'skraɪbə]	**Zeichner/in**
transfer n, v ['trænsfɜː]	**Überweisung, Transfer, überweisen, transferieren**
a transfer to an account	eine Überweisung auf ein Konto
transfer money into an account	Geld auf ein Konto überweisen
withdraw v [wɪð'drɔː] withdrew, withdrawn [wɪð'druː, wɪð'drɔːn]	**abheben**
withdraw money from an account	Geld von einem Konto abheben
withdrawal n [wɪð'drɔːəl]	**Abhebung**
make a withdrawal from an account	Geld von einem Konto abheben

Wert und Preis

advance v [əd'vɑːns]	**anziehen, (an)steigen**
prices / costs are advancing	die Preise ziehen an / die Kosten steigen
appreciate v [ə'priːʃieɪt]	**im Wert steigen**
Flats around here have appreciated (in value).	Wohnungen in dieser Gegend sind im Wert gestiegen.
be v [biː] was, were, been [wəz, wə, biːn]	**kosten**
How much is the jacket?	Was kostet die Jacke?
The car is £15,000.	Das Auto kostet 15 000 Pfund.
charge n, v [tʃɑːdʒ]	**Gebühr, fordern, berechnen, in Rechnung stellen**
There's no extra charge for children.	Für Kinder werden keine zusätzlichen Gebühren berechnet / erhoben.
deliver sth free of charge	etw gebührenfrei liefern
charge a fee	eine Gebühr erheben
They didn't charge me for it.	Sie haben mir dafür nichts berechnet.
Please charge it to my company.	Stellen Sie das bitte meiner Firma in Rechnung.
cheap adj [tʃiːp]	**billig, günstig**
buy sth cheap	etw billig kaufen
cheap red wine / café	billiger Rotwein / billiges Café
cost n [kɒst]	**Kosten**
bear the cost of sth	die Kosten für etw tragen
reduce costs	Kosten reduzieren
put the cost at £100	die Kosten auf 100 Pfund veranschlagen
cost v [kɒst]	**kosten**
How much does that cost?	Was kostet das?
expensive adj [ɪk'spensɪv]	**teuer**
fee n [fiː]	**Gebühr, Honorar**
charge a fee	eine Gebühr berechnen / erheben
pay the doctor's fee	das Arzthonorar bezahlen

for nothing [fə 'nʌθɪŋ]	**umsonst, kostenlos**
We got in for nothing.	Wir kamen umsonst rein.
free adj, adv [friː]	**kostenlos, umsonst**
I got a free ticket.	Ich bekam eine Freikarte.
Admission is free.	Der Eintritt ist frei.
We got into the museum free.	Wir kamen umsonst in das Museum.
go up v [ˌgəʊ 'ʌp] went, gone [went, gɒn]	**steigen**
Prices went up.	Die Preise sind gestiegen.
grade n [greɪd]	**(Güte-)Klasse**
grade A eggs	Eier der Güteklasse A
There are different grades of steel.	Es gibt Stahl in verschiedenen Güteklassen.
high-grade / low-grade material	hoch- / minderwertiges Material
high adj [haɪ]	**hoch**
high prices / cost	hohe Preise / Kosten
inferior adj [ɪn'fɪəriə]	**minderwertig**
cheap, inferior products	billige, minderwertige Erzeugnisse
Their products are inferior to ours.	Ihre Produkte sind von geringerer Qualität als unsere.
low adj [ləʊ]	**niedrig, gering**
low price / income	hoher Preis / hohes Einkommen
overpriced adj [ˌəʊvə'praɪst]	**überteuert**
price n [praɪs]	**(Kauf-)Preis**
sell sth at a reasonable price	etw zu einem vernünftigen Preis verkaufen
raise / reduce the prices	die Preise erhöhen / senken
Prices are going up / down.	Preise steigen / fallen.
fix the price of sth	den Preis von etw festsetzen
price cut n ['praɪs kʌt]	**Preissenkung**
price increase n ['praɪs ɪnkriːs]	**Preiserhöhung**
quality n ['kwɒləti]	**Qualität**
of good / poor quality	von guter / schlechter Qualität
rise v [raɪz] rose, risen [rəʊz, 'rɪzn]	**steigen**
Prices / Wages have risen by 5%.	Die Preise / Löhne sind um 5% gestiegen.
rise n [raɪz]	**Steigerung**
a rise in the the value of the pound	eine Wertsteigerung des Pfunds
a rise in the price of bread	eine Preissteigerung für Brot
rocket v ['rɒkɪt]	**kräftig steigen, kräftig anziehen**
Prices are rocketing	Die Preise steigen kräftig an.
second-hand adj [ˌsekənd'hænd]	**gebraucht, aus zweiter Hand**
a second-hand car	ein Gebrauchtwagen
second-hand clothes / shops	Secondhandkleidung / -läden
superior adj [suː'pɪəriə]	**hochwertiger**
superior quality	hochwertigere Qualität

value n, v ['vælju:] | **Wert, (ab)schätzen**
go up / down in value | an Wert gewinnen / verlieren
pay below / above market value for sth | unter / über Marktwert für etw zahlen
order goods to the value of £250 | Waren im Wert von 250 Pfund bestellen
The house was valued at £75,000. | Das Haus wurde auf 75 000 Pfund geschätzt.

weaken v ['wi:kən] | **schwächen, schwächer werden, zurückgehen**
The dollar rate weakens the economy. | Der Dollarkurs schwächt die Wirtschaft.

worth adj [wɜ:θ] | **wert, im Wert von**
It's worth £20. | Es ist 20 Pfund wert.
a diamond worth millions of pounds | ein Diamant im Wert von mehreren Millionen Pfund

worthless adj ['wɜ:θləs] | **wertlos**

Import und Export

bonded warehouse n [ˌbɒndɪd 'weəhaʊs] | **Zolllager**

contraband n ['kɒntrəbænd] | **Schmuggelware**

customs n ['kʌstəmz] | **Zoll**
get sth through customs | etw durch den Zoll bekommen
declare sth at customs | etw beim Zoll angeben / etw verzollen
pay customs on sth | Zoll auf etw bezahlen

customs barrier n ['kʌstəmz bæriə] | **Zollschranke**

customs declaration n [ˌkʌstəmz ˌdeklə'reɪʃn] | **Zollerklärung**

customs officer n ['kʌstəmz ɒfɪsə] | **Zollbeamte/r, Zollbeamtin**

declare v [dɪ'kleə] | **verzollen**
declare cigarettes at customs | Zigaretten beim Zoll angeben
Have you anything to declare? | Haben Sie etwas zu verzollen?

domestic adj [də'mestɪk] | **Innen-, Inland(s)-, Binnen-, inländisch**
foreign and domestic trade | Außen- und Binnenhandel
domestic produce | inländische Erzeugnisse

duty n ['dju:ti] | **Zoll, Abgabe**
pay duty on sth | Zoll auf etw bezahlen

duty-free n [ˌdju:ti'fri:] | **zollfrei**

export n ['ekspɔ:t] | **Ausfuhr, Export**
the main exports of a country | die Hauptexporte eines Landes

export v [ɪks'pɔ:t] | **ausführen, exportieren**
export goods | Güter exportieren

export duty n ['ekspɔ:t dju:ti] | **Ausfuhrzoll**

export licence n ['ekspɔ:t ˌlaɪsns] | **Ausfuhrgenehmigung**

exporter n [ek'spɔ:tə] | **Exporteur/in**

foreign adj ['fɒrən] | **Auslands-, Außen-, ausländisch**
foreign imports | Importe aus dem Ausland
foreign produce | ausländische Erzeugnisse

import v [ɪm'pɔːt]	**einführen, importieren**
import goods from abroad	Güter aus dem Ausland importieren
import n ['ɪmpɔːt]	**Einfuhr, Import**
imports from Japan	Importe aus Japan
import duty n ['ɪmpɔːt djuːti]	**Einfuhrzoll**
import licence n ['ɪmpɔːt laɪsns]	**Einfuhrgenehmigung**
importer n [ɪm'pɔːtə]	**Importeur/in**
smuggle v ['smʌgl]	**schmuggeln**
smuggle drugs across the border	Drogen über die Grenze schmuggeln
smuggler n ['smʌglə]	**Schmuggler/in**

Kauf und Absatz

advertise v ['ædvətaɪz]	**werben (für), Werbung machen (für)**
advertise a product on TV / in the papers	für ein Produkt im Fernsehen / in der Zeitung werben
advertisement n [əd'vɜːtɪsmənt] ad [æd]	**Werbeanzeige, Werbung, Reklame**
an advertisement for a product	eine Werbeanzeige für ein Produkt
advertising n ['ædvətaɪzɪŋ]	**Werbung, Werbe-, Reklame-**
She's in advertising.	Sie ist in der Werbebranche.
advertising agency n ['ædvətaɪzɪŋ eɪdʒənsi]	**Werbeagentur**
advertising campaign n ['ædvətaɪzɪŋ kæmpeɪn]	**Werbekampagne**
bargain n, v ['bɑːgɪn]	**günstiges Angebot, Sonderangebot, Schnäppchen, verhandeln**
This car is a real bargain.	Dieses Auto ist ein richtiges Schnäppchen.
bargain with sb over the price	mit jdm über den Preis verhandeln
bargain-hunting n ['bɑːgɪnˌhʌntɪŋ]	**Schnäppchenjagd**
go bargain-hunting	auf Schnäppchenjagd gehen
bill n [bɪl]	**Rechnung**
Waiter, can I have the bill, please?	Ober, wir möchten bitte zahlen.
brochure n ['brəʊʃə]	**Broschüre, Prospekt**
travel brochures	Reiseprospekte
buy v [baɪ] bought, bought [bɔːt, bɔːt]	**kaufen**
£500 will buy you ...	Für 500 Pfund kann man ... kaufen.
buyer n ['baɪə]	**Käufer/in, Einkäufer/in**
a prospective buyer	ein interessierter Käufer
She couldn't find a buyer for her car.	Sie konnte keinen Käufer für ihr Auto finden.
She's the chief buyer for our company.	Sie ist die Chefeinkäuferin unserer Firma.

catalogue n ['kætəlɒg] — **Katalog**
order sth from a catalogue — etw aus einem Katalog bestellen

commercial n [kə'mɜːʃl] — **Werbespot**
a beer commercial on TV / the radio — ein Werbespot für Bier im Fernsehen / im Radio

contract of sale n [ˌkɒntrækt əv 'seɪl] — **Kaufvertrag**

deposit n [dɪ'pɒzɪt] — **Anzahlung, Kaution**
put / pay a deposit on a car — eine Anzahlung für ein Auto leisten
The car rental company asked for a £100 deposit. — Die Mietwagenfirma verlangte eine Kaution von £100.
leave / lose a deposit — eine Kaution hinterlegen / verlieren

guarantee n, v [ˌgærən'tiː] — **Garantie, garantieren**
The company gives five years' guarantee on this car. — Die Firma gibt fünf Jahre Garantie auf diesen Wagen.
The watch is still under guarantee. — Auf der Uhr ist noch Garantie.
This computer carries a year's guarantee. — Dieser Computer hat ein Jahr Garantie.

hire v ['haɪə] — **mieten, leihen**
hire a car / hall — ein Auto / einen Saal mieten
hire a suit / wedding dress — sich einen Anzug / ein Hochzeitskleid leihen

hire purchase n [ˌhaɪə 'pɜːtʃəs] — **Ratenkauf**
buy sth on hire purchase — etw auf Raten kaufen
hire-purchase agreement — Ratenkaufvertrag

instalment n [ɪn'stɔːlmənt] — **Rate**
pay in instalments — in Raten zahlen
monthly / quarterly instalments — monatliche / vierteljährliche Raten

invoice n, v ['ɪnvɔɪs] — **Rechnung, eine Rechnung ausstellen**
make out an invoice for the goods — eine Rechnung für die Waren ausstellen
invoice sb for sth — jdm etw in Rechnung stellen

launch n, v [lɔːntʃ] — **(Markt-)Einführung, auf den Markt bringen**
the launch of a new product — die (Markt-)Einführung eines neuen Produkts
launch a new product — ein neues Produkt auf den Markt bringen

mail-order catalogue n [ˌmeɪlɔːdə 'kætəlɒg] — **Versandhauskatalog**

market n, v ['mɑːkɪt] — **Markt, vermarkten**
come onto / put on the market — auf den Markt kommen / bringen
create a market for sth — einen Markt / Nachfrage schaffen für etw
market a product — ein Produkt vermarkten

market leader n [ˌmɑːkɪt 'liːdə] — **Marktführer**

market research n [ˌmɑːkɪt rɪ'sɜːtʃ] — **Marktforschung**

marketing n ['mɑːkɪtɪŋ] — **Marketing**

order n, v ['ɔːdə] — **Bestellung, Auftrag, bestellen, in Auftrag geben**
place / receive an order — einen Auftrag erteilen / erhalten
Our order has arrived. — Unsere Bestellung ist eingetroffen.
order a new computer — einen neuen Computer bestellen

place v [pleɪs]	**erteilen**
place an order with sb	jdm einen Auftrag erteilen
sale n [seɪl]	**Verkauf, Ausverkauf, Schlussverkauf**
the sale of shoes / computers	der Verkauf von Schuhen / Computern
House for sale.	Haus zu verkaufen.
The book will be on sale next week.	Das Buch wird ab nächster Woche verkauft.
hold an end-of-season sale	Schlussverkauf haben
buy sth in the sales	etw im Schlussverkauf kaufen
sales n pl [seɪlz]	**Umsatz, Absatz, Vertrieb, Verkaufs-, Vertriebs-**
Sales are up by 7%.	Der Umsatz ist um 7% gestiegen.
sales commission	Verkaufsprovision
sales department n pl ['seɪlz dɪpɑːtmənt]	**Vertriebsabteilung**
sell v [sel]	**verkaufen, sich verkaufen, führen**
sold, sold [səʊld, səʊld]	
sell sb sth / sth to sb	jdm etw verkaufen
The book sells well.	Das Buch verkauft sich gut.
Her latest novel has sold 30,000 copies.	Von ihrem letzten Roman sind 30 000 Exemplare verkauft worden.
We don't sell toys.	Wir führen keine Spielsachen.
settle v ['setl]	**begleichen, bezahlen**
settle a bill / an invoice	eine Rechnung begleichen
shopping n ['ʃɒpɪŋ]	**Einkaufen**
go shopping	einkaufen gehen
do one's shopping	seine Einkäufe erledigen
shopping bag n ['ʃɒpɪŋ bæg]	**Einkaufstasche**
special offer n [speʃl 'ɒfə]	**Sonderangebot**
trade mark n ['treɪd mɑːk]	**Warenzeichen**
VAT n [ˌviː eɪ 'tiː]	**MwSt (Mehrwertsteuer)**
value added tax	
Prices include 16% VAT.	Die Preise enthalten 16% Mehrwertsteuer.
vendor n ['vendə]	**(Straßen)verkäufer/in**
warranty n ['wɒrənti]	**Garantie**
window-shopping n ['wɪndəʊʃɒpɪŋ]	**Schaufensterbummel**
go window-shopping	einen Schaufensterbummel machen

Arbeit und Arbeitsplatz

Arbeit und Lohn

advance n, v [əd'vɑːns]	**Vorschuss, vorschießen**
ask for an advance on one's salary	um einen Vorschuss auf sein Gehalt bitten
She asked her boss to advance her some money.	Sie bat ihren Chef, ihr etwas Geld vorzuschießen.

benefit n ['benɪfɪt]	**Unterstützung, Beihilfe**
fringe benefits	Zusatzleistungen (der Arbeitgeber)
busy adj ['bɪzi]	**beschäftigt**
You can't see the manager now. He's busy.	Sie können den Chef jetzt nicht sprechen. Er hat zu tun.
She's had a very busy week.	Sie hatte diese Woche sehr viel zu tun.
disability pension n [dɪsəˌbɪləti 'penʃn]	**Invalidenrente**
earn v [ɜːn]	**verdienen**
She earns £1,300 a month.	Sie verdient 1 300 Pfund im Monat.
earn one's living	seinen Lebensunterhalt verdienen
earnings n pl ['ɜːnɪŋz]	**Verdienst**
She has to pay tax on her earnings.	Sie muss Steuern auf ihren Verdienst zahlen.
flexitime n ['fleksitaɪm]	**Gleitzeit**
full-time adj, adv [ˌfʊl'taɪm]	**ganztägig, ganztags, Vollzeit-, Ganztags-**
He's got a full-time job.	Er hat eine Ganztagsstelle.
work full-time	ganztags arbeiten
gross adj [grəʊs]	**brutto, Brutto-**
gross income	Bruttoeinkommen
She earns £18,000 gross a year.	Sie verdient 18 000 Pfund brutto im Jahr.
income n ['ɪnkʌm]	**Einkommen**
gross / net / fixed income	Brutto- / Netto- / festes Einkommen
live beyond one's income	über seine Verhältnisse leben
income tax n ['ɪnkʌm tæks]	**Einkommensteuer**
job n [dʒɒb]	**Arbeit, Stelle, Arbeitsplatz**
look for / take a job	eine Stelle suchen / annehmen
The job consists of typing.	Die Arbeit besteht darin, Texte zu erfassen.
I have several jobs to do.	Ich habe verschiedene Arbeiten zu erledigen.
She's been out of a job for a year now.	Sie ist jetzt seit einem Jahr arbeitslos.
create jobs	Arbeitsplätze schaffen
jobless adj ['dʒɒbləs]	**arbeitslos**
labour n ['leɪbə]	**Arbeit, Arbeitskraft, Arbeitskräfte**
physical labour	körperliche Arbeit
skilled / unskilled labour	Fachkräfte / ungelernte Arbeiter
labour market n ['leɪbə mɑːkɪt]	**Arbeitsmarkt**
living n ['lɪvɪŋ]	**Lebensunterhalt**
What do you do for a living?	Womit verdienen Sie Ihr Geld?
earn one's living as an artist	seinen Lebensunterhalt als Künstler verdienen
make a good living from sth	gutes Geld mit etw verdienen
net adj [net]	**netto, Netto-**
net price / income	Nettopreis / -einkommen
earn £20,000 net	20 000 Pfund netto verdienen
off adv [ɒf]	**frei**
take a few days off	sich ein paar Tage frei nehmen
She's got a day off.	Sie hat einen Tag frei.

old-age pension n [ˌəʊldeɪdʒ 'penʃn]	**Altersrente**
overpaid adj [ˌəʊvə'peɪd]	**überbezahlt**
overtime n ['əʊvətaɪm]	**Überstunden**
work / do overtime	Überstunden machen
She was paid overtime.	Sie bekam Überstundenzuschlag.
overworked adj [ˌəʊvə'wɜːkt]	**überarbeitet**
I'm overworked.	Ich bin überarbeitet.
part-time adj, adv [ˌpɑːt'taɪm]	**Teilzeit-**
a part-time job / employee	eine Teilzeitarbeit / -angestellte
He works part-time.	Er hat eine Teilzeitbeschäftigung.
pay n [peɪ]	**Lohn, Gehalt, Bezahlung**
The pay isn't very good.	Die Bezahlung ist nicht sehr gut.
She gets paid £8 an hour.	Sie bekommt acht Pfund Stundenlohn.
pay increase n ['peɪ ɪnkriːs]	**Lohn-, Gehaltserhöhung**
pay-day n ['peɪdeɪ]	**Zahltag**
payslip n ['peɪslɪp]	**Lohnzettel, Lohnabrechnung**
pension n ['penʃn]	**Rente, Pension**
receive a pension	Rente beziehen
push v [pʊʃ]	**antreiben**
push workers / pupils	Arbeiter / Schüler antreiben
rise n [raɪz]	**(Lohn-, Gehalts-)Erhöhung**
to get a rise	eine Lohn- / Gehaltserhöhung bekommen
a rise in salary	eine Gehaltserhöhung
salary n ['sæləri]	**Gehalt**
get a salary of £18,000 a year	ein Gehalt von 18 000 Pfund im Jahr bekommen
cut salaries	Gehälter kürzen
raise salaries	Gehälter erhöhen
short time n [ˌʃɔːt 'taɪm]	**Kurzarbeit**
be on short time	kurzarbeiten
sick-pay n ['sɪkpeɪ]	**Krankengeld, Lohnfortzahlung**
underpaid adj [ˌʌndə'peɪd]	**unterbezahlt**
We are overworked and underpaid.	Wir sind überarbeitet und unterbezahlt.
unemployed adj [ˌʌnɪm'plɔɪd]	**arbeitslos, ohne Beschäftigung**
unemployed, the n [ˌʌnɪm'plɔɪd]	**die Arbeitslosen**
unemployment benefit n [ʌnɪm'plɔɪmənt benɪfɪt]	**Arbeitslosenunterstützung**
wage n pl [weɪdʒ]	**Lohn**
get a weekly wage of £250	einen Wochenlohn von 250 Pfund haben
increase wages	die Löhne erhöhen
demand higher wages	höhere Löhne fordern
wage demands n pl ['weɪdʒ dɪmɑːndz]	**Lohnforderungen**

wage freeze n ['weɪdʒ friːz]	**Lohnstopp**
well-paid adj [ˌwel'peɪd]	**gut bezahlt**
widow's pension n [ˌwɪdəʊz 'penʃn]	**Witwenrente**
work n, v [wɜːk]	**Arbeit, arbeiten**
be out of work	arbeitslos sein
do one's work	seine Arbeit machen
work on sth	an etw arbeiten
work regular hours	feste Arbeitszeiten haben
work for a company	bei einer Firma arbeiten
working conditions n [ˌwɜːkɪŋ kən'dɪʃnz]	**Arbeitsbedingungen**
working hours n [ˌwɜːkɪŋ 'aʊəz]	**Arbeitszeit**

Beruf und Ausbildung

apprentice n [ə'prentɪs]	**Lehrling, Auszubildende/r**
do one's final year as an apprentice	im letzten Lehrjahr sein
an apprentice bricklayer	ein Maurerlehrling
apprenticeship n [ə'prentɪʃɪp]	**Lehre, Ausbildung**
serve a three-year apprenticeship	eine dreijährige Lehre machen
become v [bɪ'kʌm]	**werden**
became, become [bɪ'keɪm, bɪ'kʌm]	
She became a teacher.	Sie wurde Lehrerin.
What's become of her?	Was ist aus ihr geworden?
career n [kə'rɪə]	**Werdegang, Karriere**
choose a career in journalism	die journalistische Laufbahn einschlagen
make a career for oneself in politics	in der Politik Karriere machen
careers adviser n [kə'rɪəz ədvaɪzə]	**Berufsberater/in**
careers guidance n [kə'rɪəz gaɪdəns]	**Berufsberatung**
careers officer n [kə'rɪəz ɒfɪsə]	**Berufsberater/in**
field n [fiːld]	**Gebiet, Bereich**
She's an expert in this field.	Sie ist eine Expertin auf diesem Gebiet.
know-how n ['nəʊhaʊ]	**Know-how, Sachkenntnis**
He doesn't have the necessary know-how for this job.	Er hat nicht genügend Know-how für diese Arbeit.
labourer n ['leɪbərə]	**Hilfsarbeiter/in**
master n ['mɑːstə]	**Meister/in**
a master baker / plumber	ein Bäcker- / Installateurmeister
occupation n [ˌɒkju'peɪʃn]	**Beruf**
What's your occupation?	Was sind Sie von Beruf?
profession n [prə'feʃn]	**(erlernter) Beruf**
He's a lawyer / doctor / teacher by profession.	Er ist Rechtsanwalt / Arzt / Lehrer von Beruf.
What's your profession?	Was sind Sie von Beruf?

qualification n [ˌkwɒlɪfɪ'keɪʃn]	**Qualifikation, Voraussetzung, Zeugnis**
Does she have the qualifications for the job?	Hat sie die Qualifikationen für die Stelle?
have good qualifications	gute Zeugnisse haben
qualified adj ['kwɒlɪfaɪd]	**qualifiziert, ausgebildet**
be qualified for a job	für eine Stelle qualifiziert sein
She's a qualified doctor.	Sie ist ausgebildete Ärztin.
retrain v [ˌriː'treɪn]	**(sich) umschulen (lassen)**
retraining n [ˌriː'treɪnɪŋ]	**Umschulung**
be given retraining	umgeschult werden
skilled adj [skɪld]	**ausgebildet, gelernt, Fach-**
skilled worker n [ˌskɪld 'wɜːkə]	**Facharbeiter/in**
specialist n ['speʃəlɪst]	**Spezialist/in, Fachmann, Fachfrau, Experte, Expertin**
She's a specialist in financial matters.	Sie ist Expertin für Finanzfragen.
speciality n [ˌspeʃi'æləti]	**Fachgebiet, Spezialgebiet, Spezialität**
specialize v ['speʃəlaɪz]	**sich spezialisieren**
specialize in marketing	sich auf Marketing spezialisieren
trade n [treɪd]	**Beruf, Handwerk**
He's a baker / an electrician by trade.	Er ist Bäcker / Elektriker von Beruf.
train v [treɪn]	**eine (Berufs-)Ausbildung machen, ausbilden, sich ausbilden lassen**
She's training as a nurse.	Sie macht eine Ausbildung zur Krankenschwester.
train an apprentice	einen Lehrling ausbilden
He trained as a secretary.	Er ließ sich zum Sekretär ausbilden.
trained adj [treɪnd]	**ausgebildet, gelernt, Fach-**
trained worker / engineer	Facharbeiter / ausgebildeter Techniker
untrained	nicht ausgebildet / ungelernt
trainee n [treɪ'niː]	**Auszubildende/r, Praktikant/in**
trainee plumber	Klempnerlehrling
management trainee	Führungsnachwuchs
training n ['treɪnɪŋ]	**Ausbildung, Schulung**
give sb training in computer programming	jdn in der Programmierung von Computern unterweisen
get training as a baker	zum Bäcker ausgebildet werden
unskilled adj [ˌʌn'skɪld]	**ungelernt**
untrained adj [ˌʌn'treɪnd]	**ungelernt**
vacancy n ['veɪkənsi]	**offene Stelle**
We have a vacancy for a secretary.	Wir haben eine Stelle für eine Sekretärin frei.
vacant adj ['veɪkənt]	**frei, offen, unbesetzt**
a vacant post	eine freie / offene Stelle
vocational training n [vəʊˌkeɪʃənl 'treɪnɪŋ]	**Berufsausbildung**

Arbeitgeber und Arbeitnehmer

applicant n ['æplıkənt]	**Bewerber/in**
There were 16 applicants for this job.	Es gab 16 Bewerbungen auf diese Stelle.
application n [ˌæplı'keıʃn]	**Bewerbung**
turn down an application	eine Bewerbung ablehnen
apply for v [ə'plaı fə]	**sich bewerben um**
apply to a company for a job	sich bei einer Firma um eine Stelle bewerben
appoint v [ə'pɔınt]	**einstellen, ernennen, berufen**
appoint sb to a vacant post	jdm eine (freie) Stelle geben
They appointed her manager.	Man hat sie zur Geschäftsführerin ernannt.
appoint sb to an office	jdn in ein Amt berufen
appointment n [ə'pɔıntmənt]	**Einstellung, Ernennung, Berufung**
get / accept the appointment as manager	die Ernennung zum Geschäftsführer erhalten / annehmen
boss n [bɒs]	**Chef/in**
ask one's boss for a day off	seinen Chef um einen Tag Urlaub bitten
candidate n ['kændıdət]	**Bewerber/in**
colleague n ['kɒliːg]	**Kollege, Kollegin**
a colleague of mine	ein Kollege von mir
contract n [ˌkɒntrækt]	**Vertrag**
enter into a contract	einen Vertrag abschließen
sign / terminate a contract	einen Vertrag unterzeichnen / auflösen
be under contract with sb	bei jdm unter Vertrag stehen
contract of employment n [ˌkɒntrækt əv ım'plɔımənt]	**Arbeitsvertrag**
dismiss v [dıs'mıs]	**entlassen**
She was dismissed without (prior) notice.	Sie wurde fristlos entlassen.
dismissal v [dıs'mısl]	**Entlassung**
employ v [ım'plɔı]	**an-, einstellen, beschäftigen**
employ five new workers	fünf neue Arbeiter an- / einstellen
The company employs a total of 100 people.	Die Firma beschäftigt insgesamt 100 Leute.
employee n [em'plɔııː]	**Arbeitnehmer/in, Angestellte/r, Betriebsangehörige/r, Beschäftigte/r**
take on / dismiss an employee	einen Angestellten einstellen / entlassen
Our employees work 35 hours per week.	Unsere Betriebsangehörigen / Beschäftigen arbeiten 35 Stunden in der Woche.
employer n [ım'plɔıə]	**Arbeitgeber/in**
employment n [ım'plɔımənt]	**Arbeit, Beschäftigung, Anstellung, Einstellung**
be out of employment	arbeitslos sein
seek / find employment as a programmer	eine Stelle als Programmierer suchen / finden
the employment of 100 additional workers	die Einstellung von 100 zusätzlichen Arbeitern

exploit v [ɪk'splɔɪt]	**ausbeuten**
exploitation n [ˌeksplɔɪ'teɪʃn]	**Ausbeutung**
fire v ['faɪə]	**feuern, hinauswerfen**
full employment n [ˌfʊl ɪm'plɔɪmənt]	**Vollbeschäftigung**
hard-working adj [ˌhɑːd'wɜːkɪŋ]	**fleißig, hart arbeitend**
hire v ['haɪə]	**(kurzfristig) einstellen, (an)heuern**
hire and fire v [ˌhaɪə ənd 'faɪə]	**anheuern und feuern**
interview n, v ['ɪntəvjuː]	**Vorstellungsgespräch, Einstellungsgespräch, ein Vorstellungsgespräch führen**
She had to go for an interview with the personnel manager.	Sie musste zu einem Vorstellungsgespräch mit dem Personalchef.
They are interviewing five candidates.	Sie führen Vorstellungsgespräche mit fünf Bewerbern.
letter of application n [ˌletər əv æplɪ'keɪʃn]	**Bewerbungsschreiben**
notice n ['nəʊtɪs]	**Kündigung**
Her employer is going to give her notice.	Ihr Arbeitgeber wird ihr kündigen.
She was given (a month's) notice.	Ihr wurde (zum nächsten Monat) gekündigt.
hand in one's notice	seine Kündigung einreichen
pension off v [ˌpenʃn 'ɒf]	**in den Ruhestand entlassen**
personnel n pl [ˌpɜːsə'nel]	**Personal**
personnel department n [ˌpɜːsə'nel dɪpɑːtmənt]	**Personalabteilung**
personnel manager n [ˌpɜːsə'nel mænɪdʒə]	**Personalchef/in**
position n [pə'zɪʃn]	**Stelle, Stellung, Position**
look for / apply for a position bewerben	eine Stelle suchen / sich um eine Stelle
fill / give up a position	eine Stelle besetzen / aufgeben
have a position of trust	eine Vertrauensstellung haben
post n [pəʊst]	**Posten, Stelle**
take up a post	einen Posten übernehmen
vacant posts	offene Stellen
promote v [prə'məʊt]	**befördern**
promotion n [prə'məʊʃn]	**Beförderung**
expect promotion	mit einer Beförderung rechnen
redundancy n [rɪ'dʌndənsi]	**Arbeitslosigkeit, Entlassung, Freisetzung**
the high level of redundancy among miners	die hohe Arbeitslosigkeit unter den Bergleuten
There have been a lot of redundancies in the textile industry.	Es hat viele Entlassungen in der Textilindustrie gegeben.
redundant adj [rɪ'dʌndənt]	**arbeitslos, freigesetzt**
become redundant	den Arbeitsplatz verlieren
The company is going to make 50 workers redundant.	Die Firma wird 50 Arbeiter entlassen.

retire v [rɪ'taɪə]	**in den Ruhestand treten / gehen, in den Ruhestand versetzen**
She retired at 59.	Sie trat mit 59 in den Ruhestand.
He's retired.	Er ist im Ruhestand / pensioniert / in Rente.
retirement n [rɪ'taɪəmənt]	**(Eintritt in den) Ruhestand, Pensionierung**
take early retirement	in den vorzeitigen Ruhestand treten
sack v [sæk]	**entlassen, rauswerfen, feuern**
staff n pl [stɑːf]	**Angestellte, Personal, Belegschaft, Mitarbeiter/innen**
All their staff are very helpful.	Ihr gesamtes Personal ist sehr hilfsbereit.
a member of staff	eine Mitarbeiterin
have a large staff / a staff of 40	viel Personal / 40 Angestellte haben
transfer n, v [træns'fɜː]	**Versetzung, versetzen**
She asked for a transfer to Berlin.	Sie bat um Versetzung nach Berlin.
transfer sb from Berlin to London	jdn von Berlin nach London versetzen

Management

accountancy n [ə'kaʊntənsi]	**Buchhaltung, Buchführung**
accountant n [ə'kaʊntənt]	**Buchhalter/in, Steuerberater/in, Wirtschaftsprüfer/in**
certified / chartered accountant	Wirtschaftsprüfer/in
accounts n pl [ə'kaʊnts]	**(Geschäfts-)Bücher, Rechnungslegung**
keep the accounts	die Bücher führen
accounts department n [ə'kaʊnts dɪpɑːtmənt]	**Buchhaltung**
adviser n [əd'vaɪzə]	**Berater/in**
agree v [ə'griː]	**vereinbaren, sich einigen, zustimmen**
agree a price	einen Preis vereinbaren
agree a budget	dem Budget zustimmen
agreement n [ə'griːmənt]	**Vereinbarung, Vertrag**
sign / break an agreement	einen Vertrag unterzeichnen / brechen
board (of directors) n [ˌbɔːd əv də'rektəz]	**Aufsichtsrat, Vorstand**
be on the board of a company	im Aufsichtsrat / Vorstand einer Firma sein
books (of account) n [bʊks əv ə'kaʊnt]	**(Geschäfts-)Bücher**
keep the books of a company	die Bücher einer Firma führen
budget n ['bʌdʒɪt]	**Budget, Etat**
draw up / cut a budget	ein Budget aufstellen / kürzen
keep within the budget	innerhalb des Budgets bleiben
conference n ['kɒnfərəns]	**Konferenz, Besprechung**
hold a conference on sth	eine Konferenz über etw abhalten
director n [də'rektə]	**Direktor/in, Leiter/in, Aufsichtsratsmitglied, Vorstandsmitglied**
executive n [ɪg'zekjətɪv]	**leitende/r Angestellte/r, Manager/in**

head of department n [hed ev dɪ'pɑːtmənt]	**Abteilungsleiter/in, Leiter/in**
manage v ['mænɪdʒ]	**leiten**
manage a company / organization	eine Firma / Organisation leiten
management n ['mænɪdʒmənt]	**Management, Geschäftsführung, Firmenleitung**
failure due to bad management	Misserfolg aufgrund von Missmanagement
The management has / have taken a decision.	Die Firmenleitung hat eine Entscheidung getroffen.
The company is under new management.	Die Firma hat eine neue Leitung.
manager n ['mænɪdʒə]	**Geschäftsführer/in, Leiter/in, Chef/in**
She's the manager of our company.	Sie ist Geschäftsführerin unserer Firma.
He's the manager of our new branch.	Er ist der Leiter unserer neuen Filiale.
meeting n ['miːtɪŋ]	**Versammlung, Sitzung, Konferenz, Besprechung, Treffen, Zusammenkunft**
call / cancel a meeting	eine Sitzung einberufen / absagen
chair a meeting	eine Sitzung leiten
be in a meeting	in einer Konferenz sein
attend a meeting	an einer Konferenz teilnehmen
run v [rʌn] ran, run [ræn, rʌn]	**leiten, führen, betreiben**
run a company	eine Firma leiten
run a shop	ein Geschäft führen
run a pub	eine Kneipe betreiben
senior adj ['siːniə]	**vorgesetzt, leitend**
a senior position	eine leitende Stellung
She's senior to me.	Sie ist mir vorgesetzt.

Im Büro

clerical adj ['klerɪkl]	**Schreib-, Büro-**
clerical work / staff	Büroarbeit / -personal
clerk n [klɑːk]	**(Büro-)Angestellte/r, kaufmännische/r Angestellte/r**
bank clerk	Bankangestellte(r)
copy n, v ['kɒpi]	**Kopie, kopieren, abschreiben**
make a copy of sth	eine Kopie von etw machen
copy a letter by hand	einen Brief mit der Hand abschreiben
dictate v [dɪk'teɪt]	**diktieren**
dictation n [dɪk'teɪʃn]	**Diktat**
take a dictation	ein Diktat aufnehmen
enclose v [ɪn'kləʊz]	**beilegen**
Please find enclosed …	Als Anlage erhalten Sie …
enclosure n [ɪn'kləʊʒə] enc	**Anlage**

file n, v [faɪl]	**Akte, (Akten-)Ordner, Kartei, ablegen**
open a file on sb / sth	über jdn / etw eine Akte anlegen
keep a file on sb / sth	eine Akte über jdn / etw führen
Have we got these documents on file?	Haben wir diese Unterlagen bei den Akten?
file documents	Dokumente ablegen
filing cabinet n ['faɪlɪŋ kæbɪnət]	**Aktenschrank**
folder n ['fəʊldə]	**Aktenmappe**
notepad n ['nəʊtpæd]	**Notizblock**
notepaper n ['nəʊtpeɪpə]	**Briefpapier**
headed notepaper	Briefpapier mit Briefkopf
office n ['ɒfɪs]	**Büro**
She's in the office.	Sie ist im Büro.
at the lawyer's office	in der Kanzlei
office work	Büroarbeit
office equipment n ['ɒfɪs ɪkwɪpmənt]	**Büroartikel, Büroeinrichtung**
office hours n pl ['ɒfɪs aʊəz]	**Arbeitszeit**
office worker n ['ɒfɪs wɜːkə]	**Büroarbeiter/in, Büroangestellte/r**
organizer n ['ɔːgənaɪzə]	**Organizer, elektronischer Kalender**
paper n ['peɪpə]	**Papier**
a piece / sheet of paper	ein Blatt Papier
put sth down on paper	etw aufschreiben / schriftlich festhalten
paper clip n ['peɪpəklɪp]	**Büroklammer**
paperwork n ['peɪpəwɜːk]	**Schreibarbeit, Formalitäten**
I've got a lot of paperwork to do.	Ich habe noch viel Schreibarbeit zu erledigen.
All the paperwork when you apply for a passport!	Die ganzen Formalitäten, wenn man einen Pass beantragt!
photocopier n ['fəʊtəʊkɒpiə]	**Fotokopierer**
photocopy n, v ['fəʊtəʊkɒpi]	**Fotokopie, fotokopieren**
photocopy a picture	ein Bild fotokopieren
record n ['rekɔːd]	**Unterlage, Aufzeichnung**
Could I have a copy for my records?	Könnte ich eine Kopie für meine Unterlagen haben?
keep a record of sth	über etw Buch führen / etw aufzeichnen
secretary n ['sekrətri]	**Sekretär/in**
shorthand n ['ʃɔːthænd]	**Stenographie**
take sth down in shorthand	etw stenografieren
shorthand typist n ['ʃɔːthænd taɪpɪst]	**Stenotypist/in**
stamp n, v [stæmp]	**Stempel, stempeln**
tray n [treɪ]	**Ablage(korb)**
in-tray	Eingangskorb
out-tray	Ausgangskorb
type v [taɪp]	**tippen, erfassen**
type a letter	einen Brief tippen

typewriter n ['taɪpraɪtə] — **Schreibmaschine**
write a letter on the typewriter — einen Brief auf der Schreibmaschine schreiben

typist n ['taɪpɪst] — **Schreibkraft**

Im Geschäft

available adj [ə'veɪləbl] — **erhältlich, verfügbar**
available in sizes M and L — in den Größen M und L erhältlich

bag v [bæg] — **in Tüten / Säcke verpacken**

be out of v [bi 'aʊt əv] — **nicht mehr haben**
We're out of bread. — Wir haben kein Brot mehr.

box n, v [bɒks] — **Kiste, Schachtel, Karton, ein-, verpacken**
a wooden / cigarette / cardboard box — eine Holzkiste / Zigarettenschachtel / Pappkasten / -karton
jewellery box — Schmuckkästchen
box cigars — Zigarren verpacken

can n [kæn] — **Dose**

case n [keɪs] — **Kiste**

cash box n ['kæʃ bɒks] — **Geldkassette**

cash register n ['kæʃ redʒɪstə] — **Registrierkasse**

cashier n [kæ'ʃɪə] — **Kassierer/in**

checkout n ['tʃekaʊt] — **Kasse**
She was queuing at the checkout. — Sie stand an der Kasse an.

clearance sale n ['klɪərəns seɪl] — **Räumungsverkauf**

clerk n AE [klɜːrk] — **Verkäufer/in, Kaufmann, Kauffrau**

closing-time n ['kləʊzɪŋtaɪm] — **Geschäftsschluss, Ladenschlusszeit**
When is closing-time? — Wann schließt das Geschäft?
Pub closing-time is 11 pm. — Die Pubs schließen um 23.00 Uhr.

complain v [kəm'pleɪn] — **reklamieren**
complain about sth — etw reklamieren

complaint n [kəm'pleɪnt] — **Reklamation**
make / reject a complaint — eine Reklamation vorbringen / zurückweisen

consumer goods n pl [kən'sjuːmə gʊdz] — **Konsumgüter**

counter n ['kaʊntə] — **Ladentisch, Tresen**

customer n ['kʌstəmə] — **Kunde, Kundin**
She's one of our regular customers. — Sie ist eine unserer Stammkunden.

department n [dɪ'pɑːtmənt] — **Abteilung**
export / personnel / toys department — Export- / Personal- / Spielwarenabteilung

economy pack n [ɪ'kɒnəmi pæk] — **Sparpackung**

escalator n ['eskəleɪtə] — **Rolltreppe**

exchange v [ɪks'tʃeɪndʒ] — **umtauschen**
exchange a dress for a smaller one — ein Kleid gegen ein kleineres umtauschen

goods n pl [gʊdz]	**Waren, Güter**
order goods	Waren bestellen
line n [laɪn]	**(Waren-)Sortiment, Artikelgruppe, Produktgruppe**
launch a new line	eine neue Produktgruppe auf den Markt bringen
The new shop has a nice line in suits.	Das neue Geschäft hat ein gutes Anzugsortiment.
(opening) hours n pl ['əʊpənɪŋ aʊəz]	**Geschäftszeiten, Öffnungszeiten**
after hours	nach Geschäftsschluss
packet n ['pækɪt]	**Schachtel, Packung, Tüte**
a packet of soup / biscuits	eine Suppentüte / Kekse
range n [reɪndʒ]	**Sortiment**
range of goods	Warensortiment
This jumper comes in a wide range . of colours	Dieser Pullover wird in den verschiedensten Farben angeboten.
receipt n [rɪ'siːt]	**Quittung, Beleg**
write out the receipt in sb's name	die Quittung auf jds Namen ausstellen
get a receipt for sth	eine Quittung für etw bekommen
refund n, v ['riːfʌnd]	**Rückzahlung, Erstattung, erstatten**
Goods are replaced but not refunded!	Waren werden ersetzt, aber nicht erstattet!
salesman n ['seɪlzmən]	**Verkäufer**
saleswoman n ['seɪlzwʊmən]	**Verkäuferin**
selection n [sɪ'lekʃn]	**Auswahl, Angebot**
a large selection of records	ein großes Angebot an Platten
self-service n, adj [ˌself'sɜːvɪs]	**Selbstbedienung, Selbstbedienungs-**
self-service restaurant / petrol station	Selbstbedienungsrestaurant / -tankstelle
sell v [sel] sold, sold [səʊld, səʊld]	**verkaufen, führen**
Do you sell matches?	Haben Sie Streichhölzer?
serve v [sɜːv]	**bedienen**
I'm being served, thank you.	Danke, ich werde schon bedient.
shop n [ʃɒp]	**Laden, Geschäft**
go to the shops	einkaufen gehen
run a shop	einen Laden betreiben
That shop sells tools.	Dieser Laden führt Werkzeuge.
shop assistant n ['ʃɒp əsɪstənt]	**Verkäufer/in**
shop window n ['ʃɒp wɪndəʊ]	**Schaufenster**
dress a shop window	ein Schaufenster dekorieren
shopkeeper n ['ʃɒpkiːpə]	**Ladeninhaber/in**
stock n, v [stɒk]	**Vorrat, Warenbestand, führen, auf Lager haben**
keep sth in stock	etw auf Vorrat / Lager haben
be in / out of stock	vorrätig / nicht vorrätig sein
get sth from stock	etw vom Lager holen
take stock	Inventur machen
stock control n ['stɒk kəntrəʊl]	**Inventur**

store n, v [stɔː]	**Laden, Geschäft, Vorrat, Lager, lagern**
department store	Kaufhaus
a store of beer	ein Biervorrat
keep sth in store	lagern
available from stores	vom Lager erhältlich
store wine in the cellar	Wein im Keller lagern
storehouse n ['stɔːhaʊs]	**Lagerhaus, Lagerhalle**
storeroom n ['stɔːruːm]	**Lagerraum**
till n [tɪl]	**(Laden-)Kasse**
Please pay at the till.	Bitte zahlen Sie an der Kasse.
tin n [tɪn]	**Dose**
trolley n ['trɒli]	**Einkaufswagen**
variety n [və'raɪəti]	**Auswahl, Vielfalt**
a large variety of products	eine große Produktauswahl
window display n ['wɪndəʊ dɪspleɪ]	**Schaufensterauslage(n)**

In der Fabrik

assemble v [ə'sembl]	**zusammensetzen, zusammenbauen**
assemble the parts of sth	die Teile von etw zusammensetzen
assemble a car / machine	einen Wagen / eine Maschine zusammenbauen
assembly n [ə'sembli]	**Montage, Zusammenbau**
the assembly of cars / machines	die Montage von Autos / Maschinen
assembly line n [ə'sembli laɪn]	**Fließband**
canteen n [kæn'tiːn]	**Kantine**
capacity n [kə'pæsəti]	**Kapazität, Leistung**
work to full capacity	ausgelastet sein
clock off v [ˌklɒk 'ɒf]	**ausstempeln**
clock on v [ˌklɒk 'ɒn]	**einstempeln**
conveyor belt n [kən'veɪə belt]	**Förderband**
day shift n ['deɪ ʃɪft]	**Tagschicht**
factory n ['fæktəri]	**Fabrik**
manage / close down a factory	eine Fabrik leiten / stillegen
textile factory	Textilfabrik
factory worker n ['fæktəri wɜːkə]	**Fabrikarbeiter/in**
foreman n ['fɔːmən]	**Vorarbeiter**
forewoman n ['fɔːwʊmən]	**Vorarbeiterin**
maintenance n ['meɪntənəns]	**Wartung, Pflege**
manufacture n, v [ˌmænju'fæktʃə]	**Herstellung, Fabrikation, herstellen, fertigen**
manufacture of plastics	Kunststoffherstellung
serial manufacture	Serienherstellung
manufacture shoes / computers	Schuhe / Computer herstellen

manufacturer n [ˌmænju'fæktʃərə]	**Hersteller, Fabrikant, Produzent**
night shift n ['naɪtʃɪft]	**Nachtschicht**
piecework n ['piːswɜːk]	**Akkordarbeit**
seasonal worker n ['siːzənl ˌwɜːkə]	**Saisonarbeiter/in**
shift n [ʃɪft]	**Schicht**
She works an eight-hour shift.	Ihre Schicht ist acht Stunden lang.
shift work n ['ʃɪft wɜːk]	**Schichtarbeit**
shop-floor n [ˌʃɒp'flɔː]	**Produktionsstätte**
He works on the shop-floor, not in an office.	Er ist in der Produktion / als Arbeiter tätig, nicht im Büro.
worker n ['wɜːkə]	**Arbeiter/in**

Werkzeug und Material

aluminium n [ˌæljə'mɪniəm]	**Aluminium**
axe n [æks]	**Axt**
bend v [bend] bent, bent [bent, bent]	**biegen, verbiegen**
bend a piece of wire	ein Stück Draht (ver)biegen
brass n [brɑːs]	**Messing**
chrome n [krəʊm]	**Chrom**
drill n, v [drɪl]	**Bohrer, Bohrmaschine, bohren**
electric drill	elektrische Bohrmaschine
hand drill	Handbohrer
drill holes in the wall	Löcher in die Wand bohren
file n, v [faɪl]	**Feile, feilen**
hammer n, v ['hæmə]	**Hammer, hämmern**
hardware n ['hɑːdweə]	**Eisenwaren, Haushaltswaren**
hardwood n ['hɑːdwʊd]	**Hartholz**
ladder n ['lædə]	**Leiter**
put up a ladder	eine Leiter aufstellen
go up a ladder	auf eine Leiter steigen
material n [mə'tɪəriəl]	**Material, Stoff**
metal n [metl]	**Metall**
nail n, v [neɪl]	**Nagel, nageln**
drive a nail into the wall	einen Nagel in die Wand schlagen
nail sth to the wall / door	etw an die Wand / Tür nageln
pincers n pl ['pɪnsəz]	**Kneifzange**
a pair of pincers	eine Kneifzange
plastic n ['plæstɪk]	**Kunststoff, Plastik**
plastic cup / bag	Plastikbecher / -tüte

pliers n pl ['plaɪəz]	**(Kombi-)Zange**
a new pair of pliers	eine neue Zange
precious adj ['preʃəs]	**Edel-, wertvoll, kostbar**
precious metal	Edelmetall
precious stone	Edelstein
pure adj [pjʊə]	**rein, pur**
pure gold	reines Gold
real adj [rɪəl]	**echt**
real leather / gold	echtes Leder / Gold
saw n [sɔː]	**Säge**
saw v [sɔː] sawed, sawn [sɔːd, sɔːn]	**sägen**
saw a board in two	ein Brett durchsägen
saw through	durchsägen
saw off	absägen
screw n, v [skruː]	**Schraube, schrauben**
tighten / loosen a screw	eine Schraube festziehen / lösen
screw two parts together	zwei Teile zusammenschrauben
screwdriver n ['skruːdraɪvə]	**Schraubenzieher**
softwood n ['sɒftwʊd]	**Weichholz**
spanner n ['spænə]	**Schraubenschlüssel**
spirit-level n ['spɪrɪtlevl]	**Wasserwaage**
steel n [stiːl]	**Stahl**
temper steel	Stahl härten
stainless steel	rostfreier Stahl
stone n [stəʊn]	**Stein**
The house is built of stone.	Das Haus ist aus Stein gebaut.
tin n [tɪn]	**Zinn, Blech**
tool n [tuːl]	**Werkzeug**
toolbox n ['tuːlbɒks]	**Werkzeugkasten**
unused adj [ˌʌn'juːzd]	**unbenutzt**
use v [juːz]	**benutzen, verwenden**
wood n [wʊd]	**Holz**
made of wood	aus Holz
a piece of wood	ein Stück Holz
wooden adj ['wʊdn]	**aus Holz, hölzern**

Geräte und Maschinen

adjust v [ə'dʒʌst]	**einstellen**
adjust a machine / the brakes	eine Maschine / die Bremsen einstellen
adjustment n [ə'dʒʌstmənt]	**Einstellung**

appliance n [ə'plaɪəns]	**Gerät**
household / gas / electrical appliances	Haushalts- / Gas- / Elektrogeräte
binoculars n pl [bɪ'nɒkjələz]	**Fernglas**
two pairs of binoculars	zwei Ferngläser
focus one's binoculars (on sth)	sein Fernglas (auf etw) einstellen
button n ['bʌtn]	**Taste, Knopf**
press a button on a machine	einen Knopf an einer Maschine drücken
control n, v [kən'trəʊl]	**Regler, Steuerung, Überwachung, Kontrolle, steuern, überwachen, kontrollieren**
be at the controls	am Kontroll- / Steuerpult sitzen
control of an automatic process	Kontrolle eines automatischen Verfahrens
control a process	ein Verfahren steuern
control a machine	eine Maschine überwachen
defect n ['diːfekt]	**Fehler, Schaden, Defekt**
device n [dɪ'vaɪs]	**Vorrichtung, Gerät**
an electronic device for measuring speed	ein elektronisches Gerät zur Geschwindigkeitsmessung
drive v [draɪv]	**Antrieb**
front-wheel drive	Vorderradantrieb
back- / rear-wheel drive	Hinterradantrieb
drive v [draɪv] drove, driven [drəʊv, 'drɪvn]	**antreiben**
drive a machine / rocket	eine Machine / Rakete antreiben
a steam-driven engine	ein Motor mit Dampfantrieb
efficiency adj [ɪ'fɪʃnsi]	**Effizienz, Leistungsfähigkeit**
efficient adj [ɪ'fɪʃnt]	**effizient, leistungsfähig**
efficient methods / machines	effiziente Methoden / leistungsfähige Maschinen
equip v [ɪ'kwɪp]	**ausrüsten, ausstatten**
Our office has been equipped with new computers.	Unser Büro ist mit neuen Computern ausgestattet worden.
equipment n [ɪ'kwɪpmənt]	**Ausrüstung, Ausstattung, Geräte**
a new piece of equipment	ein neues Gerät
laboratory / office equipment	Labor- / Büroausstattung
fail v [feɪl]	**versagen, ausfallen**
the brakes failed	die Bremsen haben versagt
failure n ['feɪljə]	**Versagen, Ausfall**
failure of a machine	der Ausfall einer Maschine
failure of the brakes	das Versagen der Bremsen
fault n [fɔːlt]	**Fehler, Defekt**
a fault in the system	ein Fehler im System
a fault in a machine	ein Defekt in einer Maschine
faulty adj ['fɔːlti]	**fehlerhaft**
faulty machines / goods	defekte Maschinen / fehlerhafte Waren

fully automatic adj [ˌfʊli ˌɔːtəˈmætɪk]	**vollautomatisch**
function n, v [ˈfʌŋkʃn]	**Funktion, funktionieren, arbeiten**
What's the function of this part?	Welche Function hat dieses Teil?
understand how a machine / organization functions	verstehen, wie eine Maschine / Organisation funktioniert
instructions n pl [ɪnˈstrʌkʃnz]	**Gebrauchsanweisung(en), Gebrauchsanleitung(en)**
Read the instructions carefully.	Lesen Sie die Gebrauchsanleitung sorgfältig durch.
invent v [ɪnˈvent]	**erfinden**
invent a new machine	eine neue Maschine erfinden
invention n [ɪnˈvenʃn]	**Erfindung**
lever n [ˈliːvə]	**Hebel**
machine n [məˈʃiːn]	**Maschine, Automat**
switch on / operate / shut down a machine	eine Maschine anschalten / bedienen / abschalten
a machine functions / breaks down	eine Maschine funktioniert / fällt aus
cigarette machine	Zigarettenautomat
mechanical adj [mɪˈkænɪkl]	**mechanisch**
mechanical property	mechanische Eigenschaft
mechanical wear	mechanischer Verschleiß
microscope n [ˈmaɪkrəskəʊp]	**Mikroskop**
operate v [ˈɒpəreɪt]	**bedienen**
operate a machine	eine Maschine bedienen
operation n [ˌɒpəˈreɪʃn]	**Betrieb**
check the machine's operation	den Betrieb der Maschine überprüfen
order n [ˈɔːdə]	**Zustand**
in good / bad order	in gutem / schlechtem Zustand
Out of order!	Außer Betrieb!
performance n [pəˈfɔːməns]	**Leistung**
plant n [plɑːnt]	**Produktionsanlage, (Bau-)Maschinen**
plant hire	Baumaschinenvermietung
plug in v [ˌplʌg ˈɪn]	**anschließen, hineinstecken, einstöpseln**
plug a machine / the TV in	eine Maschine / den Fernseher anschließen
power n, v [ˈpaʊə]	**Leistung, Leistungsstärke, betreiben, antreiben**
The new computer has more power.	Der neue Computer ist leistungsstärker.
powered by solar energy	angetrieben durch Sonnenenergie
powered by batteries	batteriebetrieben
powerful adj [ˈpaʊəfl]	**leistungsstark**
a powerful engine	ein leistungstarker Motor
put off v [ˌpʊt ˈɒf] put, put [pʊt, pʊt]	**ausschalten, löschen**
put off the light	das Licht ausschalten / löschen

put on v [ˌpʊt ˈɒn]	**an-, einschalten**
put on the TV / light	den Fernseher / das Licht einschalten
replace v [rɪˈpleɪs]	**ersetzen, austauschen**
replace old tyres with new ones	alte Reifen durch neue ersetzen
replacement n [rɪˈpleɪsmənt]	**Ersatz, Austausch**
the replacement of old parts	der Ersatz / Austausch alter Teile
set n [set]	**Gerät, Apparat**
television set	Fernsehgerät
set v [set]	**einstellen**
set, set [set, set]	
set the volume controls	die Lautstärkeregler einstellen
set the alarm for six o'clock	den Wecker auf sechs Uhr stellen
sophisticated adj [səˈfɪstɪkeɪtəd]	**hoch entwickelt, raffiniert**
sophisticated software / solutions	hochentwickelte Software / raffinierte Lösungen
switch off v [ˌswɪtʃ ˈɒf]	**ausschalten**
switch off the light / TV	das Licht / den Fernseher ausschalten
switch on v [ˌswɪtʃ ˈɒn]	**an-, einschalten**
thermometer n [θəˈmɒmɪtə]	**Thermometer**
The thermometer reads 30 degrees.	Das Thermometer zeigt 30 Grad an.
turn off v [ˌtɜːn ˈɒf]	**ab-, ausschalten**
turn on v [ˌtɜːn ˈɒn]	**an-, einschalten**
turn on the light / radio	das Licht / das Radio einschalten
wear and tear n [ˌweər ən ˈteə]	**Abnutzung, Verschleiß**
work v [wɜːk]	**funktionieren, bedienen**
the radio works	das Radio funktioniert
work a machine	eine Maschine bedienen

Sektoren und Branchen

Wirtschaftsordnung

capitalism n [ˈkæpɪtəlɪzəm]	**Kapitalismus**
capitalist n, adj [ˈkæpɪtəlɪst]	**Kapitalist/in, kapitalistisch**
cartel n [kɑːˈtel]	**Kartell**
form / break up a cartel	ein Kartell bilden / auflösen
competition n [ˌkɒmpəˈtɪʃn]	**Konkurrenz, Wettbewerb**
competitive adj [kəmˈpetətɪv]	**konkurrierend, Konkurrenz-, wettbewerbsfähig, konkurrenzfähig**
competitive products	Konkurrenzprodukte
The factory was closed down because it wasn't competitive.	Die Fabrik wurde geschlossen, weil sie nicht wettbewerbsfähig war.
competitor n [kəmˈpetɪtə]	**Konkurrent/in, Mitbewerber/in**

consumer society n [kən'sjuːmə səsaɪəti]	**Konsumgesellschaft**
economic adj [ˌiːkə'nɒmɪk]	**wirtschaftlich, Wirtschafts-**
economic development	wirtschaftliche Entwicklung
economic report / policy	Wirtschaftsbericht / -politik
economic policy n [iːkəˌnɒmɪk 'pɒləsi]	**Wirtschaftspolitik**
economics n sg [ˌiːkə'nɒmɪks]	**Wirtschaftswissenschaften, Volkswirtschaftslehre (VWL)**
economy n [ɪ'kɒnəmi]	**(Volks-)Wirtschaft, Konjunktur**
paralyse the economy	die Wirtschaft lahm legen
boost the economy	die Konjunktur ankurbeln
expropriate v [eks'prəʊprieɪt]	**enteignen**
expropriation n [eksˌprəʊpri'eɪʃn]	**Enteignung**
foreign trade n [ˌfɒrən 'treɪd]	**Außenhandel**
free trade n [ˌfriː 'treɪd]	**Freihandel**
market economy n [ˌmɑːkɪt ɪ'kɒnəmi]	**Marktwirtschaft**
monopoly n [mə'nɒpəli]	**Monopol**
gain / hold a monopoly on sth	ein Monopol für etw erlangen / haben
national economy n [ˌnæʃnəl ɪ'kɒnəmi]	**Volkswirtschaft**
nationalization v [ˌnæʃnəlaɪ'zeɪʃn]	**Verstaatlichung**
nationalize v ['næʃnəlaɪz]	**verstaatlichen**
planned economy n [plænd ɪ'kɒnəmi]	**Planwirtschaft**
private sector n [ˌpraɪvət 'sektə]	**Privatwirtschaft**
privatization v [ˌpraɪvətaɪ'zeɪʃn]	**Privatisierung**
privatize v ['praɪvətaɪz]	**privatisieren**
protectionism n [prə'tekʃənɪzəm]	**Protektionismus**
public sector n [ˌpʌblɪk 'sektə]	**öffentliche Hand**
public sector spending	Ausgaben der öffentlichen Hand
reform n, v [rɪ'fɔːm]	**Reform, reformieren**
carry out a reform	eine Reform durchführen
radical / economic reforms	radikale / wirtschaftliche Reformen
reform a law / society	ein Gesetz / eine Gesellschaft reformieren
sector n ['sektə]	**Sektor, Bereich**
single market n [ˌsɪŋgl 'mɑːkɪt]	**Binnenmarkt**
socialism n ['səʊʃəlɪzəm]	**Sozialismus**
subsidize v ['sʌbsɪdaɪz]	**subventionieren**
subsidize food prices / a company	die Lebensmittelpreise / eine Firma subventionieren
subsidy n ['sʌbsədi]	**Subvention**
agricultural subsidies	Agrarsubventionen
trade deficit n [ˌtreɪd 'defɪsɪt]	**Handelsdefizit**

Industrie und Technik

advance n [əd'vɑːns]	**Fortschritt**
the advances of modern technology	die Fortschritte moderner Technik
advanced adj [əd'vɑːnst]	**fortschrittlich**
advanced methods / technology	fortschrittliche Methoden / Technologie(n)
automatic adj [ˌɔːtə'mætɪk]	**automatisch**
automatic data processing	automatische Datenverarbeitung
automation n [ˌɔːtə'meɪʃn]	**Automation**
by-product n ['baɪprɒdʌkt]	**Nebenprodukt**
coal-mine n ['kəʊlmaɪn]	**Kohlebergwerk**
coal-mining n ['kəʊlmaɪnɪŋ]	**Kohlebergbau**
computerization n [kəmˌpjuːtəraɪ'zeɪʃn]	**Umstellung auf Computer, Computerisierung**
computerize v [kəm'pjuːtəraɪz]	**computerisieren**
cotton-mill n ['kɒtnmɪl]	**Weberei**
design n, v [dɪ'zaɪn]	**Entwurf, Design, entwerfen, konstruieren**
a design for a new car / dress	ein Entwurf für ein neues Auto / Kleid
design a machine / dress	eine Maschine konstruieren / ein Kleid entwerfen
develop v [dɪ'veləp]	**entwickeln**
develop a new model	ein neues Modell entwickeln
development n [dɪ'veləpmənt]	**Entwicklung**
the latest developments in technology	die neusten Enwicklungen in der Technologie
electronics (engineering) n [ɪlekˌtrɒnɪks endʒɪ'nɪərɪŋ]	**Elektronik**
end-product n [ˌend'prɒdʌkt]	**Endprodukt**
engineer n [ˌendʒɪ'nɪə]	**Ingenieur/in, Techniker/in**
civil engineer	Hoch- und Tiefbauingenieur/in
mechanical engineer	Maschinenbauingenieur/in
electrical engineer	Elektroingenieur/in
engineering n [ˌendʒɪ'nɪərɪŋ]	**Technik, Ingenieurwesen**
chemical / electrical engineering	chemische Verfahrenstechnik / Elektrotechnik
The new bridge is a masterpiece of engineering.	Die neue Brücke ist ein Meisterwerk der Technik.
He works in engineering.	Er arbeitet im Ingenieurwesen.
factory n ['fæktəri]	**Fabrik**
heavy industry n [ˌhevi 'ɪndəstri]	**Schwerindustrie**
high-tech n, adj [ˌhaɪ'tek]	**Hochtechnologie, High-Tech-**
industrial adj [ɪn'dʌstriəl]	**industriell, Industrie-**
industrial state / production	Industriestaat / industrielle Produktion
industrial estate n [ɪnˌdʌstriəl ɪ'steɪt]	**Industriegebiet**
industrial revolution n [ɪnˌdʌstriəl revə'luːʃn]	**industrielle Revolution**

industrialization n [ɪnˌdʌstriəlaɪ'zeɪʃn]	**Industrialisierung**
industrialize v [ɪn'dʌstriəlaɪz]	**industrialisieren**
industry n ['ɪndəstri]	**Industrie, Gewerbe, Wirtschaftszweig, Branche, Gewerbe**
There isn't a lot of industry there.	Es gibt dort nicht viel Industrie.
a managerial position in industry	eine leitende Position in der Industry
the hotel / tourist industry	das Hotelgewerbe / die Tourismusbranche
light industry n [ˌlaɪt 'ɪndəstri]	**Leichtindustrie**
made in ['meɪd ɪn]	**hergestellt in**
That car's made in Japan.	Das Auto kommt aus Japan.
make n [meɪk]	**Fabrikat, Marke**
a foreign make	ein ausländisches Fabrikat
mass production n [ˌmæs prə'dʌkʃn]	**Massenproduktion**
metalworker n ['metlwɜːkə]	**Metallarbeiter/in**
miner n ['maɪnə]	**Bergarbeiter/in**
oilrig n ['ɔɪlrɪg]	**Bohrinsel, Ölplattform**
paper-mill n ['peɪpəmɪl]	**Papierfabrik**
pipeline n ['paɪplaɪn]	**Rohrleitung, Pipeline**
plant n [plɑːnt]	**Werk, Betrieb, (Industrie-)Anlage**
chemical / nuclear plant	Chemiewerk / Kernkraftwerk
process n ['prəʊses]	**Prozess, Verfahren(sweise)**
the decision-making process	der Entscheidungsprozess
develop a new process	ein neues Verfahren entwickeln
process control n [ˌprəʊses kən'trəʊl]	**Verfahrenssteuerung**
produce v [prə'djuːs]	**produzieren, herstellen**
producer n [prə'djuːsə]	**Produzent/in, Hersteller/in, Erzeuger**
product n ['prɒdʌkt]	**Produkt, Erzeugnis**
production n [prə'dʌkʃn]	**Produktion, Herstellung, Erzeugung**
put the new model into production	die Produktion des neuen Modells aufnehmen
It's still in production.	Es wird noch hergestellt.
take sth out of production	etw aus der Produktion nehmen
increase / decrease the production of sth	die Produktion von etw erhöhen / senken
productivity n [ˌprɒdʌk'tɪvəti]	**Produktivität**
progress n ['prəʊgres]	**Fortschritt/e**
scientific / social progress	wissenschaftlicher / sozialer Fortschritt
make good progress in sth	gute Fortschritte machen bei etw
progressive adj [prə'gresɪv]	**progressiv, fortschrittlich**
rationalization n [ˌræʃnəlaɪ'zeɪʃn]	**Rationalisierung**
rationalize v ['ræʃnəlaɪz]	**rationalisieren**
refinery n [rɪ'faɪnəri]	**Raffinerie**
an oil refinery	eine Ölraffinerie

robot n ['rəʊbɒt] — **Roboter**

serial production n [ˌsɪəriəl prəˈdʌkʃn] — **Serienproduktion**

steam n, v [stiːm] — **Dampf, dampfen**
a machine driven by steam — eine dampfgetriebene Maschine
The engine was steaming. — Der Motor dampfte.

steelworks n ['stiːlwɜːks] — **Stahlwerk**

technical adj ['teknɪkl] — **technisch, Fach-**
technical achievements — technische Errungenschaften

technical revolution n [ˌteknɪkl ˌrevəˈluːʃn] — **technische Revolution**

technology n [tek'nɒlədʒi] — **Technik, Technologie**
modern technology — moderne Technik
new technologies — neue Technologien

turner n ['tɜːnə] — **Dreher/in, Drechsler/in**

works n [wɜːks] — **Werk, Fabrik, Betrieb**
ex works — ab Werk

Handel und Gewerbe

after-sales service n ['ɑːftəseɪlz sɜːvɪs] — **Kundendienst**

business n ['bɪznəs] — **Geschäft, Firma**
Business is booming / poor. — Die Geschäfte gehen sehr gut / schlecht.
be away on business — geschäftlich unterwegs sein
set up / run a small business — eine kleine Firma gründen / betreiben
Mind your own business! — Kümmere dich um deine eigenen Angelegenheiten!

businessman n ['bɪznəsmən] — **Geschäftsmann**

businesswoman n ['bɪznəswʊmən] — **Geschäftsfrau**

Chamber of Commerce (and Industry) n [ˌtʃeɪmbər əv 'kɒmɜːs ənd 'ɪndəstri] — **(Industrie- und) Handelskammer**

client n ['klaɪənt] — **Kunde, Kundin, Klient/in**
a client of our company — ein Kunde unserer Firma

close v [kləʊz] — **schließen, zumachen**
The castle is closed to visitors. — Das Schloss ist für Besucher geschlossen.
The souvenir shop closes at 5.30 pm. — Der Souvenirladen schließt um 17.30 Uhr.

close down v [ˌkləʊz 'daʊn] — **schließen**
close down a factory / business — eine Fabrik / ein Geschäft schließen

commerce n ['kɒmɜːs] — **Handel, Handelsverkehr**
promote commerce — den Handel fördern

commercial adj [kə'mɜːʃl] — **kommerziell, gewerblich, geschäftlich, kaufmännisch, Handels-, Geschäfts-, Gewerbe-**
commercial radio / success — kommerzieller Rundfunk / Erfolg
commercial risk — kaufmännisches Risiko
commercial transactions — geschäftliche Transaktionen

commercial traveller n [kəˌmɜːʃl 'trævlə]	**Handelsvertreter/in**
company n ['kʌmpəni]	**Unternehmen, Firma, Gesellschaft**
establish / run a company	eine Firma gründen / leiten
consumer n [kən'sjuːmə]	**Verbraucher/in, Konsument/in**
consumption n [kən'sʌmpʃn]	**Konsum, Verbrauch**
cigarette / oil consumption	Zigarettenkonsum / Ölverbrauch
deal n [diːl]	**Geschäft, Handel**
make a deal	ein gutes Geschäft machen
do a deal with sb	mit jdm ein Geschäft machen
It's a deal!	Abgemacht!
deal in v ['diːl ɪn]	**handeln mit**
dealt, dealt [delt, delt]	
He deals in tea.	Er handelt mit Tee.
dealer n ['diːlə]	**Händler/in**
art / car dealer	Kunst- / Autohändler/in
deliver v [dɪ'lɪvə]	**(an)liefern, ausliefern**
deliver goods to sb	Waren an jdn ausliefern
delivery n [dɪ'lɪvəri]	**(An-)Lieferung, Auslieferung**
accept a delivery	eine Lieferung annehmen
payable on delivery	zahlbar bei Lieferung
demand n [dɪ'mɑːnd]	**Nachfrage**
create / satisfy a demand for sth	Nachfrage nach etw schaffen / befriedigen
supply and demand	Angebot und Nachfrage
discount n ['dɪskaʊnt]	**Rabatt, Skonto, Nachlass**
give a discount on sth	Rabatt auf etw geben
give a 20% discount to students	Studenten 20% Rabatt gewähren
enterprise n ['entəpraɪz]	**Unternehmen, Unternehmertum**
a very successful enterprise	ein sehr erfolgreiches Unternehmen
free / private enterprise	freies / privates Unternehmertum
entrepreneur n [ˌɒntrəprə'nɜː]	**Unternehmer/in**
fair n [feə]	**Messe**
book / trade fair	Buch- / Handelsmesse
firm n [fɜːm]	**Firma**
found v [faʊnd]	**gründen**
found a company	eine Firma gründen
hall n [hɔːl]	**(Messe-)Halle**
headquarters n pl [ˌhed'kwɔːtəz]	**Hauptsitz, Zentrale**
The company's headquarters are in Berlin.	Der Firmensitz ist in Berlin.
item n ['aɪtəm]	**Posten, Artikel**
offer n, v ['ɒfə]	**Angebot, bieten, anbieten**
make / withdraw an offer	ein Angebot machen / zurückziehen
consider / accept / refuse an offer	ein Angebot prüfen / annehmen / ablehnen
offer to do sth	anbieten, etw zu tun
She was offered £2,000 for her car.	Ihr wurden 2 000 Pfund für ihr Auto geboten.

open v ['əʊpən]	**eröffnen**
open a shop	ein Geschäft eröffnen
repair shop n [rɪ'peə ʃɒp]	**Reparaturwerkstatt**
retail n, v, adj ['ri:teɪl]	**(Einzelhandels-)Verkauf, im Einzelhandel kosten, im Einzelhandel verkaufen, Einzelhandels-**
shops for the retail of …	Läden für den (Einzelhandels-)Verkauf von …
retail price	Einzelhandelspreis
These products are manufactured and retailed by the same company.	Diese Produkte werden von derselben Firma hergestellt und verkauft.
This bike retails at / for £300.	Dieses Fahrrad kostet im Einzelhandel 300 Pfund
retail price n [ˌri:teɪl 'praɪs]	**Einzelhandelspreis**
retailer n ['ri:teɪlə]	**Einzelhändler/in**
sales representative n ['seɪlz reprɪzentətɪv]	**(Handels-)Vertreter/in**
service n ['sɜ:vɪs]	**Dienst(leistung)**
service industry n ['sɜ:vɪs ɪndəstri]	**Dienstleistungsbranche / -gewerbe**
set up v [ˌset 'ʌp] set, set [set, set]	**aufbauen, gründen**
set up a company	ein Unternehmen aufbauen / gründen
start v [stɑ:t]	**eröffnen**
start a business / restaurant	ein Geschäft / Restaurant eröffnen
supplier n [sə'plaɪə]	**Anbieter, Lieferant**
This company is the biggest supplier of new heating technology.	Dieses Unternehmen ist der größte Anbieter neuer Heizungstechnologien.
supply n, v [sə'plaɪ]	**(Waren-)Angebot, Vorrat, Lieferung, beliefern, liefern**
supply and demand	Angebot und Nachfrage
We're running out of supplies.	Unsere Vorräte werden knapp.
cut off the supply of goods	Warenlieferungen einstellen
supply goods to a shop	ein Geschäft mit Waren beliefern
trade n, v [treɪd]	**Handel, Geschäfte, handeln, Handel treiben**
the trade in tea / machines	der Handel mit Tee / Maschinen
Trade was good / bad last year.	Die Geschäfte waren letztes Jahr gut / schlecht.
trade in textiles	mit Textilien handeln
trade with sb	mit jdm Handel treiben
warehouse n ['weəhaʊs]	**Lager, Lagerhalle, Lagerhaus**
price ex warehouse	Preis ab Lager
wholesale adj, adv ['həʊlseɪl]	**Großhandels-, im Großhandel**
They run a wholesale business.	Sie betreiben einen Großhandel.
buy / sell sth wholesale	etw im Großhandel kaufen / verkaufen
wholesaler n ['həʊlseɪlə]	**Großhändler/in**

Einzelhandelsgeschäfte

bakery n ['beɪkəri]	**Bäckerei**
bookseller n ['bʊkselə]	**Buchhändler/in**
bookshop n ['bʊkʃɒp]	**Buchhandlung**
boutique n [bu:'ti:k]	**Boutique**
butcher n ['bʊtʃə] buy meat at the butcher's	**Schlachter, Fleischer, Metzger/in** Fleisch beim Schlachter / Fleischer kaufen
chemist n ['kemɪst] buy soap at the chemist's (shop)	**Drogist/in, Apotheker/in** Seife in der Drogerie kaufen
cleaners, cleaner's n ['kli:nəz] collect a suit from the cleaners	**(chemische) Reinigung** einen Anzug von der Reinigung abholen
clothes shop n ['kləʊðz ʃɒp]	**Bekleidungsgeschäft**
department store n [dɪ'pɑ:tmənt stɔ:]	**Kaufhaus**
dry-cleaner's n [ˌdraɪ'kli:nəz] My suit is at the dry-cleaner's.	**chemische Reinigung** Mein Anzug ist in der Reinigung.
electrical shop n [ɪ'lektrɪkl ʃɒp]	**Elektrogeschäft**
fishmonger n ['fɪʃmʌŋgə] buy fish at the fishmonger's / from the fishmonger	**Fischhändler/in** Fisch im Fischgeschäft / vom Fischhändler kaufen
florist n ['flɒrɪst] buy flowers at the florist's (shop)	**Blumenhändler/in** Blumen im Blumengeschäft kaufen
flower shop n ['flaʊə ʃɒp]	**Blumengeschäft**
franchise n ['fræntʃaɪz]	**Franchise**
greengrocer n ['gri:ngrəʊsə] buy vegetables at the greengrocer's	**Obst- und Gemüsehändler** Gemüse im Gemüsegeschäft kaufen
grocer n ['grəʊsə] buy sugar at the grocer's (shop)	**Lebensmittelhändler/in, Kaufmann** Zucker beim Lebensmittelhändler kaufen
hardware store n ['hɑ:dweə stɔ:]	**(Haushalts- und) Eisenwarenhandlung**
health food shop n ['helθ fu:d ʃɒp]	**Naturkostladen**
ironmonger n BE ['aɪənmʌŋgə] buy a hammer at the ironmonger's	**Eisen- und Haushaltswarenhändler/in** einen Hammer im Eisen- und Haushaltswarengeschäft kaufen
jeweller n ['dʒu:ələz] at the jeweller's	**Juwelier/in** beim Juwelier / im Juweliergeschäft
kiosk n ['ki:ɒsk]	**Kiosk**
launderette n [ˌlɔ:ndə'ret]	**Waschsalon, Wäscherei**
newsagent n ['nju:zeɪdʒənt] buy a paper at the newsagent's	**Zeitungshändler/in** eine Zeitung im Zeitungsladen kaufen
off-licence n BE ['ɒflaɪsns]	**Wein- und Spirituosenhandlung**
optician n [ɒp'tɪʃn] at the optician's	**Optiker/in** beim Optiker

pharmacy n ['fɑːməsi] — **Apotheke**

(retail) chain n [ˌriːteɪl 'tʃeɪn] — **(Einzelhandels-)Kette**

retail shop n ['riːteɪl ʃɒp] — **Einzelhandelsgeschäft**

shoe shop n ['ʃuː ʃɒp] — **Schuhgeschäft**

sports shop n ['spɔːts ʃɒp] — **Sportgeschäft**

stall n [stɔːl] — **(Verkaufs-)Stand, Marktstand**

stationer n ['steɪʃnə] — **Schreibwarenhändler/in**
buy writing paper at the stationer's — Schreibpapier im Schreibwarengeschäft kaufen

supermarket n ['suːpəmɑːkɪt] — **Supermarkt**

tobacconist n [tə'bækənɪst] — **Tabakwarenhändler/in**
at the tobacconist's (shop) — beim Tabakwarenhändler

Handwerk

artisan n [ˌɑːtɪ'zæn] — **Kunsthandwerker/in**

baker n ['beɪkə] — **Bäcker/in**

blacksmith n ['blæksmɪθ] — **Schmied**

bricklayer n ['brɪkleɪə] — **Maurer**

carpenter n ['kɑːpəntə] — **Zimmermann, Tischler/in**

chimney-sweep n ['tʃɪmniswiːp] — **Schornsteinfeger/in**

craft n [krɑːft] — **(Kunst-)Handwerk**

craftsman n ['krɑːftsmən] — **(Kunst-)Handwerker/in**

decorator n ['dekəreɪtə] — **Maler/in, Tapezierer/in**
interior decorator — Innenausstatter/in

electrician n [ɪˌlek'trɪʃn] — **Elektriker/in, Elektrotechniker/in**

fitter n ['fɪtə] — **Monteur/in, (Maschinen-)Schlosser/in, Installateur/in**
gas / electrical fitter — Gas- / Elektroinstallateur

goldsmith n ['gəʊldsmɪθ] — **Goldschmied/in**

heating engineer n ['hiːtɪŋ endʒɪnɪə] — **Heizungsbauer/in**

joiner n ['dʒɔɪnə] — **Tischler/in, Schreiner/in**

painter n ['peɪntə] — **Maler/in, Anstreicher/in**

plumber n ['plʌmə] — **Installateur/in, Klempner/in**

shoemaker n ['ʃuːmeɪkə] — **Schuhmacher/in**

silversmith n ['sɪlvəsmɪθ] — **Silberschmied/in**

tailor n ['teɪlə] — **Schneider/in**

workman n ['wɜːkmən] — **Handwerker**
We've had workmen in the house for days. — Wir haben seit Tagen die Handwerker im Haus.

workshop n ['wɜːkʃɒp] — **Werkstatt**

Landwirtschaft

agricultural adj [ˌægrɪˈkʌltʃərəl]	**landwirtschaftlich, Landwirtschafts-**
agricultural produce	landwirtschaftliche Erzeugnisse
agriculture n [ˈægrɪkʌltʃə]	**Landwirtschaft**
breeder n [ˈbriːdə]	**Züchter/in**
cattle n pl [ˈkætl]	**Rinder, Vieh**
The cattle are in the meadow.	Das Vieh ist auf der Wiese.
30 head of cattle	30 Stück Vieh
a herd of cattle	eine Rinderherde
beef cattle	Schlachtrinder
dairy cattle	Milchvieh
chicken farmer n [ˈtʃɪkɪn fɑːmə]	**Hühnerzüchter/in**
combine harvester n [kəmˈbaɪn hɑːvɪstə]	**Mähdrescher**
crop n [krɒp]	**Ernte**
a good crop of potatoes	eine gute Kartoffelernte
cultivate v [ˈkʌltɪveɪt]	**bebauen, anbauen**
cultivate land / fruit	Land bebauen / Obst anbauen
dairy farming n [ˈdeəri fɑːmɪŋ]	**Milchwirtschaft**
dirt n [dɜːt]	**Erde**
a pile of dirt	ein Haufen Erde
fallow adj [ˈfæləʊ]	**brach**
lie fallow	brachliegen
farm n [fɑːm]	**Bauernhof, Farm**
run a farm	einen Bauernhof bewirtschaften
work on a farm	auf einem Bauernhof arbeiten
farm land n [ˈfɑːmlænd]	**Ackerland, Weideland**
farmer n [ˈfɑːmə]	**Bauer, Bäuerin**
farmhouse n [ˈfɑːmhaʊs]	**Bauernhaus**
farming n [ˈfɑːmɪŋ]	**Landwirtschaft**
fertile adj [ˈfɜːtaɪl]	**fruchtbar**
fertilize v [ˈfɜːtəlaɪz]	**düngen**
fertilizer n [ˈfɜːtəlaɪzə]	**Dünger**
chemical / artificial fertilizer	Kunstdünger
field n [fiːld]	**Feld, Acker, Wiese**
corn / rice / potato field	Getreide- / Reisfeld / Kartoffelacker
work in the fields	auf dem Feld arbeiten
graze v [greɪz]	**grasen, weiden**
greenhouse n [ˈgriːnhaʊs]	**Gewächshaus**
grow v [grəʊ] grew, grown [gruː, grəʊn]	**wachsen, anbauen, züchten**
These trees grow very fast	Diese Bäume wachsen sehr schnell.
grow cotton / wheat / flowers	Baumwolle / Weizen anbauen / Blumen züchten

harvest n, v ['hɑːvɪst]	**Ernte, ernten**
bring in the harvest	die Ernte einbringen
a rich / poor harvest of wheat	eine reiche / schlechte Weizenernte
The farmers are harvesting (the corn).	Die Bauern sind bei der (Getreide-)Ernte.
harvester n ['hɑːvɪstə]	**Mähmaschine**
hay n [heɪ]	**Heu**
make hay	Heu machen
(live)stock-breeder n ['laivstɒkbriːdə]	**Viehzüchter/in**
livestock n ['laɪvstɒk]	**Vieh**
keep livestock	Vieh halten
manure n [mə'njʊə]	**Dung, Dünger**
liquid manure	Gülle
meadow n ['medəʊ]	**Wiese**
orchard n ['ɔːtʃəd]	**Obstgarten, Obstplantage**
pasture n ['pɑːstʃə]	**Weide(land)**
put the cows out to pasture	die Kühe auf die Weide treiben
plant n, v [plɑːnt]	**Pflanze, pflanzen, bepflanzen**
plantation n [plæn'teɪʃn]	**Plantage, Schonung**
a tea / cotton plantation	eine Tee- / Baumwollplantage
a fir plantation	eine Tannenschonung
plough n, v [plaʊ]	**Pflug, pflügen**
pull a plough	einen Pflug ziehen
plough a field	ein Feld pflügen
poultry farm n ['pəʊltri fɑːm]	**Geflügelfarm**
produce n ['prɒdjuːs]	**landwirtschaftliche(s) Erzeugnis(se), Produkt(e)**
produce of Greece	griechisches Erzeugnis
ranch n [rɑːntʃ]	**Ranch, Viehfarm**
live on a ranch	auf einer Ranch leben
sack n [sæk]	**Sack**
seed n [siːd]	**Same, Samenkorn**
sow seeds	Samen säen
buy some flower seed	etwas Blumensamen kaufen
shepherd n ['ʃepəd]	**Schäfer/in**
sow v [səʊ] sowed, sown [səʊd, səʊn]	**(aus)säen**
sow corn / grass	Getreide / Gras säen
spread v [spred] spread, spread [spred, spred]	**streuen**
spread sand / artificial fertilizer	Sand / Kunstdünger streuen
straw n [strɔː]	**Stroh**
tractor n ['træktə]	**Traktor**
yield n [jiːld]	**Ertrag**
a good / poor yield of corn	ein guter / schlechter Getreideertrag

Verkehr und Verkehrsmittel

Straßen und Kraftfahrzeugverkehr

alley(way) n ['æliweɪ]	**enge Gasse, Weg**
bend n [bend]	**Kurve**
a sharp / slight bend	eine scharfe / leichte Kurve
The car came round the bend.	Das Auto kam um die Kurve gefahren.
bus n, v [bʌs]	**(Linien-)Bus, mit dem Bus befördern**
get on / off a bus	in einen Bus einsteigen / aus einem Bus aussteigen
go (to London) by bus	mit dem Bus (nach London) fahren
take / catch / miss the bus	den Bus nehmen / erwischen / verpassen
The buses run every 15 minutes.	Die Busse fahren alle 15 Minuten.
The tourists were bussed to their hotel.	Die Touristen wurden mit dem Bus zu ihrem Hotel gefahren.
bypass n, v ['baɪpɑːs]	**Umgehungsstraße, umgehen, umfahren**
a bypass around a town	eine Umgehungsstraße um eine Stadt
bypass the town centre	das Stadtzentrum umfahren
car n [kɑː]	**Auto, Wagen**
go (to Bath) by car	mit dem Auto (nach Bath) fahren
get into / out of a car	in ein Auto einsteigen / aus einem Auto aussteigen
He sat at the back of the car.	Er saß hinten im Auto.
carriageway n ['kærɪdʒweɪ]	**Fahrbahn**
Motorways have at least two carriageways.	Autobahnen haben mindestens zwei Fahrbahnen.
coach n [kəʊtʃ]	**Reisebus, Langstreckenbus**
travel by coach	mit dem Bus reisen
go on a coach tour of Scotland	eine Busreise durch Schottland machen
convertible n [kən'vɜːtəbl]	**Kabrio(lett)**
corner n ['kɔːnə]	**Ecke**
The post office is on the corner of High Street and Bath Lane.	Das Postamt ist an der Ecke High Street und Bath Lane.
She lives just around the corner.	Sie wohnt gleich um die Ecke.
turn the corner	um die Ecke biegen
cross v [krɒs]	**überqueren, durchqueren**
cross a road	eine Straße überqueren
cross a country	ein Land durchqueren
crossing n ['krɒsɪŋ]	**(Fußgänger-)Überweg, Kreuzung**
pedestrian crossing	Fußgängerüberweg
a dangerous crossing	eine gefährliche Kreuzung
crossroads n sg ['krɒsrəʊdz]	**Kreuzung**
at a crossroads	an einer Kreuzung
delivery van n [dɪ'lɪvəri væn]	**Lieferwagen**

diesel n ['di:zl]	**Diesel**
She drives a diesel.	Sie fährt einen Diesel.
dual carriageway n [ˌdju:əl 'kærɪdʒweɪ]	**Schnellstraße**
estate (car) n BE [ɪ'steɪt kɑ:]	**Kombi(wagen)**
exit n ['eksɪt]	**Ausfahrt**
Take the first exit at the roundabout.	Nimm die erste Ausfahrt im Kreisverkehr.
Leave the motorway at the Bath exit.	Verlassen Sie die Autobahn an der Ausfahrt Bath.
fork v [fɔ:k]	**sich gabeln**
junction n ['dʒʌŋkʃn]	**Kreuzung, Abfahrt**
at the junction of High Street and Bath Road	an der Kreuzung High Street und Bath Road
leave the motorway at Junction 9	die Autobahn bei Abfahrt 9 verlassen
lane n [leɪn]	**(Fahr-)Spur, Gasse, (Feld-)Weg**
be in the wrong lane	in der falschen Spur sein
Get into lane!	Bitte einordnen!
a lane in Soho	eine Gasse in Soho
country lane	schmale Landstraße
lorry n BE ['lɒri]	**Lastwagen, LKW**
main road n [ˌmeɪn 'rəʊd]	**Hauptstraße**
minibus n ['mɪnɪbʌs]	**Kleinbus**
motorway n BE ['məʊtəweɪ]	**Autobahn**
join / leave the motorway	auf die Autobahn auffahren / die Autobahn verlassen
on the motorway	auf der Autobahn
one-way street n [ˌwʌnweɪ 'stri:t]	**Einbahnstraße**
path n [pɑ:θ]	**(Fuß-)Weg**
a path along a river / across the fields	ein Weg den Fluss entlang / über die Felder
pavement n BE ['peɪvmənt]	**Bürgersteig**
removal van n [rɪ'mu:vl væn]	**Umzugswagen**
road n [rəʊd]	**Straße**
roadworks n pl ['rəʊdwɜ:ks]	**Straßenbauarbeiten**
roundabout n BE ['raʊndəbaʊt]	**Kreisverkehr, Kreisel**
saloon car n BE [sə'lu:n kɑ:]	**Limousine**
sports car n ['spɔ:ts kɑ:]	**Sportwagen**
street n [stri:t]	**Straße**
cross a street	eine Straße überqueren
play in the street	auf der Straße spielen
walk down / along a street	eine Straße hinunter- / entlanggehen
street lamp n ['stri:t læmp]	**Straßenlaterne**
taxi n ['tæksi]	**Taxi, Taxe**
take a taxi to the station	ein Taxi zum Bahnhof nehmen
go by taxi	mit der Taxe fahren

taxi rank n ['tæksi ræŋk] | **Taxistand**

toll n [təʊl] | **Maut(gebühr)**

toll-bridge n ['təʊlbrɪdʒ] | **mautpflichtige Brücke**

trailer n ['treɪlə] | **Anhänger**

tunnel n, v ['tʌnl] | **Tunnel, einen Tunnel bohren**
drive through a tunnel | durch einen Tunnel fahren
tunnel through rock | einen Tunnel durch Felsen bohren

van n [væn] | **Transporter**

vehicle n ['viːəkl] | **Fahrzeug**

zebra crossing n BE [ˌzebrə 'krɒsɪŋ] | **Zebrastreifen**

Wasserwege und Schifffahrt

bridge n [brɪdʒ] | **Brücke**
build / cross a bridge | eine Brücke bauen / überqueren

canal n [kə'næl] | **Kanal**
The Panama Canal links the Pacific and the Atlantic Ocean. | Der Panamakanal verbindet den Pazifischen und den Atlantischen Ozean.

car-ferry n ['kɑːferi] | **Autofähre**

cargo ship n ['kɑːgəʊ ʃɪp] | **Frachtschiff**

channel n ['tʃænl] | **Meerenge, Kanal**
the (English) Channel | der Ärmelkanal
the Channel tunnel | der (Ärmel-)Kanaltunnel

cross v [krɒs] | **überqueren**
cross a bridge / river | eine Brücke / einen Fluss überqueren

engine n ['endʒɪn] | **Lokomotive**

ferry n, v ['feri] | **Fähre, transportieren, übersetzen**
We crossed the English Channel by ferry. | Wir überquerten den Ärmelkanal mit der Fähre.
take the ferry from Dover to Calais | die Fähre von Dover nach Calais nehmen
ferry goods to the mainland | Waren auf das Festland transportieren
Can you ferry us (across)? | Können Sie uns übersetzen?

freighter n ['freɪtə] | **Frachtschiff, Frachter**

hovercraft n ['hɒvəkrɑːft] | **Luftkissenboot**

hoverport n ['hɒvəpɔːt] | **Hafen für Luftkissenboote**

launch n, v [lɔːntʃ] | **Barkasse, Stapellauf, vom Stapel lassen**

lock n [lɒk] | **Schleuse**
pass a lock | eine Schleuse passieren

merchant navy n [ˌmɜːtʃənt 'neɪvi] | **Handelsmarine**

merchant ship n [ˌmɜːtʃənt 'ʃɪp] | **Handelsschiff**

pilot n ['paɪlət] | **(Hafen-)Lotse**

river n ['rɪvə]	**Fluss**
follow the course of a river	dem Flusslauf folgen
This river flows into the sea.	Dieser Fluss mündet im Meer.
sailor n ['seɪlə]	**Seemann, Matrose**
seaman n ['siːmən]	**Seemann**
ship n [ʃɪp]	**Schiff**
build / sink a ship	ein Schiff bauen / versenken
load a ship	ein Schiff beladen
shipping n ['ʃɪpɪŋ]	**Schifffahrt**
steamboat, steamer n ['stiːmbəʊt, 'stiːmə]	**Dampfer**
strait n [streɪt]	**Meerenge**
the Strait of Gibraltar	die Straße von Gibraltar
tanker n ['tæŋkə]	**Tanker**
oil-tanker	Öltanker
trawler n ['trɔːlə]	**Fischdampfer, Trawler**

Luftfahrt und Schienenverkehr

(aero)plane n ['eərəpleɪn]	**Flugzeug**
go by (air)plane	fliegen
air traffic n ['eə træfɪk]	**Luftverkehr**
aircraft n ['eəkrɑːft] aircraft ['eəkrɑːft]	**Luftfahrzeug, Flugzeug**
Planes and helicopters are aircraft.	Flugzeuge und Hubschrauber sind Luftfahrzeuge.
airline n ['eəlaɪn]	**Luftfahrtgesellschaft, Fluggesellschaft**
airliner n ['eəlaɪnə]	**Verkehrsflugzeug**
aviation n [ˌeɪvi'eɪʃn]	**Luftfahrt**
aviation industry n [ˌeɪvi'eɪʃn ɪndəstri]	**Luftfahrtindustrie**
cargo plane n ['kɑːgəʊ pleɪn]	**Frachtflugzeug**
control tower n [kən'trəʊl taʊə]	**Kontrollturm, Tower**
engine-driver n ['endʒɪndraɪvə]	**Lokführer/in**
express train n [ɪk'spres treɪn]	**Schnellzug**
freight train, goods train n ['freɪt treɪn, 'gʊdz treɪn]	**Güterzug**
helicopter n ['helɪkɒptə]	**Hubschrauber**
jet n [dʒet]	**Düsenflugzeug, Jet**
jumbo jet	Jumbo (-Jet)
(level-)crossing n BE [ˌlevl'krɒsɪŋ]	**Bahnübergang**

local train n [ˌləʊkl 'treɪn] — **Nahverkehrszug**

rail n [reɪl] — **Schiene, Gleis, (Eisen-)Bahn**
jump the rails — entgleisen
travel by rail — mit der Bahn reisen
send sth by rail — mit der Bahn schicken

rail(way) traffic n ['reɪlweɪ træfɪk] — **Bahnverkehr**

railway n ['reɪlweɪ] — **(Eisen-)Bahn**
work for the railway — bei der Bahn arbeiten

train n [treɪn] — **Zug**

tram n [træm] — **Straßenbahn**
go by tram — mit der Straßenbahn fahren

tramline n ['træmlaɪn] — **Straßenbahnlinie**

underground n BE ['ʌndəgraʊnd] — **U-Bahn**
go by underground — mit der U-Bahn fahren
take the underground — die U-Bahn nehmen

underground station n BE ['ʌndəgraʊnd steɪʃn] — **U-Bahnhof**

Transport

air freight n ['eə freɪt] — **Luftfracht**
send sth by air freight — etw als Luftfracht verschicken

cargo n ['kɑːgəʊ] — **Fracht, Ladung**
The ship carried a cargo of machines. — Das Schiff transportierte eine Ladung Maschinen.
load / unload cargo — Fracht einladen / ausladen

carriage n ['kærɪdʒ] — **Frachtkosten, Beförderung, Transport**
carriage free / paid — frachtfrei / frei Haus
carriage by truck — Beförderung durch LKW

carry v ['kæri] — **tragen, befördern**
She couldn't carry the heavy box. — Sie konnte die schwere Kiste nicht tragen.
The plane can carry 48 passengers. — Die Maschine kann 48 Passagiere befördern.

container n, adj [kən'teɪnə] — **(Transport-)Container, Container-**
container ship — Containerschiff

forward v ['fɔːwəd] — **befördern, senden**
forward goods — Waren befördern

freight n [freɪt] — **Fracht(gut), Frachtkosten**
carry / ship freight — Fracht befördern / verschiffen
The ship carries 1,000 tons of freight. — Das Schiff befördert 1 000 Tonnen Fracht.
pay freight — Frachtkosten zahlen

goods n [gʊdz] — **Güter, Waren**

haul v [hɔːl] — **befördern, transportieren**

haulage v ['hɔːlɪdʒ] — **Beförderung, Transport**

haulier v ['hɔːliə]	**Transportunternehmer, Spedition, Spediteur**
hold n [həʊld]	**Frachtraum, Laderaum**
load n, v [ləʊd]	**Ladung, Last, (be)laden, verladen, befrachten**
a load of coal	eine Ladung Kohle
The truck can carry loads of up to 5 tons.	Der LKW kann Lasten von bis zu 5 Tonnen befördern.
load coal into a ship	Kohlen auf ein Schiff laden
local public transport n [ˌləʊkl ˌpʌblɪk 'trænspɔːt]	**öffentlicher Nahverkehr**
means of transport n sg [miːnz əf 'trænspɔːt]	**Transportmittel, Beförderungsmittel**
public transport n [ˌpʌblɪk 'trænspɔːt]	**öffentliche Verkehrsmittel**
ship v [ʃɪp]	**verschiffen, versenden**
The goods are being shipped and not flown.	Die Waren werden verschifft und nicht mit dem Flugzeug transportiert.
ship goods worldwide	Güter weltweit versenden
shipment n ['ʃɪpmənt]	**Verschiffung, Versand, (Schiffs-)Ladung**
cars ready for shipment	Autos, die zum Verschiffen bereit stehen
shipment by train	Versand per Bahn
a shipment of wheat	eine Ladung Weizen
transport n ['trænspɔːt]	**Transport, Beförderung, Verkehrsmittel**
rail and road transport	Transport auf Schiene und Straße
the transport of goods by air	der Gütertransport auf dem Luftweg
public transport	öffentliche Verkehrsmittel
transport v [træn'spɔːt]	**transportieren, befördern**
transport goods / passengers	Güter / Passagiere befördern
transport machines by truck	Maschinen mit dem LKW transportieren
transporter n [træn'spɔːtə]	**(Schwer-)Transporter**
unload v [ˌʌn'ləʊd]	**abladen, entladen, löschen**
unload furniture from a lorry	Möbel von einem Lastwagen abladen
unload a ship	eine Schiffsladung löschen

Rund ums Auto

accelerator n [ək'seləreɪtə]	**Gaspedal**
airbag n ['eəbæg]	**Airbag**
back seat n [ˌbæk 'siːt]	**Rücksitz**
battery n ['bætri]	**Batterie**
recharge a battery	eine Batterie aufladen
The battery is flat.	Die Batterie ist leer.
rechargeable battery	wieder aufladbare Batterie, Akku
body n ['bɒdi]	**Karosserie**
bonnet n BE ['bɒnɪt]	**Motorhaube**
check under the bonnet	unter der Motorhaube nachsehen

boot n BE [buːt]	**Kofferraum**
brake drum n ['breɪk drʌm]	**Bremstrommel**
brake pedal n ['breɪk pedl]	**Bremspedal**
bumper n ['bʌmpə]	**Stoßstange**
carburettor n [ˌkɑːbə'retə] The carburettor is blocked.	**Vergaser** Der Vergaser ist verstopft.
chassis n ['ʃæsi]	**Fahrgestell**
check n [tʃek] check the oil	**kontrollieren, (über)prüfen** den Ölstand kontrollieren
choke n [tʃəʊk] pull out the choke	**Choke** den Choke ziehen
clutch n [klʌtʃ] let in / out the clutch	**Kupplung** ein- / auskuppeln
cylinder n ['sɪlɪndə] a four-cylinder car	**Zylinder** ein Auto mit vier Zylindern
dashboard n ['dæʃbɔːd]	**Armaturenbrett**
distributor n [dɪ'strɪbjətə]	**Verteiler(kopf)**
driver's seat n ['draɪvəz siːt]	**Fahrersitz**
dynamo n ['daɪnəməʊ]	**Lichtmaschine**
engine n ['endʒɪn] start / turn off / repair / service an engine The engine is running / doesn't work. diesel engine	**Motor** einen Motor anlassen / abstellen / reparieren / warten Der Motor läuft / funktioniert nicht. Dieselmotor
engine block n ['endʒɪn blɒk]	**Motorblock**
exhaust (pipe) n [ɪg'zɔːst paɪp]	**Auspuffrohr**
fan n [fæn]	**Gebläse**
fan belt n ['fæn belt]	**Keilriemen**
gear-lever n ['gɪəliːvə]	**Schaltknüppel**
gearbox n ['gɪəbɒks]	**Getriebe**
glove compartment n ['glʌv kəmpɑːtmənt]	**Handschuhfach**
headlight n ['hedlaɪt] dip the headlights flash one's headlights	**Scheinwerfer** abblenden die Lichthupe betätigen
hood n AE [hʊd]	**Motorhaube**
horn n [hɔːn] blow the horn	**Hupe** hupen
ignition n [ɪg'nɪʃn] turn the ignition on / off	**Zündung** die Zündung an- / abschalten
ignition key n [ɪg'nɪʃn kiː]	**Zündschlüssel**

indicator n ['ɪndɪkeɪtə]	**Blinker**
Her right-hand indicator is flashing.	Ihr rechtes Blinklicht ist an.
Flash your indicator when you want to turn off.	Blinken Sie, wenn Sie abbiegen wollen.
number-plate n BE ['nʌmbəpleɪt]	**Nummernschild**
oil n [ɔɪl]	**Öl**
oil filter n ['ɔɪl fɪltə]	**Ölfilter**
passenger seat n ['pæsɪndʒə siːt]	**Beifahrersitz**
(petrol) tank n ['petrəl tæŋk]	**(Benzin-)Tank**
radiator n ['reɪdieɪtə]	**Kühler**
radiator hose n ['reɪdiəɪtə həʊz]	**Kühlwasserschlauch**
rear window n [ˌrɪə 'wɪndəʊ]	**Heckscheibe**
rear-view mirror n [ˌrɪəvjuː 'mɪrə]	**Rückspiegel**
recharge v [ˌriː'tʃɑːdʒ]	**aufladen**
registration number n [ˌredʒɪ'streɪʃn nʌmbə]	**polizeiliches Kennzeichen**
repair n, v [rɪ'peə]	**Reparatur, reparieren**
roof n [ruːf]	**Dach**
roof-rack n ['ruːfræk]	**Dachgepäckträger**
rust n, v [rʌst]	**Rost, rosten**
covered in rust	völlig verrostet
The car door was rusted through.	Die Wagentür war durchgerostet.
seat n [siːt]	**Sitz**
seatbelt n ['siːtbelt]	**Sicherheitsgurt**
fasten one's seat-belt	den Sicherheitsgurt anlegen
shock absorber n ['ʃɒk əbsɔːbə]	**Stoßdämpfer**
silencer n ['saɪlənsə]	**Auspufftopf**
SIPS n [es ˌaɪ piː 'es] Side Impact Protection System	**Seitenairbag**
spare part n [ˌspeə 'pɑːt]	**Ersatzteil**
spare tyre n BE [ˌspeə 'taɪə]	**Ersatzreifen**
spark plug n ['spɑːk plʌg]	**Zündkerze**
replace a spark plug	eine Zündkerze auswechseln
speedometer n [spiː'dɒmɪtə]	**Tachometer**
starter n ['stɑːtə]	**Anlasser**
(steering) wheel n ['stɪərɪŋ wiːl]	**Lenkrad, Steuer**
Who was at the wheel?	Wer saß am Steuer?
suspension n [sə'spenʃn]	**Federung, (Rad-)Aufhängung**
tail-light n ['teɪllaɪt]	**Rücklicht**
trunk n AE [trʌŋk]	**Kofferraum**

tyre n BE ['taɪə]	**Reifen**
change / repair a tyre	einen Reifen wechseln / flicken
have a flat tyre	eine Reifenpanne haben
tyre pressure n ['taɪə preʃə]	**Reifendruck**
wheel n [wi:l]	**Rad**
change a wheel	ein Rad wechseln
windscreen n BE ['wɪndskri:n]	**Windschutzscheibe, Frontscheibe**
windscreen wiper n BE ['wɪndskri:n waɪpə]	**Scheibenwischer**
wing n [wɪŋ]	**Kotflügel**

Panne und Unfall

accident n ['æksɪdənt]	**Unfall**
have / prevent an accident	eine Unfall haben / verhüten
die in an accident	bei einem Unfall ums Leben kommen
ambulance n ['æmbjələns]	**Krankenwagen**
break down v [ˌbreɪk 'daʊn] broke, broken [brəʊk, 'brəʊkən]	**eine Panne haben**
I / Our car broke down on the motorway.	Ich / Unser Auto hatte auf der Autobahn eine Panne.
breakdown n ['breɪkdaʊn]	**Panne**
have a breakdown	eine Panne haben
broken-down adj [ˌbrəʊkən'daʊn]	**kaputt**
a broken-down old car	ein kaputtes altes Auto
car insurance n ['kɑ:r ɪnʃʊərəns]	**Kraftfahrzeugversicherung**
casualty n ['kæʒuəlti]	**Opfer, Verletzte/r, Tote/r**
How many casualties were there in the accident?	Wie viele Opfer gab es bei dem Unfall?
collide v [kə'laɪd]	**zusammenstoßen**
The two cars collided head-on.	Die beiden Autos stießen frontal zusammen.
The motorbike collided with a car.	Das Motorrad stieß mit einem Auto zusammen.
collision n [kə'lɪʒn]	**Zusammenstoß**
a head-on collision between two cars	ein Frontalzusammenstoß von zwei Autos
cause a collision	einen Zusammenstoß verursachen
cover n ['kʌvə]	**Versicherungsschutz, Deckung**
have fully comprehensive cover	vollen Versicherungsschutz haben
crash n, v [kræʃ]	**Zusammenstoß, Absturz, zusammenstoßen, abstürzen**
She was killed in a car / plane crash.	Sie kam bei einem Autounfall / Flugzeugabsturz ums Leben.
She crashed the car into a tree.	Sie raste mit dem Wagen gegen einen Baum.
The plane crashed shortly after take-off.	Das Flugzeug stürzte kurz nach dem Start ab.

crash landing n [ˌkræʃ ˈlændɪŋ]	**Bruchlandung**
make a crash landing	eine Bruchlandung machen
crash-land v [ˈkræʃlænd]	**eine Bruchlandung machen (mit)**
The plane crash-landed in a field.	Das Flugzeug machte eine Bruchlandung auf einem Feld.
damage n, v [ˈdæmɪdʒ]	**(Sach-)Schaden, beschädigen**
Was there much damage to the car?	Ist an dem Fahrzeug ein großer Schaden entstanden?
suffer / repair damage	Schaden erleiden / beheben
damage a car	einen Wagen beschädigen
emergency telephone n [ɪˈmɜːdʒənsi telɪfəʊn]	**Notrufsäule**
first-aid kit n [ˌfɜːstˈeɪd kɪt]	**Verbandskasten**
go down v [ˌgəʊ ˈdaʊn] went, gone [went, gɒn]	**untergehen**
The ship went down.	Das Schiff ging unter.
hit v [hɪt] hit, hit [hɪt, hɪt]	**gegen etw fahren**
insurance n [ˈɪnʃʊərəns]	**Versicherung**
take out insurance against theft	eine Versicherung gegen Diebstahl abschließen
renew / cancel an insurance	eine Versicherung erneuern / kündigen
(insurance) policy n [ɪnˈʃʊərəns pɒləsi]	**(Versicherungs-)Police**
insure v [ɪnˈʃʊə]	**versichern**
insure one's car against theft	sein Auto gegen Diebstahl versichern
jump-leads n [ˈdʒʌmpliːdz]	**Starthilfekabel**
puncture n [ˈpʌŋktʃə]	**Reifenpanne**
recovery service n [rɪˌkʌvəri ˈsɜːvɪs]	**Abschleppdienst**
recovery vehicle n [rɪˌkʌvəri ˈviːəkl]	**Abschleppwagen**
road accident n [ˈrəʊd ˌæksɪdənt]	**Verkehrsunfall**
sink v [sɪŋk] sank, sunk [sæŋk, sʌŋk]	**untergehen, sinken, versenken**
The ship sank quickly.	Das Schiff sank schnell.
sink a ship	ein Schiff versenken
take out v [ˌteɪk ˈaʊt] took, taken [tʊk, ˌteɪkən]	**abschließen**
take out (an) insurance	eine Versicherung abschließen
tow (away) v [ˌtəʊ əˈweɪ]	**abschleppen**
tow-rope n [ˈtəʊrəʊp]	**Abschleppseil**
traffic casualty n [ˈtræfɪk ˌkæʒuəlti]	**Verkehrsopfer, Verletzte/r, Tote/r**
warning triangle n [ˈwɔːnɪŋ traɪæŋgl]	**Warndreieck**

WELT UND UMWELT

Erde und All

Weltraum und Raumfahrt

air n [eə]	**Luft**
alien n ['eɪliən]	**außerirdisches Wesen**
astrology n [ə'strɒlədʒi]	**Astrologie**
astronaut n ['æstrənɔːt]	**Astronaut/in**
astronomy n [ə'strɒnəmi]	**Astronomie**
atmosphere n ['ætməsfɪə]	**Atmosphäre**
big bang n [bɪg 'bæŋ]	**Urknall**
comet n ['kɒmɪt]	**Komet**
constellation n [ˌkɒnstə'leɪʃn]	**Sternbild**
cosmic adj ['kɒzmɪk]	**kosmisch**
cosmonaut n ['kɒzmənɔːt]	**Kosmonaut/in**
cosmos n ['kɒzmɒs]	**Kosmos**
earth n [ɜːθ]	**Erde**
on earth	auf der Erde
fall to earth	auf die Erde fallen
full moon n [ˌfʊl 'muːn]	**Vollmond**
There's a full moon tonight.	Heute ist Vollmond.
galaxy n ['gæləksi]	**Galaxie, Sternsystem**
gravity n ['grævəti]	**Schwerkraft, Anziehungskraft**
centre of gravity	Schwerpunkt
heat shield n ['hiːt ʃiːld]	**Hitzeschild**
launch n, v [lɔːntʃ]	**Abschuss, abschießen, in den Weltraum schießen**
Milky Way n [ˌmɪlki 'weɪ]	**Milchstraße**
moon n [muːn]	**Mond**
new moon n [njuː 'muːn]	**Neumond**
There's a new moon today.	Heute ist Neumond.
orbit n ['ɔːbɪt]	**Umlaufbahn**
put a satellite into orbit	einen Satelliten in die Umlaufbahn schießen
be in orbit around the earth	in der Erdumlaufbahn sein
orbiter n ['ɔːbɪtə]	**Raumgleiter**
planet n ['plænɪt]	**Planet**
ray n [reɪ]	**Strahl**
the rays of the sun	die Strahlen der Sonne
send out rays	Strahlen aussenden

rise v [raɪz] rose, risen [rəʊz, 'rɪzn] The sun / moon is rising.	**aufgehen** Die Sonne / der Mond geht auf.
rocket n ['rɒkɪt]	**Rakete**
satellite n ['sætəlaɪt] transmit an event by satellite	**Satellit** ein Ereignis über Satellit übertragen
set v [set] set, set [set, set] The sun sets at 7.15 pm.	**untergehen** Die Sonne geht um 19.15 Uhr unter.
sky n [skaɪ] in the sky	**Himmel** am Himmel
solar system n ['səʊlə sɪstəm]	**Sonnensystem**
space n [speɪs]	**Weltraum, Weltall**
space lab n ['speɪs læb]	**Weltraumlabor**
space shuttle n ['speɪs ʃʌtl]	**Raumfähre**
space station n ['speɪs steɪʃn]	**(Welt-)Raumstation**
space travel n ['speɪs trævl]	**Raumfahrt**
spaceship n ['speɪsʃɪp]	**Raumschiff**
spacesuit n ['speɪssuːt]	**Raumanzug**
stage n [steɪdʒ]	**(Raketen-)Stufe**
star n [stɑː]	**Stern**
sun n [sʌn]	**Sonne**
sunrise n ['sʌnraɪz] at sunrise	**Sonnenaufgang** bei Sonnenaufgang
sunset n ['sʌnset] at sunset	**Sonnenuntergang** bei Sonnenuntergang
universe n ['juːnɪvɜːs]	**Universum**
weightlessness n ['weɪtləsnəs]	**Schwerelosigkeit**
world n [wɜːld]	**Welt**

Geografie und Landschaft

arid adj ['ærɪd] arid land / climate	**trocken, dürr** dürres Land / trockenes Klima
barren adj ['bærən]	**unfruchtbar**
bog n [bɒg]	**Sumpf**
countryside n ['kʌntrisaɪd]	**Landschaft, Gegend**
desert n ['dezət] areas that have become desert	**Wüste** Gebiete, die zur Wüste wurden
district n ['dɪstrɪkt] agricultural / residential district	**Gebiet** landwirtschaftlich genutztes (Wohn-)Gebiet

equator n [ɪ'kweɪtə]	**Äquator**
cross the equator	den Äquator überqueren
at the equator	am Äquator
flat adj [flæt]	**flach, platt, eben**
forest n ['fɒrɪst]	**Wald**
Dense forests cover the land.	Dichte Wälder bedecken das Land.
forester n ['fɒrɪstə]	**Förster/in**
heath n [hiːθ]	**Heide(land)**
hill n [hɪl]	**Hügel**
go up / come down a (steep) hill	einen Hügel hinaufgehen / herunterkommen
hilly adj ['hɪli]	**hügelig**
jungle n ['dʒʌŋgl]	**Dschungel, Urwald**
the dense jungles of Africa	die dichten Urwälder Afrikas
land n [lænd]	**Land, Boden**
on land and in the water	an Land und im Wasser
a piece of land	ein Stück Land
fertile / stony land	fruchtbarer / steiniger Boden
landscape n ['lændskeɪp]	**Landschaft**
an industrial landscape	eine Industrielandschaft
marsh n [mɑːʃ]	**Sumpfland, Marsch**
moor n [mʊə]	**Moor**
mountain n ['maʊntɪn]	**Berg**
at the foot of the mountains	am Fuß der Berge
climb a high mountain	einen hohen Berg besteigen
in the mountains	in den Bergen / im Gebirge
mountainous adj ['maʊntənəs]	**bergig, gebirgig**
North Pole n [ˌnɔːθ 'pəʊl]	**Nordpol**
plain n [pleɪn]	**Ebene**
a vast plain	eine große Ebene
pole n [pəʊl]	**Pol**
region n ['riːdʒən]	**Gebiet, Gegend, Region**
rock n [rɒk]	**Felsen, Felsbrocken, Gestein**
sand n [sænd]	**Sand**
a grain of sand	ein Sandkorn
sandy adj ['sændi]	**sandig**
scenery n ['siːnəri]	**Landschaft**
beautiful scenery	eine schöne Landschaft
slope n [sləʊp]	**(Ab-)Hang**
on a mountain slope	an einem Berghang
down the slope	den Abhang hinunter
soil n [sɔɪl]	**Erde, Erdboden**
poor / fertile / sandy soil	schlechter / fruchtbarer / sandiger Erdboden

South Pole n [ˌsaʊθ ˈpəʊl]	**Südpol**
steep adj [stiːp]	**steil**
a steep hill	ein steil ansteigender Hügel
swamp n [swɒmp]	**Sumpf**
top n [tɒp]	**Gipfel, Spitze**
at the top (of the hill / mountain)	auf dem Gipfel (des Hügels / Berges)
climb to the top	auf den Gipfel klettern
the top of the mountain	die Spitze des Berges
tropical adj [ˈtrɒpɪkl]	**tropisch, Tropen-**
tropics, the n pl [ˈtrɒpɪks]	**die Tropen**
live in the tropics	in den Tropen leben
valley n [ˈvæli]	**Tal**
down (below) in the valley	unten im Tal
wilderness n [ˈwɪldənəs]	**Wildnis**
in the wilderness	in der Wildnis
wind v [waɪnd] wound, wound [waʊnd, waʊnd]	**sich winden, sich schlängeln**
a winding road	eine sich windende Straße
a winding river	ein sich schlängelnder Fluss
wood n [wʊd]	**(kleinerer) Wald**
go for a walk in the wood(s)	einen Spaziergang im Wald machen
zone n [zəʊn]	**Zone**

Stadt und Land

barn n [bɑːn]	**Scheune**
building n [ˈbɪldɪŋ]	**Gebäude**
construct / tear down a building	ein Gebäude errichten / abreißen
a low / tall building	ein niedriges / hohes Gebäude
busy adj [ˈbɪzi]	**verkehrsreich, belebt**
capital n [ˈkæpɪtl]	**Hauptstadt**
castle n [ˈkɑːsl]	**Burg, Schloss**
church tower n [ˈtʃɜːtʃ taʊə]	**Kirchturm**
city n [ˈsɪti]	**Stadt**
towns and cities	Städte und Großstädte
(city) centre n [ˌsɪti ˈsentə]	**(Stadt-)Zentrum**
conurbation n [ˌkɒnɜːˈbeɪʃn]	**Ballungsgebiet**
cottage n [ˈkɒtɪdʒ]	**kleines (Land-)Haus**
crowded adj [ˈkraʊdɪd]	**überfüllt**
the streets / buses are crowded	die Straßen / Busse sind voll von / voller Menschen
develop v [dɪˈveləp]	**erschließen**
develop an area	ein Gebiet erschließen

development n [dɪ'veləpmənt]	**Erschließung, (neue) Siedlung**
development area	Erschließungsgebiet
housing development	Wohnsiedlung
district n ['dɪstrɪkt]	**Stadtteil**
estate n [ɪ'steɪt]	**(Wohn-)Siedlung, (Land-)Gut**
live on an estate	in einer Siedlung wohnen
She owns a large estate in Yorkshire.	Sie besitzt ein großes Gut in Yorkshire.
farm n [fɑːm]	**Bauernhof**
farmhouse n ['fɑːmhaʊs]	**Bauernhaus**
high-rise building n [ˌhaɪraɪz 'bɪldɪŋ]	**Hochhaus**
inhabitant n [ɪn'hæbɪtənt]	**Bewohner/in, Einwohner/in**
inhabitants of a house / town	Bewohner eines Hauses / Einwohner einer Stadt
market square n ['mɑːkɪt skweə]	**Marktplatz**
monument n ['mɒnjumənt]	**Denkmal, Monument**
build a monument to sb / sth	jdm / einer Sache ein Denkmal errichten
palace n ['pæləs]	**Palast**
park n [pɑːk]	**Park**
pedestrian n [pɪ'destriən]	**Fußgänger/in**
pedestrian area / precinct n [pɪˌdestriən eərɪə / 'priːsɪŋkt]	**Fußgängerzone**
port n [pɔːt]	**Hafenstadt, Hafen**
precinct n ['priːsɪŋkt]	**Zone, Viertel**
shopping / pedestrian precinct	Einkaufs- / Fußgängerzone
resident n, adj ['rezɪdənt]	**Einwohner/in, Bewohner/in, wohnhaft, ansässig**
the residents of our house	die Bewohner unseres Hauses
be resident in the USA	in den Vereinigten Staaten wohnen / ansässig sein
residential adj [ˌrezɪ'denʃl]	**Wohn-**
residential area / district	Wohngebiet
rural adj ['rʊərəl]	**ländlich**
slum n [slʌm]	**Elendsviertel, Slum**
square n [skweə]	**Platz**
in the square	auf dem Platz
suburb n ['sʌbɜːb]	**Vorort, Außenbezirk, Stadtrand**
live in the outer suburb(s)	am Stadtrand wohnen
thatched roof n [θætʃt 'ruːf]	**Reetdach**
tower n ['taʊə]	**Turm**
climb a tower	auf einen Turm steigen
TV tower	Fernsehturm
town n [taʊn]	**Stadt**
urban adj ['ɜːbən]	**städtisch**
village n ['vɪlɪdʒ]	**Dorf**

Gewässer

bank n [bæŋk]	**(Fluss-, See-)Ufer**
on the north bank of the river / lake	am Nordufer des Flusses / Sees
bay n [beɪ]	**Bucht**
beach n [biːtʃ]	**Strand**
on the beach	am Strand
biotope n ['baɪətəʊp]	**Biotop**
brook n [brʊk]	**Bach**
cape n [keɪp]	**Kap**
sail around a cape	ein Kap umsegeln
cliff n [klɪf]	**Klippe**
climb a cliff	auf eine Klippe klettern
coast n [kəʊst]	**Küste**
an island off the coast	eine Insel vor der Küste
be / stay on the coast	an der Küste sein / bleiben
go to the coast	an die Küste fahren
current n ['kʌrənt]	**Strömung, Strom**
swim with / against the current	mit der / gegen die Strömung schwimmen
ocean current	Meeresstrom
dam n, v [dæm]	**(Stau-)Damm, stauen**
build a dam across a river	einen Staudamm über einen Fluss bauen
dam (up) a river	einen Fluss (auf)stauen
drown v [draʊn]	**ertrinken, ertränken**
fish pond n ['fɪʃ pɒnd]	**Fischteich**
flow n, v [fləʊ]	**Strömung, fließen, strömen**
against the flow of the river	gegen die Strömung des Flusses
The river flows into the sea.	Der Fluss mündet ins Meer.
foam n, v [fəʊm]	**Schaum, schäumen**
foam on the water	Schaum auf dem Wasser
gulf n [gʌlf]	**Golf, Meerbusen**
the Gulf of Mexico	der Golf von Mexiko
island n ['aɪlənd]	**Insel**
live on an island	auf einer Insel leben
lake n [leɪk]	**(Binnen-)See**
They have a house on a lake.	Sie haben ein Haus am See.
mainland n ['meɪnlænd]	**Festland**
on the mainland	auf dem Festland
marine adj [mə'riːn]	**Meeres-, See-**
marine plants / animals	Meerespflanzen / -tiere
mouth n [maʊθ]	**Mündung**
ocean n ['əʊʃn]	**Ozean, Meer**
cross the ocean	den Ozean überqueren

pond n [pɒnd] — **Teich**

reef n [riːf] — **Riff**
strike a reef — auf ein Riff auflaufen

sea n [siː] — **Meer, See**
a house by the sea — ein Haus am Meer
a calm / heavy / stormy sea — eine leichte / schwere / stürmische See
go to sea — zur See gehen

sea bed n ['siː bed] — **Meeresboden**

seaside n ['siːsaɪd] — **Küste**
a holiday at the seaside — ein Urlaub am Meer
go to the seaside — ans Meer fahren

shallow adj ['ʃæləʊ] — **seicht, flach**
in shallow water — im flachen Wasser

shore n [ʃɔː] — **Ufer**
on the shore — am Ufer

source n [sɔːs] — **Quelle**
Where's the source of the Thames? — Wo entspringt die Themse?

spring n [sprɪŋ] — **Quelle**
hot mineral springs — heiße Mineralquellen

stream n [striːm] — **(kleiner) Fluss**

surf n [sɜːf] — **Brandung**

tide n [taɪd] — **Gezeiten**
The tide is in / out. — Es ist Flut / Ebbe.
at high / low tide — bei Flut / Ebbe

wave n [weɪv] — **Welle**
The waves break on a rock. — Die Wellen brechen sich an einem Felsen.

Wasser und Feuer

ash n [æʃ] — **Asche**

ashtray n ['æʃtreɪ] — **Aschenbecher**

burn v [bɜːn] — **brennen, verbrennen**
burnt, burnt [bɜːnt, bɜːnt]
burn a letter — einen Brief verbrennen
burn one's finger on the stove — sich die Finger am Herd verbrennen

burn down v [ˌbɜːn 'daʊn] — **abbrennen**
burnt, burnt [bɜːnt, bɜːnt]

drench v [drentʃ] — **durchnässen**
get drenched (to the skin) — (bis auf die Haut) nass werden

drinking-water n ['drɪŋkɪŋwɔːtə] — **Trinkwasser**

drip v [drɪp] — **tropfen**

drop n [drɒp] — **Tropfen**
a drop of water — ein Wassertropfen

fire n ['faɪə]	**Feuer**
start / put out a fire	ein Feuer anzünden / auslöschen
set fire to sth	etw anzünden, in Brand setzen
catch fire	Feuer fangen / in Brand geraten
The house was on fire.	Das Haus brannte / stand in Flammen.
flame n [fleɪm]	**Flamme**
go up in flames	in Flammen aufgehen
float v [fləʊt]	**(auf dem Wasser) schwimmen, (im Wasser) treiben**
flood n, v [flʌd]	**Überschwemmung, überschwemmen**
cause floods	Überschwemmungen verursachen
The river flooded the village.	Der Fluss überschwemmte das Dorf.
Our cellar was flooded.	Unser Keller stand unter Wasser.
flow n, v [fləʊ]	**Fluss, Strömung, fließen, strömen**
stop the flow of water	den Wasserfluss stoppen
The river flows into the sea.	Der Fluss fließt ins Meer.
Tears flowed down his cheeks.	Tränen flossen / strömten ihm übers Gesicht.
freshwater n [freʃ'wɔːtə]	**Süßwasser**
leak n, v [liːk]	**Leck, undichte Stelle, undicht sein, sickern, auslaufen**
a leak in a water pipe	ein Leck / eine undichte Stelle im Wasserrohr
The tank leaks.	Der Tank ist undicht / läuft aus.
The roof / boat leaks.	Das Dach / Boot ist undicht.
Water was leaking through the roof.	Wasser sickerte durch das Dach.
light v [laɪt] lit, lit [lɪt, lɪt]	**anzünden**
light a fire / cigarette	ein Feuer / eine Zigarette anzünden
light n [laɪt]	**Feuer**
Have you got a light, please?	Haben Sie bitte mal Feuer?
lighter n [laɪtə]	**Feuerzeug**
match n [mætʃ]	**Streichholz**
light a match	ein Streichholz anzünden
a box of matches	eine Streichholzschachtel
puddle n ['pʌdl]	**Pfütze**
put out v [ˌpʊt 'aʊt] put, put [pʊt, pʊt]	**ausmachen**
put out a fire / cigarette	ein Feuer / eine Zigarette ausmachen
run v [rʌn] ran, run [ræn, rʌn]	**laufen, fließen**
Water was running down the walls.	Wasser lief die Wände herunter.
Tears were running down her cheeks.	Ihr liefen die Tränen übers Gesicht.
salt-water n ['sɔːltwɔːtə]	**Salzwasser**
smoke n, v [sməʊk]	**Rauch, rauchen**
There's smoke in the kitchen.	Es raucht in der Küche.

smoky adj ['sməʊki]	**verraucht, rauchig**
spread v [spred] spread, spread [spred, spred]	**sich ausbreiten**
The fire spread quickly.	Das Feuer breitete sich schnell aus.
strike v [straɪk] struck, struck [strʌk, strʌk]	**anzünden**
strike a match	ein Streichholz anzünden
volcano n [vɒl'keɪnəʊ]	**Vulkan**
an active / dead volcano	ein aktiver / erloschener Vulkan
water n, v ['wɔːtə]	**Wasser, bewässern, gießen**
water a field / flower / lawn	ein Feld bewässern / eine Blume gießen / einen Rasen sprengen
waterfall n ['wɔːtəfɔːl]	**Wasserfall**
wet adj [wet]	**nass**
get wet	nass werden

Bodenschätze

brown coal n [ˌbraʊn 'kəʊl]	**Braunkohle**
clay n [kleɪ]	**Ton**
model / bake clay	Ton modellieren / brennen
coal n [kəʊl]	**Kohle**
mine coal	Kohle abbauen
copper n ['kɒpə]	**Kupfer**
crude oil n [ˌkruːd 'ɔɪl]	**Erdöl, Rohöl**
diamond n ['daɪəmənd]	**Diamant**
gas n [gæs]	**Gas**
gold n [gəʊld]	**Gold**
dig for gold	nach Gold graben
pure / solid gold	pures / reines Gold
a bar of gold	ein Goldbarren
hard coal n [ˌhɑːd 'kəʊl]	**Steinkohle**
iron n ['aɪən]	**Eisen**
iron ore n ['aɪən ɔː]	**Eisenerz**
mine iron ore	Eisenerz abbauen
lead n [led]	**Blei**
mine n [maɪn]	**Bergwerk, Mine, Grube, Zeche**
work / close down a mine	ein Bergwerk ausbeuten / schließen
mineral n, adj ['mɪnərəl]	**Mineral, mineralisch, Mineral-**
mine minerals	Mineralien abbauen
mineral salt	Mineralsalz
mineral oil n ['mɪnərəl ɔɪl]	**Mineralöl**

mineral resources n pl [ˌmɪnərəl rɪˈsɔːsɪz]	**Bodenschätze**
natural gas n [ˌnætʃrəl ˈgæs]	**Erdgas**
oil n [ɔɪl] drill for oil hit oil	**Öl** nach Öl bohren auf Öl stoßen
ore n [ɔː]	**Erz**
platinum n [ˈplætɪnəm]	**Platin**
silver n [ˈsɪlvə] pure silver	**Silber** reines Silber
uranium n [juˈreɪniəm]	**Uran**
zinc n [zɪŋk]	**Zink**

Wetter und Unwetter

black ice n [ˌblæk ˈaɪs]	**Glatteis**
blow v [bləʊ] blew, blown [bluː, bləʊn] There was a strong wind blowing. The wind blew the leaves away.	**wehen, blasen** Es wehte ein starker Wind. Der Wind blies die Blätter weg.
bright adj [braɪt]	**heiter**
chilly adj [ˈtʃɪli]	**kühl, frisch**
clear adj [klɪə]	**klar**
climate n [ˈklaɪmət] a dry / wet / moderate climate	**Klima** ein trockenes / feuchtes / gemäßigtes Klima
close adj [kləʊs] It's rather close today.	**schwül, stickig** Es ist heute ziemlich schwül.
cloud n [klaʊd]	**Wolke**
cloudburst n [ˈklaʊdbɜːst]	**Wolkenbruch**
cloudless adj [ˈklaʊdləs]	**wolkenlos**
cloudy adj [ˈklaʊdi]	**bewölkt, wolkig**
cold n, adj [kəʊld] biting cold bitterly cold	**Kälte, kalt** beißende Kälte bitterkalt
cool adj [kuːl]	**kühl**
damp adj [dæmp]	**feucht**
dark n, adj [dɑːk] in the / until / after dark a dark day	**Dunkelheit, dunkel, düster** in der / bis zum Einbruch / nach Einbruch der Dunkelheit ein dunkler / düsterer Tag
degree n [dɪˈgriː] at 20 degrees	**Grad** bei 20 Grad

drizzle n, v ['drɪzl]	**Nieselregen, nieseln**
drought n [draʊt]	**Trockenzeit, Dürreperiode**
dull adj [dʌl]	**trüb**
a dull day	ein trüber Tag
earthquake n ['ɜːθkweɪk]	**Erdbeben**
a light / severe earthquake	ein leichtes / schweres Erdbeben
fog n [fɒg]	**Nebel**
dense / light fog	dichter / leichter Nebel
The fog is clearing.	Der Nebel hebt sich.
foggy adj ['fɒgi]	**neblig**
forecast v ['fɔːkɑːst]	**vorhersagen**
forecast, forecast ['fɔːkɑːst, 'fɔːkɑːst]	
They forecast rain.	Es wurde Regen vorhergesagt.
freeze v [friːz]	**frieren, gefrieren, zufrieren, einfrieren**
froze, frozen [frəʊz, 'frəʊzn]	
The forecast says it'll freeze tonight.	Laut Wetterbericht soll es heute nacht frieren.
The water froze in the cold.	Das Wasser gefror in der Kälte.
The pond usually freezes in the winter.	Der Teich friert im Winter meist zu.
The pipes froze last winter.	Letzten Winter froren die Rohre ein.
freezing adj ['friːzɪŋ]	**eiskalt**
freezing-point n ['friːzɪŋpɔɪnt]	**Gefrierpunkt**
frost n [frɒst]	**Frost**
There's a hard frost.	Es herrscht ein strenger Frost.
be able to stand (the) frost	Frost vertragen können
go up v [ˌgəʊ 'ʌp]	**steigen**
went, gone [went, gɒn]	
Temperatures are going up again.	Die Temperaturen steigen wieder.
hail n, v [heɪl]	**Hagel, hageln**
haze n [heɪz]	**Dunst**
hazy n ['heɪzi]	**dunstig**
heat n [hiːt]	**Hitze, Wärme**
heatwave n ['hiːtweɪv]	**Hitzewelle**
hot adj [hɒt]	**heiß**
It was terribly hot yesterday.	Es war gestern furchtbar heiß.
I'm hot.	Mir ist heiß.
hurricane n ['hʌrɪkən]	**Orkan, Wirbelsturm**
a severe hurricane	ein schwerer Orkan
ice n [aɪs]	**Eis**
Ice was forming on the water surface.	Eis bildete sich auf der Wasseroberfläche.
slip on the ice	auf dem Eis ausrutschen
icy adj [aɪsi]	**eisig**
lightning n ['laɪtnɪŋ]	**Blitz**
The house was struck by lightning.	Das Haus wurde vom Blitz getroffen.

mild adj [maɪld]	**mild**
a mild climate / weather / day	ein mildes Klima / Wetter / Tag
mist n [mɪst]	**(leichter) Nebel**
misty adj ['mɪsti]	**neblig**
pour (down) v [ˌpɔː 'daʊn]	**gießen, schütten**
It was pouring down.	Es goss / schüttete nur so.
rain n, v [reɪn]	**Regen, regnen**
light / heavy rain	leichter / starker Regen
It looks like rain.	Es sieht nach Regen aus.
It's raining hard.	Es regnet stark.
rainwater n ['reɪnwɔːtə]	**Regenwasser**
rainbow n ['reɪnbəʊ]	**Regenbogen**
raindrop n ['reɪndrɒp]	**Regentropfen**
rainy adj ['reɪni]	**regnerisch**
shade n [ʃeɪd]	**Schatten**
in the shade	im Schatten
shady adj ['ʃeɪdi]	**schattig**
shower n ['ʃaʊə]	**Regenschauer**
sleet n [sliːt]	**Schneeregen**
slush n [slʌʃ]	**Schneematsch**
snow n, v [snəʊ]	**Schnee, schneien**
It's snowing heavily / lightly.	Es schneit stark / leicht.
snowflake n ['snəʊfleɪk]	**Schneeflocke**
snowy adj ['snəʊi]	**verschneit**
snowy mountains	verschneite Berge
storm n [stɔːm]	**Sturm, Unwetter**
stormy adj [stɔːmi]	**stürmisch**
sultry adj ['sʌltri]	**schwül**
It's terribly hot and sultry today.	Es ist heute furchtbar heiß und schwül.
sun n [sʌn]	**Sonne**
sunny adj ['sʌni]	**sonnig**
sunshine n ['sʌnʃaɪn]	**Sonnenschein**
temperature n ['temprətʃə]	**Temperatur**
The temperatures are falling / going up.	Die Temperaturen fallen / steigen.
high / low temperatures	hohe / niedrige Temperaturen
at a temperature of 30 degrees	bei 30 Grad
thunder n, v ['θʌndə]	**Donner, donnern**
thunderstorm n ['θʌndəstɔːm]	**Gewitter**
a heavy thunderstorm	ein schweres Gewitter
tornado n [tɔː'neɪdəʊ]	**Tornado**
tornadoes [tɔː'neɪdəʊz]	

umbrella n [ʌm'brelə] — **Regenschirm**
open / fold an umbrella — einen Schirm aufspannen / schließen

warm adj [wɔːm] — **warm**

warmth n [wɔːmθ] — **Wärme**

weather n ['weðə] — **Wetter**
The weather is fine / bad. — Das Wetter ist schön / schlecht.
in cold / warm weather — bei kaltem / warmem Wetter
forecast the weather — das Wetter vorhersagen

(weather) forecast n ['weðə fɔːkɑːst] — **(Wetter-)Vorhersage**
according to the weather forecast — laut Wettervorhersage

wind n [wɪnd] — **Wind**
A light / strong wind is blowing. — Es weht ein leichter / starker Wind.
The wind is falling / picking up. — Der Wind lässt nach / wird stärker.

windless adj ['wɪndləs] — **windstill**

windy adj ['wɪndi] — **windig**

Umweltschutz und -belastung

acid rain n [ˌæsɪd 'reɪn] — **saurer Regen**

aerosol propellant n [ˌeərəsɒl prə'pelənt] — **Treibgas**

air pollution n [ˌeə pə'luːʃn] — **Luftverschmutzung**

biodegradable adj [ˌbaɪəʊdɪ'greɪdəbl] — **biologisch abbaubar**

bottle bank n ['bɒtlbæŋk] — **Altglascontainer**

clean up v [ˌkliːn 'ʌp] — **sanieren**
clean up rivers / contaminated sites — Flüsse / kontaminierte Flächen sanieren

collect v [kə'lekt] — **sammeln, abholen**
collect waste separately — Abfälle getrennt sammeln
collect rubbish — den Müll abholen

conservation n [ˌkɒnsə'veɪʃn] — **Schutz, Erhaltung**
the conservation of forests / the environment — der Schutz der Wälder / der Umwelt

conservation area n [ˌkɒnsə'veɪʃn eəriə] — **Naturschutzgebiet**

contaminate v [kən'tæmɪneɪt] — **verunreinigen, verseuchen, kontaminieren**

contamination n [kənˌtæmɪ'neɪʃn] — **Verunreinigung, Verseuchung, Kontaminierung**

disposal n [dɪ'spəʊzl] — **Beseitigung, Entsorgung**
disposal of household waste — Hausmüllentsorgung

dispose of v [dɪ'spəʊz əv] — **beseitigen, entsorgen**

ecological adj [ˌiːkə'lɒdʒɪkl] — **ökologisch**
the ecological balance — das ökologische Gleichgewicht

ecology n [i'kɒlədʒi] — **Ökologie**
damage / disturb the ecology of a moor — die Ökologie eines Moores schädigen / stören

emission n [ɪ'mɪʃn]	**Emission, Ausstoß**
the emission of pollutants into the atmosphere	die Emission von Schadstoffen in die Atmosphäre
emit v [ɪ'mɪt]	**emittieren, ausstoßen**
environment n [ɪn'vaɪrənmənt]	**Umwelt**
protect / pollute the environment	die Umwelt schützen / verschmutzen
pollution / protection of the environment	Umweltverschmutzung / -schutz
Department of the Environment	Umweltministerium
environmental adj [ɪnˌvaɪrən'mentl]	**Umwelt-**
environmental problems / organization	Umweltprobleme / -organisation
environmental impact n [ɪnˌvaɪrənˌmentl ɪmpækt]	**Umweltbelastung**
the environmental impact of pollutants	die Umweltbelastung durch Schadstoffe
environmental protection n [ɪnˌvaɪrənˌmentl prə'tekʃn]	**Umweltschutz**
environmentalist n [ɪnˌvaɪrən'mentəlɪst]	**Umweltschützer/in**
erosion n [ɪ'rəʊʒn]	**Erosion**
greenhouse effect n ['gri:nhaʊs ɪfekt]	**Treibhauseffekt**
household waste n [ˌhaʊshəʊld 'weɪst]	**Hausmüll**
incineration n [ɪnˌsɪnə'reɪʃn]	**Verbrennung**
incineration plant n [ɪnˌsɪnə'reɪʃn plɑ:nt]	**(Müll-)Verbrennungsanlage**
landfill n ['lændfɪl]	**geordnete Mülldeponie**
litter n ['lɪtə]	**Abfall**
People shouldn't drop litter in the streets.	Man sollte auf der Straße keine Abfälle wegwerfen.
litter in the streets	Unrat auf den Straßen
litter-bin n ['lɪtəbɪn]	**Abfallkorb**
nature n ['neɪtʃə]	**Natur**
That's against nature.	Das ist wider die Natur.
the laws of nature	die Naturgesetze
non-polluting adj [ˌnɒnpə'lu:tɪŋ]	**umweltfreundlich, umweltverträglich**
non-returnable adj [ˌnɒn rɪ'tɜ:nəbl]	**Einweg-**
returnable bottle	Mehrwegflasche
ozone n ['əʊzəʊn]	**Ozon**
ozone hole n ['əʊzəʊn həʊl]	**Ozonloch**
ozone layer n ['əʊzəʊn leɪə]	**Ozonschicht**
pesticide n ['pestɪsaɪd]	**Pestizid, Schädlingsbekämpfungsmittel**
pollutant n [pə'lu:tənt]	**Schadstoff**
release pollutants into the atmosphere	Schadstoffe in die Atmosphäre freisetzen
pollute v [pə'lu:t]	**verschmutzen, verunreinigen**
pollute the environment / air / water with sth	die Umwelt / Luft / das Wasser mit etw. verschmutzen

pollution (of the environment) n [pəˌluːʃn əv ði ɪn'vaɪrənmənt]	**(Umwelt-)Verschmutzung**
the pollution of water with industrial waste	die Verschmutzung des Wassers durch Industrieabfälle
fight pollution	die Umweltverschmutzung bekämpfen
radiation n [ˌreɪdɪ'eɪʃn]	**Strahlung**
radioactive adj [ˌreɪdiəʊ'æktɪv]	**radioaktiv**
radioactivity n [ˌreɪdiəʊæk'tɪvəti]	**Radioaktivität**
re-use v [ˌriː'juːz]	**wieder verwenden**
recycle v [ˌriː'saɪkl]	**recyceln, wieder verwerten, wieder aufbereiten**
recycle paper / metal / cars	Papier / Metall / Autos recyceln
recycling n [ˌriː'saɪklɪŋ]	**Recycling, Wiederverwertung**
refuse n ['refjuːs]	**Abfall, Müll**
refuse collection n ['refjuːs kəlekʃn]	**Müllabfuhr**
reserve n [rɪ'zɜːv]	**Schutzgebiet**
nature / bird reserve	Natur- / Vogelschutzgebiet
residual waste n [rɪˌzɪdjuəl 'weɪst]	**Restmüll**
returnable adj [rɪ'tɜːnəbl]	**Mehrweg-**
returnable bottle	Mehrwegflasche
rubbish n ['rʌbɪʃ]	**Abfall, Müll**
rubbish dump / tip n ['rʌbɪʃ dʌmp, tɪp]	**Müllkippe**
scrap n, v [skræp]	**Schrott, verschrotten**
sell a car for scrap	ein Auto als Schrott verkaufen
scrap a car / ship	ein Auto / Schiff verschrotten
scrap metal n [skræp 'metl]	**Altmetall**
sewage n ['suːɪdʒ]	**Abwasser**
treat sewage chemically	Abwasser chemisch behandeln
sewage disposal n ['suːɪdʒ dɪspəʊzl]	**Abwasserbeseitigung**
sewage works n ['suːɪdʒ wɜːks]	**Klärwerk**
sewer n ['suːə]	**Abwasserkanal, Abwasserleitung**
sewerage n ['suːərɪdʒ]	**Kanalisation**
smog n [smɒg]	**Smog**
throw away v [ˌθrəʊ ə'weɪ] threw, thrown [θru, θrəʊn]	**wegwerfen**
toxic adj ['tɒksɪk]	**giftig, toxisch**
toxic waste n [ˌtɒksɪk 'weɪst]	**Giftmüll**
trash n AE [træʃ]	**Abfall, Müll**
waste n [weɪst]	**Abfall, Abfallstoffe, Müll**
the disposal of industrial / radioactive waste	die Entsorgung von industriellem / radioaktivem Abfall
waste disposal n ['weɪst dɪˌspəʊzl]	**Abfallbeseitigung, Abfallentsorgung**

waste paper n [ˌweɪst ˈpeɪpə]	**Altpapier**
waste paper collection n [ˌweɪst peɪpə kəˈlekʃn]	**Altpapiersammlung**
waste water n [ˌweɪst ˈwɔːtə]	**Abwasser**
water pollution n [ˌwɔːtə pəˈluːʃn]	**Wasserverschmutzung**

Energie

alternating current n [ˌɔːtəneɪtɪŋ ˈkʌrənt] AC [ˌeɪ ˈsiː]	**Wechselstrom**
atomic adj [əˈtɒmɪk]	**atomar, Atom-**
conduct v [kənˈdʌkt]	**leiten**
conductor v [kənˈdʌktə] Copper is the best conductor.	**(Strom-)Leiter** Kupfer ist der beste Stromleiter.
current n [ˈkʌrənt]	**Strom**
direct current n [dəˌrekt ˈkʌrənt] DC [ˌdiː ˈsiː]	**Gleichstrom**
dynamo n [ˈdaɪnəməʊ]	**Dynamo**
electric(al) adj [ɪˈlektrɪkl]	**elektrisch, Strom-**
electricity n [ɪˌlekˈtrɪsəti] generate electricity save / waste electricity	**Elektrizität, Strom** Elektrizität erzeugen Strom sparen / verschwenden
energy n [ˈenədʒi] conserve energy source of energy	**Energie** Energie sparen Energiequelle
energy crisis n [ˈenədʒi kraɪsɪs] energy crises [ˈenədʒi kraɪsiːz]	**Energiekrise**
energy resources n pl [ˈenədʒi rɪˌsɔːsɪz]	**Energiereserven**
fossil fuel n [ˌfɒsl ˈfjuːəl]	**fossiler Brennstoff**
fuel n [ˈfjuːəl]	**Brennstoff, Kraftstoff, Treibstoff**
gasworks n [ˈgæswɜːks]	**Gaswerk**
generator n [ˈdʒenəreɪtə]	**Generator**
hydroelectric power n [ˌhaɪdrəʊɪlektrɪk ˈpaʊə]	**Wasserkraft**
live adj [laɪv] Danger: live wires!	**stromführend** Vorsicht: Hochspannung!
nuclear adj [ˈnjuːkliə] nuclear bombs	**Atom-, Kern-, Nuklear-** Atombomben
nuclear energy n [ˌnjuːkliə ˈenədʒi]	**Kernenergie**
nuclear fuel n [ˌnjuːkliə ˈfjuːəl]	**Kernbrennstoff, nuklearer Brennstoff**
nuclear power n [ˌnjuːkliə ˈpaʊə]	**Kernkraft**

ohm n [əʊm] — **Ohm**

power n ['paʊə] — **Kraft, Energie, Strom**
hydroelectric / nuclear power — Wasser- / Kernkraft
the public power supply — die öffentliche Stromversorgung

power cut n ['paʊə kʌt] — **Stromausfall**
have a power cut — einen Stromausfall haben

power station n ['paʊə steɪʃn] — **Kraftwerk**
nuclear power station — Kernkraftwerk

reactor n [rɪ'æktə] — **Reaktor**

renewable adj [rɪ'nju:əbl] — **erneuerbar**
renewable energy — erneuerbare Energie

solar cell n [ˌsəʊlə 'sel] — **Solarzelle**

solar energy n [ˌsəʊlə 'enədʒi] — **Sonnenenergie, Solarenergie**

supply n, v [sə'plaɪ] — **Versorgung, versorgen**
energy supply — Energieversorgung
supply households with water / gas — Haushalte mit Wasser / Gas versorgen

sustainability n [səˌsteɪnə'bɪləti] — **Nachhaltigkeit**

sustainable adj [sə'steɪnə'bl] — **nachhaltig**

tidal power plant n [ˌtaɪdl 'paʊə plɑ:nt] — **Gezeitenkraftwerk**

volt n [vəʊlt] — **Volt**

watt n [wɒt] — **Watt**

wind energy n ['wɪnd enədʒi] — **Windenergie**

wind turbine n ['wɪnd tɜ:baɪn] — **Windturbine**

Die Pflanzenwelt

Pflanzen und Lebensformen

bark n [bɑ:k] — **Rinde**

blossom n, v ['blɒsəm] — **Blüte, blühen**

branch n [brɑ:ntʃ] — **Ast, Zweig**

bud n [bʌd] — **Knospe**
The trees are in bud. — Die Bäume knospen.

bush n [bʊʃ] — **Busch, Strauch**
a rose bush — ein Rosenstrauch

class n [klɑ:s] — **Klasse**

clear v [klɪə] — **roden**
clear forests — Wälder roden

creeper n ['kri:pə] — **Kriechpflanze, Kletterpflanze**

endangered adj [ɪn'deɪndʒəd] — **bedroht**
endangered species — bedrohte Arten

genus n ['dʒiːnəs]	**Gattung**
grass n [grɑːs]	**Gras, Rasen**
habitat n ['hæbɪtæt]	**Lebensraum**
ivy n ['aɪvi]	**Efeu**
leaf n [liːf] leaves [liːvz]	**Blatt**
moss n [mɒs] Moss covered the rocks.	**Moos** Moos bedeckte die Felsen.
mushroom n ['mʌʃrʊm] pick mushrooms	**Pilz, Champignon** Pilze sammeln
natural adj ['nætʃrəl]	**natürlich**
needle n ['niːdl]	**Nadel**
plant n, v [plɑːnt] water plants plant a tree	**Pflanze, pflanzen, bepflanzen** Pflanzen gießen einen Baum pflanzen
root n [ruːt] take root pull a flower up by the roots	**Wurzel** Wurzeln schlagen eine Blume mit der Wurzel ausreißen
shrub n [ʃrʌb]	**Busch, Strauch**
species n ['spiːʃiːz] the human species	**Art, Spezies** der Mensch
spine n [spaɪn] the spines of a cactus	**Stachel** die Stacheln eines Kaktus
stem n [stem]	**Stiel**
thorn n [θɔːn] the thorns on a rose	**Dorn** die Dornen an einer Rose
trunk n [trʌŋk]	**(Baum-)Stamm**
twig n [twɪg]	**Zweig**
variety n [və'raɪəti]	**(Ab-)Art, Varietät**
vegetation n [ˌvedʒɪ'teɪʃn] There is little / dense vegetation there. The area is rich / poor in vegetation.	**Vegetation** Dort gibt es wenig / eine dichte Vegetation. Das Gebiet is vegetationsarm / –reich.
weeds n pl [wiːdz] pull out / kill weeds	**Unkraut** Unkraut zupfen / vernichten

Blumen und Bäume

ash n [æʃ]	**Esche**
beech (tree) n ['biːtʃ triː]	**Buche**
birch n [bɜːtʃ]	**Birke**
buttercup n ['bʌtəkʌp]	**Butterblume**

carnation n [kɑːˈneɪʃn]	**Nelke**
chestnut tree n [ˈtʃesnʌt triː]	**Kastanienbaum**
chrysanthemum n [krɪˈsænθəməm]	**Chrysantheme**
coconut palm n [ˈkəʊkənʌt pɑːm]	**Kokospalme**
conifer n [ˈkɒnɪfə]	**Nadelbaum**
crocus n [ˈkrəʊkəs]	**Krokus**
daffodil n [ˈdæfədɪl]	**Narzisse, Osterglocke**
daisy n [ˈdeɪzi]	**Gänseblümchen**
dandelion n [ˈdændɪlaɪən]	**Löwenzahn**
deciduous tree n [dɪˈsɪdʒuəs triː]	**Laubbaum**
fir(-tree) n [ˈfɜːtriː]	**Tanne**
flower n, v [ˈflaʊə]	**Blume, Blüte, blühen**
grow / pick flowers	Blumen züchten / pflücken
be in / come into flower	in Blüte stehen / zu blühen beginnen
These plants flower in the spring.	Diese Pflanzen blühen im Frühjahr.
forget-me-not n [fəˈgetminɒt]	**Vergissmeinnicht**
geranium n [dʒəˈreɪniəm]	**Geranie**
heather n [ˈheðə]	**Heidekraut, Erika**
hyacinth n [ˈhaɪəsɪnθ]	**Hyazinthe**
larch n [lɑːtʃ]	**Lärche**
lily n [ˈlɪli]	**Lilie**
oak n [əʊk]	**Eiche**
orchid n [ˈɔːkɪd]	**Orchidee**
palm (tree) n [ˈpɑːmtriː]	**Palme**
pansy n [ˈpænzi]	**Stiefmütterchen**
pine n [paɪn]	**Kiefer**
plane n [pleɪn]	**Platane**
poppy n [ˈpɒpi]	**Mohn**
rose n [rəʊz]	**Rose**
snowdrop n [ˈsnəʊdrɒp]	**Schneeglöckchen**
spruce n [spruːs]	**Fichte**
tree n [triː]	**Baum**
plant / cut down a tree	einen Baum pflanzen / fällen
Monkeys live in trees.	Affen leben auf Bäumen.
grow on trees	auf Bäumen wachsen
tulip n [ˈtjuːlɪp]	**Tulpe**
violet n [ˈvaɪələt]	**Veilchen**

Garten- und Feldfrüchte

acorn n ['eɪkɔːn]	**Eichel**
almond n ['ɑːmənd]	**Mandel**
apple n ['æpl]	**Apfel**
apricot n ['eɪprɪkɒt]	**Aprikose**
banana n [bə'nɑːnə]	**Banane**
barley n ['bɑːli]	**Gerste**
berry n ['beri]	**Beere**
pick berries	Beeren pflücken
blackberry n ['blækbəri]	**Brombeere**
blackcurrant n [ˌblæk'kʌrənt]	**schwarze Johannisbeere**
cherry n ['tʃeri]	**Kirsche**
chestnut n ['tʃesnʌt]	**Kastanie**
citrus fruit(s) n ['sɪtrəs fruːts]	**Zitrusfrüchte**
coconut n ['kəʊkənʌt]	**Kokosnuss**
corn n [kɔːn]	**Getreide**
cranberry n ['krænbəri]	**Preiselbeere**
fruit n [fruːt]	**Obst, Frucht, Früchte**
Pears, apples, and cherries are fruit.	Birnen, Äpfel und Kirschen sind Obst.
I like all kinds of fruit.	Ich mag alle Obstsorten.
pick fruit	Obst ernten / pflücken
tropical fruit(s)	Südfrüchte
citrus fruit(s)	Zitrusfrüchte
gooseberry n ['gʊzbəri]	**Stachelbeere**
grain n [greɪn]	**Korn, Getreide**
a grain of wheat	ein Weizenkorn
grape n [greɪp]	**Weintraube**
grapefruit n ['greɪpfruːt]	**Grapefruit**
hazelnut n ['heɪzlnʌt]	**Haselnuss**
lemon n ['lemən]	**Zitrone**
maize n [meɪz]	**Mais**
melon n ['melən]	**Melone**
oats n pl [əʊts]	**Hafer**
orange n, adj ['ɒrɪndʒ]	**Apfelsine, Orange, orange**
peach n [piːtʃ]	**Pfirsich**
peanut n ['piːnʌt]	**Erdnuss**
pear n [peə]	**Birne**
peel n, v [piːl]	**Schale, schälen**
orange peel	Orangenschale
peel a banana / orange / pear / potato	eine Banane / Orange / Birne / Kartoffel schälen

pineapple n ['paɪnæpl]	**Ananas**
pip n [pɪp]	**Kern (von Apfel, Orange etc)**
pistachio nut n [pɪ'stæʃiəʊ nʌt]	**Pistazie**
plum n [plʌm]	**Pflaume**
raspberry n ['rɑːzbəri]	**Himbeere**
ripe adj [raɪp] The fruit / the corn is ripe.	**reif** Das Obst / Getreide ist reif.
ripen v ['raɪpən]	**reifen**
rye n [raɪ]	**Roggen**
skin n [skɪn] banana / potato skin	**Schale** Bananen- / Kartoffelschale
stone n [stəʊn]	**Stein**
strawberry n ['strɔːbəri]	**Erdbeere**
tangerine n [ˌtændʒə'riːn]	**Mandarine**
tropical fruit(s) n [ˌtrɒpɪkl 'fruːts]	**Südfrüchte**
walnut n ['wɔːlnʌt]	**Walnuss**
wheat n [wiːt]	**Weizen**

Die Tierwelt

Wildtiere

adder n ['ædə]	**Natter**
animal n ['ænɪml]	**Tier**
animal kingdom n ['ænɪml kɪŋdəm]	**Tierreich, Tierwelt**
animal lover n ['ænɪml lʌvə]	**Tierfreund**
badger n ['bædʒə]	**Dachs**
bat n [bæt]	**Fledermaus**
boar n [bɔː]	**Wildschwein**
burrow n ['bʌrəʊ] rabbit / fox burrow	**Bau** Kaninchen- / Fuchsbau
cub n, v [kʌb]	**Junge(s), werfen**
deer n [dɪə] deer [dɪə]	**Hirsch, Reh**
fawn n [fɔːn]	**Rehkitz**
fox n [fɒks]	**Fuchs**
frog n [frɒg]	**Frosch**
fur n [fɜː]	**Fell, Pelz**
game n [geɪm]	**Wild(bret)**

hare n [heə]	**Hase**
hedgehog n ['hedʒhɒg]	**Igel**
herd n [hɜːd]	**Herde**
a herd of elephants / deer	eine Elefantenherde / ein Rudel Rehe
lizard n ['lɪzəd]	**Eidechse**
mammal n ['mæml]	**Säugetier**
mole n [məʊl]	**Maulwurf**
mouse n [maʊs] mice [maɪs]	**Maus**
pack n [pæk]	**Rudel**
a pack of wolves	ein Rudel Wölfe
rat n [ræt]	**Ratte**
reptile n ['reptaɪl]	**Reptil**
slug n [slʌg]	**Nacktschnecke**
snail n [sneɪl]	**Schnecke**
snake n [sneɪk]	**Schlange**
snake-bite n ['sneɪkbaɪt]	**Schlangenbiss**
squirrel n ['skwɪrəl]	**Eichhörnchen**
tail n [teɪl]	**Schwanz**
tame v, adj [teɪm]	**zahm, zähmen**
a tame bird	ein zahmer Vogel
tame a lion	einen Löwen zähmen
toad n [təʊd]	**Kröte**
wildlife n ['waɪldlaɪf]	**Tierwelt**
the wildlife of Africa	die Tierwelt Afrikas
worm n [wɜːm]	**Wurm**

Raubtiere und Exoten

alligator n ['ælɪgeɪtə]	**Alligator**
ape n [eɪp]	**(Menschen-)Affe**
ape-like adj ['eɪplaɪk]	**affenähnlich**
bear n [beə]	**Bär**
beast of prey n [biːst əf 'preɪ]	**Raubtier**
camel n ['kæml]	**Kamel**
claw n [klɔː]	**Kralle, Klaue**
crocodile n ['krɒkədaɪl]	**Krokodil**
elephant n ['elɪfənt]	**Elefant**
a herd of elephants	eine Elefantenherde
gazelle n [gə'zel]	**Gazelle**

giraffe n [dʒə'rɑːf]	**Giraffe**
gnu n [nuː]	**Gnu**
hippopotamus n [ˌhɪpə'pɒtəməs]	**Nilpferd**
jaguar n ['dʒægjuə]	**Jaguar**
kangaroo n [ˌkæŋgə'ruː]	**Känguru**
lion n ['laɪən]	**Löwe**
a pride of lions	ein Rudel Löwen
monkey n ['mʌŋki]	**Affe**
panther n ['pænθə]	**Panther**
paw n [pɔː]	**Pfote, Tatze**
a cat's / lion's paw	die Pfote einer Katze / die Tatze eines Löwen
polar bear n ['pəʊlə beə]	**Eisbär**
puma n ['pjuːmə]	**Puma**
rhinoceros n [raɪ'nɒsərəs]	**Nashorn**
roar v [rɔː]	**brüllen**
tiger n ['taɪgə]	**Tiger**
viper n ['vaɪpə]	**Viper**
wildebeest n ['wɪldəbiːst]	**Gnu**
wolf n [wʊlf] wolves [wʊlvz]	**Wolf**
a pack of wolves	ein Rudel Wölfe

Meerestiere

aquarium n [ə'kweəriəm]	**Aquarium**
She keeps some fish in her aquarium.	Sie hält einige Fische in ihrem Aquarium.
crab n [kræb]	**Krabbe, Krebs**
crayfish n ['kreɪfɪʃ]	**Languste, Flusskrebs**
cuttlefish n ['kʌtlfɪʃ]	**Sepia**
dolphin n ['dɒlfɪn]	**Delphin**
eel n [iːl]	**Aal**
fish n [fɪʃ]	**Fisch**
catch fish	Fische fangen
freshwater / saltwater fish	Süßwasser- / Salzwasserfisch
catch / bone a fish	einen Fisch fangen / entgräten
flipper n ['flɪpə]	**Flosse**
jellyfish n ['dʒelifɪʃ]	**Qualle**
lobster n ['lɒbstə]	**Hummer**
octopus n ['ɒktəpəs]	**Oktopus, Tintenfisch**
penguin n ['peŋgwɪn]	**Pinguin**

prawn n [prɔːn] — **Garnele, Krabbe**

school n [skuːl] — **Schwarm**

sea horse n ['siː hɔːs] — **Seepferdchen**

sea lion n ['siː ˌlaɪən] — **Seelöwe**

(sea) shell n ['siː ʃel] — **Muschel, Schale, Gehäuse**

seal n [siːl] — **Seehund**

shark n [ʃɑːk] — **Hai**

shellfish n ['ʃelfɪʃ] — **Schalentier**
shellfish n pl ['ʃelfɪʃ]

shrimp n [ʃrɪmp] — **Garnele, Krabbe**

starfish n ['stɑːfɪʃ] — **Seestern**

whale n [weɪl] — **Wal**

Haus- und Nutztiere

bark v [bɑːk] — **bellen**
bark at sb — jdn anbellen

bite v [baɪt] — **beißen**
bit, bitten [bɪt, bɪtn]
Some dogs bite. — Einige Hunde beißen.

bite n [baɪt] — **Biss**
a dog bite — Hundebiss

bleat n [bliːt] — **blöken, meckern**
Sheep bleat. — Schafe blöken.

breed v [briːd] — **züchten, sich fortpflanzen**
bred, bred [bred, bred]
breed dogs / cattle — Hunde / Rinder züchten
How often do elephants breed? — Wie oft pflanzen sich Elefanten fort?

breed n [briːd] — **(Tier-)Rasse**
a breed of cattle / sheep — eine Rinder- / Schafrasse
What breed is that dog? — Was ist dieser Hund für eine Rasse?

bull n [bʊl] — **Stier, Bulle**

cage n [keɪdʒ] — **Käfig**
keep birds in cages — Vögel in Käfigen halten

calf n [kɑːf] — **Kalb**
calves [kɑːvz]

cat n [kæt] — **Katze**

cattle n pl ['kætl] — **Rinder, Vieh**
The cattle are in the meadow. — Das Vieh ist auf der Wiese.
a herd of cattle — eine Rinder- / Viehherde
50 head of cattle — 50 Rinder / 50 Stück Vieh

chicken n ['tʃɪkɪn]	**Huhn, Hähnchen**
raise chickens	Hühner züchten
cow n [kaʊ]	**Kuh**
milk a cow	eine Kuh melken
dog n [dɒg]	**Hund**
breed / keep / walk dogs	Hunde züchten / halten / spazieren führen
domestic animal n [dəˌmestɪk 'ænɪml]	**Haustier**
donkey n ['dɒŋki]	**Esel**
eat v [iːt] ate, eaten [et, 'iːtn]	**fressen, essen**
feed v [fiːd] fed, fed [fed, fed]	**fressen, (sich) ernähren**
feed the cows (with hay)	die Kühe (mit Heu) füttern
Lions feed on meat.	Löwen ernähren sich von / fressen Fleisch.
feed n [fiːd]	**Futter**
nutritious animal feeds	nahrhaftes Tierfutter
flock n [flɒk]	**Herde**
flock of sheep / goats	Schaf- / Ziegenherde
goat n [gəʊt]	**Ziege**
guide-dog n ['gaɪddɒg]	**Blindenhund**
guinea-pig n ['gɪnipɪg]	**Meerschweinchen**
horn n [hɔːn]	**Horn**
horse n [hɔːs]	**Pferd**
ride a horse	ein Pferd reiten
keep v [kiːp] kept, kept [kept, kept]	**halten**
lamb n [læm]	**Lamm**
mane n [meɪn]	**Mähne**
miaow v [mi'aʊ]	**miauen**
milk v [mɪlk]	**melken**
neigh n [neɪ]	**wiehern**
ox n [ɒks] oxen ['ɒksn]	**Ochse**
pet n [pet]	**Haustier**
keep pets	Haustiere halten
pig n [pɪg]	**Schwein**
pony n ['pəʊni]	**Pony**
puppy n ['pʌpi]	**Welpe, kleiner Hund**
rabbit n ['ræbɪt]	**Kaninchen**
scratch n, v [skrætʃ]	**Kratzer, kratzen, zerkratzen**

sheep n [ʃi:p]	**Schaf**
sheep [ʃi:p]	
watchdog n ['wɒtʃdɒg]	**Wachhund**
working animal n [ˌwɜ:kɪŋ 'ænɪml]	**Nutztier**

Vögel

beak n [bi:k]	**Schnabel**
bill n [bɪl]	**Schnabel**
bird n [bɜ:d]	**Vogel**
bird of prey n [bɜ:d əv 'preɪ]	**Raubvogel**
bird sanctuary n ['bɜ:d 'sæŋktʃuəri]	**Vogelschutzgebiet**
blackbird n ['blækbɜ:d]	**Amsel**
breeding ground n ['bri:dɪŋ graʊnd]	**Brutplatz**
brood n, v [bru:d]	**Brut, brüten**
budgie, budgerigar n ['bʌdʒi, 'bʌdʒərigɑ:]	**Wellensittich**
canary n [kə'neəri]	**Kanarienvogel**
chick n [tʃɪk]	**Küken**
cock n [kɒk]	**Hahn**
crow n [krəʊ]	**Krähe**
duck n [dʌk]	**Ente**
eagle n ['i:gl]	**Adler**
falcon n ['fɔ:lkən]	**Falke**
feather n ['feðə]	**Feder**
finch n [fɪntʃ]	**Fink**
flight n [flaɪt]	**Schwarm**
a flight of wild geese	ein Schwarm Wildgänse
flock n [flɒk]	**Schwarm**
a flock of seagulls	ein Möwenschwarm
goose n [gu:s]	**Gans**
geese [gi:s]	
hawk n [hɔ:k]	**Habicht**
hen n [hen]	**Huhn, Henne**
migratory bird n ['maɪgrətri bɜ:d]	**Zugvogel**
nest n, v [nest]	**Nest, nisten**
owl n [aʊl]	**Eule**
parrot n ['pærət]	**Papagei**
pigeon n ['pɪdʒɪn]	**Taube**
raven n ['reɪvn]	**Rabe**

robin n ['rɒbɪn]	**Rotkehlchen**
sea-bird n ['siːbɜːd]	**Seevogel**
seagull n ['siːgʌl]	**Möwe**
sparrow n ['spærəʊ]	**Spatz, Sperling**
starling n ['stɑːlɪŋ]	**Star**
swallow n ['swɒləʊ]	**Schwalbe**
swan n [swɒn]	**Schwan**
turkey n ['tɜːki]	**Truthahn**
vulture n ['vʌltʃə]	**Geier**
water-bird n ['wɔːtəbɜːd]	**Wasservogel**
wing n [wɪŋ] The bird spread its wings.	**Flügel** Der Vogel breitete seine Flügel aus.

Insekten

ant n [ænt] a colony of ants	**Ameise** eine Ameisenkolonie
bee n [biː]	**Biene**
beetle n ['biːtl]	**Käfer**
bite v [baɪt] bit, bitten [bɪt, 'bɪtn] Mosquitos and fleas bite.	**stechen, beißen** Mücken stechen und Flöhe beißen.
bite n [baɪt] a mosquito bite a flea bite	**Stich, Biss** ein Mückenstich ein Flohbiss
bugs n pl [bʌgz]	**Ungeziefer**
bumble-bee n ['bʌmblbiː]	**Hummel**
butterfly n ['bʌtəflaɪ]	**Schmetterling**
caterpillar n ['kætəpɪlə]	**Raupe**
cockroach n ['kɒkrəʊtʃ]	**Küchenschabe, Kakerlake**
cricket n ['krɪkɪt]	**Grille**
flea n [fliː]	**Floh**
hornet n ['hɔːnɪt]	**Hornisse**
(house-)fly n ['haʊsflaɪ]	**(Stuben-)Fliege**
insect n ['ɪnsekt] a swarm of insects Insects bite.	**Insekt** ein Insektenschwarm Insekten stechen.
louse n [laʊs] lice [laɪs]	**Laus**

mosquito n [məsˈkiːtəʊ] | **Stechmücke, Moskito**
Mosquitos bite. | Moskitos stechen.

moth n [mɒθ] | **Motte, Nachtfalter**

spider n [ˈspaɪdə] | **Spinne**

sting v [stɪŋ] | **stechen**
Wasps sting. | Wespen stechen.

swarm n [swɔːm] | **Schwarm**
a swarm of bees / ants | ein Schwarm Bienen / Ameisen

wasp n [wɒsp] | **Wespe**

web n [web] | **(Spinnen-)Netz**
Spiders spin webs. | Spinnen spinnen Netze.

QUALITÄT, QUANTITÄT, RAUM UND ZEIT

Qualität

Allgemeines und Spezifisches

apart from prep [ə'pɑːt frəm] — **außer, abgesehen von**
Apart from that everything's all right. — Davon abgesehen ist alles in Ordnung.
Apart from him there was nobody in the room. — Außer ihm war niemand im Zimmer.

basic adj ['beɪsɪk] — **grundsätzlich, wesentlich, eigentlich, grundlegend**
basic difference — der grundsätzliche Unterschied
the basic points — die wesentlichen Punkte
the basic purpose — der eigentliche Zweck
the basic theory — die grundlegende Theorie

but prep [bʌt] — **außer, als**
Everybody was there but him. — Alle waren da außer ihm.
He gives us nothing but trouble. — Er macht uns nichts als Ärger.

detail n ['diːteɪl] — **Einzelheit, Detail**
treat a topic in (great) detail — ein Thema in allen Einzelheiten behandeln
go into details — ins Detail gehen

especially adv [ɪ'speʃəli] — **besonders**
She likes music, especially classical music. — Sie mag Musik, besonders klassische Musik.
It wasn't especially clever to say that. — Es war nicht besonders klug, das zu sagen.

even adv ['iːvn] — **sogar (noch)**
Even Jenny was surprised. — Sogar Jenny war überrascht.
It was even better than last time. — Es war sogar noch besser als beim letzten Mal.
He didn't even phone! — Er hat nicht mal angerufen!

except (for) prep [ɪk'sept fə] — **außer**
All his family except his brother live in Brighton. — Seine ganze Familie außer seinem Bruder wohnt in Brighton.
I don't know anything about him, except that he's a lawyer. — Ich weiß nichts über ihn, außer dass er Rechtsanwalt ist.
There was nobody in the room except for Jane. — Außer / Abgesehen von Jane war niemand im Zimmer.

exception n [ɪk'sepʃn] — **Ausnahme**
make an exception for sb — bei jdm eine Ausnahme machen
with the exception of — mit Ausnahme von
without exception — ohne Ausnahme, ausnahmslos
an exception to the rule — eine Ausnahme von der Regel
The exception proves the rule. — Die Ausnahme bestätigt die Regel.

extraordinary adj [ɪk'strɔːdnri]	**außergewöhnlich, ungewöhnlich**
under extraordinary circumstances	unter außergewöhnlichen Umständen
an extraordinarily talented woman	eine außergewöhnlich begabte Frau
extreme adj [ɪk'striːm]	**äußerst, extrem, außerordentlich**
an extremely dangerous situation	eine äußerst gefährliche Situation
extreme patience / temperatures	außerordentliche Geduld / extreme Temperaturen
feature n ['fiːtʃə]	**Merkmal, Kennzeichen**
special / characteristic features of a car	besondere / charakteristische Merkmale eines Autos
the most striking features of the new process	die auffälligsten Merkmale des neuen Verfahrens
general adj ['dʒenrəl]	**allgemein, generell**
of general interest	von allgemeinem Interesse
general statements / principles	allgemeine Aussagen / Prinzipien
in general	im allgemeinen
generally adv ['dʒenrəli]	**im Allgemeinen**
importance n [ɪm'pɔːtns]	**Wichtigkeit, Bedeutung**
It's of no great importance to us.	Das ist nicht besonders wichtig für uns.
attach great importance to sth	einer Sache große Bedeutung beimessen
important adj [ɪm'pɔːtnt]	**wichtig**
It's important to me to know all about it.	Es ist wichtig für mich, alles darüber zu wissen.
individual adj [ˌɪndɪ'vɪdʒuəl]	**einzeln**
She spoke to each individual person.	Sie sprach mit jedem einzelnen.
kind n [kaɪnd]	**Art, Sorte**
all kinds of flowers	alle Arten von Blumen
several kinds of coffee	verschiedene Kaffeesorten
It's a kind of guitar.	Es ist eine Art Gitarre.
She knows all kinds of people.	Sie kennt alle möglichen Leute.
What kind of …?	Was für ein/e …?
main adj [meɪn]	**Haupt-, hauptsächlich**
main problem	Hauptproblem
The main thing is that you didn't get hurt.	Die Hauptsache ist, dass du nicht verletzt wurdest.
She did it mainly because …	Sie tat es hauptsächlich, weil …
major adj ['meɪdʒə]	**Haupt-, bedeutend**
the major difference between the two	der Hauptunterschied zwischen den beiden
play a major role in sth	eine bedeutende Rolle bei etw spielen
minor adj ['maɪnə]	**gering, geringfügig, unbedeutend, Neben-**
minor changes	geringfügige Veränderungen
particular adj [pə'tɪkjələ]	**bestimmte, besondere/r/s, spezielle/r/s**
in this particular case	in diesem besonderen Fall
I don't particularly like him.	Ich mag ihn nicht besonders.
I like this record, particularly the first song.	Mir gefällt die Platte, besonders das erste Lied.

sort n, v [sɔːt]	**Art, Sorte, Typ, sortieren**
It's a special sort of paint.	Es ist eine besondere (Art) Farbe.
sort objects into groups	Gegenstände in Gruppen sortieren
special adj ['speʃl]	**besondere/r/ s, Sonder-**
a special reason / occasion	ein besonderer Grund / Anlass
something / nothing special	etwas / nichts Besonderes
special offer / meeting	Sonderangebot / -sitzung
type n [taɪp]	**Typ**
He's not my type.	Er ist nicht mein Typ.
What type of car is that?	Was für ein Auto(typ) ist das?
a type of peach	eine Art Pfirsich
various adj ['veəriəs]	**verschieden**

Beschaffenheit

accurate adj ['ækjərət]	**genau**
an accurate description / map	eine genaue Beschreibung / Karte
appropriate adj [ə'prəʊpriət]	**geeignet, angemessen**
find appropriate words	passende Worte finden
appropriate to the situation	der Situation angemessen
artificial adj [ˌɑːtɪ'fɪʃl]	**künstlich**
artificial lakes / flowers	künstliche Seen / Blumen
as if [əz 'ɪf]	**als ob, als wenn**
He looked as if he was going to die.	Er sah aus, als ob er sterben würde.
awful adj ['ɔːfl]	**furchtbar, schrecklich, scheußlich**
That's an awful thing to say.	Es ist schrecklich, so etwas zu sagen.
bad adj [bæd] worse, worst [wɜːs, wɜːst]	**schlecht, in schlechtem Zustand, schlimm**
The road is bad.	Die Straße ist schlecht / in schlechtem Zustand.
a bad situation / mistake	eine schlimme Situation / ein schlimmer Fehler
bored adj [bɔːd]	**gelangweilt**
I'm getting bored with this book.	Das Buch fängt an, mich zu langweilen.
boring adj ['bɔːrɪŋ]	**langweilig**
clear adj [klɪə]	**klar, durchsichtig**
clear water / sky	klares Wasser / klarer Himmel
clear material	durchsichtiges Material
comfortable adj ['kʌmftəbl]	**bequem**
a comfortable armchair	ein bequemer Sessel
make oneself comfortable	es sich bequem machen
feel comfortable	sich wohl fühlen
consistency n [kən'sɪstənsi]	**Konsistenz**

convenient adj [kən'vi:niənt]	**passend, günstig, angenehm, praktisch**
at a more convenient time	zu einem günstigeren Zeitpunkt
Will it be convenient for you to come tomorrow?	Würde es Ihnen passen, morgen zu kommen?
It's more convenient to travel by train than by car.	Es ist angenehmer / bequemer mit dem Zug als mit dem Auto zu reisen.
In the rush hour bicycles are more convenient than cars.	In der Rushhour sind Fahrräder praktischer als Autos.
desperate adj ['despərət]	**dringend**
be desperate for sth	etw dringen brauchen
essential adj [ɪ'senʃl]	**(absolut) notwendig, (unbedingt) erforderlich, wesentlich, (außerordentlich) wichtig**
essential repairs	(absolut) notwendige / erforderliche Reparaturen
essential parts	wesentliche Teile
It's essential that you attend.	Es ist (außerordentlich) wichtig, dass Sie teilnehmen.
excellent adj ['eksələnt]	**ausgezeichnet, hervorragend**
good adj [gʊd] better, best ['betə, best]	**gut**
good ideas / films / roads	gute Ideen / Filme / Straßen
helpful adj ['helpfl]	**nützlich, hilfreich**
a helpful tool	ein nützliches Werkzeug
It would be very helpful if …	Es wäre sehr hilfreich, wenn …
horrible adj ['hɒrəbl]	**entsetzlich, furchtbar, schrecklich**
a horrible thought	ein entsetzlicher Gedanke
horrible weather	furchtbares Wetter
however adv [haʊ'evə]	**doch, jedoch, aber, egal wie**
However, I finally won.	Schließlich habe ich doch noch gewonnen.
however expensive it may be	egal wie teuer es (auch) ist
imperfect adj [ɪm'pɜ:fekt]	**unvollkommen**
interesting adj ['ɪntrəstɪŋ]	**interessant**
That's extremely interesting for me.	Das ist hochinteressant für mich.
irrelevant adj [ɪ'reləvənt]	**unwesentlich, nebensächlich**
irrelevant information	unwesentliche Informationen
irrelevant remarks	nebensächliche Bemerkungen
miserable adj ['mɪzrəbl]	**erbärmlich, armselig, miserabel, furchtbar, grässlich**
a miserable performance	ein erbärmliche Leistung
neat adj [ni:t]	**ordentlich, sauber**
His handwriting is very neat.	Er hat eine saubere Handschrift.
necessary adj ['nesəsəri]	**nötig, notwendig**
Has she got all the skills necessary for the job?	Hat sie alle für die Arbeit notwendigen Fähigkeiten?
It isn't necessary for you to come too.	Es ist nicht nötig, dass du auch kommst.

new adj [njuː]	**neu**
old adj [əʊld]	**alt**
perfect adj ['pɜːfɪkt]	**vollkommen, perfekt**
proper adj ['prɒpə]	**richtig, passend, ordnungsgemäß, geeignet**
find the proper words	die richtigen / angemessenen / passenden Worte finden
in proper condition	in ordnungsgemäßem Zustand
It's important to have the proper tools.	Es ist wichtig, das richtige / geeignete Werkzeug zu haben.
ridiculous adj [rɪ'dɪkjələs]	**lächerlich**
a ridiculous suggestion	ein lächerlicher Vorschlag
serious adj ['sɪəriəs]	**ernst, ernsthaft**
a serious discussion / question	eine ernste Diskussion / Frage
simple adj ['sɪmpl]	**einfach**
a simple question / task	eine einfache Frage / Aufgabe
The machine is simple to operate.	Die Maschine ist einfach zu bedienen.
terrible adj ['terəbl]	**schrecklich, fürchterlich, furchtbar, entsetzlich**
He is terrible.	Er ist furchtbar.
a terrible accident	ein schrecklicher Unfall
a terrible storm	ein fürchterlicher Sturm
tight adj [taɪt]	**fest**
a tight knot	ein fester Knoten
uncomfortable adj [ʌn'kʌmftəbl]	**unbequem**
urgent adj ['ɜːdʒənt]	**dringend**
There is an urgent call for you.	Da ist ein dringendes Gespräch für Sie.
useful adj ['juːsfl]	**nützlich**
useless adj ['juːsləs]	**nutzlos, unbrauchbar**
a useless tool	ein unbrauchbares Werkzeug

Art und Weise

absolutely adv ['æbsəluːtli]	**absolut, völlig**
be absolutely convinced of sth	von etw absolut überzeugt sein
She was absolutely right.	Sie hatte völlig recht.
by far [baɪ 'fɑː]	**bei weitem**
She's by far the most qualified applicant.	Sie ist die bei weitem qualifizierteste Bewerberin.
direct adj [də'rekt]	**direkt, Direkt-**
a direct train / way	ein direkter Zug / Weg
a direct flight to New York	ein Direktflug nach New York
fairly adv ['feəli]	**ziemlich**
a fairly difficult question	eine ziemlich schwierige Frage
fully adv ['fʊli]	**völlig**
understand sth fully	etw völlig verstehen

hardly adv ['hɑːdli]
They hardly knew each other.
They hardly ever go out.

kaum
Sie kannten sich kaum.
Sie gehen kaum jemals aus.

how adv [haʊ]
How are things?

wie
Wie gehts?

largely adv ['lɑːdʒli]

zum größten Teil

not at all [nɒt ət 'ɔːl]
I'm not at all tired.

überhaupt nicht
Ich bin überhaupt nicht müde.

partly adv ['pɑːtli]

teilweise

pretty adv ['prɪti]
pretty tired / hungry / slow

ziemlich, recht
ziemlich müde / hungrig / langsam

quite adv [kwaɪt]
quite quickly / probable
It's quite easy to do.

ziemlich, ganz
ziemlich schnell / wahrscheinlich
Das geht ganz einfach.

rather adv ['rɑːðə]
It's rather cold / late.

ziemlich, etwas
Es ist ziemlich kalt / spät.

really adv ['rɪəli]
It's really good.
He really did it.
You should really know that!

wirklich, tatsächlich, eigentlich
Es ist wirklich gut.
Er hat es tatsächlich / wirklich gemacht.
Eigentlich müsstest du das wissen!

relative adj ['relətɪv]
in relative safety
relatively easy / cold / fast

relativ
in relativer Sicherheit
relativ einfach / kalt / schnell

slight adj [slaɪt]
slight difficulties / differences
a slight German accent

gering, leicht
geringe Schwierigkeiten / Unterschiede
ein leichter deutscher Akzent

such adj, adv, pron [sʌtʃ]
It was such a mess!
There is such a thing as …
Such is life!
Such as?

solche/r/s
Es war so ein Durcheinander!
Es gibt so etwas wie …
So ist das Leben!
(Wie) zum Beispiel?

too adv [tuː]
It's too expensive.

zu
Es ist zu teuer.

very adv ['veri]

sehr

Gleich und Ungleich

alike adj, adv [ə'laɪk]
The two sisters are very much alike.
They are all treated alike.

gleich, ähnlich
Die beiden Schwestern sind sich sehr ähnlich.
Sie werden alle gleich behandelt.

also adv ['ɔːlsəʊ]
She not only sings well, but also plays the piano.
She speaks English, Italian and also a little Spanish.

auch, außerdem
Sie singt nicht nur gut, sondern spielt auch Klavier.
Sie spricht Englisch, Italienisch und außerdem ein bißchen Spanisch.

analogy n [ə'nælədʒi]	**Analogie**
as ... as [əz, əz]	**so ... wie**
as fast as possible	so schnell wie möglich
She's twice as old as I am.	Sie ist doppelt so alt wie ich.
They could take as much as they wanted.	Sie konnten so viel nehmen, wie sie wollten.
as well [əz 'wel]	**auch**
Is your wife coming as well?	Kommt Ihre Frau auch mit?
balance adj ['bæləns]	**Gleichgewicht**
balanced account	ausgeglichenes Konto
both ... and [bəʊθ, ənd]	**sowohl ... als auch**
She speaks both English and French.	Sie spricht sowohl Englisch als auch Französisch.
but conj [bʌt]	**aber, sondern**
I saw her but didn't talk to her.	Ich sah sie, sprach aber nicht mit ihr.
It wasn't Peter, but Robert.	Es war nicht Peter, sondern Robert.
compare v [kəm'peə]	**vergleichen**
compare sth to sth	etw mit etw vergleichen
He's very sensible compared to his wife.	Er ist sehr vernünftig im Vergleich zu seiner Frau.
comparison n [kəm'pærɪsn]	**Vergleich**
draw a comparison to sth	einen Vergleich zu etw ziehen
Her voice is beyond comparison.	Ihre Stimme ist unvergleichlich.
confuse v [kən'fjuːz]	**verwechseln**
People often confuse her with her sister.	Man verwechselt sie oft mit ihrer Schwester.
contrary n ['kɒntrəri]	**Gegenteil**
on the contrary	im Gegenteil
contrast n ['kɒntrɑːst]	**Gegensatz, Kontrast**
Their actions are in sharp contrast to their words.	Ihre Taten stehen in krassem Gegensatz zu ihren Worten.
In contrast to his brother, Peter's quite a good singer.	Im Gegensatz zu seinem Bruder singt Peter recht gut.
contrast v [kɒn'trɑːst]	**im Gegensatz stehen**
Sue's ideas contrast sharply with Dan's.	Sues Vorstellungen stehen in krassem Gegensatz zu Dans.
differ v ['dɪfə]	**sich unterscheiden**
differ from sth	sich von etw unterscheiden
difference n ['dɪfrəns]	**Unterschied**
the age difference between them	der Altersunterschied zwischen ihnen
different adj ['dɪfrənt]	**anders, verschieden**
do sth different	etw anderes tun
They're available in four different colours.	Sie sind in vier verschiedenen Farben erhältlich.
be different in shape from sth	sich in der Form von etw unterscheiden
Their plans are different from ours.	Sie haben andere Pläne als wir.
distinction n [dɪ'stɪŋkʃn]	**Unterschied, Unterscheidung**
make a distinction between two things	einen Unterschied zwischen zwei Dingen machen
distinguish v [dɪ'stɪŋgwɪʃ]	**unterscheiden**
What distinguishes type A from type B?	Was unterscheidet Typ A von Typ B?

We have to distinguish (between) four different types.	Wir haben vier verschiedene Typen zu unterscheiden.
else adv [els]	**andere/r/s**
Is there anything else you need?	Brauchst du sonst noch etwas?
There's somebody else outside.	Da ist noch jemand draußen.
Ask somebody else to help you.	Bitte jemand anderen, dir zu helfen.
Who else is coming tonight?	Wer kommt heute abend sonst noch?
This party is boring. Let's go somewhere else.	Die Party ist langweilig. Lass uns woanders hingehen.
equal adj ['i:kwəl]	**gleich**
divide sth into equal parts	etw in gleiche Teile teilen
be equal in size / quality	von gleicher Größe / Qualität sein
in common [ɪn 'kɒmən]	**gemein haben**
have a lot / nothing in common	viel / wenig gemeinsam haben
instead adv [ɪn'sted]	**stattdessen, anstatt**
She was supposed to do her homework. Instead she was watching TV.	Sie sollte eigentlich ihre Hausaufgaben machen. Stattdessen sah sie fern.
Instead of watching TV we went out.	Statt fernzusehen, gingen wir weg.
like adj [laɪk]	**wie**
in countries like France or Italy	in Ländern wie Frankreich und Italien
I wouldn't want a car like that.	So ein Auto möchte ich (gar) nicht.
She's like her mother.	Sie ist wie ihre Mutter.
What's she like?	Wie ist sie denn so?
match v [mætʃ]	**zuordnen**
mix up v [ˌmɪks 'ʌp]	**verwechseln**
mix up one thing with another	eine Sache mit einer anderen verwechseln
opposite n, adj ['ɒpəzɪt]	**Gegenteil, entgegengesetzt, gegenüber(liegend), gegensätzlich**
She's the opposite of her sister.	Sie ist das Gegenteil ihrer Schwester.
the opposite side of the road	die entgegengesetzte Seite der Straße
The bank is opposite the bakery.	Die Bank ist gegenüber vom Bäcker.
They have opposite opinions.	Sie haben gegensätzliche Meinungen.
other adj ['ʌðə]	**andere/r/s**
One was tall, the other rather small.	Einer war groß, der andere ziemlich klein.
resemblance n [rɪ'zembləns]	**Ähnlichkeit**
bear a striking resemblance to sb / sth	mit jdm / etw große Ähnlichkeit haben
resemble v [rɪ'zembl]	**ähneln, gleichen**
resemble sb / sth closely	jdm / etw sehr ähneln
same adj [seɪm]	**gleiche/r/s, der-, die-, dasselbe**
at exactly the same time	genau zur selben Zeit
do the same as sb else	das Gleiche wie jd anderer tun
similar adj ['sɪmələ]	**ähnlich**
Her ideas are very similar to mine.	Sie hat ähnliche Vorstellungen wie ich.
be similar in appearance and size	ungefähr gleich groß sein und aussehen
similarity n [ˌsɪmə'lærəti]	**Ähnlichkeit**
show a striking similarity to sth	eine große Ähnlichkeit mit etw aufweisen

than conj [ðən]	**als**
better than	besser als
He smokes more than I do.	Er raucht mehr als ich.
too adv [tuː]	**auch**
She's clever, too.	Sie ist auch clever.
vice versa adv [ˌvaɪsɪ ˈvɜːsə]	**umgekehrt**

Ursache, Wirkung und Zusammenhang

according to prep [əˈkɔːdɪŋ tə]	**zufolge, laut, nach**
according to the latest reports	den neuesten Meldungen zufolge
affect v [əˈfekt]	**betreffen, sich auswirken auf**
The earthquake affected the whole region.	Das Erdbeben betraf die ganze Region.
The strike terribly affected the economy.	Der Streik wirkte sich furchtbar auf die Wirtschaft aus.
This won't affect my decision.	Das wird meine Entscheidung nicht beeinflussen.
all the same [ɔːl ðə ˈseɪm]	**trotzdem**
She can be mean, but I like her all the same.	Sie kann gemein sein, aber ich mag sie trotzdem.
although conj [ɔːlˈðəʊ]	**obwohl**
He went for a walk although it was raining.	Er ging spazieren, obwohl es regnete.
be based on v [bi ˈbeɪst ɒn]	**beruhen auf, basieren auf**
The story is based on fact.	Die Geschichte beruht auf Tatsachen.
because conj [bɪˈkɒz]	**weil**
because of prep [bɪˈkɒz əv]	**wegen**
We had to stay at home because of the bad weather.	Wir mussten wegen des schlechten Wetters zu Hause bleiben.
case n [keɪs]	**Fall**
In Peter's case they made an exception.	In Peters Fall machten sie eine Ausnahme.
If that is the case, we have to inform him.	Wenn das der Fall ist, müssen wir ihn informieren.
I'll take an umbrella in case it rains.	Ich nehme einen Schirm mit für den Fall, dass es regnet.
in most cases	in den meisten Fällen, meistens
in any case	auf jeden Fall
cause n, v [kɔːz]	**Ursache, Grund, verursachen**
What was the cause of the accident?	Was war die Ursache des Unfalls?
She had good cause to be disappointed.	Sie hatte allen Grund, enttäuscht zu sein.
cause and effect	Ursache und Wirkung
cause sb a lot of trouble	jdm viel Ärger bereiten
Smoking can cause cancer.	Rauchen kann Krebs verursachen.
circumstance n [ˈsɜːkəmstəns]	**Umstand, Bedingung**
in normal circumstances	unter normalen Umständen
in / under the circumstances	unter diesen Umständen
under no circumstances	unter keinen Umständen

concern v [kən'sɜːn]	**betreffen, angehen**
These changes don't concern you.	Diese Änderungen betreffen Sie nicht.
Our plans don't concern you.	Unsere Pläne gehen Sie nichts an.
concerning [kən'sɜːnɪŋ]	**bezüglich, hinsichtlich, betreffend**
She refused to answer any questions concerning her future plans.	Sie weigerte sich, Fragen hinsichtlich ihrer Zukunftspläne zu beantworten.
a question concerning her family	eine Frage bezüglich ihrer Familie
condition n [kən'dɪʃn]	**Bedingung**
accept / fulfil a condition	eine Bedingung akzeptieren / erfüllen
on condition (that) …	unter der Bedingung, dass …
connection n [kə'nekʃn]	**Zusammenhang**
I don't see any connection between the two events.	Ich sehe keinen Zusammenhang zwischen den beiden Ereignissen.
His name was mentioned in connection with the crime.	Sein Name wurde im Zusammenhang mit dem Verbrechen genannt.
consequence n ['kɒnsɪkwəns]	**Folge, Konsequenz**
That decision had far-reaching consequences.	Diese Entscheidung hatte weitreichende Folgen.
bear the consequences	die Konsequenzen tragen
create v [kriː'eɪt]	**hervorrufen, verursachen**
create interest in sth	Interesse an etwas hervorrufen
create problems	Probleme verursachen
depend on v [dɪ'pend ɒn]	**abhängen von, ankommen auf**
It depends on the circumstances.	Es hängt von den Umständen ab.
When are you leaving? - It depends on when the trains go.	Wann gehst du? - Das kommt darauf an, wann die Züge fahren.
despite prep [dɪ'spaɪt]	**trotz**
Despite all her efforts she didn't succeed.	Trotz aller Bemühungen hatte sie keinen Erfolg.
effect n [ɪ'fekt]	**Wirkung, Auswirkung, Effekt**
have an effect on sb / sth	eine Wirkung auf jdn / etw haben
The effect is wearing off.	Die Wirkung lässt nach.
It had the effect of increasing the prices.	Es bewirkte eine Erhöhung der Preise.
even if conj ['iːvn ɪf]	**selbst wenn**
She can't help us even if she wanted to.	Sie kann uns nicht helfen, selbst wenn sie wollte.
follow v ['fɒləʊ]	**folgen, sich ergeben aus**
From this it follows that …	Daraus folgt, dass …
What conclusion follows from that?	Welche Schlussfolgerung ergibt sich daraus?
ground n [graʊnd]	**Grund**
I have no grounds to disbelieve you.	Ich habe keinen Grund, dir nicht zu glauben.
on medical / personal grounds	aus medizinischen / persönlichen Gründen
if conj [ɪf]	**falls, wenn**
We'll stay at home if it rains.	Wir bleiben zu Hause, falls es regnet.
Come along if you feel like it.	Komm mit, wenn du Lust hast.
I wouldn't do it if I were you.	An deiner Stelle täte ich das nicht.

in order to conj [ɪn 'ɔːdə tə] — **um zu**
She saved her money in order to buy a house. — Sie sparte ihr Geld, um ein Haus zu kaufen.

in spite of prep [ɪn 'spaɪt əv] — **trotz**
In spite of the bad weather they went for a walk. — Trotz des schlechten Wetters gingen sie spazieren.

nevertheless adv [ˌnevəðə'les] — **trotzdem, dennoch**
I don't like him, but I've invited him nevertheless. — Ich mag ihn nicht, aber ich habe ihn trotzdem eingeladen.

otherwise adv ['ʌðəwaɪz] — **sonst**
The food is expensive, but otherwise the restaurant is good. — Das Essen ist teuer, aber sonst ist das Restaurant gut.

prove v [pruːv] — **sich als … erweisen**
The case proved to be complicated. — Der Fall erwies sich als kompliziert.

purpose n ['pɜːpəs] — **Zweck, Absicht**
serve a purpose — einem Zweck dienen
fulfil a purpose — einen Zweck erfüllen
do sth on purpose — etw mit Absicht tun

reason n ['riːzn] — **Grund**
The reason I'm telling you this is … — Ich sage dir das, weil …
for this / no reason — aus diesem Grund / ohne Grund

regarding prep [rɪ'gɑːdɪŋ] — **bezüglich, hinsichtlich, in Bezug auf**
There's a problem regarding your payment. — Es gibt da ein Problem hinsichtlich ihrer Bezahlung.

relevance adj ['reləvəns] — **Relevanz, Bedeutung**
It's of no relevance to our problem. — Es ist für unser Problem nicht von Bedeutung / Relevanz.

relevant adj ['reləvənt] — **relevant**
relevant to — relevant für

result n, v [rɪ'zʌlt] — **Folge, Ergebnis, folgen**
as a result of the bad weather — infolge des schlechten Wetters
the result of the match / election — das Spiel- / Wahlergebnis
achieve results — Ergebnisse erzielen
without result — ergebnislos
result from sth — aus etw folgen, sich ergeben

since conj [sɪns] — **da, weil**
He couldn't come since he was ill. — Er konnte nicht kommen, da er krank war.

so (that) conj [səʊ ðət] — **damit**
She works part-time so that she has time for the children. — Sie arbeitet halbtags, damit sie Zeit für die Kinder hat.

still adv [stɪl] — **trotzdem**
It was expensive, but she still bought it. — Es war teuer, aber sie kaufte es trotzdem.

term n [tɜːm] — **Bedingung**
terms of a contract — Vertragsbedingungen

therefore adv ['ðeəfɔː] — **deshalb, also**
I think, therefore I am. — Ich denke, also bin ich.

though conj, adv [ðəʊ] — **obwohl, doch**
strange though it may seem — so seltsam es auch scheinen mag
Nice film - though rather long. — Schöner Film - aber ziemlich lang.
He didn't do it though. — Er hat es aber doch nicht gemacht.

to prep [tə, tʊ, tuː] — **um zu**
She came to see me. — Sie kam, um mich zu besuchen.

unless conj [ən'les] — **wenn nicht, es sei denn**
We'll meet at 6 o'clock unless it rains. — Wir treffen uns um 6 Uhr, wenn es nicht regnet.

whether conj ['weðə] — **ob**
Whether it rains or not, we are playing football on Saturday — Ob es regnet oder nicht, Samstag spielen wir Fußball.

Quantität

Maße und Messen

acre n ['eɪkə] — **Morgen (4047 m2)**

big adj [bɪg] — **groß**
big houses / cars / rivers — große Häuser / Autos / Flüsse

centimetre n ['sentɪmiːtə] — **Zentimeter**

contain v [kən'teɪn] — **enthalten**
The bottle contains 5 litres. — Die Flasche enthält 5 Liter.
Ice-cream contains a lot of sugar. — Eiskrem enthält viel Zucker.

contents n pl ['kɒntents] — **Inhalt**
the contents of a box / bottle — der Inhalt einer Schachtel / Flasche

cubic measure n [ˌkjuːbɪk 'meʒə] — **Raummaß**

cubic metre n ['kjuːbɪk miːtə] — **Kubikmeter**

dimension n [dɪ'menʃn] — **Abmessung, Maß, Ausmaß**
the dimensions of the hall — die Größe des Flures
the dimensions of the disaster — die Ausmaße des Unglücks

enormous adj [ɪ'nɔːməs] — **enorm, gewaltig**

exact adj [ɪg'zækt] — **genau**
the exact time / opposite — die genaue Zeit / das genaue Gegenteil
It's exactly 100 miles to London. — Es sind genau 100 Meilen nach London.

foot n [fʊt] — **Fuß (30,48 cm)**
feet [fiːt]
It's about four feet (ft) high. — Es ist ungefähr vier Fuß hoch.

gallon n ['gælən] — **Gallone (GB 4,546 l; US 3,785 l)**

hectare n ['hekteə] — **Hektar**

hold v [həʊld] held, held [held, held]	**fassen, beinhalten**
This tank holds 500 litres.	Dieser Tank fasst 500 Liter.
This hall holds 100 people.	Dieser Saal fasst 100 Leute.
inch n [ɪntʃ]	**Zoll (2,54 cm)**
It's about ten inches wide.	Es ist etwa 10 Zoll (25 cm) breit.
kilometre n ['kɪləmiːtə]	**Kilometer**
linear measure n [ˌlɪniə 'meʒə]	**Längenmaß**
litre n ['liːtə]	**Liter**
little adj ['lɪtl]	**klein**
a little house / village / car	ein kleines Haus / Dorf / Auto
measure n, v ['meʒə]	**Maß(einheit), Maßnahme, messen**
It measures 10 by 10 inches.	Es misst 10 mal 10 Zoll.
measure of capacity n [ˌmeʒər əv kə'pæsəti]	**Hohlmaß**
measurement n ['meʒəmənt]	**Abmessung, Maß**
The measurements of the room are 15 feet by 12 feet.	Der Raum misst 15 mal 12 Fuß.
medium adj ['miːdiəm]	**mittlere(r,s), mittel-**
of medium height / quality	von mittlerer Größe / Qualität
metre n ['miːtə]	**Meter**
mile n [maɪl]	**Meile (1,609 km)**
It's another 20 miles to Bath.	Es sind noch 20 Meilen nach Bath.
millimetre n ['mɪlimiːtə]	**Millimeter**
pint n [paɪnt]	**Pint (GB 0,568 l; US 0,473 l)**
scale n [skeɪl]	**Skala, Maßeinteilung, Gradeinteilung, Maßstab, Ausmaß, Umfang**
the scale of a thermometer / ruler	die Maßeinteilung eines Thermometers / Lineals
on a scale of five miles to the inch	in einem Maßstab von 5 Meilen zu einem Zoll
the full scale of the floods	das volle Ausmaß der Überschwemmungen
celebrate on a large / small scale	im großen / kleinen Rahmen feiern
small adj [smɔːl]	**klein**
a small house / village / car	ein kleines Haus / Dorf / Auto
square n [skweə]	**Quadrat, Quadrat-**
ten metres square	zehn Meter im Quadrat
square measure n [skweə 'meʒə]	**Flächenmaß**
square metre n [skweə 'miːtə]	**Quadratmeter**
tall adj [tɔːl]	**hoch**
tall buildings / trees	hohe Gebäude / Bäume
tape-measure n ['teɪpˌmeʒə]	**Maßband**
yard n [jɑːd]	**Yard (91,44 cm)**

Menge und Gewicht

a couple n [ə 'kʌpl]	**ein paar**
a couple of years ago	vor ein paar Jahren
a couple of thousand marks	ein paar tausend Mark
a couple more miles	noch ein paar Meilen
about adv [ə'baʊt]	**etwa, zirka**
It weighs about six pounds.	Es wiegt etwa sechs Pfund.
almost adv ['ɔːlməʊst]	**fast**
amount n [ə'maʊnt]	**Menge**
a large amount of work / time	viel Arbeit / Zeit
another adj [ə'nʌðə]	**noch eine/r/s, ein/e andere/r/s**
She waited another three weeks.	Sie wartete noch drei Wochen.
They moved to another town.	Sie zogen in eine andere Stadt.
approximately adv [ə'prɒksɪmətli]	**ungefähr, etwa, zirka**
average n, adj ['ævərɪdʒ]	**Durchschnitt, durchschnittlich, Durchschnitts-**
work out the average	den Durchschnitt ausrechnen
above / below average	über / unter dem Durchschnitt
On average she comes twice a week.	Im Durchschnitt kommt sie zwei Mal die Woche.
the average income	das durchschnittliche Einkommen
barrel n ['bærəl]	**Fass, Tonne**
a barrel of beer	ein Bierfass
capacity n [kə'pæsəti]	**Fassungsvermögen, Platz**
seating capacity of 4,000	4 000 Sitzplätze
degree n [dɪ'griː]	**Maß, Ausmaß**
to a certain degree	in gewissem Maße
to a very high degree	in sehr hohem Maße
To what degree was she responsible?	Wie weit / in welchem Maße war sie verantwortlich?
To such a degree that …	In solchem Maße, dass …
double adj, v ['dʌbl]	**doppelt, Doppel-, verdoppeln**
He is double my weight.	Er wiegt doppelt soviel wie ich.
He doubled his income.	Er hat sein Einkommen verdoppelt.
dozen n ['dʌzn]	**Dutzend**
drum n [drʌm]	**Fass, Tonne**
a drum containing oil	ein Fass voll Öl
empty adj, v ['empti]	**leer, (aus)leeren**
empty boxes / glasses / streets / hands	leere Kisten / Gläser / Straßen / Hände
empty a glass / an ashtray	ein Glas / einen Aschenbecher ausleeren
few adj, pron [fjuː]	**wenig, ein paar, wenige**
Few people left.	Wenig Leute gingen.
a few	ein paar
full adj [fʊl]	**voll**
full boxes / buses / hands	volle Kisten / Busse / Hände
The room was full of people.	Der Raum war voll von Leuten.

gram(me) n [græm]	**Gramm**
heavy adj ['hevi]	**schwer**
kilogram(me) n ['kɪləgræm]	**Kilogramm**
left adj [left]	**übrig**
We've got no money left.	Wir haben kein Geld übrig.
How much is left?	Wie viel ist übrig?
less adj [les]	**weniger, abzüglich**
I should smoke less.	Ich sollte weniger rauchen.
The gross weight less packaging.	Das Bruttogewicht abzüglich Verpackung.
level n ['levl]	**Anteil, Gehalt**
a high level of oxygen	ein hoher Sauerstoffanteil
talks on the highest level	Gespräche auf höchster Ebene
light adj [laɪt]	**leicht**
little adj ['lɪtl]	**wenig**
less, least [les, li:st]	
I've only had a little to eat.	Ich habe nur wenig gegessen.
little money	wenig Geld
lot, a lot, lots n [lɒt, ə lɒt, lɒts]	**Menge, Masse**
They've got lots of money now.	Sie haben jetzt jede Menge Geld.
a lot (of) / lots	viel / eine Menge
How many do you want? – A lot. / Lots.	Wie viele möchtest du? – Viele.
many adj ['meni]	**viele**
more, most [mɔː, məʊst]	
modest adj ['mɒdɪst]	**mäßig, gering**
modest success	mäßiger Erfolg
modest income	bescheidenes Einkommen
modest inflation / amounts	geringe Inflation / Mengen
much adj [mʌtʃ]	**viel**
more, most [mɔː, məʊst]	
much heavier / more difficult	viel schwerer / viel schwieriger
ounce n [aʊns]	**Unze (28,35 g)**
pair n [peə]	**Paar**
a pair of shoes / trousers	ein Paar Schuhe / eine Hose
part n [pɑːt]	**Teil**
piece n [piːs]	**Stück, Teil**
a piece of paper / cake	ein Stück Papier / Kuchen
a piece of clothing / furniture	ein Kleidungs- / Möbelstück
take sth to pieces	etw in seine (Einzel)teile zerlegen
come to pieces	auseinander fallen
pound n [paʊnd]	**Pfund**
quantity n ['kwɒntəti]	**Menge, Quantität**
rest n [rest]	**Rest, übriger Teil**
the rest of the money	das restliche Geld
She saw something the rest of us didn't see.	Sie sah etwas, das uns anderen entging.

share n, v [ʃeə] — **Anteil, (sich) teilen, gemeinsam haben**
My share of the cake. — Mein Anteil des Kuchens.
We shared the money. — Wir teilten das Geld.
We share a kitchen. — Wir haben eine gemeinsame Küche.

ton n [tʌn] — **Tonne** (GB 2 240 Pfund; US 2 200 Pfund)

tonne n [tʌn] — **(metrische) Tonne**

volume n ['vɒljuːm] — **Volumen, (Raum-)Inhalt**

weigh v [weɪ] — **wiegen**

weight n [weɪt] — **Gewicht**
put on / lose weight — zunehmen / abnehmen

whole n, adj [həʊl] — **Ganze/s, ganz**

Mathematische Begriffe

add (up) v [ˌæd 'ʌp] — **addieren, zusammenzählen**

algebra n ['ældʒɪbrə] — **Algebra**

angle n ['æŋgl] — **Winkel**
at a right angle / at an angle of 30 degrees — im rechten Winkel / in einem Winkel von 30 Grad
at an angle (to the wall) — schräg (zur Wand)

by prep [baɪ] — **um**
The temperature fell by 10 degrees. — Die Temperatur fiel um 10 Grad.
increase sb's salary by 6 % — jds Gehalt um 6 % erhöhen

circle n ['sɜːkl] — **Kreis**
stand in a circle — im Kreis stehen
go round in circles — sich im Kreis drehen

circular n, adj ['sɜːkjələ] — **kreisförmig, rund**

count v [kaʊnt] — **zählen**

cube n [kjuːb] — **Würfel**

curve n [kɜːv] — **Kurve**

degree n [dɪ'griː] — **Grad**
an angle of 45 degrees — ein Winkel von 45 Grad

diagram n ['daɪəgræm] — **Diagramm, Grafik**
a diagram of a machine / process — ein Diagramm einer Maschine / eines Verfahrens

divide v [dɪ'vaɪd] — **dividieren, teilen**
divide 9 by 3 — 9 durch 3 teilen

ellipse n [ɪ'lɪps] — **Ellipse**

elliptic(al) adj [ɪ'lɪptɪkl] — **elliptisch**

even adj ['iːvn] — **gerade**
an even number — eine gerade Zahl

geometric n [ˌdʒiːə'metrɪk] — **geometrisch**

geometry n [dʒi'ɒmətri] — **Geometrie**

graph n [grɑːf] — **Kurve, Grafik, Diagramm**
a temperature graph — eine Temperaturkurve

line n [laɪn] — **Linie**
draw a line — eine Linie ziehen
a broken / curved / straight line — eine unterbrochene / gekrümmte / gerade Linie

mean n, adj [miːn] — **Mittel(wert), Durchschnitt, mittlere/r, durchschnittlich**

minus prep ['maɪnəs] — **minus, weniger**

multiply v ['mʌltɪplaɪ] — **multiplizieren**

odd adj [ɒd] — **ungerade**
odd numbers — ungerade Zahlen

parallel n, adj ['pærəlel] — **Parallele, parallel**
These lines are parallel (to each other). — Deise Linien verlaufen parallel (zueinander).

per prep [pə] — **pro, per**
£2,000 per year / month / person — 2 000 Pfund pro Jahr / Monat / Person

perpendicular n [ˌpɜːpən'dɪkjələ] — **Senkrechte**

plane n [pleɪn] — **Ebene**
an inclined plane — eine schiefe Ebene
be in the same plane — auf derselben Ebene liegen

plus prep [plʌs] — **plus, und**

point n [pɔɪnt] — **Punkt, Komma**
three point six metres (3.6 m) — drei Komma sechs Meter (3,6 m)

rectangle n ['rektæŋgl] — **Rechteck**

rectangular adj [rek'tæŋgjələ] — **rechteckig**

root n [ruːt] — **Wurzel**
find the roots — Wurzeln ziehen

square n [skweə] — **Quadrat, Quadrat-**
two squared — zwei zum Quadrat

square root n [skweə 'ruːt] — **Quadratwurzel**

straight line n [streɪt 'laɪn] — **Gerade**

subtract v [səb'trækt] — **abziehen, subtrahieren**

triangle n ['traɪæŋgl] — **Dreieck**

triangular adj [traɪ'æŋgjələ] — **dreieckig**

Zahlen

eight n [eɪt] — **acht**

eighteen n [ˌeɪ'tiːn] — **achtzehn**

eighty n ['eɪti] — **achtzig**

eleven n [ɪ'levn] — **elf**

fifteen n [ˌfɪf'tiːn]	**fünfzehn**
fifty n ['fɪfti]	**fünfzig**
figure n ['fɪgə]	**Zahl, Ziffer**
the figures 0 to 9	die Zahlen 0 bis 9
expenses of four figures / four-figure expenses	Ausgaben in vierstelliger Höhe
first adj [fɜːst]	**erste/r/s**
five n [faɪv]	**fünf**
forty n ['fɔːti]	**vierzig**
four n [fɔː]	**vier**
fourteen n [ˌfɔː'tiːn]	**vierzehn**
fourth [fɔːθ]	**vierte/r/s**
hundred n ['hʌndrəd]	**hundert**
last adj [lɑːst]	**letzte/r/s**
He was last to leave.	Er ging als letzter.
latter adj ['lætə]	**letzte/r/s**
the latter	der / die / das Letztere
million n ['mɪljən]	**Million**
nine n [naɪn]	**neun**
nineteen n [ˌnaɪn'tiːn]	**neunzehn**
ninety n ['naɪnti]	**neunzig**
number n ['nʌmbə]	**Zahl**
one n [wʌn]	**eins**
one hundred n [wʌn 'hʌndrəd]	**einhundert**
one hundred and one n [wʌn 'hʌndrəd ənd wʌn]	**einhunderteins**
quarter n ['kwɔːtə]	**Viertel**
second adj ['sekənd]	**zweite/r/s**
seven n ['sevn]	**sieben**
seventeen n [ˌsevn'tiːn]	**siebzehn**
seventy n ['sevnti]	**siebzig**
six n [sɪks]	**sechs**
sixteen n [ˌsɪk'stiːn]	**sechzehn**
sixty n ['sɪksti]	**sechzig**
ten n [ten]	**zehn**
third n, adj [θɜːd]	**Drittel, dritte/r/s**
thirteen n [ˌθɜː'tiːn]	**dreizehn**
thirty n ['θɜːti]	**dreißig**
thousand n ['θaʊznd]	**tausend**

thousand millions n [ˌθaʊznd ˈmɪljənz]	**Milliarde**
three n [θriː]	**drei**
twelve n [twelv]	**zwölf**
twenty n [ˈtwenti]	**zwanzig**
twenty-one n [ˌtwentɪˈwʌn]	**einundzwanzig**
two n [tuː]	**zwei**

Raum

Raum und Orientierung

above prep, adv [əˈbʌv]	**über, oben**
above the clouds / surface of the earth	über den Wolken / der Erdoberfläche
from above	von oben
as mentioned above, page 55	wie oben, Seite 55, erwähnt
after prep [ˈɑːftə]	**nach**
They came in one after the other.	Sie kamen nacheinander herein.
after a while	nach einer Weile
After all, he is your friend.	Er ist schließlich dein Freund.
against prep [əˈgenst]	**gegen, an**
She leaned the ladder against the wall.	Sie lehnte die Leiter an die Wand.
Put the boxes against the wall.	Stell die Kisten an die Wand.
ahead adv, prep [əˈhed]	**vorne, voraus, vor**
They could see a house ahead in the fog.	Sie konnten vor sich im Nebel ein Haus sehen.
ahead of prep [əˈhed əv]	**vor**
Straight ahead of us was a house.	Geradeaus vor uns lag ein Haus.
all over adv, prep [ɔːl ˈəʊvə]	**überall**
We looked all over but couldn't find him.	Wir suchten überall, konnten ihn aber nicht finden.
all over the house	überall im Haus
from all over the world	aus der ganzen Welt
among prep [əˈmʌŋ]	**in(mitten), zwischen**
She's among the crowd / children.	Sie ist in der Menge / inmitten der Kinder
It's somewhere among the books.	Es ist irgendwo zwischen den Büchern.
anywhere adv [ˈeniweə]	**irgendwo, irgendwohin, wo(hin) auch immer**
I like it better here than anywhere else in the world.	Es gefällt mir hier besser als irgendwo sonst auf der Welt.
It's too late to go anywhere.	Es ist zu spät, (noch) irgendwo hinzugehen.
I couldn't find it anywhere.	Ich konnte es nirgends finden.
You can put it anywhere you want.	Du kannst es hinstellen, wohin du willst
around prep, adv [əˈraʊnd]	**um … herum, herum, um**
There are trees around the house.	Um das Haus herum stehen Bäume.
All the records were lying around.	Alle Platten lagen herum.
He looked around.	Er sah sich um.

at prep [æt]	**in, an, bei**
at a hotel / the office	in einem Hotel / im Büro
at the corner / the station	an der Ecke / am Bahnhof
at a concert / party	bei einem Konzert / einer Party
at the front of [æt ðə 'frʌnt əv]	**vorne (in)**
at the front of the train	vorne im Zug
back n [bæk]	**Rückseite, hinterer Teil**
on / at the back of the book	hinten auf / in einem Buch
sit at the back of the cinema	im Kino hinten sitzen
be in the back of the car	hinten im Auto sein
before prep [bɪ'fɔː]	**vor**
The shop is about 100 yards before the next crossroads.	Der Laden ist etwa 90 Meter vor der nächsten Kreuzung.
behind prep, adv [bɪ'haɪnd]	**hinter, hinten**
She is / went behind the house.	Sie ist hinter dem / ging hinter das Haus.
He came out from behind a car.	Er kam hinter einem Auto hervor.
see / shoot sb from behind	jdn von hinten sehen / erschießen
below prep, adv [bɪ'ləʊ]	**unter, unterhalb, unten**
below the summit	unterhalb des Gipfels
to hang a picture below another	ein Bild unter ein anderes hängen
She lives on the floor below.	Sie wohnt auf der Etage darunter / unter uns.
see page 55 below	siehe Seite 55 unten
beside prep [bɪ'saɪd]	**neben**
He was sitting beside his friend.	Er saß neben seinem Freund.
between prep [bɪ'twiːn]	**zwischen**
She was sitting between them.	Sie saß zwischen ihnen.
I travel a lot between England and Italy.	Ich reise viel zwischen England und Italien.
beyond prep, adv [bɪ'jɒnd]	**jenseits (von), über ... hinaus, hinter**
beyond the mountains / the village	jenseits der Berge / des Dorfes
beyond the clouds	über die Wolken hinaus
The fields are beyond the river.	Die Felder liegen hinter dem Fluss.
bottom n ['bɒtəm]	**Boden, (unteres) Ende, Unterseite**
at the bottom of the box	auf dem Boden der Kiste
at the bottom of the page	unten auf der Seite
a telephone box at the bottom of the road	eine Telefonzelle am unteren Ende der Straße
the bottom of the plate	die Unterseite des Tellers
central adj ['sentrəl]	**zentral, Zentral-, mittlere/r/s**
in central London / Germany	in der Mitte Londons / Deutschlands
Our flat is very central.	Unsere Wohnung liegt sehr zentral.
centre n ['sentə]	**Mitte, Mittelpunkt, Zentrum**
in the centre of the room / a circle	in der Mitte des Zimmers / im Mittelpunkt eines Kreises
They live in the centre of London.	Sie wohnen im Zentrum Londons.
edge n [edʒ]	**Rand, Kante**
at the edge of the road / forest	am Rande der Straße / des Waldes
put sth on the edge of the table	auf die Tischkante stellen

elsewhere adv [ˌels'weə]	**anderswo, anderswohin**
from elsewhere	anderswoher
even adj ['iːvn]	**eben**
an even surface	eine ebene Oberfläche
everywhere adv ['evriweə]	**überall, überallhin**
from everywhere	von überall her
face v [feɪs]	**gegenüber sein / stehen / liegen, liegen zu**
The opponents were facing each other.	Die Gegner standen sich gegenüber.
The balcony faces south / the street.	Der Balkon liegt nach Süden / zur Straße hin.
front n [frʌnt]	**Vorderseite, Vorderteil**
the front of a building / piece of paper	die Vorderseite eines Gebäudes / eines Stücks Papier
gap n [gæp]	**Lücke, Spalt(e)**
a gap in a fence	eine Lücke in einem Zaun
a gap in the wall	eine Spalte in der Wand
leave / fill a gap	eine Lücke hinterlassen / füllen
ground n [graʊnd]	**Boden**
put sth on the ground	etw auf den Boden setzen / stellen / legen
fall to the ground	zu Boden fallen
here adv [hɪə]	**hier**
She's (in) here / over here.	Sie ist hier (drin) / hier drüben.
Come in here!	Komm hier herein!
I'll send it from here to London.	Ich schicke es von hier (aus) nach London.
horizontal adj [ˌhɒrɪ'zɒntl]	**horizontal, waagerecht**
in prep [ɪn]	**in, auf, hinein / herein**
in the box / train / London / England	in der Kiste / im Zug / in London / England
be / go out in the street	auf der Straße sein / auf die Straße gehen
Come in!	Herein!
in between adv [ɪn bɪ'twiːn]	**dazwischen**
London, Windsor and all the places in between …	London, Windsor und alle Orte dazwischen …
in front adv [ɪn 'frʌnt]	**vorne, an der Spitze**
Sue walked in front with Peter behind her.	Sue ging vorne, Peter hinter ihr.
The American runner was in front.	Der amerikanische Läufer lag an der Spitze.
in front of prep [ɪn 'frʌnt əv]	**vor**
In front of him he saw the mountains.	Vor sich sah er die Berge.
inner adj ['ɪnə]	**Innen-, innere/r/s**
the inner side / pocket	die Innenseite / die innere Jackentasche
inside prep, adv [ɪn'saɪd]	**drinnen, hinein / herein, in (…hinein)**
go / come / be inside	hineingehen / hereinkommen / drinnen sein
Come inside!	Komm herein!
go / be inside the house	ins Haus gehen / im Haus sein
inside n, adj [ˌɪn'saɪd]	**Innere/s, Innenseite, Innen-**
the inside of a house	das Innere eines Hauses
inside pocket	Innentasche

left adj, adv, n [left]	**linke/r/s, links, linke Seite**
It's the left house.	Es ist das linke Haus.
turn left	(nach) links abbiegen
He was sitting on my left.	Er saß links von mir.
keep to the left	sich links / auf der linken Seite halten
level n, adj, adv ['levl]	**Höhe, Niveau, Ebene, waagerecht, eben, auf gleicher Höhe**
at eye level	auf Augenhöhe
level of production	Produktionsniveau
talks on the highest level	Gespräche auf höchster Ebene
keep sth level	etw gerade / waagerecht halten
She hung the pictures level with each other.	Sie hängte die Bilder auf gleiche Höhe.
lie v [laɪ] lay, lain [leɪ, leɪn]	**liegen**
lie on the floor / in the centre	auf dem Boden / in der Mitte liegen
mark v [mɑːk]	**markieren, kennzeichnen**
This line marks the border.	Diese Linie markiert die Grenze.
All exits are marked.	Alle Ausgänge sind gekennzeichnet.
middle n ['mɪdl]	**Mitte**
in the middle of the room	in der Mitte des Zimmers
in the middle of the table	mitten auf dem Tisch
next to prep ['nekst tə]	**neben**
She was sitting next to me.	Sie saß neben mir.
nowhere adv ['nəʊweə]	**nirgends, nirgendwohin, nirgendwo**
on prep [ɒn]	**auf, an, am**
She put it on the floor.	Sie legte es auf den Boden.
The picture hung on the wall.	Das Bild hing an der Wand.
opposite n, adj ['ɒpəzɪt]	**entgegengesetzt, gegenüber(liegend)**
opposite the building	dem Gebäude gegenüber
on the opposite side	auf der gegenüberliegenden Seite
out adv [aʊt]	**draußen, hinaus / heraus**
be out in the garden	draußen im Garten sein
She closed the door to keep the dog out.	Sie schloss die Tür, um den Hund draußen zu halten.
She came out of the house.	Sie kam aus dem Haus (heraus).
come / fall / take out	herauskommen / -fallen / -nehmen
outer adj ['aʊtə]	**äußere/r/s, Außen-**
outer walls / coat of paint	Außenwände / äußere Farbschicht
outside n, prep, adv [ˌaʊt'saɪd]	**Außenseite, draußen, aus (… heraus)**
the outside of a house / glass	die Außenseite eines Hauses / Glases
go outside the house	aus dem Haus herausgehen
She went / waited outside.	Sie ging nach / wartete draußen.
outside adj ['aʊtsaɪd]	**Außen-**
outside walls	Außenwände

over prep ['əʊvə]	**über**
put a blanket over sb	eine Decke über jdn legen
place n [pleɪs]	**Stelle, Platz, Ort**
This is the place where it happened.	An dieser Stelle ist es passiert.
I haven't found a place for the picture yet.	Ich habe noch keinen Platz für das Bild gefunden.
in public places	an öffentlichen Orten
London is an interesting place.	London ist eine interessante Stadt.
right adj, adv, n [raɪt]	**rechts, rechte/r/s, rechte Seite, genau**
go / turn right	nach rechts gehen / abbiegen
on the right	rechts
to the right	nach rechts
right in front / ahead of us	genau vor uns
right here / in the middle	genau hier / in der Mitte
room n [ru:m]	**Platz**
There's room for all of us.	Es ist Platz für alle da.
make room for sth	Platz für etw schaffen
round adv, prep [raʊnd]	**um (... herum)**
sit round the table / fire	um den Tisch / das Feuer (herum) sitzen
go round a corner	um eine Ecke gehen
side n [saɪd]	**Seite, Rand**
on both sides of the car / coin	auf beiden Seiten des Autos / der Münze
at the side of the road	am Straßenrand
side by side	Seite an Seite
slant n [slɑ:nt]	**Neigung, Schräge**
be on a slant	sich neigen / schräg sein
slope n, v [sləʊp]	**Neigung, (Ab-)Hang, sich neigen**
a slope of 15 degrees	eine Neigung / Steigung von 15 Grad
mountain slopes	Berghänge
The picture is sloping (to the left / right).	Das Bild hängt schief (nach links / rechts).
somewhere adv ['sʌmweə]	**irgendwo, irgendwohin**
She's somewhere in the house.	Sie ist irgendwo im Haus.
They went somewhere else.	Sie gingen irgendwo anders hin.
space n [speɪs]	**Raum, Platz, Abstand**
a particular point in space and time	ein bestimmter Punkt in Raum und Zeit
It takes up a lot of space.	Es braucht viel Platz.
leave spaces between words / cars	Abstände lassen zwischen Wörtern / Autos
surface n ['sɜ:fɪs]	**Oberfläche**
surface of a desk / road	Schreibtischoberfläche / Straßendecke
on / below the surface of the sea	auf / unter der Meeresoberfläche
there adv [ðeə]	**da, dort, dorthin**
She's there now.	Sie ist jetzt dort.
I'm going there tomorrow.	Ich gehe morgen dorthin.
Put it over / under / up there.	Stell es dort drüben hin / da drunter / dort hinauf.
It's 20 minutes there and back.	Es sind 20 Minuten hin und zurück.

throughout adv, prep [θruː'aʊt] — **überall**
The flat is tiled with marble throughout. — Die Wohnung ist überall / ganz mit Marmor gefliest.
throughout the city / world — überall in der Stadt / auf der Welt

top n, adj [tɒp] — **oberer Teil, obere Seite, Spitze, oberste/r/s**
the top of a box — die obere Seite einer Kiste
at the top of the building / steps — ganz oben in dem Gebäude / auf der Treppe
She put the case on top of the car. — Sie legte den Koffer oben auf das Auto.
to read a page from top to bottom — eine Seite von oben bis unten lesen
top floor — oberstes Stockwerk

under prep ['ʌndə] — **unter**
Put it under the bed. — Leg es unter das Bett.

upper adj ['ʌpə] — **obere/r/ s, Ober-**
upper floor / arm — oberes Stockwerk / Oberarm

upside-down adj, adv [ˌʌpsaɪd'daʊn] — **verkehrt herum**
She put it upside-down. — Sie stellte es verkehrt herum hin.
turn sth upside-down — etw umdrehen

vertical adv ['vɜːtɪkl] — **senkrecht, vertikal**

where adv [weə] — **wo, wohin**
Where do you live? — Wo wohnen sie?
Where are you from? — Woher kommen Sie?

Richtung

across adv, prep [ə'krɒs] — **hinüber, herüber, drüben, über, durch**
go across / come across — hinübergehen / herüberkommen
She was already across. — Sie war schon drüben.
walk across the street / swim across a river — über die Straße gehen / durch einen Fluss schwimmen
a bridge across a river — eine Brücke über einen Fluss
His house is across the road. — Sein Haus liegt auf der anderen Straßenseite

along prep, adv [ə'lɒŋ] — **entlang, weiter-, vorwärts-**
walk along the road — die Straße entlanggehen
The policeman told us to move along. — Der Polizist sagte, wir sollten weitergehen.

aside adv [ə'saɪd] — **beiseite, zur Seite**
turn aside / step aside — sich zur Seite drehen / beiseite treten
put sth aside — etw zur Seite legen

at prep [æt] — **auf, zu ... hin**
aim / point at sb / sth — auf jdn / etw zielen / zeigen
throw sth at sb — etwa zu jdm hin werfen
smile / look at sb — jdn anlächeln / ansehen

back adv [bæk] — **zurück**
She flew to Berlin and back. — Sie flog nach Berlin und zurück.
come / go / put back — zurückkommen / -gehen / -stellen

backward(s) adv ['bækwədz] — **rückwärts, nach hinten**
walk / look backwards — rückwärts gehen / nach hinten sehen

direction n [də'rekʃn]	**Richtung**
go in the right / wrong / opposite direction	in die richtige / falsche / entgegengesetzte Richtung gehen
sense of direction	Orientierungssinn
down prep, adv [daʊn]	**nach unten, hin-, herunter, unten**
run down the hill / stairs / road	den Hügel / die Treppe / Straße hinunterrennen
run / fall / look down	hin- / herunterlaufen / -fallen / -schauen
She's down in the cellar.	Sie ist unten im Keller.
downward(s) adv ['daʊnwədz]	**nach unten**
go / look downwards	nach unten gehen / sehen
lie face downwards	mit dem Gesicht nach unten liegen
east n, adj, adv [i:st]	**Osten, Ost-, nach Osten**
easterly adj ['i:stəli]	**östlich**
eastern adj ['i:stən]	**östlich, Ost-**
forward(s) adv ['fɔ:wədz]	**vorwärts, nach vorn**
go / fall forward	vorwärts gehen / nach vorne fallen
from prep [frəm]	**von, aus**
fly from Munich to London	von München nach London fliegen
the train from London	der Zug aus London
Where are you coming from?	Woher kommst du (gerade)?
into prep ['ɪntə]	**in ... hinein**
to put sth into a box	etw in eine Kiste legen
inward(s) adv ['ɪnwədz]	**nach innen**
The door opens inwards.	Die Tür geht nach innen auf.
north n, adj, adv [nɔ:θ]	**Norden, Nord-, nach Norden**
north of London	nördlich von London
north wind	Nordwind
go north	nach Norden gehen
northerly adj ['nɔ:ðəli]	**nördlich**
in a northerly direction	in nördlicher Richtung
northern adj ['nɔ:ðən]	**nördlich, Nord-**
the northern climate	das nördliche Klima
the northern frontier	die Nordgrenze
onto prep ['ɒntə]	**auf**
put sth onto the table	etw auf den Tisch legen / stellen
outward(s) adv ['aʊtwədz]	**nach außen**
The door opens outwards.	Die Tür geht nach außen auf.
past adv, prep [pɑ:st]	**an ... vorbei, vorbei, hinter**
He walked past the church.	Er ging an der Kirche vorbei.
run / walk past	vorbeirennen / -gehen
The church is just past the station.	Die Kirche ist kurz hinter dem Bahnhof.
sideways adv ['saɪdweɪz]	**seitwärts**
south n, adj, adv [saʊθ]	**Süden, Süd-, nach Süden**
southerly adj ['sʌðəli]	**südlich**

southern adj ['sʌðən] — **südlich, Süd-**

straight adj, adv [streɪt] — **gerade, direkt**
a straight road — eine gerade Straße
go straight down the road — geradeaus die Straße hinuntergehen
go straight ahead — geradeaus gehen
go straight home — direkt nach Hause gehen

through prep, adv [θruː] — **durch … hindurch, durch**
go through the door — durch die Tür gehen
see through glass / swim through the river — durch Glas sehen / den Fluß schwimmen
I couldn't get through (to the other side). — Ich kam nicht durch (auf die andere Seite).

to prep [tə, tʊ, tuː] — **zu, nach, auf, in**
go to the airport / office — zum Flughafen / ins Büro gehen
fly to Munich / Germany — nach München / Deutschland fliegen
fall to the ground — auf den Boden fallen
Have you ever been to America? — Sind Sie schon mal in Amerika gewesen?

to the front [tə ðə 'frʌnt] — **nach vorne**
go / come to the front — nach vorne gehen / kommen

toward(s) prep [tə'wɔːdz] — **auf … zu, in Richtung auf**
They walked towards the village. — Sie gingen auf das Dorf zu.
They were driving towards the south / London. — Sie fuhren nach Süden / in Richtung London.

up prep [ʌp] — **oben , nach oben**
go up the hill / stairs — den Berg / die Treppe hinaufgehen
go a little further up (to the top) — ein bisschen weiter hinauf (zum Gipfel) gehen
She went up to him / came up to me. — Sie ging zu ihm hin / kam zu mir her.

upward(s) adv ['ʌpwədz] — **nach oben**
go / look upwards — nach oben sehen / gehen

via prep ['vaɪə] — **über, durch**
fly from Rome to London via Frankfurt — von Rom nach London über Frankfurt fliegen
The thieves came in via the window. — Die Diebe kamen durch das Fenster herein.

way n [weɪ] — **Weg**
I'm on my way to London. — Ich bin auf dem Weg nach London.
Can you please show me the way out? — Könnten Sie mir bitte den Ausgang zeigen?

west n, adj, adv [west] — **Westen, West-, nach Westen**

westerly adj ['westəli] — **westlich**

western adj ['westən] — **westlich, West-**

Entfernung und Ausdehnung

area n ['eəriə] — **Fläche**
Our office has an area of 80 square metres / is 80 square metres in area. — Unser Büro hat eine Fläche von 80 Quadratmetern.

away adv [ə'weɪ] — **entfernt**
six miles away — sechs Meilen entfernt

breadth n [bredθ]	**Breite**
It's 7 metres in breadth.	Es ist 7 Meter breit.
broad adj [brɔːd]	**breit**
broad streets / rivers	breite Straßen / Flüsse
It's 7 metres broad.	Es ist 7 Meter breit.
close adj [kləʊs]	**in der Nähe, nahe, dicht**
A house close to the station.	Ein Haus in der Nähe des Bahnhofs.
Come closer!	Komm näher!
They were sitting close together.	Sie saßen nahe / dicht beieinander.
deep adj [diːp]	**tief**
a deep hole / river	ein tiefes Loch / tiefer Fluss
The cupboard is 50 centimetres deep.	Der Schrank ist 50 Zentimeter tief.
depth n [depθ]	**Tiefe**
at a depth of 100 metres	in einer Tiefe von 100 Metern
A cupboard with a depth of 60 cm.	Ein Schrank mit einer Tiefe von 60 cm.
distance n ['dɪstəns]	**Entfernung, Abstand, Strecke, Ferne**
What's the distance from A to B?	Wie groß ist die Entfernung von A nach B?
at a distance of 100 metres	aus einer Entfernung von 100 Metern
the distance between the two houses	der Abstand zwischen den zwei Häusern
cover a distance very quickly	eine Strecke sehr schnell zurücklegen
in the distance	in der Ferne
distant adj ['dɪstənt]	**weit entfernt, weit, fern**
in a distant part of the world	in einem weit entfernten Teil der Welt
a distant journey	eine weite Reise
in the distant future	in ferner Zukunft
expand v [ɪk'spænd]	**sich ausdehnen, (sich) erweitern, expandieren**
Metal expands when it is heated.	Metall dehnt sich aus, wenn es erhitzt wird.
Business expanded.	Das Geschäft erweiterte sich / expandierte.
expansion n [ɪk'spænʃn]	**Ausdehnung, Erweiterung, Expansion**
extend v [ɪk'stend]	**sich erstrecken, (sich) ausdehnen, vergrößern, erweitern**
Her garden extends to the road.	Ihr Garten erstreckt sich bis zur Straße.
She wants to extend her garden to the road.	Sie will ihren Garten bis zur Straße vergrößern.
extend an empire / a road	ein Reich ausdehnen / eine Straße verlängern
extension n [ɪk'stenʃn]	**Ausdehnung, Erweiterung, Vergrößerung**
far adv [fɑː] further, furthest ['fɜːðə, 'fɜːðɪst]	**weit**
She doesn't live far from here.	Sie wohnt nicht weit von hier.
I'll walk as far as the corner.	Ich gehe bis zur Ecke.
height n [haɪt]	**Höhe**
be ten feet in height	zehn Fuß hoch sein
drop sth from a height of 10 metres	etw aus einer Höhe von 10 Metern fallen lassen
at a height of 100 metres above the ground	in einer Höhe von 100 Metern über dem Boden
gain / lose height	an Höhe gewinnen / verlieren

high adj [haɪ]	**hoch**
That mountain is over 4,000 metres high.	Dieser Berg ist über 4 000 Meter hoch.
on a higher floor	in einem der oberen Stockwerke
leg n [leg]	**Etappe**
the first leg of the race	die erste Etappe des Rennens
length n [leŋθ]	**Länge**
It's 20 metres in length.	Es ist 20 Meter lang.
at full length	in voller Länge
limit n, v ['lɪmɪt]	**Grenze, Beschränkung, begrenzen, beschränken**
within the state limits	innerhalb der Staatsgrenzen
age / weight limit	Altersgrenze / Gewichtsbeschränkung
try sb's patience to the limit	jds Geduld bis zum Äußersten strapazieren
limit expenditure	die Ausgaben beschränken
long adj [lɒŋ]	**lang**
It's 30 centimetres (too) long.	Es ist 30 Zentimeter (zu) lang.
It is a long way away.	Es ist weit weg.
low adj [ləʊ]	**niedrig**
a low wall / ceiling	eine niedrige Mauer / Decke
narrow adj ['nærəʊ]	**eng, schmal**
a narrow street / valley	eine enge Straße / ein enges Tal
narrow bridges / shoulders	schmale Brücken / Schultern
near adj, adv [nɪə]	**nahe, in der Nähe von**
Where is the nearest bank?	Wo ist die nächste Bank?
The bank is very near (to) the station.	Die Bank ist ganz in der Nähe des Bahnhofs.
She lives quite near.	Sie wohnt ganz in der Nähe.
nearby adj ['nɪəbaɪ]	**nahe gelegen, in der Nähe**
a nearby village	ein nahe gelegenes Dorf
There's a village nearby.	In der Nähe liegt ein Dorf.
remote adj [rɪ'məʊt]	**abgelegen**
a village in a remote part of the country	ein Dorf in einem abgelegenen Teil des Landes
short adj [ʃɔːt]	**kurz**
a short train / distance / trip	ein kurzer Zug / Entfernung / Reise
It's only a short way off.	Es ist nicht weit entfernt.
thick adj [θɪk]	**dick**
thick ice / glass / wire	dickes Eis / Glas / dicker Draht
The wall is 20 centimetres thick.	Die Mauer ist 20 Zentimeter dick.
thin adj [θɪn]	**dünn**
wide adj [waɪd]	**breit, weit**
a wide river / gap	ein breiter Fluss / eine breite Lücke
a wide dress / shirt	ein weites Kleid / Hemd
The field is 100 metres wide.	Das Feld ist 100 m breit.
width n [wɪdθ]	**Breite, Weite**
The garden is 20 metres in width.	Der Garten ist 20 Meter breit.
measure the width of a dress	die Weite eines Kleides messen

Zeit

Zeiträume und Zeitläufe

about adv [ə'baʊt] — **etwa, zirka**
It's about six o'clock. — Es ist etwa sechs Uhr.

AD [ˌeɪ'diː] — **nach Christus**
anno domini [ˌænəʊ 'dɒmɪnaɪ]

afterwards adv ['ɑːftəwədz] — **nachher, danach**

age n [eɪdʒ] — **Zeitalter**
the computer age — das Computerzeitalter
Stone Age — Steinzeit

ago adv [ə'gəʊ] — **vor**
ten days ago — vor zehn Tagen

alarm (clock) n [ə'lɑːm klɒk] — **Wecker**
set the alarm (clock) for nine — den Wecker auf neun stellen

always adv ['ɔːlweɪz] — **immer**

BC [ˌbiː'siː] — **vor Christus**
before Christ [bɪ'fɔː kraɪst]

calendar n ['kælɪndə] — **Kalender**

current adj ['kʌrənt] — **augenblicklich, gegenwärtig, aktuell, derzeit**
the current situation — die augenblickliche Situation

date n [deɪt] — **Datum**
up-to-date — auf dem neusten Stand / aktuell

decade n ['dekeɪd] — **Jahrzehnt**

duration n [dju'reɪʃn] — **Dauer**

early adj, adv ['ɜːli] — **früh**

end n, v [end] — **Ende, Schluss, beenden**
In the end he gave in. — Schließlich gab er auf.

epoch n ['iːpɒk] — **Epoche**

eternal adj [ɪ'tɜːnl] — **ewig**

eternity n [ɪ'tɜːnəti] — **Ewigkeit**

eventually adj [ɪ'ventʃuəli] — **schließlich, endlich**
Eventually they were successful. — Schließlich hatten sie Erfolg.

ever adv ['evə] — **je(mals)**

final adj ['faɪnl] — **endgültig, letzte/r/s**
final decision — endgültige Entscheidung
the final act — der letzte Akt

fortnight n BE ['fɔːtnaɪt] — **zwei Wochen, vierzehn Tage**

future n, adj ['fjuːtʃə] — **Zukunft, (zu)künftig**
in future — in Zukunft / künftig
in the near future — in naher Zukunft / bald
future projects — zukünftige Projekte

hour n ['aʊə] — **Stunde**

interval n ['ɪntəvl]	**Abstand, Pause**
at regular intervals	in regelmäßigen Abständen
There is an interval between act three and four.	Zwischen dem dritten und vierten Akt gibt es eine Pause.
last v [lɑːst]	**dauern**
It lasts five minutes.	Es dauert fünf Minuten.
late adj [leɪt]	**spät**
latest adj, adv ['leɪtɪst]	**neueste/r/s**
her latest book	ihr neuestes Buch
the latest news	die letzten Meldungen
long adj, adv [lɒŋ]	**lang/e**
a long time	lange Zeit
Why did it take so long?	Warum hat es so lange gedauert?
meanwhile adv ['miːnwaɪl]	**inzwischen**
millennium n [mɪ'leniəm]	**Jahrtausend**
at the turn of the millennium	zur Jahrtausendwende
minute n ['mɪnɪt]	**Minute**
moment n ['məʊmənt]	**Moment**
Just a moment, please.	Einen Moment, bitte.
never adv ['nevə]	**nie(mals)**
occasional adj [ə'keɪʒənl]	**gelegentlich, ab und zu**
She likes the occasional beer.	Sie trinkt hin und wieder gern ein Bier.
I see him occasionally.	Ich sehe ihn gelegentlich.
once adv [wʌns]	**einst, einmal, ein Mal**
He once was a strong man.	Er war einmal / einst ein starker Mann.
Once upon a time …	Es war einmal …
If you do that once more then …	Wenn du das noch ein Mal machst, dann …
order n ['ɔːdə]	**Reihenfolge**
chronological order	zeitliche Reihenfolge
over prep ['əʊvə]	**zu Ende**
The concert is over.	Das Konzert ist zu Ende.
pass v [pɑːs]	**vergehen**
Time passes quickly.	Die Zeit vergeht schnell.
past n [pɑːst]	**Vergangenheit**
period n ['pɪəriəd]	**Zeit(raum), Zeitspanne, Periode**
present n, adj ['preznt]	**Gegenwart, gegenwärtig, jetzig**
at present	gegenwärtig / derzeit
rare adj [reə]	**selten**
one of the rare occasions	eine der seltenen Gelegenheiten
She rarely leaves the house.	Sie verlässt selten das Haus.
remain v [rɪ'meɪn]	**bleiben**
remain seated	sitzen bleiben
remain silent / quiet	schweigen / ruhig bleiben
Nothing more remains to be said.	Da bleibt nichts mehr zu sagen.

second n ['sekənd]	**Sekunde**
seldom adv ['seldəm]	**selten**
since prep, conj, adv [sɪns]	**seit, seitdem**
I haven't slept since the day before yesterday.	Ich habe seit vorgestern nicht geschlafen.
I haven't seem him since he went to London.	Ich habe ihn nicht gesehen seit er nach London gegangen ist.
He came round last week and I haven't seem him since.	Er kam letzte Woche vorbei und ich habe ihn seitdem nicht mehr gesehen.
sometimes adv ['sʌmtaɪmz]	**manchmal**
spend v [spend] spent, spent [spent, spent]	**verbringen**
spend time with sb	Zeit mit jdm verbringen
stage n [steɪdʒ]	**Phase, Stadium**
beginning / final stage	Anfangs- / Endstadium
at a critical stage	in einer kritischen Phase
still adv [stɪl]	**(immer) noch**
He's still at the office.	Er ist (immer) noch im Büro.
term n [tɜːm]	**Laufzeit, Amtszeit, Dauer**
during the term of contract	während der Vertragslaufzeit
term of government / office	Regierungs- / Amtszeit
then adv [ðən]	**dann**
First we take the train and then we get on a bus.	Zuerst fahren wir mit dem Zug, dann mit dem Bus.
throughout adv [θruː'aʊt]	**die ganze Zeit hindurch**
till prep, conj [tɪl]	**bis**
from morning till night	von morgens bis abends
time n, v [taɪm]	**Zeit, Mal, (Zeit mit einer Uhr) stoppen, messen**
on time	pünktlich
this time	diesmal / dieses Mal
at all times	immer
all the time	die ganze Zeit
Time how long it takes me to get to the station.	Sieh auf die Uhr, wie lange ich bis zum Bahnhof brauche.
twice adv [twaɪs]	**zweimal, zwei Mal**
until prep, conj [ən'tɪl]	**bis**
Construction work will not be finished until 2005.	Die Bauarbeiten werden nicht vor 2005 fertig sein.
when conj, adv [wen]	**wenn, als, wann**
When I was young …	Als ich jung war …
When are you coming?	Wann kommst du?
while n, conj [waɪl]	**Weile, während**
a little / short / long while ago	vor kurzem / einer Weile / längerer Zeit
I phoned him while he was painting.	Ich rief ihn an während er malte.

Geschehen

accident n ['æksɪdənt]	**Zufall**
by accident	durch Zufall
It was pure accident that we met.	Es war reiner Zufall, dass wir uns trafen.
arise v [ə'raɪz] arose, arisen [ə'rəʊz, ə'rɪzn]	**entstehen, sich ergeben**
A difficult situation has arisen.	Eine schwierige Situation ist entstanden.
if the opportunity arises	wenn sich die Gelegenheit ergibt
chance n [tʃɑːns]	**Zufall**
I met her by chance.	Ich habe sie zufällig getroffen.
change n, v [tʃeɪndʒ]	**(Ver-)Änderung, Wechsel, (sich) verändern**
Minor changes have been made to the new model.	An dem neuen Modell wurden geringfügige (Ver-)Änderungen vorgenommen.
a change in the weather	eine Wetterveränderung
A change of government has taken place.	Ein Regierungswechsel hat stattgefunden.
The government has radically changed its policy.	Die Regierung hat ihre Politik radikal geändert.
She hasn't changed at all.	Sie hat sich überhaupt nicht verändert.
coincidence n [kəʊ'ɪnsɪdəns]	**Zufall**
What a coincidence!	Was für ein Zufall!
event n [ɪ'vent]	**Ereignis, Veranstaltung**
an outstanding / a social event	ein herausragendes / gesellschaftliches Ereignis
experience n, v [ɪk'spɪəriəns]	**Erlebnis, erleben**
have an unpleasant experience	etw Unangenehmes erleben
go on v [ˌgəʊ 'ɒn] went, gone [went, gɒn]	**geschehen, vorgehen, vor sich gehen, passieren**
What's going on here?	Was ist denn hier los? / Was geht hier vor?
happen v ['hæpən]	**passieren, geschehen**
When did the accident happen?	Wann ist der Unfall passiert?
These things happen.	Das kommt (schon mal) vor.
What's happened to your hand?	Was ist denn mit deiner Hand passiert?
incident n ['ɪnsɪdənt]	**Vorfall, Ereignis**
occasion n [ə'keɪʒn]	**Ereignis, Anlass**
on the occasion of their wedding anniversary	anlässlich ihres Hochzeitstags
I met him on several occasions.	Ich traf ihn verschiedentlich.
postpone v [pə'spəʊn]	**verschieben**
put off v [ˌpʊt 'ɒf] put, put [pʊt, pʊt]	**verschieben, aufschieben**
put a meeting off	eine Konferenz verschieben
sign n [saɪn]	**Anzeichen**
There are no signs of improvement.	Es gibt keine Anzeichen einer Besserung.
situation n [ˌsɪtʃu'eɪʃn]	**Situation, Lage**
cope with a difficult situation	mit einer schwierigen Situation fertig werden
the political / international situation	die politische / internationale Lage

state n [steɪt]	**Zustand**
the state of the economy	die Wirtschaftslage
The house is in a very poor state.	Das Haus ist in sehr schlechtem Zustand.
suddenly adv ['sʌdnli]	**plötzlich**
surprise n, v [sə'praɪz]	**Überraschung, überraschen**
The present is supposed to be a surprise.	Das Geschenk soll eine Überraschung sein.
to my surprise	zu meiner Überraschung
take sb by surprise	jdn überraschen
I'm surprised that …	Es überrascht mich, dass …
surprising adj [sə'praɪzɪŋ]	**überraschend**
It's not surprising that …	Es ist nicht überraschend / Es überrascht mich nicht, dass …
surprisingly adv [sə'praɪzɪŋli]	**überraschenderweise**
take place v [teɪk 'pleɪs] took, taken [tʊk, 'teɪkən]	**stattfinden**
Where does the meeting take place?	Wo findet die Sitzung statt?
thing n [θɪŋ]	**Sache, Ding**
Things have changed.	Die Dinge haben sich geändert.
He always says the right thing.	Er sagt immer das Richtige.
That makes things worse.	Das macht es noch schlimmer.
The thing is …	Die Sache ist, …
It was a good thing he came.	Es war gut, dass er kam.
unexpected adj [ˌʌnɪk'spektɪəd]	**unerwartet**

Das Jahr

April n ['eɪprəl]	**April**
August n ['ɔːgəst]	**August**
autumn n BE ['ɔːtəm]	**Herbst**
bank holiday n BE [ˌbæŋk 'hɒlədeɪ]	**gesetzlicher Feiertag**
birthday n ['bɜːθdeɪ]	**Geburtstag**
Christmas n ['krɪsməs]	**Weihnachten, Weihnachtsfest**
at Christmas	(zu) Weihnachten
Merry Christmas!	Frohe Weihnachten!
December n [dɪ'sembə]	**Dezember**
Easter n ['iːstə]	**Ostern**
at Easter	(zu) Ostern
Easter Sunday / Monday	Ostersonntag / -montag
fall n AE [fɔːl]	**Herbst**
February n ['februəri]	**Februar**
Happy birthday! [ˌhæpi 'bɜːθdeɪ]	**Herzlichen Glückwunsch zum Geburtstag!**
January n ['dʒænjuəri]	**Januar**
July n [dʒu'laɪ]	**Juli**

June n [dʒuːn]	**Juni**
March n [mɑːtʃ]	**März**
May n [meɪ]	**Mai**
month n [mʌnθ]	**Monat**
monthly adj ['mʌnθli]	**monatlich, Monats-**
New Year n [njuː 'jɪə]	**Neujahr**
November n [nəʊ'vembə]	**November**
October n [ɒk'təʊbə]	**Oktober**
season n ['siːzn]	**Jahreszeit**
September n [sep'tembə]	**September**
spring n [sprɪŋ]	**Frühling**
summer n ['sʌmə]	**Sommer**
Thanksgiving n ['θæŋksgɪvɪŋ]	**Erntedankfest**
Whitsun n ['wɪtsn]	**Pfingsten**
winter n ['wɪntə]	**Winter**
year n [jɪə]	**Jahr**
yearly adj ['jɪəli]	**jährlich, Jahres-**

Woche und Tag

afternoon n [ˌɑːftə'nuːn]	**Nachmittag**
daily adj ['deɪli]	**täglich, Tages-**
day n [deɪ]	**Tag**
evening n ['iːvnɪŋ]	**Abend**
Friday n ['fraɪdeɪ]	**Freitag**
Monday n ['mʌndeɪ]	**Montag**
morning n ['mɔːnɪŋ] in the morning	**Morgen** morgens
night n [naɪt] at night	**Nacht** nachts
Saturday n ['sætədeɪ]	**Sonnabend, Samstag**
Sunday n ['sʌndeɪ]	**Sonntag**
Thursday n ['θɜːzdeɪ]	**Donnerstag**
Tuesday n ['tjuːzdeɪ]	**Dienstag**
Wednesday n ['wenzdeɪ]	**Mittwoch**
week n [wiːk]	**Woche**
weekday n ['wiːkdeɪ]	**Wochentag, Werktag**
weekly adj ['wiːkli]	**wöchentlich, Wochen-**

INDEX ENGLISCH

A

C

E

N

O

U

INDEX DEUTSCH

B